高等教育"十四五"创新型教材
高等教育创新探索系列教材

大学体育实用教程

主　编　王　勇　李海雁　李　刚
副主编　张春艳　贺　曦　李淑娟
编　者　丁小宽　王　林　王俊峰　李学力　刘延荣
　　　　赵国林　侯　磊　郭　河　凌　弘　葛　乐

西北工業大學出版社
西　安

【内容简介】 本书作为大学体育理论与运动技术实践指南，涵盖了体育理论、体育运动实践、传统体育和户外休闲体育四个篇章。本书结合当前的育人理念，旨在为读者提供科学、实用的体育锻炼指导，并强调体育在培养大学生身心健康、道德品质以及传承中华优秀传统文化方面的重要作用。本书适合体育爱好者及专业学习者学习参考。

图书在版编目（CIP）数据

大学体育实用教程 / 王勇，李海雁，李刚主编.
西安：西北工业大学出版社，2024. 8.（2025. 8重印）
-- ISBN 978-7-5612-9429-1

Ⅰ. G807.4

中国国家版本馆CIP数据核字第2024TA4257号

DAXUE TIYU SHIYONG JIAOCHENG

大 学 体 育 实 用 教 程

王勇　李海雁　李刚　主编

责任编辑：隋秀娟　　**装帧设计**：李　冉
责任校对：万灵芝
出版发行：西北工业大学出版社
通信地址：西安市友谊西路 127 号　　邮编：710072
电　　话：（029）88493844，88491757
网　　址：www.nwpup.com
印 刷 者：三河市悦鑫印务有限公司
开　　本：889 mm×1 194 mm　　1/16
印　　张：22
字　　数：635 千字
版　　次：2024 年 8 月第 1 版　　2025 年 8 月第 2 次印刷
书　　号：ISBN 978-7-5612-9429-1
定　　价：59.80 元

如有印装问题请与出版社联系调换

前言 PREFACE

在新时代中国特色社会主义的背景下，体育不仅是国民身心健康的重要保障，更是国家繁荣富强的重要标志。近年来，我国大力发展体育事业，高度弘扬体育文化。体育在促进人的全面发展、推动社会进步方面的作用日益凸显。本书坚持以体育育人为核心，旨在通过全面系统的体育理论知识和丰富多彩的体育运动实践来引导大学生树立正确的世界观、人生观、价值观，培养德智体美劳全面发展的社会主义建设者和接班人。

本书积极响应党的二十大精神，深度结合全民健身计划、健康中国行动发展战略，帮助大学生科学认识体育在国家发展和民族振兴中的作用，引导他们树立科学的体育理念。本书共分为体育理论、体育运动实践、传统体育和户外休闲体育四个篇章。

体育理论篇从大学体育概述入手，系统介绍了体育锻炼的理论与方法、运动损伤的防护以及体育与学生发展的关系。这些内容不仅为大学生提供了科学的锻炼指导，还从体育育人的角度，阐述了体育在促进大学生身心健康、培养良好道德品质以及塑造积极向上的人生态度方面的重要作用。

体育运动实践篇涵盖田径运动、球类运动、搏击运动、冰雪运动、游泳运动和时尚健身运动等多个运动项目。这些运动项目不仅具有广泛的群众基础，更是大学生喜爱的体育活动。通过详细介绍各项运动的技能要领、比赛规则及训练方法，旨在激发大学生对体育运动的兴趣和热情，培养他们的团队协作精神和竞争意识。运动实践是体育育人的重要载体，有助于大学生在参与中感悟体育精神，锻炼意志品质，提升综合素养。

户外休闲体育篇介绍了几种富有乐趣和挑战性的休闲体育运动，包括轮滑、花样跳绳、攀岩运动、定向越野和拓展训练等内容，旨在引导学生走出教室，感受户外运动的魅力。

传统体育篇则是对中华民族悠久体育文化的传承与弘扬。武术运动、健身气功、民族传统体育等章节，展现了中华传统体育的悠久历史和博大精深，能有效提升大学生对于传统体育运动的理解与认识，提高学生的文化认同与民族自豪感。同时这些传统体育项目所蕴含的哲理和智慧，也有助于引导大学生形成正确的价值观念和道德风尚。

在编写本书过程中，我们注重体育育人与体育运动的有机融合，无论是在理论阐述还是在实践指导中，都力求体现体育育人的核心宗旨，使大学生在掌握体育技能的同时，拥有健康的体魄和积极向上的个人品质。

本书由王勇、李海雁、李刚担任主编，负责本书的内容组织与统稿工作。具体编写分工如下：

（1）王勇负责拟定编写大纲以及撰写前言；

（2）李淑娟负责编写第三章、第四章以及附录二等内容；

（3）李刚负责编写第六章的第四节和第八节等内容；

（4）李学力负责编写第十章内容；

（5）赵国林负责编写第九章和第十一章等内容；

（6）贺曦负责编写第二章和第六章的第三节等内容；

（7）张春艳负责编写第六章的第一节和第二节等内容；

（8）侯磊负责编写第六章的第五节和第六节等内容；

（9）刘延荣负责编写第六章的第七节和第七章等内容；

（10）郭河负责编写第五章和第十四章的第四节等内容；

（11）王俊峰负责编写第十四章的第一节、第二节以及第三节等内容；

（12）王林负责编写第一章和附录一等内容；

（13）葛乐负责编写第十二章的第一节和第十五章等内容；

（14）丁小宽负责编写第八章和第十二章的第三节等内容；

（15）凌弘负责编写第十三章和第十二章的第二节等内容。

（16）李海雁负责全书统稿。

最后，感谢所有为本书付出辛勤劳动的编者和工作者。同时，编写过程中参阅了一些相关文献，向其作者一并表示感谢。希望本书能成为大学生的良师益友，帮助他们在体育的世界里感受青春的活力与激情。

由于水平有限，本书难免存在一些不足，在此希望大家能积极斧正，我们一定虚心接受大家的优秀建议！

编　者

2024 年 4 月

目录

CONTENTS

第一篇　体育理论

第二篇　体育运动实践

第一篇 体育理论

第一章 大学体育概述

第一节 体育概述

一 体育的发展

从体育的起源看，自原始社会开始，体育就已经作为一种特殊的方式，在我们身体的各个方面“做文章”，无论是生存类的捕猎活动，还是手舞足蹈的庆祝活动，都包含着体育（活动）的成分。随着人类的活动逐渐从动物性的原始游戏转向有理智、有道德的人的群体性运动，甚至开始创造极具人文色彩的运动仪式，人们就开始意识到，体育终于摆脱了依附其他社会活动而存在的状况，真正实现了它的相对独立性，成为除劳动生产、节日庆典、宗教祭祀等以外的必要社会活动。在中国，虽然在 19 世纪后期才有了“体育”一词，但中国的传统运动项目却与“体育”有着不可割裂的关系。从早在先秦时期孔子所倡导的“体格教育”以及之后演变出的“六艺”可以看出，从孔子那时起，人们就认为体格教育是与道德、品行、智慧教育等并驾齐驱的教育形式。唐宋时期，中国人非常重视和流行的运动项目是马球和蹴鞠等，这也反映了当时人们对运动、健身的热爱。

随着社会的进步和发展，“体育”的内涵不仅包含“身体教育”，也包含着如体育文化、竞技体育、群众体育在内的一系列相关内容。在中文语境下，“体育”一词同样被赋予了新的内涵，其中最为显著的就是在“体育”中加入了文化的概念。此外，随着中国竞技体育的蓬勃发展，中国与世界的关系也日趋紧密。这种体格教育逐渐与民族荣誉感和认同感相关联，“体育”逐渐成为中国社会转型和增强国家软实力的媒介、获得国家声誉的引擎以及与外部世界相连接的桥梁。

二 体育的分类

体育是一个多元化、广泛且深邃的领域，渗透在人类生活的方方面面，并随着社会的进步而不断演变和发展。体育的多样性体现在它的目的、实践方式以及参与者的广泛性上。为了更好地理解和探索体育的内涵，我们可以将其分为三类，即体育教育、竞技体育和健身休闲。

（一）体育教育

体育教育，是一种通过身体活动和其他一些辅助性手段进行的有目的、有计划、有组织的教育过程。体育教育本身是一个完整的体系，它分为普通体育教育和专门体育教育两大类，其基本特征是突出的教育性和教学性。在教学过程中，体育教育以课堂教学或专门性辅导为主要形式，以身体练习和卫生保健为主要手段。

体育教育的核心目的是通过系统的、科学的、有趣的体育活动，增强学生的体质，提高他们的运动技能，培养他们的团队协作精神和竞争意识。在体育教育中，学生可以在专业教师的指导下，学习各种体育项目的基本技术、战术和规则。通过反复的练习和比赛，学生可以逐渐掌握运动技能，提高身体素质。同时，体育教育还注重培养学生的健康生活方式，让他们了解营养、休息、锻炼等健康知识，形成科学的生活习惯。体育教育还是培养学生社会适应能力的重要途径。在集体活动中，学生需要学会与他人合作、沟通、分享和竞争，这些都是未来社会生活中必不可少的技能。因此，体育教育对学生来说不仅仅是身体的锻炼，更是心灵的洗礼和成长。

（二）竞技体育

竞技体育是指在全面发展身体，最大限度地挖掘和发挥人（个人或群体）在体力、心理、智力等方面的潜力的基础上，以攀登运动技术高峰和创造优异运动成绩为主要目的的一种运动活动过程。竞技体育是体育领域中最具观赏性和竞争性的部分。它以追求优异成绩和夺取比赛胜利为主要目标，要求运动员具备高度的专业技能、顽强的拼搏精神和出色的团队协作能力。

在竞技体育中，运动员需要经过长期的专业训练，承受巨大的身心压力，不断挑战和突破自己的极限。他们通过科学的训练方法、严格的纪律要求和坚定的意志品质，不断提高自己的运动技能和竞技水平。在比赛中，运动员需要充分发挥自己的实力，与对手展开激烈的竞争，争夺胜利的荣誉。竞技体育的魅力在于它展现了人类身体的极限能力和运动美学，激发了人们的爱国热情和民族自豪感。同时，竞技体育也是国际文化交流的重要桥梁。通过体育比赛，各国人民可以增进相互了解和友谊，促进世界和平与发展。

（三）健身休闲

健身休闲是指在可以自由支配的闲暇时间内，为了身体健康和心理愉悦而参与的体育活动。它是一种积极的生活方式，旨在促进身体健康和心理健康，增强社会交往和丰富文化生活。健身休闲活动可以根据个人兴趣和爱好选择不同的项目，如跑步、游泳、瑜伽、篮球等。通过参与健身休闲活动，人们可以改善身体状况，缓解压力，增强自信，提高生活质量和幸福感。

随着人们生活水平的提高和健康意识的增强，健身休闲已经成为越来越多人的生活方式之一。在健身房、公园、广场等场所，我们可以看到越来越多的人参与到各种形式的体育活动中来，如跑步、游泳、瑜伽、篮球等。这些活动不仅有助于提高人们的身体素质和健康水平，还可以缓解压力，调节情绪，增强社交能力。

三 体育的功能

随着社会的进步和科技的发展，体育的功能日益多元化，不仅限于传统的健身功能，更在教育功能、娱乐功能等多个方面展现出其独特的价值。全面认识与了解体育的功能，才能科学认识和理解体育在现代社会中的重要作用，为我们积极参与体育活动，享受体育带来的益处奠定基础。具体来说体育的功能主要包括以下 3 个方面。

（一）健身功能

体育健身功能是指通过参与体育活动，促进人体的新陈代谢和血液循环，从而促进人体的生长发育，改善各器官、系统的功能，提高人的生命力，增进健康。体育的健身功能具体表现在以下 4 个方面。

1. 改善中枢神经系统的功能

经常参加体育运动，可提高大脑皮质的兴奋性，促进中枢神经及大脑皮质的分析和综合能力，改善神经系统对各器官、系统的调节作用，使各器官、系统的活动更加灵活协调，提高机体对外界环境的适应能力和机体的工作能力。

2. 促进机体的生长发育，提高运动系统的功能

经常参加体育锻炼，可使管状骨变粗，骨密质增厚，骨结节和粗隆增大，骨小梁的排列也随之发生适应性的变化。体育活动时肌肉收缩加强，毛细血管扩张，血液供应量增大，人体对蛋白质等营养物质的吸收与储存能力增强，肌纤维增粗，肌肉收缩更加有力，关节更加灵活，抗压性增强，机体的运动能力可有较大的提高。

3. 促进人体内脏器官功能的提高

运动时，体内能量消耗增加，代谢产物增多，促使新陈代谢旺盛和血液循环加速，心血管系统、呼吸系统和排泄系统的功能得到改善，同时主要内脏的构造也发生变化，功能得到提高。例如，心脏功能得到锻炼，心肌功能逐渐增强，心壁增厚，心脏容积增加，心脏的每搏量增大，心搏频率减少。

4. 促进人体呼吸系统功能的提高

人体在活动时所需的能量来源于体内营养物质的氧化，运动时吸进氧气和呼出二氧化碳要借助于不停的呼吸。体育锻炼能使呼吸肌增强，呼吸深度增加，肺活量增大。一般人在安静时每分钟呼吸 12~18 次，而运动员每分钟呼吸只有 8~12 次，所以他们在剧烈运动时，能充分发挥呼吸器官的功能，使能量物质的氧化过程更加完善，以保证运动时的能量供应。

（二）教育功能

随着社会的不断进步与发展，人们对于教育的需求也日益多元化。体育作为教育的重要组成部分，其在促进人的全面发展、培养良好的个性发展和心理素质等方面的作用已越来越被广大教育工作者和社会各界所认可。体育的教育功能具体表现在以下 3 个方面。

1. 体育是学校教育体系中不可或缺的一环

体育不仅仅是一门课程，更是一种独特的教育方式。通过参与体育运动，学生的身体得到锻炼，体能得到提升，这为他们的学习和生活打下了坚实的基础。更为重要的是，体育运动能够提高学生的认知能力。在运动中，学生需要观察、分析、判断、决策，这些过程锻炼了他们的思维能力和反应速度。因此，坚持参加体育活动的学生往往表现出更高的智力和学习效率。

2. 体育对于培养学生的情感状态和心理素质具有显著的作用

在激烈的体育竞赛中，学生将面对成功与失败、顺利与挫折、优势与劣势等各种情境。这些经历不仅锻炼了他们的意志品质和承受压力的能力，还使他们学会了如何在群体中与他人合作，如何正确对待个体与集体的关系，如何区分合理与不合理等社会交往中的基本准则。

3. 体育运动成为激发人们爱国热情、振奋民族精神的重要载体

在国际体育赛场上，运动员的每一次拼搏和胜利都牵动着亿万观众的心，激发着人们的民族自豪感和集体荣誉感。同时，体育运动也是教育人和启迪人智慧的有效途径。在参与体育运动的过程中，人们不仅学到了技能，更学到了如何面对挑战、如何超越自我、如何与他人和谐相处等。

（三）娱乐功能

体育的娱乐功能是其在现代社会中不可或缺的重要方面。随着科技的发展和生活水平的提高，人们对于身心放松和精神享受的需求日益增加。体育的娱乐功能具体表现在以下 4 个方面。

1. 丰富文化生活

体育运动为人们提供了多样化的活动选择，无论是观看比赛还是亲身参与，都能使人们的生活更加丰富多彩。各种体育赛事、活动以及健身运动等，不仅充实了人们的闲暇时间，还为他们带来了欢乐和享受。

2. 消除疲劳，愉悦身心

通过参与体育运动，人们可以释放工作和生活中的压力，消除疲劳。运动中的快乐感和成就感有助于提升人们的情绪状态，使他们感到身心愉悦。无论是跑步、打球还是游泳等运动，都能让人们暂时忘却烦恼，享受运动带来的快乐。

3. 陶冶情操，提升审美

体育运动不仅是一种身体活动，更是一种文化表达。在运动中，人们可以欣赏到运动员的优美动作、团队的默契配合以及比赛的精彩瞬间。这些都能陶冶人们的情操，提升他们的审美水平。同时，参与体育运动也有助于培养人们的意志品质和团队合作精神。

4. 满足情感交流和社交需求

体育运动是人们进行情感交流和社交的重要场所。在运动中，人们可以结交新朋友，加深与老朋友的友谊。通过一起参与运动活动，人们可以分享彼此的快乐和成功，共同面对挑战和困难。这种情感交流和社交互动有助于增进人与人之间的了解和信任。

第二节　大学体育

一　大学体育的目的和任务

（一）大学体育的目的

运动参与目的：积极参与各种体育活动并基本形成自觉锻炼的习惯，基本形成终身体育的意识，能够编制可行的个人锻炼计划，具有一定的体育文化欣赏能力。

运动技能目的：熟练掌握两项以上健身运动的基本方法和技能；能科学地进行体育锻炼，提高自己的运动能力；掌握常见运动创伤的处置方法。

身体健康目的：能测试和评价体质健康状况，掌握有效提高身体素质、全面发展体能的知识与方法；能合理选择人体需要的健康营养食品；养成良好的行为习惯，形成健康的生活方式；具有健康的体魄。

心理健康目的：根据自己的能力设置体育学习目的；自觉通过体育活动改善心理状态，克服心理障碍，养成积极乐观的生活态度；运用适宜的方法调节自己的情绪；在运动中体验运动的乐趣和成功的感觉。

社会适应目的：表现出良好的体育道德和合作精神；正确处理竞争与合作的关系。

（二）大学体育的任务

大学体育的目的通过完成 5 个方面的任务来实现：增强学生体质，促进学生身心健康；促使学生掌握基本体育知识、基本运动技术；培养学生的道德意志品质；培养学生审美和创造的能力；培养高水平的运动员。

二 大学体育的地位和功能

（一）大学体育的地位

大学体育在高等教育中占据着重要的地位。它不仅是学生身心健康、全面发展的重要保障，更是培养未来社会所需人才的重要环节。

1. 大学体育是促进学生身心健康的重要途径

在大学阶段，学生面临着学习、生活、就业等多方面的压力，这些压力可能会对学生的身心健康产生负面影响。而通过参与体育活动，学生可以释放压力、放松身心，提高身体和心理的健康水平。同时，体育活动还可以帮助学生养成良好的生活习惯，增强身体素质，为未来的工作和生活打下坚实的基础。

2. 大学体育是培养大学生综合素质的重要手段

在参与各种体育活动和竞赛的过程中，学生可以锻炼自己的意志品质、团队协作能力、创新思维等。这些素质对于他们未来的职业发展和社会适应能力都具有重要意义。例如，通过参与团队运动，学生可以学会如何与他人协作、沟通，提高自己的领导力和团队合作精神；通过参与竞赛，学生可以锻炼自己的竞争意识和应对挑战的能力。

3. 大学体育还是校园文化的重要组成部分

丰富多彩的体育活动和竞赛可以丰富学生的课余生活，增强学生凝聚力，营造积极向上的校园氛围。同时，体育活动还可以帮助学生建立自信心，培养自我激励等品质。

我们应该重视大学体育的发展，为学生提供更多的运动机会和更好的运动环境。同时，我们还需要加强体育教育的宣传和推广工作，让更多的学生了解体育的价值和意义，从而积极参与体育活动和竞赛。

（二）大学体育的功能

在大学教育中，德育是方向，智育是主体，体育则是其他教育因素的基础。大学体育是丰富学生课余文化生活、建设校园社会主义精神文明的重要载体。具体来说，大学体育具有以下功能。

1. 身体教育

大学体育通过科学的运动训练和锻炼，能够全面提高学生的身体素质。这包括力量、速度、耐力、灵敏度和柔韧性等方面的提升。通过有针对性的力量训练，学生可以增强肌肉力量，提高运动表现；通过速度训练，学生可以加快动作反应速度，提高运动效率；通过耐力训练，学生可以提高心肺功能，增强体能；通过灵敏度训练，学生可以提高身体协调性和平衡感；通过柔韧性训练，学生可以增加关节活动范围，减少运动损伤的风险。

大学体育还可以通过特定的运动项目，培养学生的专项技能和运动能力。例如，通过篮球、足球等球类运动，学生可以锻炼团队协作、反应速度和运动技巧；通过田径项目，学生可以培养速度、耐力和爆发力；通过游泳、瑜伽等项目，学生可以锻炼心肺功能、柔韧性和身体平衡能力。这些专项技能和运动能力的提高，将为学生未来的职业发展和休闲生活提供更多选择和可能性。

2. 思想品德教育

学校体育是培养集体主义和团结协作精神等优良品德的教育过程。如竞技体育中，对方犯规时，是冷静理性，还是冲动易怒；集体配合不够默契出现失误而最终比赛失利时，是相互鼓励，还是消极抱怨；对裁判员的误判是客观大度，还是激烈对抗；比赛胜利时，是骄傲自大，还是认真总结、戒骄戒躁。

3. 智能教育

体育是促进智力发展的积极因素和手段。通过体育教学和身体锻炼，学生不仅可以学习和掌握一定的体育知识、技术和技能，其思维能力、记忆力、观察力、想象力、创造力等各种能力也会得到发展。因此，体育运动在传授知识，培养技能、技巧，增强人的体质过程中，还包含着培养、开发和提高学生智能的教育因素。

4. 爱国主义教育

在体育教学中，让学生欣赏大型体育运动比赛，观看我国运动员为国拼搏、为国争光，以及在赛场上升国旗、奏国歌的动人场面，给他们讲述优秀运动员刻苦训练、顽强拼搏的感人事迹，能够激发学生的爱国热情，增强其民族自尊心和自豪感。

5. 心理品质教育

体育运动可以让人进入一种愉悦的精神状态，陶冶人的情操，培养人的勇敢、果断、坚毅的意志品质，提高人的自信心、自制力和进取心。紧张而激烈的竞赛既是考验心理品质的严峻时刻，也是修炼和培养良好心理素质的最佳时机。

三 实施大学体育教育的基本途径

（一）体育教学

体育教育的主要目标是提高学生的体育素养和运动能力，促进学生的身心健康和全面发展。而体育教学是实现这一目标的重要途径之一。通过课堂教学、课外体育活动、课余体育训练和竞赛等多种形式，体育教学能够向学生传授体育知识、技术和技能，培养学生的体育兴趣和爱好，引导学生养成健康的生活方式和锻炼习惯。

在体育教学中，教师可以通过讲解、示范、练习等方式，使学生对体育知识和技能有更深入的理解，提高学生的综合素质。同时，教师还可以根据学生的特点和需求，制订不同的教学计划和教学方法，满足学生的个性化需求，提高学生的学习兴趣和积极性。

体育教学作为实施体育教育的主渠道，应该得到充分的重视和加强。学校应该注重提高体育教师的教学水平，加强课程建设和教学资源开发，为学生提供更好的体育教学服务。

（二）体育竞赛与锻炼

1. 体育竞赛

体育竞赛是实施体育教育的重要手段。体育竞赛能够激发学生的学习兴趣和热情，提高他们的运动技能和竞技水平，同时也有助于培养学生的团队合作精神和集体荣誉感。

学生通过参与竞赛，不仅能提升运动技能和竞技水平，还能在团队合作中培养集体荣誉感，提高社交能力。同时，竞赛过程中的挑战和困难有助于锤炼自信心和勇敢拼搏的精神，为学生未来发展奠定坚实基础。

2. 体育锻炼

体育锻炼是体育教育的重要组成部分，它不仅是实现体育教学目标的重要途径，也是促进学生身心健康发展的重要手段。通过体育锻炼，学生能够增强身体素质，提高运动能力，培养健康的生活方式。在体育教学中，教师可以通过各种形式的体育锻炼，如跑步、游泳、篮球等，引导学生积极参与锻炼，提高他们的运动技能和身体素质。同时，教师还可以根据学生的特点和需求，制订不同的锻炼计划和方案，满足学生的个性化需求，提高学生的学习兴趣和积极性。

因此，体育锻炼是实施体育教学的重要依托。学校应该注重加强体育锻炼的课程建设和资源开发力度，为学生提供更好的锻炼机会和平台。同时，教师也应该注重引导学生在体育锻炼中学习和成长，培养他们的健康生活方式和良好的意志品质。

（三）体育文化活动

体育文化活动是开展体育教育的重要辅助，具有丰富体育教育内容、提升学生体育文化素养、促进学校体育工作发展等重要作用。

体育文化活动可以丰富体育教育的内容和形式。传统的体育教学往往注重体育技能和知识的传授，而体育文化活动则可以通过举办体育比赛、体育讲座、体育展览等多种形式，将体育教育的内容扩展到更广泛的领域，让学生在轻松愉悦的氛围中接受体育教育。

体育文化活动可以提升学生的体育文化素养。体育文化是一种独特的文化现象，包含了丰富的历史、文化、艺术等方面的内容。通过参与体育文化活动，学生可以更深入地了解体育文化的内涵和价值，提升自己的体育文化素养和综合素质。

体育文化活动可以促进学校体育工作的发展。开展丰富多彩的体育文化活动，可以激发学生对体育的兴趣和热情，提高他们参与体育活动的积极性和主动性。同时，体育文化活动也可以为学校体育工作提供更多的资源和支持，推动学校体育工作的全面发展。

因此，学校应该注重开展各种形式的体育文化活动，为学生提供更多的参与机会和展示平台。同时，教师也应该注重在体育文化活动中引导学生学习和成长，培养他们的健康生活方式和良好的意志品质。

第三节　大学生和体育

一　大学生的生理和心理特征

体育活动是一个有目的、有组织的身体活动过程。只有主动积极地参与体育活动，在体育活动中做到从自身的实际出发，合理而科学地安排、调节、控制和评价自身的活动，防止意外事故的发生，才能收到良好的锻炼效果。因此，大学生必须了解自己所处年龄阶段的基本的生理、心理特征。

（一）大学生的生理特征

1. 肌肉系统

大学阶段，学生的肌纤维逐渐增粗，生理横断面也随之增大。这些变化不仅使肌肉外观更加饱满有力，更重要的是显著增强了肌肉的收缩力量。性激素在这一过程中的作用不可忽视，特别是在男性学生中，由于雄性激素的影响，他们的肌肉生长速度往往快于女性学生。大学阶段肌肉的发展并不仅仅局限于体积的增长。随着年龄的增长，肌肉中的水分含量逐渐减少，而被蛋白质等其他化学成分所取代。这种变化使肌肉更加坚实、有弹性，同时也提高了肌肉的耐力和抗疲劳能力。因此，大学阶段的学生在力量、速度和耐力等方面都表现出明显的优势。

男女学生在肌肉发展上也存在一些差异。一般来说，男性学生的肌肉力量在 25 岁左右达到峰值，而女性学生则在 20 岁左右达到最大力量。这可能与性别间的生理差异、激素水平以及运动习惯等因素有关。不过，无论性别如何，大学阶段都是提升肌肉力量和弹性的关键时期。

2. 骨骼系统

大学阶段，骨骼中的化学成分含量发生显著变化，水分和有机物的含量逐渐减少，而无机物如钙盐的含量则逐渐增加。这种变化使得骨骼更加坚固、密实，能够承受更大的压力和冲击。大学阶段学生的骨化过程已经基本完成，这意味着他们的骨骼已经发育成熟，具备了成年人的骨骼特征。因此，与少年时期相比，大学阶段的学生在身高、体重以及骨骼结构等方面都更加稳定。

骨骼系统的成熟也带来了一些挑战。随着年龄的增长和骨骼密度的增加，关节的灵活性相对下降。这可能导致一些学生在进行某些运动时感到关节僵硬或不适。此外，由于性别间的生理差异，女性学生的关节灵活性通常优于男性学生。因此，在设计和参与体育活动时，需要充分考虑这些因素，以避免不必要的损伤和不适。

3. 心血管系统

心血管系统是人体的重要系统之一，负责将氧气和营养物质输送到全身各个部位，同时将二氧化碳和代谢废物排出体外。在大学阶段，学生的心血管系统经历了显著的发育和完善。心肌逐渐变得更加强壮有力，能够更有效地泵送血液；血管也逐渐变得更加坚韧有弹性，能够更好地承受血液流动时的压力。这些变化使得学生在进行高强度运动时能够更加轻松自如地应对心血管系统的挑战。

随着学生心血管系统的发育成熟，学生的血压水平也逐渐升高。这在一定程度上反映了心血管系统功能的提升和适应能力的增强。然而，需要注意的是，过高的血压水平可能对身体健康产生不利影响。因此，学生在日常生活中需要关注自己的血压变化，并采取相应的措施来保持心血管系统的健康。

4. 呼吸系统

在大学阶段，学生的呼吸系统也正在经历显著的发育和完善。呼吸肌逐渐变得更加强壮有力，使得呼吸过程更加顺畅有力；肺活量也逐渐增加，能够容纳更多的空气并进行更深层次的呼吸。这些变化使得学生在进行高强度运动时能够更加充分地利用氧气并排出二氧化碳等代谢废物。

随着呼吸系统的发育成熟，学生的呼吸频率也逐渐减慢并趋于稳定，呼吸系统功能提升，调节能力增强。需要注意的是，在某些情况下（如运动、紧张等），呼吸频率可能会暂时加快以满足身体对氧气的需求。因此，学生在进行体育活动时需要关注自己的呼吸变化并合理调节呼吸节奏，以避免过度换气或窒息等风险。

5．神经系统

神经系统是人体内最复杂、最精细的系统之一，负责接收、处理并传递各种信息以协调身体的各种功能活动。在大学阶段，学生的神经系统已经发育得相当完善且功能健全。他们能够迅速准确地感知外界环境的变化并做出相应的反应，能够高效地处理各种复杂的信息并做出明智的决策，能够精确地控制身体的各种运动并保持平衡稳定。这些能力使得学生在学习、工作以及日常生活中都能够表现出色并取得良好的成绩。

（二）大学生的心理特征

1．运动动机和运动兴趣的主要特征

运动动机一般可分为与社会责任感相联系的和直接与当前学习锻炼活动相联系的两种。两者紧密结合，相辅相成。随着年级增高，学习的知识不断增多，思维能力不断提高，大学生对体育的理解比以前更加全面、深刻，参与体育锻炼的自觉性、积极性逐步提高，兴趣更加广泛，希望自己在体育上有所特长。男、女生对体育的兴趣是有差异的。例如，在体育活动的内容上，男生更喜爱表现力量性的（如健美）、灵敏性的（如篮球、排球）、速度性和勇敢性的（如足球）活动，而女生则更喜爱姿势优美、韵律性强、显示柔韧和协调的（如健美操、瑜伽）活动等。

2．个性品质的主要特征

大学生在生活和学习中表现出强烈的自主性和独立性。他们开始独立思考问题，形成自己的观点和见解，并希望在决策和行动中展现出自己的主动性和独立性。这种自主性和独立性是大学生个性品质发展的重要标志，也是他们逐渐走向成熟的标志。

大学生在经历一段时间的学习和生活后，他们的个性品质逐渐变得稳定。他们的兴趣爱好、价值观和人生目标逐渐明确，并且开始形成相对稳定的性格和行为习惯。然而，这种稳定性并不是绝对的，大学生仍然具有较大的可塑性。通过自我反省、自我调整和自我完善，他们可以逐渐改变自己的个性品质，形成更加成熟、稳定的个性品质。

大学生来自不同的家庭背景、地区和社会环境，他们具有不同的成长经历和生活体验。这些差异使得他们的个性品质具有多样性和差异性。每个大学生都有自己独特的特点和优势，他们在兴趣爱好、价值观、学习风格和人际交往等方面都表现出明显的不同。这种多样性和差异性为大学校园带来了丰富多彩的文化和思想交流，也为大学生的个人成长提供了更多的可能性和机会。

3．认识发展的主要特征

大学生的认知能力有了进一步发展，观察事物更加全面、精确，并能够区分出主要和次要方面、必然和偶然现象。其注意的目的性、稳定性都有了很大加强，注意的范围也逐渐扩大，思维能力具有更高的抽象性和概括性，思维的独立性和批判性也有显著提高。他们比较喜欢独立地思考问题、研究问题，不轻信教师或成年人的意见。他们喜欢争论，并勇于提出自己的见解，希望教师的教学有严密的科学性和逻辑性，尊重和支持学生的正确意见和建议，但也易产生片面性和表面性，容易被成功时的自信和挫折时的自卑所困惑。

4．情感与意志发展的主要特征

随着知识、经验的逐步增长，认识能力的不断提高和世界观的初步形成，大学生的社会情感日益丰富，控制情感的能力也有所加强，但有时缺乏稳定性。他们已开始关心对自己意志的锻炼，希望把自己磨炼成勇敢、顽强、果断、敢于拼搏、勇于进取的人。但也存在个体与性别差异，如：男生要求较强烈，有时会粗放些；女生则要求稍弱，有时会更自信、自尊。

5. 社交关系发展的主要特征

大学生在校园生活中接触到更多来自不同背景和文化的人，他们的社交圈子也随之扩大。这种多元化的社交环境为他们提供了更多的人际交往机会和学习经验，有助于他们建立广泛的人际关系网络。大学生需要处理与同学、老师、朋友、家人等之间的多种人际关系。这些复杂的人际关系使得他们需要更加细心和敏感地处理人际关系问题，以保持良好的沟通和合作。大学生开始更加独立地处理人际关系问题。他们学会了如何与他人建立良好的关系、解决冲突、促进合作，并从中获得支持和帮助。这种独立处理人际关系的能力对于他们未来的职业和生活发展至关重要，有助于他们在社会中更好地适应和融入。

二 体育对大学校园生活的影响及作用

（一）体育对大学校园生活的影响

大学校园生活是社会文化的反映和缩影，作为社会文化内容之一的大学学校体育，也是大学校园文化的重要内容之一。

1. 大学体育是社会文明的窗口

大学体育是帮助学生获得知识、增长能力、锻炼身体、增进健康和陶冶情操的社会文化活动。它不仅具有强身健体、培养人才之功效，也有继承、传播、创造和发展人类优秀文化成果的社会作用。大学体育以其特有的魅力，在不断充实大学校园文化、传播社会文化方面发挥着不可替代的作用。

2. 大学体育是校园精神文化生活的重要内容

在现代社会中，参加体育锻炼、观赏体育比赛，日益成为群众文化生活的重要内容之一。大学生参加体育锻炼或参与观赏比赛，一方面可以从中获得精神上的满足与享受，使学习带来的紧张和疲惫得到积极有益的调节；另一方面可以提高体育能力，加强与同伴的交往，获得愉快和乐趣，这种心理状态可以使人产生自尊、自信和自豪的感觉。正如现代奥运会创始人顾拜旦在《体育颂》中所写:“啊，体育，你就是乐趣！……你可以使忧伤的人散心解闷，你可以使快乐的生活更加甜蜜。”体育还是一种积极、健康的文化娱乐方式和精神文化生活。

（二）体育对大学生未来工作的影响及作用

一方面，以新技术、产业革命为特征的现代社会，要求具有开拓精神、渊博知识和强健身体的新人；另一方面，伴随着科学技术的发展而产生的劳动方式的变化也对人们的身心健康构成了严重危害。现代化的工作过程，大量地使用自动化机械，办公更是自动化，使键盘操作类的工作比例加大，工作时全身性活动减少，工作变得紧张而单调，造成了工作人员的“运动不足”和精神紧张。而日益便利的交通、城市化造成的运动空间狭小加剧了这种现象。日常生活中的运动减少，使人的肌肉力量和耐力明显下降。在许多发达国家，由于运动不足而引起的“文明病”，诸如糖尿病、脑血管疾病、高血压和心脏病的发病率都以几倍甚至几十倍的速度增长，青少年中患肥胖病的比例也逐年增大。在心理方面，紧张的工作造成的各种心理疾病也有增无减。这一切都对人们的工作和生活造成极其不利的影响。

随着我国经济的发展，上述现象日趋严重，而由于健康原因造成的“英才早逝”现象也成为人们所关注、担忧的社会问题。上述原因使体育在现代社会担负了维护人们身心健康的重要使命。各发达国家纷纷制定旨在维护国民健康、提高工作效率的体育“黄金计划”，大众体育方兴未艾。人们喊出了“回归大自然”等口号。但是，人们在呼唤体育的同时，又发现自己从事体育的能力却如此低下：既不知体育的基本常识，又缺乏与他人一道愉快地从事体育的经验和能力；既不会因地制宜地去开展体育活动，又常常因把握不好运动的时机和负荷而造成运动创伤和疾病。

大学生未来的工作和生活是否成功、幸福，很大程度上取决于其在大学的体育教学过程中是否打下了坚实的身体基础。因此，大学生在大学里应做好以下几方面的准备。

（1）在生长发育时期，适时适量参加体育锻炼，以促进体格、机能、身体活动能力和身体素质的发展。

（2）系统地学习锻炼的科学原理和方法，初步具有指导自己锻炼身体的能力。

（3）在参与各项体育活动中，体验各项运动所特有的乐趣，养成对一两项体育活动的爱好，初步养成定期参加体育活动的习惯。

（4）在体育活动的实践过程中，有意识地培养自己与同学互助、友好地参加体育活动的意识和能力，初步掌握一些组织体育活动的方法。

大学生坚持做到以上几点，在走上工作岗位后，就会拥有更为强健的身体从事各项工作，迎接各种挑战，也可以依靠体育增强体质，娱乐身心，更好地完成工作，为祖国建设做出更大的贡献。

第二章 体育锻炼的理论与方法

第一节 体育锻炼过程中的基本原理

一 新陈代谢与适应性变化理论

新陈代谢是有机体生命活动的基本特征之一，是通过同化作用和异化作用的对立、统一进行的。机体不断从外界摄取营养物质合成为自身的组成成分并储藏能量的过程，称为同化作用；机体不断将已衰老的组成成分和能源物质分解、释放，完成各种生命活动的过程，称为异化作用。当新陈代谢积极旺盛，即同化作用大于异化作用时，机体处于生长发展阶段；当新陈代谢迟滞、衰退，即异化作用大于同化作用时，则导致机体的衰老，各器官、系统的功能减弱。

生物学研究证明，一切生物体都具有对外界环境刺激与变化产生适应的能力。这种能力在新陈代谢过程中，表现为在一定条件下，通过有意识地加大异化作用，可以代偿性地加大同化作用的结果，从而保持新陈代谢水平的平衡和提高。

身体锻炼是人们有意识、有目的、有计划地消耗体能的身体活动，即加强机体的异化作用，使恢复过程的同化作用增强，机体的物质储备水平提高，从而使机体向更完善的方向转化。这也是体育锻炼可以增强体质的生理过程和理论依据。

二 运动负荷与超量恢复理论

所谓运动负荷，就是人体在运动活动中所承受的生理刺激，是练习的次数、时间、密度、强度等指标的总和。运动负荷越大，消耗的能量物质就越多。按其对人体产生刺激的性质，我们又把运动负荷相应地分为负荷强度和负荷量两个方面。负荷强度与负荷量之间存在着明显的反比关系，即提高负荷强度，则要相应减少负荷量；增加负荷量，则要相应降低负荷强度。大负荷强度和大负荷量的练习（如以很快的速度进行长距离跑）机体承受不了，而小负荷强度和小负荷量的练习（如以较慢速度进行短距离跑）又难以获得实际的练习效果。体育锻炼是对机体新陈代谢过程的一种刺激，它能引起组织系统产生兴奋，加剧物质代谢和能量转换，造成代谢的不平衡。当人体在进行体育锻炼时，体内新陈代谢过程比平时大为增强，能量消耗增加，以不断满足运动时能量的需要。但经过一段时间的适宜休息，身体内能量物质的合成（恢复）不仅可以达到原来水平，甚至可以超过原有水平，这种现象叫“超量恢复”。超量恢复的程度与运动负荷的大小有关，在一定范围内，负荷越大，超量恢复就越明显。因此，我们在进行体育锻炼的计划设计时，超量恢复原理是一个必须遵循的理论之一。

运动负荷对人体的影响有3种可能：有益、有害和无助。体育锻炼的目的在于增强体质，应以有氧代谢为主。只有在适当的量和强度刺激下，才能收到良好的锻炼效果。美国卫生与健康总署曾指出，较长时间、适宜运动强度的运动比较短时间、加大强度的运动对保持与发展人体的健康更为有效。另外，国内外有关研究结果还显示，体育锻炼的有效心率范围控制在120～140次/分效果最佳。当心率在110次/分以下时，机体的血压、血液成分、尿蛋白和心电图等都没有明显的变化，锻炼身体的价值不大；心率在130次/分时，每搏输出量接近或达到一般人的最佳状态，锻炼身体的效果明显；心率在150次/分时，每搏输出量开始出现了缓慢的下降；心率增加到160～170次/分，虽无不良的异常反应，但未能呈现出更好的健康迹象。而且由于个体差异性存在，具体还要根据自己的年龄、体质状况来确定有氧代谢的运动负荷。

总之，无论是便于用百分比确定负荷强度的练习（如走、跑步、游泳、举重、自行车等项目），还是很难用百分比确定负荷强度的练习（如各种球类、体操、射击、武术、游戏等项目），我们都可以根据运动负荷与超量恢复理论来把握体育锻炼的效果。尽管因个体差异性的存在而不可能确定一个运动负荷的绝对标准指标，但由于具有正常健康水平的人之间差异并不明显，因此，以“一定的心率区间来确定运动负荷”的运动负荷与超量恢复理论，仍具有普遍的指导意义。

三　能量供应理论

能量代谢是指物质代谢过程中所伴随着的能量释放、储存、转移与利用的过程。运动时能量供应是遵循一定的生理规律的，例如，针对短时间运动、较短时间运动、较长时间运动和长时间运动，机体的能量供应是截然不同的。认识这些规律对正确选择体育锻炼的内容、方法以及提高锻炼效果是大有帮助的。

人体运动时的直接能量是来自体内一种特殊的高能磷酸化合物——三磷酸腺苷（adenosine triphosphate，ATP）。肌肉活动时，肌肉中的ATP在酶的催化下，能迅速分解为二磷酸腺苷（adenosine diphosphate，ADP）和磷酸，同时放出能量供肌肉收缩。但是人体肌肉内的ATP含量甚微，只能供极短时间消耗，因此肌肉要持续运动，就需及时补充ATP。补充的途径有3条，即磷酸肌酸（creatine phosphate，CP）分解、糖的无氧酵解及糖与脂肪的有氧氧化，生理学上称其为运动时的3个供能系统。人体从事的各种不同的运动，其能量供应都分别属于这3个供能系统。

1．磷酸原系统（ATP-CP系统）

CP是贮存在肌细胞内的一种高能磷化物。ATP分解释放量能后，CP立刻分解、释放能量以补充ATP的再合成。由于这一过程十分迅速，不需要氧气也不会产生乳酸，所以，生理学上将它与ATP一起合称为非乳酸系统，又称磷酸原系统。生理学研究证明，全身肌肉中的ATP-CP系统供能能力仅能持续8秒左右。这一系统供能能力的强弱，主要和绝对速度有关。因此，发展这一系统的供能能力的训练方法最好是采用持续10秒以内的重复全速跑练习，中间间歇休息30秒以上。如果间歇时间短于30秒，则会由于磷酸原系统恢复不足，产生乳酸积累。

2．乳酸能系统

人体肌肉快速运动的时间持续较长后（超过10秒），磷酸原系统的供能能力已不能及时补充ATP，于是动用肌糖原进行无氧酵解供能，但持续时间也不长（约33秒）。这一系统供能时不需要氧，但产生乳酸积累，故称为乳酸能系统。

乳酸能系统供能能力的优劣主要与速度耐力有关。中距离跑主要需要速度耐力，100米、200

米跑的后程冲刺跑及很多球类运动也都需要速度耐力。要提高速度耐力，就要发展乳酸能系统的供能能力。最适宜的手段是全速（或接近全速）跑 30 ～ 60 秒，间歇休息 2 ～ 3 分钟。这种手段能使血乳酸达到最高水平，能锻炼和提高对高血乳酸的耐受能力，提高乳酸能系统的供能能力。

3. 有氧供能系统

在氧供应充足的条件下，机体将糖和脂肪氧化分解成二氧化碳和水，释放大量能量来合成 ATP，这种有氧氧化供能过程称为有氧供能系统。其中糖有氧氧化产生的能量为糖酵解的 13 倍，故其维持的工作时间较长。虽然磷酸原系统和乳酸能系统在运动中提供了大量能量，但归根结底，ATP、CP 的合成，糖酵解产物乳酸的消除，都是通过有氧氧化来实现的。因此，肌肉活动能量的最终来源还是糖和脂肪的有氧氧化，而糖和脂肪又来自食物。

人们从事任何一种运动，能量供应大多数情况下是上述 3 个供能系统均参与的，只是运动中 3 个供能系统所占的比例各不相同。因此，在体育锻炼中应根据运动项目的特点及目的的不同，选择适宜的手段与方法。

第二节　体育锻炼应遵循的基本原则

体育锻炼原则是体育锻炼客观规律的反映，是人们从事体育锻炼实践，为达到理想效果所必须遵循的基本准则。

一　安全性原则

安全性是进行体育锻炼的前提和先决条件。它要求锻炼者始终注意主动保护自己，做到安全第一，包括制订科学的计划，自身健康状况检查和监督，锻炼过程分三部分（准备部分、基本部分、结束恢复部分），注意运动中的饮食卫生、环境状况，以及各类运动损伤和运动性疾病的正确处理等。

二　FITT 原则

体育锻炼的目的是增强自我运动技术水平和促进自身健康，要获得良好的体育锻炼效果，就必须根据自身爱好和身体机能状况选择适当的运动项目和运动方式，合理设计锻炼计划与处方。目前，世界上较为流行 FITT 原则，即运动频率（frequency）、运动强度（intensity）、运动时间（time）和运动类型（type of exercise）。FITT 原则旨在引导大众科学地进行体育锻炼，并通过原则中的四要素相互影响、相互制约，达到体育锻炼的最佳效果。

三　自觉性原则

自觉性原则指进行身体锻炼，出自锻炼者内在的需要和自觉的行动。锻炼在于主观能动性，锻炼者应把锻炼的目的与动机和树立正确的人生观联系起来，这样，才有助于形成并保持对身体锻炼的兴趣，调动和发挥更大的主动性和积极性，使体育锻炼建立在自觉的基础上，以期达到更好的锻炼效果。

四　适量与循序渐进原则

运动负荷是相对的、可变的，是在渐进的基础上有节奏地进行的。锻炼效果的大小很大程度上取决于刺激的强度。只有运动强度适宜，对机体的刺激才有利于消耗的恢复和超量补偿，取得最佳锻炼效果。在体育锻炼或发展某种身体健康素质时，应逐渐增加运动负荷。要想获得理想的锻炼效果，运动负荷的增加不宜太快或太慢。太快易引起机体过度疲劳或造成运动损伤，太慢又会限制身体健康素质的进一步提高。

五　全面性原则

全面性原则是指体育锻炼者追求身心的全面和谐发展。人体是一个有机的整体，各个器官系统是相互影响、相互制约的。锻炼中必须安排身体不同部位的活动，特别是不同性质的活动，以求人体的全面发展。如果不注意对身体各部位、各系统的全面发展和促进，机体不仅不能获得良好的整体效应，而且会导致身体发展的不均衡和不协调。每项运动、每个练习对身体的影响都有其侧重面，因此选择锻炼的内容要全面多样，这一点对正处于生长发育的青少年来说尤为重要。

六　经常性原则

经常性原则是指体育锻炼必须持之以恒，成为日常生活中的重要内容。坚持经常性锻炼，能使人的新陈代谢功能增强，促进体内异化作用，继而增强同化作用，加快体内物质合成，使人体功能得到提高，使骨骼坚硬、韧带牢固、肌肉粗壮、肺活量增大等。这个变化的过程在于保持体育锻炼的时间、强度、次数的衔接性和连续性。如间隔过长、中断过久，已经获得的效果就会消退以至消失。

七　针对性原则

针对性原则是指体育锻炼必须根据个人的实际情况，有针对性地付诸实行。体育锻炼必须根据锻炼者的年龄、性别、爱好、身体条件、职业，以及季节、地理环境等合理地确定其有效的项目、内容、方法、负荷量和强度等，使之符合实际需要，做到区别对待。

第三节　实用体育锻炼方法简介

体育锻炼与运动训练不同，它的目的不在于创造运动成绩，而在于从个人的实际出发，获得身体健康、精神愉悦和提高对环境的适应能力，增强对疾病的抵抗能力，提高学习和工作的效率。体育锻炼大多是在业余时间进行的，可根据自身的实际情况，安排符合自己实际的健身锻炼方法。在选择体育健身锻炼的方法时，还必须考虑到多种因素的影响。首先，要以健身的目的与任务为前提；其次，要充分考虑锻炼者的自身状况；再次，要根据锻炼项目的特点选择相应的手段方法；最后，绝对不能忽视锻炼时的外界环境。总之，体育锻炼的方法很多，既可单独运用，又可组合实施，贵在灵活运用。

一 日常生活中的实用体育锻炼方法

1. 爬楼梯

作用：爬楼梯不仅可使髋关节的活动幅度增大，而且可使下肢肌肉的韧带、肌腱的弹性得到锻炼，达到强筋壮骨的作用。据测定，爬楼梯时可消耗能量为1000千卡/时。

方法：爬楼梯时，穿着运动服装，保持正确放松的身体姿势，量力而行，循序渐进。可采用跑、跳两种形式进行锻炼。膝关节、韧带和软组织有损伤的人不适宜该项运动。

2. 面壁下蹲起

作用：面壁下蹲起是一项全身运动，能增强股四头肌、臀大肌力量和减少臀腹部脂肪，使下肢富有曲线感，同时可扩大胸腔和增大肺活量。

方法：面朝墙壁站立，两脚并拢，周身中正，重心落在前脚掌，含胸收腹，全身放松，头部前看，不可倾斜。以30个为一组，多多益善。量力而行，循序渐进。

3. 6分钟健脑操

作用：6分钟健脑操可解除头晕，促进脑部血液循环，保持头脑清醒。

方法：该操由6个动作组成，锻炼时每个动作约1分钟，每天可重复多遍。6个动作分别为上下耸肩运动、背后举臂运动、叉手前伸运动、叉手转肩运动、前后曲肩运动、前后转肩运动。

4. 电脑桌前放松操

作用：长时间在电脑前工作，易引起头昏、眼花、乏力、记忆力减退、高血压、冠心病、便秘等。电脑桌前放松操可有效消除疲劳，放松身心，减轻上述症状，达到健身目的。

方法：梳头（用手或梳子）、弹脑、扯耳、练眼（远眺、眨眼并旋转眼珠）。

二 利用校园环境实施的实用体育锻炼方法

1. 健身走

作用：健身走是目前非常流行的一种有效健身方式，不仅可以锻炼身体，还可以促进大学生人际交流，陶冶身心。

方法：在自然行走基础上，躯干伸直，收腹、挺胸、抬头，摆臂自然，脚跟先着地过渡到前脚掌。上下肢协调配合，呼吸深而均匀。慢速健身走每分钟70～90步，中速健身走每分钟90～120步，快速健身走每分钟120～140步。

2. 骑自行车

作用：以有氧练习为主，对预防心血管系统、大腿骨骼疾病，减肥，增强心肺功能、腿部力量等都有很大作用，同时能放松身心及减轻学习压力。

方法：包括有氧骑车法（连续30分钟左右）、强度型骑车法、力量型骑车法、间歇型骑车法等。

3. 教室5分钟健身操

作用：通过5分钟左右练习，可以促进全身血液循环，对头痛、头晕和颈椎病有一定缓解作用，对治疗痔疮有辅助作用，对预防下肢静脉曲张也有一定作用。

方法：每个练习大约1分钟时间，要求动作到位，有一定力度。具体动作为，旋转头部并自我按摩颈部 1 分钟，搓手 1 分钟，上举手臂并用力握拳 1 分钟，提肛 1 分钟，旋转踝关节 1 分钟。

4. 健身路径

作用：目前常见的健身路径里面的器械大致可以分为有氧运动器械、力量器械、功能器械 3 类。有氧运动器械有椭圆机、太空漫步、滚筒、划船机等，主要用于改善心、肺、血管等器官功能，以充分供应氧气给身体各组织、器官，并能增加开放的血管的数量，增大其口径，从而充分地把氧送到每个组织、器官，并维持其功能在最好状态。力量器械有单双杠、扭腰类、蹬腿机、仰卧起坐椅等，有一定的使用强度，主要功能是改变各关节功能，改变肌肉质量，即肌肉和脂肪的比例。功能器械包括对偏瘫的病人非常有用的左、右肢练习等器械，其主要作用在于康复和增强损伤部位的力量等。健身路径在设计时主要针对健康人使用。另外，要注意早晨不要太早使用这些器械，尽量在吃过饭后使用，最好能有人结伴一起运动。

方法：详见各种健身路径器材上的使用和健身锻炼方法说明。

三　根据自身身体条件可选择的实用体育锻炼方法

（一）根据体质健康状况可选择的锻炼方法

（1）健康型体质，指身体强壮，有较强的参加体育锻炼的能力和欲望的学生。可选择一至两个运动项目作为经常性锻炼手段，如各类大球运动、田径、游泳、组合健身器械力量训练、跆拳道、武术等。锻炼时可采用综合练习法、重复练习法和间歇练习法等。

（2）一般型体质，指身体不太强壮，但身体健康无疾病的学生。此类大学生占大多数，他们较缺乏锻炼热情和恒心，体育锻炼常流于形式。因此，他们应该选择既能够激发锻炼兴趣和热情，又能够增强体质的项目，如球类运动、武术、健美运动、健美操等。锻炼时可采用综合练习法、重复练习法。

（3）体弱型体质，指体弱多病的学生。为增强体质，增进健康，可多进行健身走、慢跑、太极拳、乒乓球、羽毛球、保健气功等。锻炼时可采用重复训练法和循环练习法。

（4）肥胖型体质，指体重超过正常标准的学生。他们的锻炼目的多为减肥，因此可选择长跑、骑自行车、游泳、有氧健身操以及健美运动等。锻炼时一般采用重复训练法和循环练习法。

（5）消瘦型体质，指体重低于正常指标的学生。他们的锻炼目的是使自己更强壮，肌肉更结实，体型更健美。因此，可选择组合力量训练器械练习、体操、健美运动、短跑等。锻炼多采用重复训练法和循环练习法。

（二）根据性格状况可选择的锻炼方法

（1）紧张型，多指遇事容易心理紧张的学生。他们应多参加竞争或对抗激烈的项目，如篮球、足球、跆拳道等。经常在这种激烈对抗的场合中接受磨炼，沉着应对，久而久之遇事就不会紧张了，从而给学习和工作带来好处。

（2）胆怯型，指遇事害羞脸红、性格腼腆的学生。他们应多参加游泳、滑冰、轮滑、拳击、攀岩、单双杠、跳马项目等。在运动中不断克服胆怯心理，培养勇敢无畏的精神，时间长了，胆子就变大了，从而更易与人相处。

（3）孤僻型，指性格内向、孤僻、不合群，不善与人交往，缺少竞争力的学生。他们应选择足球、篮球、排球、拔河等团队合作的运动项目。在运动中，可增强他们的集体合作精神，逐步改善性格问题。

（4）急躁型，指处事不够沉着冷静，容易冲动急躁的学生。他们可选择棋类、太极拳、游泳、瑜伽等项目，以培养其沉着冷静的性格。

四 适应未来职业可选择的实用体育锻炼方法

1. 长时间在办公室工作的职业

由于办公室工作的性质和特点，要求从事此类职业的人员养成在各种环境下坚持锻炼的习惯，宜选择一些少受外界环境限制的易于开展的项目，如健身走、健美操、瑜伽、乒乓球、羽毛球、太极拳及一些在办公室就可进行的简易活动操等。

2. 长时间站立或步行的职业

有的职业如教师、警察、建筑工人等可能需要长时间站立或步行，这就需要全面的身体素质以适应体力需要。在运动技术和技能全面发展的基础上，还可增加诸如长跑、游泳、健美操、舞蹈及各类拓展素质游戏等，从而有效地全面提高展身体素质。

3. 注意力需要集中的职业

在工作中需要专注于某一项工作任务，并用脑较多的职业。从事这类职业的人员可选择一些有氧运动进行锻炼，如长时间进行球类、慢跑、武术、太极拳、气功等锻炼。

4. 从事野外工作的职业

从事野外工作职业的人员经常要跋山涉水，实地考察，需要较强的耐受力和对恶劣环境的适应能力。在平时运动中可选择一些诸如长跑、跳跃、登山、攀岩、游泳、野外宿营及素质拓展项目等。

五 利用自然力的锻炼方法

1. 日光浴

作用：可使深层组织的血管扩张，促进血液循环，加强新陈代谢。但要注意防止紫外线过量照射，应适量进行。

方法：采用卧位、坐位均可，但不宜直接照射头部，戴墨镜和太阳帽较好。时间一般选择在一天中光热合适的时候，开始时时间应短些，随着身体反应适应后，逐渐增加时间。

注意事项：防止紫外线过量照射；皮肤过敏、发高烧时，心脏功能不全者等不宜；空腹、饱腹、过度疲劳、情绪不佳时不宜；女性月经期间不宜。

2. 冷水浴

作用：可防治疾病，消除疲劳，提高对寒冷环境刺激的适应能力。

方法：采用冷水洗脸、洗脚，冷水擦身，冷水沐浴及冬泳等。

注意事项：要因人、因时、因地而异；要循序渐进，持之以恒；做好接触冷水前的各项准备工作；冬泳时切记不可单独进行。

3. 温泉浴

作用：有助于消除疲劳，防止疾病。

方法：首先清洁身体，选择适合自己温度的温泉，从温到热，每次浸泡 15 ～ 20 分钟即可上岸休息。根据体力和感觉决定浸泡时间。

注意事项：若出现口干或胸闷等不适感觉，可上岸休息或饮水、补充饮料缓解；浸泡后不宜用肥皂或浴液冲洗身体。

4．空气浴

作用：能够加快新陈代谢，改善中枢神经、血液循环、呼吸及内分泌系统的功能，提高机体抵抗力。

方法：让皮肤直接接触空气，利用气温和皮肤之间的温度调节，形成对人体的刺激，通过神经系统的作用，进行体温调节，从而提高机体的适应能力。空气浴应从温暖季节开始，逐渐向寒冷季节过渡。空气越冷则每次锻炼时间应越短，以不出现寒战为度。开始前应做好准备活动，使身体微微发热而不要出汗。

注意事项：最好在清晨，年老体弱者应选 . 择在上午 9—10 时或下午 3—4 时进行；最好安排在树木繁茂处或江河湖畔进行，不宜在人口密集处；大风、大雾或大雨天气不宜进行；饭后 1 小时内不宜进行；大汗或身体疲劳时不宜进行。

第四节　体育锻炼的运动处方制定与实施

一　运动处方的概念

20 世纪 50 年代，美国生理学家卡波维奇提出了运动处方的概念。1960 年，日本人猪饲道夫首先使用了运动处方这一术语。1969 年，世界卫生组织也开始使用这一术语，并使这一术语在国际上得到确认。处方，一般是指医生给病人治病所开的对症药方。运动处方则是对从事体育锻炼的人们，根据医学检查资料和运动能力测试结果，按其健康、体能状况，结合运动环境和运动爱好等个性特点，用处方的形式制定运动种类、运动强度、运动时间和运动频率等，并提出运动中的注意事项，便于人们有计划地进行经常性的体育锻炼，达到健身或治病的目的。

二　运动处方的分类

（1）健身运动处方：该处方以增强体质、增进健康为目的。

（2）治疗性运动处方：该处方以预防疾病、辅助治疗某些慢性病为目的。

（3）康复性运动处方：该处方以恢复身体运动功能及病后康复为目的。

（4）竞技训练运动处方：该处方以提高专业运动成绩为目的。

三　运动处方的制定和实施流程

（一）锻炼者的基础情况备案

锻炼者的基本情况包括锻炼者的姓名、性别、年龄、职业、疾病史、食欲、睡眠、常用药品以及日常基本锻炼情况等。

（二）健康检查

健康检查主要对锻炼者的健康程度做出判断，是制定运动处方的重要依据之一。主要了解锻炼者的一般身体状况、伤病情况和健康水平，以确定是否适应健身运动，有无禁忌症等。

（三）体力测定

1. 运动负荷测验

检测和评定锻炼者的身体机能对运动负荷的承受能力，以心肺功能为主。一般要进行安静状态和在定量负荷状态下的生理机能测试，主要测试指标包括安静时心率、血压，运动时的最大摄氧量等。定量负荷有两种，最大负荷和次最大负荷。一般说来，前者更合乎要求，但危险性较大，特别是对中老年人和某些疾病患者更是如此，因此常采用后者。

2. 体能测定

体能测定主要是对锻炼者的速度、力量、耐力、灵敏、柔韧等基本素质进行检测，从而便于判定锻炼者的运动能力和生理机能状况。

（四）制定运动处方（见图 2-1）

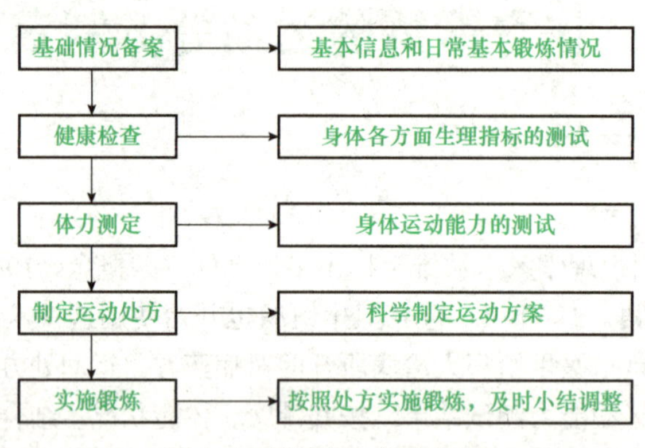

图 2-1 运动处方制定流程

1. 锻炼目标

根据个人的锻炼目的来制定相应的运动处方和锻炼目标，能够做到有的放矢。例如，健身运动处方的目的是提高身体耐力素质和增强心肺功能等，康复性运动处方的目的是恢复身体运动能力或功能。

2. 运动项目的选择

在选择运动项目的时候，应该考虑以下因素，以利于健身锻炼的安全、持久、实效：①经医学检查许可；②运动方式、运动强度、运动量符合本人的体力；③参与本人喜欢的项目并具有运动经验；④场地、器材设备许可；⑤有同伴参与指导。

学生可以根据个人身体素质需要，在体育教师的指导下选择适合自己的运动项目或者有针对性地增加其他运动项目。

3. 运动强度

运动强度是运动对人体生理刺激的程度，是衡量运动量的重要指标之一，是运动处方定量化与科学性的核心问题。人体只有在适应一定的运动强度后，逐渐加大运动强度，即完成一个从适应到不适应再到适应的循环往复锻炼的渐进过程，身体素质水平才能逐步提高。

人们通常用心率来确定和控制运动强度。

（1）测量运动强度的简单办法：运动后 10 秒的脉搏数乘以 6，即为 1 分钟的运动强度。

（2）常用靶心率来控制适宜运动强度范围：靶心率指能获得最佳效果并能确保安全的心率，也称为运动中的最适宜心率。

靶心率是反映个人最适宜的运动强度范围的客观指标。研究表明，人体在靶心率范围内进行运动时，能收到最佳的锻炼效果，并保证锻炼的安全性，这一点对有心血管疾病的患者尤为重要。其测算方法包括两步计算：先计算最大心率，然后再计算靶心率。

最大心率是指达到最大运动强度时的心率，此时，心脏功能的发挥已经达到了极限。最大心率的计算方法是用 220 减去年龄，就是运动时所允许的最大心率值。一般来说，我们把人体完成最大做功的 65% ～ 85% 时的心率称为靶心率或运动中的最适宜心率，目前国际上流行采用公式来推算靶心率。对于大多数没有明显疾病的人来说，可以把最大心率的 65% ～ 85% 确定为靶心率范围，即

靶心率＝（220 －年龄）×（65% ～ 85%）

假设学生甲是 20 岁的健康人，其最大心率为“220 － 20 ＝ 200 次 / 分钟”，适宜运动心率下限为“200×65% ＝ 130 次 / 分钟”，上限为“200×85% ＝ 170 次 / 分钟”。

4．运动时间

运动时间是指每次运动的持续时间，是组成运动量的重要因素。按运动强度及身体条件决定必要的运动时间，是运动处方的要点。青少年多选择以健身和提高身体素质为目标的运动，短时间的激烈运动和反复多次的运动处方，对健康有很好的促进作用。每次运动持续时间和运动强度的配合，可明显地作用于运动量，使运动量发生改变。

5．运动频率

运动频率是指每日或每周锻炼的次数。运动锻炼所获得的效果应遵循生理学“刺激－反应－适应”原理。从运动刺激到身体适应是一个由量变到质变的过程，过高或过低的运动频率都难取得良好的锻炼效果。研究发现：当每周锻炼多于 3 次时，最大吸氧量的增加逐渐趋于平坦；当锻炼次数增加到 5 次以上时，最大吸氧量的提高显得很小；当每周锻炼少于 2 次时，通常不会引起吸氧量改变。由此可见，一般运动每天只需锻炼 1 次，每周锻炼 3 ～ 4 次是最适宜的运动频率。由于运动效应和蓄积作用，两次运动间隔不宜超过 3 天。

（五）实施锻炼

实施运动处方即按照运动处方方案的要求实施锻炼计划。经过锻炼一个时期后，再进行身体状况和健康检查，以检测和评定锻炼者身体机能对运动负荷的承受能力。这一方面可以评价运动处方锻炼的效果，另一方面还可以用以提供反馈信息，修改和制定出新的运动处方，调节锻炼过程，从而保证整个锻炼过程与自身身体状况相适应。另外，在每次锻炼的过程中，必须遵循科学锻炼原则和原理，积极做好热身活动和整理活动，减少运动损伤和运动性疾病。

四　运动处方设计示例

姓名：张 ××。

性别：男。

年龄：20 岁。

职业：学生。

既往病史：无。

体育爱好：篮球。

健康检查：身体健康无疾病，身高为180厘米，体重为90千克，体脂轻度超重。安静时脉搏为82次/分钟，血压为85/140mmHg，肺活量为2 600毫升。

体能测定：仰卧起坐为18个/分钟，50米跑为8.5秒，1 000米跑为6.10秒。

体质评定：轻度肥胖，心肺功能较差，速度水平较低。

锻炼目的：适当减肥、健身，发展速度和耐力素质。

锻炼项目：篮球、足球、健身、长跑、身体阻力素质训练、跳绳等。采用项目组合形式设计运动处方。

运动强度：心率控制在140～170次/分钟。

运动时间：1学期18周左右（降低体重2.5～5千克），每次30～60分钟（根据项目组合确定）。

运动频率：每周为3～5次。

营养平衡：适当控制饮食，减少糖和脂类食品的摄入，多吃水果和蔬菜等。

第三章 运动损伤的防护

第一节 常见运动性病症及其处理

运动性病症一般是指机体对运动应激因子不适应或训练安排不当而造成体内紊乱所出现的一类疾病、综合症或机能异常，包括人体生理活动过程的有序性由于运动而被暂时性破坏所导致的某种生理反应。

一 延迟性肌肉酸痛

延迟性肌肉酸痛是指机体进行大运动量训练后，特别是大强度的离心训练或进行新的不习惯的练习之后一段时间，参与运动的肌肉所出现的酸痛现象。

1. 临床表现

一般在运动后 24 小时之内出现肌肉僵硬、酸痛和自觉酸痛部位肿胀，有压痛，多发生于双下肢主要伸、屈肌群，而肌肉远端和肌肉—肌腱移行处常常症状较重，严重者则全身肌肉发生疼痛，且以腹肌为主。24 ～ 48 小时内，酸痛达到高峰，之后可自行缓解，5 ～ 7 天消失。

2. 处理

（1）热敷。

（2）伸展状态下的静力牵张。即患部关节伸直，慢慢拉长受伤肌肉，牵拉 2 分钟后休息 1 分钟，重复进行几次。

（3）按摩。主要采用揉捏法，即将掌心及各指紧紧贴于酸痛部位皮肤，拇指与其余四指相对用力，开始时动作要轻，适应后逐渐加重，结束前放松。

（4）口服维生素 C。

（5）理疗。

3. 预防

（1）循序渐进，把握运动强度及运动量的递进性原则。

（2）降低训练环境的温度，尤其要避免在炎热的气温条件下进行大强度的肌肉离心性动作练习。

（3）大强度力量练习后，对主要工作肌肉进行推拿按摩。

二 极点和第二次呼吸

1. 极点

剧烈运动时，由于运动开始阶段内脏器官的活动满足不了运动器官的需要，氧债不断积累，大量乳酸性代谢产物堆积在血液中，而引起呼吸循环系统暂时失调，机能下降，出现呼吸困难、肌肉酸痛、动作迟缓、胸闷难忍、下肢沉重和不愿再运动下去等现象，这在运动生理学上被称为“极点”。

2. 第二次呼吸

“极点”出现后，若适当降低运动速度并有意识地加深呼吸，上述生理反应将逐渐缓解与消失，随后人体植物性机能的惰性被克服，氧供应增加，各器官系统的机能活动开始进入一种稳定状态，此时呼吸变得均匀而加深，动作感到轻快，很多不舒适的感觉会消失。这种现象在运动生理学上被称为“第二次呼吸”。

“极点”和“第二次呼吸”是长跑运动中常见的生理现象，只要经常坚持锻炼，“极点”现象是可以延缓和减轻的，并且，只有在锻炼中不断克服“极点”，人体机能才能逐步得到提高。

三 肌肉痉挛

肌肉痉挛（俗称抽筋），是肌肉不自主的强直性收缩。它是运动中较为常见的一种症状，尤其是在田径、游泳、足球等一些时间长、强度大的运动项目中，发生率较高。

1. 临床表现

运动中最易发生痉挛的肌肉是小腿腓肠肌，其次为足底的屈䟡肌和屈趾肌。痉挛的肌肉僵硬或隆起，疼痛难忍，痉挛肌肉所涉及关节的伸屈功能有一定障碍；痉挛缓解后，局部仍有酸痛不适感。

2. 处理

（1）牵引痉挛肌肉。如腓肠肌痉挛，可伸直膝关节，同时用力将踝关节背伸；如屈䟡肌和屈趾肌痉挛，可用力背伸踝关节和足趾。牵引时用力宜均匀、缓慢，切忌暴力。

（2）配合局部按摩，一般几分钟后即可缓解。

3. 预防

（1）经常参加体育运动，提高身体素质。

（2）运动前做好充分的准备活动。

（3）根据自身的实际情况，合理安排运动量。

（4）冬季锻炼注意保暖，夏季运动注意加强电解质的补充。

（5）饥饿或疲劳时不宜参加体育活动。

四 运动性晕厥

由于脑部一时性血液供给不足或血液中化学物质变化而突然发生的一时性知觉和行动能力丧失的现象，称为运动性晕厥。其多发生于大强度训练或激烈比赛中或比赛后。

1. 临床表现

在运动中或运动后突然出现一般性知觉丧失及昏倒；发生前可感到全身无力，头昏耳鸣，眼前发黑，面色苍白，恶心，出虚汗等；昏倒后，皮肤苍白，四肢发凉，脉搏细弱，一般经短时间休息后神志迅速恢复。

2. 处理

（1）立即平卧，头略低于足部，安静，保暖。

（2） 进行由小腿至大腿的重手法推摩或揉捏，同时用手指掐按人中、合谷、百会、涌泉等穴位。

（3）如有呕吐，应将头偏向一侧，以免因舌头后坠或呕吐物堵塞气道而妨碍呼吸。

（4）如呼吸停止，应立即做人工呼吸。如伴有心跳停止，应同时进行胸外心脏按压。

（5）如神志不能迅速恢复，应立即送医院处理。

3. 预防

（1）坚持体育锻炼，提高心血管功能。

（2）发生过晕厥者应做全面的检查，并避免剧烈运动。

（3）久蹲后要慢慢地站立；疾跑后应继续慢跑，并做深呼吸。

（4）剧烈运动后，应休息约半小时后再洗澡或淋浴（若立即淋浴有可能造成心肌缺血、心排血量减少）。

（5）若有晕厥先兆时，应立即平卧。

五 运动中腹痛

运动中腹痛是指由于体育运动而引起或诱发的腹部疼痛，它是运动中常见的一种症状，尤其在长跑中发生率较高。运动中腹痛多发生在运动过程中或运动结束时，以右上腹疼痛为常见，男运动员多于女运动员。引起运动中腹痛的原因，大致可分为腹腔内疾患、腹腔外疾患和原因不明但与运动有关的运动性腹痛三大类。

1. 处理

（1）一般只要减慢运动速度，加深呼吸，按压疼痛部位或弯腰跑一段距离，疼痛即可减轻，以至消失。

（2）若疼痛仍不减轻，甚至反而加重，就应停止运动，口服解痉止痛药，针刺或用手指点揉内关、足三里、大肠俞等穴位。

（3）若以上措施均不见效，则应请医生诊治。

2. 预防

（1）循序渐进，把握运动训练和体育健身活动的运动强度及运动量的递进性原则。

（2）加强全面身体训练，提高生理机能水平。

（3）膳食安排要合理，饭后须经过一定时间（1.5 小时左右）以后才可进行剧烈运动；运动前不宜过饱或过饥。

（4）要充分做好准备活动，运动中注意呼吸节律，中长跑时要合理分配速度。

第二节 运动损伤的预防与处理

体育运动过程中所发生的损伤，称为运动损伤。运动损伤的发生与锻炼者的运动基础、体质水平、运动项目的特点、技术难度及运动环境等因素有关。在预防、诊断和治疗过程中要根据不同运动项目的特点，寻找损伤的原因、种类和损伤的程度，采用不同的处理方法，因时因地、简便易行、实际有效地进行急救和治疗。

一 运动损伤的分类

运动损伤根据损伤的时间分为新伤和旧伤，根据损伤的病程分为急性和慢性，根据损伤的程度分为轻伤、中度伤和重伤，根据损伤的性质分为开放损伤和闭合损伤。运动损伤的分类是处理伤病的前提，也是诊断和治疗伤病的依据。

二 运动损伤发生的原因

运动损伤发生的原因包含内在主观因素和外在客观因素两个方面。

（一）内在主观因素

（1）思想认识不足。参加体育运动时，在思想上未做好充分的准备，对运动创伤的预防方法、重要性和可能性，以及运动创伤的急救方法缺乏一定的认识，对自我保护等安全措施未予重视。

（2）体质弱。缺乏锻炼、体质差的人，身体素质也差，肌肉活动所表现出来的力量、速度、耐力和灵敏性等机能活动水平也不高。尤以肌肉力量不足最为明显，关节的稳定性差，容易出现扭伤、拉伤和韧带损伤。

（3）技术水平低，动作不熟练。技术动作的熟练程度与运动技术水平的高低有关。技术水平低，大脑皮层运动中枢的兴奋和抑制扩散，造成肌肉紧张，动作僵硬、不熟练，产生多余动作，就容易引起伤害事故。

（4）准备活动不足。准备活动不仅能活动肢体，而且能使身体各器官组织都由原来的抑制状态转入适合体育活动的兴奋状态。如踝关节、韧带、肌肉没有充分做好准备活动，就容易引起运动损伤。

（5）心情不好，体力下降。体育活动要求精神高度兴奋，这样才能完成动作。如果身体机能欠佳，有病在身或并未痊愈，精神上的气、怨、愁，都会使体力下降。肌力不足，动作灵活性差，也是导致运动损伤的原因。

（二）外在客观因素

（1）组织教法不合理，锻炼和比赛安排不当。体育锻炼应根据参与者的年龄、性别、参加体育活动的情况来安排、组织活动，否则易产生运动损伤。

（2）缺乏保护和帮助。做器械练习，必须加强保护和帮助。若保护不当，帮助不及时，一旦失手就可能产生伤害事故。

（3）场地器材不完善，器材设备不符合要求。场地不平、光线不好、器材不符合要求、器械不牢固等都可能引起伤害事故。

（4）违反规则的粗野行为。各项活动都有规则的约束，活动时的粗野行为是造成创伤的一个因素。

（5）气候因素。气温过高、过低，风雨、冰雪天气，都是易产生伤害事故的原因。

三　运动损伤的预防

（1）加强思想教育。加强对体育目的、任务和安全思想的教育，加强组织纪律性和道德品质的教育，加强体育竞赛规则的教育，能有效地预防和避免运动损伤的发生。

（2）合理安排教学、训练和比赛。遵循教学、训练和比赛的规律，改进教学方法，合理安排运动量和动作难度，循序渐进，全面发展，才不致引起运动损伤。

（3）做好准备活动。依据气候、活动内容、时间以及运动量，充分做好准备活动，是保证完成教学和预防伤害事故的有效方法。

（4）加强体质锻炼，提高身体素质。体质的强弱是可以改变的。通过各项体育活动多样化的练习，可促进身体的全面发展，从而使身体更加健壮。身体素质逐步提高，发生运动损伤的可能性也会随之减少。

（5）加强保护和帮助。器械的练习，造成运动损伤的可能性最大，因此必须加强保护和帮助，防止事故发生。

（6）加强医务监督，注意检查场地设施及器材用具。对有病或病后尚未痊愈的人，要在医生指导下参加体育活动。场地要无石子、平坦、轻柔而无灰尘，器械设施要平稳牢固，器材用具要适合年龄、性别需要，这是预防运动损伤的重要措施。

四　常见运动损伤及处理方法

运动损伤分为开放性损伤和闭合性损伤。对于运动损伤的处理，一般分为前期、中期、后期的处理。下面就针对开放性损伤和闭合性损伤的不同预防和处置方法分别进行介绍。

（一）开放性软组织损伤的预防与处置

常见的开放性软组织损伤有擦伤、切伤、刺伤和撕裂伤，局部皮肤或黏膜破裂，其伤口与外界接触，常见组织液渗出或血液自伤口流出。紧急处理的原则是及时止血和处理伤口，预防感染。

1．擦伤

擦伤多发生在摔倒时。对于伤口较脏的擦伤，可先用生理盐水洗净伤口，然后再用酒精棉球或碘酒消毒。伤口较浅、面积较小的擦伤无须包扎。

2．切伤与刺伤

切伤与刺伤的伤口往往较深、较小。如果伤口较脏，除了进行伤口的止血、消炎、包扎处理外，还要注射破伤风抗毒素。

3．撕裂伤

撕裂伤中，头、面部皮肤伤较多见，例如拳击运动中，眉弓被对方肘部碰撞而引起眉际皮肤撕裂等。若撕裂的伤口较小，经消毒处理后，贴上创可贴即可；若撕裂伤口较大，则须止血，缝合伤口；若伤情和污染较重，应注射破伤风抗毒素。

（二）闭合性运动损伤的预防与处置

闭合性运动损伤主要是由于受钝力作用，肌肉猛烈收缩，关节活动超过正常范围或劳损等引起。常见的闭合性运动损伤有挫伤、肌肉损伤、关节韧带损伤、骨折、关节脱位以及脑震荡等。

1. 挫伤

（1）征象：挫伤多发生在头部、胸部、四肢，因为这些地方暴露在外，常会遇到碰、跌、撞、打、摔等，受伤后局部红肿、疼痛，皮肤破裂的当时就出血，没有破裂的会出现青紫瘀血。

（2）原因：首先是运动前准备活动做得不够，肌肉、关节没有得到充分的伸展；其次是活动时用力过猛，超过了肌肉、关节和韧带的负荷限度。

（3）处理：应根据情况及时处理挫伤。如果皮肤出血应立即停止运动，先用酒精或碘酒将伤口消毒，用净布包扎。如果受伤部位红肿、疼痛，可先用冷水或冰进行局部冷敷，抬高受伤部位，必要时加压包扎，防止继续出血。24 小时以后改用热敷，用按摩来活血、消肿、止痛。伤势减轻后再做针对性的活动，使关节、肌肉恢复功能，如做下蹲、弯腰、举腿，可以避免伤后关节不灵活或发生肌肉萎缩。

2. 肌肉损伤

（1）征象：如果是细微的肌肉损伤，则症状较轻；如果是肌纤维完全断裂，则症状较重。一般表现为伤处疼痛，局部肿胀、压痛，肌肉紧张或抽筋，伤后肌肉功能减弱或丧失。

（2）原因：准备活动不充分，肌肉的生理机能尚未达到准备活动充分的状态就参加剧烈活动；体质较弱，运动水平不高，肌肉的弹性、伸展性和力量较差；疲劳过度也可能导致肌肉损伤。

（3）处理：肌肉损伤治疗要根据具体情况而定。少量肌纤维断裂者，应立即采取局部冷敷、加压包扎等措施，并抬高伤肢。对于肌肉大部分或完全断裂者，应在加压包扎后立即送医院进行手术缝合。

3. 关节韧带损伤

（1）征象：关节韧带损伤后，一般表现为压痛、自感疼痛，轻者发生韧带部分纤维断裂，重者韧带纤维完全断裂，引起关节半脱位或完全脱位，从而出现关节功能障碍。

（2）原因：上肢关节以肩关节、肘关节、腕关节损伤最为常见，如掷标枪引枪后的翻肩动作错误造成肩、肘关节扭伤；下肢关节以髋关节、膝关节、踝关节损伤较多，如从高处跳下，平衡、缓冲不够，使膝、踝关节受伤；做“下桥”练习时，过分提腰造成腰椎损伤等。

（3）处理：如发生关节韧带扭伤，应当在 24 小时内冷敷，必要时加压包扎，24 小时后采用理疗、热敷、按摩、针灸治疗，待疼痛减轻后可增加功能性练习。对急性腰部损伤，如果出现剧烈疼痛，切不可轻易处理，应让患者平卧，并用担架送至医院就诊。

4. 骨折

（1）征象：骨折分为完全性骨折（骨完全断裂）和不完全性骨折（骨未完全断裂，如裂缝骨折），是运动中一种比较严重的损伤。主要症状表现为肿胀和皮下瘀血、功能障碍，出现畸形和假关节，并有压痛和阵痛感。

（2）原因：因身体某部位受到直接或间接暴力冲击，或肌肉强烈收缩所致。常见的骨折部位有肱骨、尺（桡）骨、手指、胫（腓）骨和肋骨等。

（3）处理：一旦出现骨折，切勿随意移动伤肢，而应先用夹板或其他代用品固定伤肢，动作要轻柔、缓慢，不要乱拉乱拽，以免造成错位，影响恢复。如果是上肢骨折，可用木板托住伤肢，用绷带扎紧骨折处的上、下两端；如果是下肢骨折，先将伤腿轻轻放好，然后用宽布条或褥单将两条腿缠在一起，慢慢抬到硬板担架上，送往医院救治；如果是头部、颈部或脊椎骨发生骨折，运送时就更要小心，以免损伤脑神经和脊神经而造成肢体瘫痪。搬运时头部用枕头或衣服垫住，防止移动，固定好以后，告知患者不要扭动伤肢。送往医院时要注意做到迅速、平稳。

5. 关节脱位

（1）征象：因受外力作用，关节面失去正常的连接关系，叫作关节脱位，又称脱臼。关节脱位可分为完全脱位和半脱位（或称错位）两种。关节脱位后常出现畸形，与健肢相比不对称，表现为局部疼痛、压痛和关节肿胀，并失去正常活动功能，甚至发生肌肉痉挛等现象。

（2）原因：运动中发生的关节脱位大都是间接外力撞击所致。如摔倒时用手撑地，引起肘关节或肩关节的脱位。

（3）处理：用长度和宽度相称的夹板固定伤肢。如果没有夹板，可将伤肢固定在伤者自己的躯干或健肢上，防止震动，随后及时送医院治疗。必须指出，没有把握做整复处置的，切不可随意做整复手术，以免出现进一步的伤害。

6. 脑震荡

（1）征象：受伤时表现为神志模糊、脉搏徐缓、肌肉松弛、瞳孔稍大但对称、神经反射减弱或消失；清醒后患者常有头痛、头晕、恶心呕吐感；平时情绪烦躁，注意力不易集中，出现耳鸣、心悸、多汗、失眠、记忆力减退等现象。

（2）原因：脑震荡是指头部受到外力打击后，大脑管理平衡的膜半规管、椭圆囊、球囊等感应器官机能失调，引起意识和机能的暂时性障碍。体育锻炼时，两人头部相撞、撞击硬物或从高处跌下时头部撞地，都可能造成脑震荡。

（3）处理：立即让患者平卧，头部冷敷；若有昏迷情况，就用指压人中、内关、合谷穴；若呼吸发生障碍，立即进行人工呼吸。完成上述处理后，若出现反复昏迷或耳鼻口出血，两瞳孔放大且不对称时，则表明病情严重，应立即送至医院救治。在运送途中，要让伤者平卧，头部固定，避免颠簸。

轻微的脑震荡一般都可自愈，无须住院治疗，但要注意休息，保持情绪稳定，减少脑力劳动。

第三节　运动损伤的急救处理

对体育运动中发生的严重损伤进行及时、正确的临时性处理，可减轻患者痛苦，减少并发症和感染，并为转送医院进一步治疗创造条件，这对保证生命安全具有十分重要的意义。

一　出血初步急救处理

（1）冷敷：用于急性闭合性软组织损伤有内出血者，如踝关节扭伤。用冷水冲淋或用冷毛巾敷于患处。

（2）加压包扎法：用于小静脉和毛细血管出血。先用消毒纱布覆盖伤口，然后用绷带适当加压包扎。

（3）止血带法：用于四肢部位大动脉外出血。在靠近出血部位的近心端缚扎止血带，稍紧即可，上肢每隔半小时、下肢每隔 1 小时放松止血带一次，以免肢体缺血坏死。止血带可用橡皮管、宽布条、皮带、毛巾等，切忌用绳索代替。

（4）充填法：用于鼻出血或躯干部位出血。用消毒药棉、凡士林油纱条或消毒的卫生纸巾充填于伤口内，以压迫止血。

（5）直接指压法：在大量出血、情况紧急、来不及采用其他止血法时，可用手指直接压迫出血的血管或出血部位，暂时止血，以便进一步采取措施。

（6）间接指压法：用于动脉出血，是一种临时性止血的有效方法。用手指压迫身体表浅部位的动脉，最好压在骨面上，使该动脉供血部位的出血暂时停止。常用的方法有 7 种。

1）头顶及额部出血：以拇指压迫耳屏前方的血管搏动处（即颞动脉）（见图 3–1）。

2）面部出血：以拇指压迫下颌角前 1.5 厘米切迹处的血管搏动部位（即面动脉，见图 3–2）。

3）肩部和上臂出血：以拇指用力压迫锁骨上方、胸锁乳突肌外缘的动脉搏动处（即锁骨下动脉），将该动脉向内后下压在第一肋骨上（见图 3–3）。

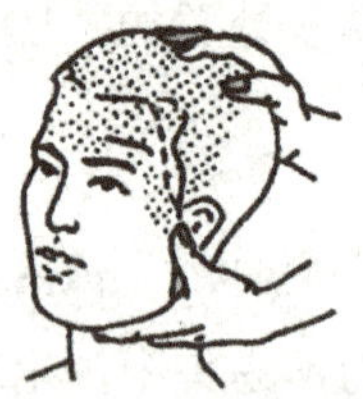

图 3–1　颞动脉压迫部位

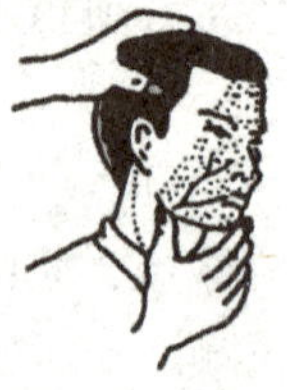

图 3–2　面动脉压迫部位

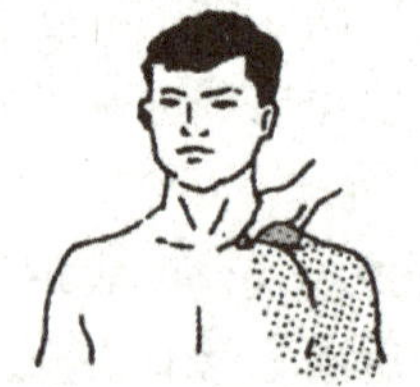

图 3–3　锁骨下动脉压迫部位

4）肘部和前臂出血：以拇指压迫上臂中段、肱二头肌内缘的动脉搏动处（即肱动脉），将该动脉压迫在肱骨上（见图 3–4）。

5）手指出血：以拇指和食指相对夹压出血手指的第一指节根部两侧（即指动脉）。

6）大腿及小腿部出血：以双手拇指重叠压迫腹股沟中点稍下方的动脉搏动处（即股动脉），将该动脉压迫在耻骨上（见图 3–5）。

7）足部出血：以双手拇指分别按压踝关节背侧、足背皱纹中点的动脉搏动处（即胫前动脉）和内踝与跟骨之间的动脉搏动处（即胫后动脉，如图 3–6）。

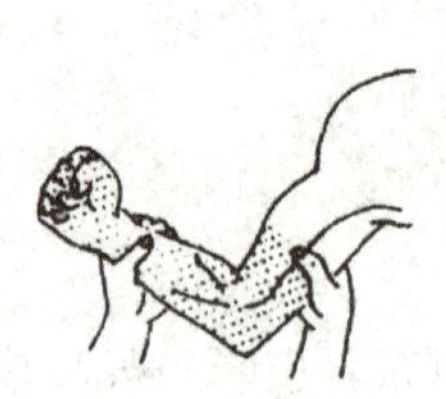

图 3–4　肱动脉压迫部位

图 3–5　股动脉压迫部位

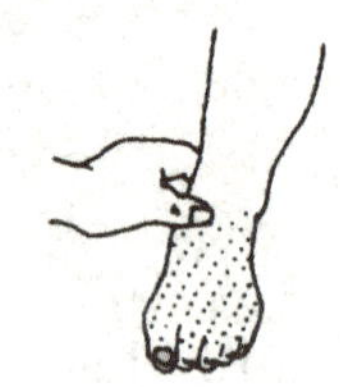

图 3–6　胫前、后动脉压迫部位

二　骨折初步急救处理

（1）急救原则：及时固定骨折部位，避免加重骨折端附近的组织、神经、血管等损伤，减轻疼痛，便于搬运。

（2）固定的办法：将长度超过骨折部位上、下两个关节的夹板或树枝、木板、纸板等置于患肢骨折部位一侧或两侧，再用绷带或布带等进行包扎；先固定骨折部位的两个断端，再固定其上、下两个关节。如寻找不到合适的器材，可将受伤的上肢用布类吊在胸前，或将受伤的下肢与健肢捆在一起。经初步急救处理后，须立即送医院作进一步处理。

三　关节脱位初步急救处理

（1）抗休克。

（2）立即用三角巾、夹板、绷带等在脱位所形成的特殊畸形姿势下固定患肢。若没有合适的器材，可将患肢固定在自己的躯干或健肢上。

（3）肩关节脱位的固定：将患肢肘关节屈曲 90°，一条三角巾在颈后打结，将前臂悬挂于胸前，另一条三角巾绕过患侧上臂，在健侧腋下打结，将上臂固定于躯干上。

（4）肘关节脱位的固定：将铁丝夹板弯成约 135° 的托板，置于肘后，用绷带扎好，再用三角巾将前臂悬挂于胸前。若无铁丝夹板，可直接用三角巾将前臂悬挂于胸前。

（5）指间关节脱位：用绷带或布带将患指直接固定于健指上。

（6）经初步急救处理后，应立即送医院作进一步处理，争取早期复位。

四 溺水及其初步抢救措施

1．溺水的概念

人淹没于水中，呼吸道被水、污泥、杂草等堵塞，或因吸水的刺激喉头、气管发生反射性痉挛，引起窒息和缺氧，称为溺水。

2．溺水的初步抢救处理

（1）清除口腔和鼻腔内的分泌物及其他异物。

（2）控水：对上腹鼓胀、腹内有水者，可将溺水者腹部置于抢救者屈膝大腿上，使溺水者头部下垂，然后按压背部，使口腔、咽喉及气管内的水倒出。控水时间不宜过长，切不可因控水而失去心肺复苏的良机。

（3）检查呼吸、心跳情况，如呼吸、心跳停止，立即就地进行人工呼吸和胸外心脏按压（详见下述的“呼吸、心搏骤停及其初步抢救措施”）。

（4）迅速转送医院，应当尽量在运送途中继续进行人工呼吸和心脏按压术。切忌不做任何抢救就将溺水者送往医院，这样会使溺水者脑缺氧时间过长而无法挽救生命。

五 呼吸、心搏骤停及其初步抢救措施

1．呼吸、心搏骤停的概念

呼吸停止和心跳停止，可单独发生或同时发生。呼吸停止后因全身缺氧，随即引起心跳停止。心跳停止后，因延髓血流即停止，可迅速引起延髓缺氧及中枢性呼吸衰竭而导致呼吸停止。电击伤、一氧化碳中毒或药物中毒、溺水和窒息等均可引起呼吸、心搏骤停；在运动损伤中，严重创伤所导致的大量失血，亦可导致呼吸、心搏骤停。

2．呼吸、心搏骤停的初步抢救措施

呼吸、心搏骤停的诊断一经确立，应立即用最简便的方法重新建立有效的循环和呼吸，而人工呼吸和胸外心脏按压是现场复苏急救的重要手段。成功复苏的关键是必须行动迅速，争分夺秒，不可延误时机。

（1）人工呼吸。

1）操作方法：使患者仰卧，解开衣领、裤带和胸腹部衣服，抢救者一手托起患者下颌，掌根轻压环状软骨（喉结的下方），以避免将空气经食管吹入胃内，另一手捏住鼻孔，掌根压住患者前额，深吸一口气后对准患者口吹入，吹完气后松开捏住鼻孔的手。如此反复进行。

2）注意事项：人工呼吸前应清除患者口腔异物，并将其头部置于极度后仰位，以保持呼吸道的通畅。每次吹气量应为 800 ～ 1 200 毫升，吹气按每分钟 16 ～ 18 次的频率进行。

（2）胸外心脏按压。

1）操作方法：使患者仰卧于木板或地上，抢救者以一手的掌根部置于患者胸骨中、下 1/3 交界处，另一手置于前手之上，肘关节伸直，充分利用上半身之重量和肩、臂部肌肉的力量，带有一定冲击力并有节奏地垂直按压胸骨，使之下陷 3 ～ 4 厘米（儿童相应要轻些），随即迅速抬手，使胸廓复位，以利于心脏舒张。如此反复进行。

2）注意事项：接触胸骨只限于掌根部。用力不可太猛，以免引起肋骨骨折。按压以每分钟 60 ～ 80 次的频率进行，儿童应以单手掌根按压，每分钟 100 次左右。

（3）对呼吸与心跳都停止的患者，应同时由两人进行口对口人工呼吸与胸外心脏按压。一人口对口人工呼吸，一人做胸外心脏按压，每按压 5 次，吹气一次，交替进行。若只有一人时，则应每按压心脏 15 次，进行口对口人工呼吸 2 次，反复交替进行。

（4）抢救时应沉着、冷静、迅速，抢救一经开始，就要连续进行，不能间断，一直做到患者恢复自主呼吸及心跳或确定死亡为止。

（5）在就地进行抢救的同时，要迅速请医生来处理或迅速转送医院，在运送途中仍然要不间断地进行人工呼吸和心脏按压术。

六 休克及其初步急救处理

1. 休克的概念

休克，是人体遭受体内外各种强烈刺激后发生的一种因毛细血管的血流灌注量急剧减少所引起的组织代谢障碍和细胞受损的综合征，若不及时抢救，可导致患者的死亡。有效循环血量的绝对减少或相对减少，导致组织器官的缺氧和代谢率紊乱，同时，神经系统和内分泌系统也发生不同程度的功能紊乱，并互为因果而造成恶性循环。

2. 休克的初步急救处理

（1）应立即让患者平卧休息，一般应采取头和躯干部抬高 20°～ 30°，下肢抬高 15°～ 20°的体位。

（2）神志清醒又无消化道损伤的患者，可饮适量的盐水或姜糖水、热茶等。

（3）保暖，但不宜过度，以免皮肤血管扩张，影响器官的血液灌注量和增加氧气的消耗。在炎热的夏天，要注意降温，防止中暑。

（4）保持呼吸道畅通，对昏迷病人要及时清除口腔分泌物及血块，松解衣领，必要时可将舌头牵出口外。

（5）剧烈疼痛时，可口服或注射止痛剂、镇静剂。

（6）可针刺或指压人中、百会、涌泉、内关、合谷等穴位，宜用强刺激手法。

（7）对有骨折或脱位者应进行必要的急救固定，对有出血者应及时采用适当的方法止血，对疑有内脏出血者应迅速送医院抢救。

（8）在进行以上现场急救的同时，应迅速请医生处理，或尽快将患者送医院治疗。

第四章 体育与学生发展

第一节 体育与大学生社会适应能力发展

世界卫生组织（WHO）关于健康的概念是："健康不仅仅是没有疾病，而是身体上、心理上和社会适应上的完好状态。"这一定义突破了健康的传统医学模式，拓展了健康的认识空间，更加注重个体在现实社会中存在状态或生存质量的整体性综合评价。健康的三维概念可概括为：以生理机能为特征的身体健康，以精神情感为特征的心理健康和以社会实践为特征的行为健康。它是关于个体生存质量与生活状态的多维度评价。现实生活对大学生的社会适应能力提出了严峻考验，而体育锻炼对增强学生体质，培养学生的人际交往能力、规则意识、合作意识、竞争意识、意志品质和挫折承受力等社会适应能力都具有特殊的作用。

一 社会适应的概念与标准

社会适应，是指个体与他人及社会环境相互作用，具有良好的人际关系和实现社会角色的能力。有此能力的个体在交往中有自信感和安全感，与人友好相处，心情舒畅，少生烦恼，能知道如何结交朋友、维持友谊，知道如何帮助他人和求助他人，能聆听他人意见，表达自己思想，能以负责的态度行事，并在社会中找到自己合适的位置。

社会适应不像生理健康那样有客观的评价标准，但有主观的评价方法。综合国内外的一些研究成果，可以从以下几个方面对一个人的社会适应状况作出评价。

（1）能接受与他人的差异。

（2）与家庭成员和睦相处。

（3）有 1 ～ 2 个亲密的朋友。

（4）共同工作时，能接受他人的思想与建议。

（5）能与同性、异性交朋友。

（6）当自己的意见与多数人的意见不同时，能保留意见，继续工作。

（7）主动与人交往，有稳定而广泛的人际关系。

社会适应水平低的个体与他人交流时往往只倾诉自己的不满，没有耐心听取他人的劝告或建议，拒绝从另一角度考虑问题。

二 社会适应能力对身心健康的影响

社会适应能力水平低会对人的身心健康产生消极的影响。社会健康水平低的人常因人际关系的矛盾而产生心理上的烦恼，并持续地出现焦虑、压抑、愤怒等不良情绪反应，而不良的情绪反应可使人的免疫能力下降，进而使生理疾病发生的可能性大大增加。我国著名的医学心理学家丁瓒教授说："人类的心理适应，最主要的就是对于人际关系的适应，所以人类的心理病态，主要是由于人际关系的失调而来。"

因此，为了保持身心健康，人们既需要营养、体育锻炼、休息和其他生理方面的满足，也需要安全、友谊、爱情、亲情、支持、了解、归属和尊重等通过人际关系所获得的心理方面的满足。从一定意义上讲，良好的人际关系是人的生命所需的非常宝贵的滋补剂，善于与人相处是一个人诸多能力中最重要的、不可缺少的能力之一。因此，为了学习进步，为了家庭幸福，为了事业成功、为了健康长寿，应该努力培养和提高与人相处的能力。

三 体育锻炼对促进社会适应能力的作用

体育锻炼对于提高人的社会健康水平具有重要的促进作用，这是由体育活动的社会特性所决定的。人们在体育锻炼时，既需要交往与合作，又存在相互竞争的现象。这种在体育锻炼过程中形成的交往、合作、竞争的意识和行为会迁移到日常的生活、学习和工作中去。

（一）体育锻炼有助于人际交往

人际交往是指在社会活动中人与人之间进行信息交流和情感沟通的联系过程。体育锻炼能增加人与人接触和交往的机会。人们通过参与体育活动，可以忘却烦恼和痛苦，消除孤独感，并逐渐形成与人交往的意识和习惯。有研究表明，外向性格者比内向性格者的社会交往需要更强烈，这种社交需要通过集体性的体育活动得到满足。性格内向者更应该参与集体性的体育活动，可以使个性逐步得到改变。

研究表明，个体坚持体育锻炼的一个重要原因是与他人交往或参与群体活动。布拉尼（Blarney）认为个体参与群体活动可增加群体认同感、社会强化、刺激性及参与活动的机会。参与体育活动者要比中途退出者更能与他人形成亲密的关系。

女性坚持体育锻炼似乎更与体育活动的社会特性有关。美国有一项研究显示，62% 的女性喜欢与朋友一起进行锻炼，而男性只有 26%。25% 的女性和 18% 的男性认为，与同伴一起练习是自己坚持体育锻炼重要原因之一。斯蒂芬（Stephens）等人研究指出，在他们所调查的加拿大被试者中，18% 的女性和 12% 的男性认为，不与他人一起练习就会阻碍自己继续参加活动。此外，35% 的女性和 24% 的男性将社会交往看成是坚持体育锻炼的重要原因。

青少年参与运动的程度与家庭成员、好朋友的参与运动程度紧密相关，好朋友比家庭成员更能影响青少年参与运动的程度。对个体参与运动程度而言，同性别家庭成员要比异性成员更能影响青少年的运动参与程度。家庭、好朋友喜欢体育锻炼的青少年更易形成朋友支持网络，并形成良好的人际关系。

由此可见，体育锻炼不仅能促进人的社会交往活动，而且体育活动的社会交往特性又会吸引人参与和坚持体育锻炼。

（二）体育锻炼有助于培养合作精神

合作是建立在团体成员对团体目标的认识相同的基础上的。在合作的社会情景中，个人所得有助于团体所得。合作的优越性体现在个人与他人一起工作时所获得的社会效益，如增加交流、相互信任等。在一些相互依赖性的任务（如篮球运动等）中，合作会使活动变得更为有效，因为团体要获得成功，团体成员就必须相互协作、共同努力。现代社会需要合作精神，一个人的力量微不足道，要想在社会中取得成功，就需要与他人合作，需要得到他人的帮助，孤军奋战则难成大业。合作能力既是体育活动参与者必备的素质，也是通过体育活动需要发展的一种能力。从事体育活动，特别是从事集体性的体育活动，需要与他人通力合作，这不但能使集体的目标得以实现，而且个人的作用也能充分地发挥。经常性地参与体育活动，特别是参与集体性的体育活动，有助于加强人们的合作意识，并能培养团队精神。

（三）体育锻炼有助于形成竞争意识

竞争是指为了自己的利益和需要而同他人争胜的行为。在竞争的社会情景中，一方的得益会引起另一方利益的损失，而且个人对个体目标的追求程度高于对集体目标的追求程度。一般而言，在独立性的任务中，竞争有优越性，因为在这样的任务中，对成员间相互协作的要求不是很高，个体的活动目标不是击败他人，而是指向任务的成功。现代社会竞争日趋激烈，努力培养竞争意识和能力有助于大学生走出校门、走向社会后能更好地适应社会。

竞争是体育运动的主要特性之一。在体育运动过程中，时时处处都充斥着竞争，既有对自己运动能力的挑战，也有与他人的争胜；既有人与人之间的竞争，也有团体与团体之间的竞争。需注意的是，在运动中与他人竞争时，要有良好的体育道德，争胜主要是靠自己的能力，而不是不择手段地通过伤害他人来达到目的。要通过竞争来培养自己积极进取、顽强拼搏的精神。

第二节　体育锻炼与大学生道德品质发展

体育锻炼是青少年喜闻乐见的社会实践活动。体育本身具有德育的功能，通过体育锻炼对大学生进行品德教育是可行的。

一　体育活动与道德培养

大学生体育教育在培养学生道德品质方面发挥着重要作用。体育活动不仅是一种身体锻炼的方式，更是一种涉及社会交往和团队协作的活动。在参与体育活动时，大学生需要扮演不同角色，承担责任，并与队友进行互动和合作。这个过程要求他们不断协调个人与团队、个人与他人的关系，从而逐渐领会并内化公认的道德规范。通过体育活动的实践和体验，大学生能更深入地理解道德规范的实际意义和背后的逻辑，进而更好地掌握道德知识，提高判断、评价和推理的能力。此外，体育活动中的团队合作和竞赛对抗也有助于大学生认识到团队协作的重要性，培养他们的团队精神和集体荣誉感。因此，在大学生体育教育中，应重视培养学生的道德品质，通过多样化的体育活动和实践，引导学生在参与中体验、思考和内化道德规范，提升他们的道德认知和判断能力，为全面发展奠定坚实基础。

二 体育活动与道德评价途径

在高等教育中，体育活动作为一种重要的教育形式，对于培养学生的道德评价能力具有不可替代的作用。道德评价是道德观念形成的关键环节，它涉及个体对是非、善恶、正误的判断和认知。这种认知的形成是一个复杂的过程，需要个体在实践中不断体验、思考和内化。

体育活动为大学生提供了一个独特的平台，在参与体育活动的过程中可以体验到各种复杂的道德情境。在体育活动中，大学生需要与他人进行互动和合作。这种互动和合作的过程中，大学生会面临各种道德选择和决策，需要他们运用自己的道德判断能力来做出正确的选择。

通过集体协作和互动，大学生可以逐渐学会如何判断集体和个人之间的关系，明确自己的责任和义务。他们需要学会尊重他人、公平竞争、正确处理合作与竞争的关系等基本的道德规范。这种对道德标准的认知不仅是对行为结果的判断，还包括对行为动机的深入分析和理解。大学生需要理解道德规范背后的道理和逻辑，从而更好地掌握道德知识，提高判断、评价和推理能力。

同时，体育活动中的竞争和对抗也可以让大学生更好地认识到自己的不足和错误。在激烈的比赛中，大学生需要学会如何控制自己的情绪和行为，遵守比赛规则，尊重裁判的判决。通过与他人的竞争和对抗，大学生可以发现自己的优点和不足，从而不断纠正自己的行为。这种自我反思和自我纠正的过程，可以帮助大学生形成健康的人格品质和正确的道德观念。

此外，体育活动中的团队合作也可以培养大学生的集体主义精神和合作意识。在团队中，每个成员都需要发挥自己的优势，为团队的成功贡献自己的力量。通过团队合作，大学生可以学会如何与他人协作，如何分工合作，如何解决团队内部的矛盾和冲突。这种集体主义精神和合作意识的培养，可以帮助大学生更好地适应社会生活，提高他们的社会适应能力。

体育活动不仅可以帮助大学生锻炼身体、增强体质，还可以促进心理健康和社会适应能力的发展。通过提供道德评价的榜样和范例，帮助大学生明确正确的道德标准，纠正不良行为习惯。

三 体育活动与道德信念

道德信念是个体在道德认知和情感体验的基础上，对道德规范和价值观的坚定信仰和执着追求。它是大学生形成健康、稳定的道德品质的关键因素。在大学生教育中，体育活动对于培养大学生的道德信念具有重要作用。

体育活动中的团队合作和集体精神是培养大学生道德信念的重要途径。在团队中，每个成员都需要为了共同的目标而努力，相互支持和合作。通过团队合作，大学生可以深入了解集体的力量和合作的重要性，从而更加坚定对集体主义的信仰。这种信仰可以帮助大学生在面对困难和挑战时，保持坚定的信念和积极的态度，从而更好地克服困难。

体育活动中的竞争和对抗也可以促进大学生道德信念的形成。在激烈的比赛中，大学生需要学会如何面对失败和挫折，以及如何保持自信和勇气。通过竞争和对抗，大学生可以更加深刻地认识到成功的来之不易，从而更加珍惜自己的努力和成果。这种对成功的追求和对自我的肯定，可以激发大学生的内在动力和信念，使他们更加坚定地追求自己的目标和理想。

体育活动中的道德评价和反思也可以促进大学生道德信念的形成。在评价他人和自我评价的过程中，大学生可以更加深刻地认识到道德规范的重要性和意义。通过反思和总结，大学生可以更加清晰地认识到自己的信仰和价值观，从而更加坚定地追求自己的信念和理想。

体育活动中的团队合作、竞争和对抗以及道德评价和反思等途径，可以帮助大学生形成健康、稳定的道德信念，培养出具有高尚道德品质的大学生。同时，教师也应该注重引导学生在实践中反思和总结，帮助他们形成健康、稳定的道德品质。通过这样的教育方式，学生可以更好地实现道德教育的目标。

四　体育活动与道德行为

道德行为是个体在道德认知和情感体验的基础上，对道德规范和价值观的具体实践行为。它是衡量个体道德品质的重要标准，也是实现道德教育目标的关键环节。在大学生教育中，体育活动对于培养大学生的道德行为具有重要作用。

体育活动能够促进大学生对道德规范的践行。体育活动是一种实践性很强的教育形式，它要求大学生在参与中践行道德规范，养成良好的行为习惯。在体育活动中，大学生需要学会尊重他人、公平竞争、正确处理合作与竞争的关系等基本的道德规范。这种践行不仅是对道德知识的应用，更是对道德情感和意志的锻炼和提升。通过体育活动中的实践，大学生可以将道德规范内化为自己的行为准则，形成健康、稳定的道德品质。

体育活动能够促进大学生自我控制和调节能力的培养。自我控制和调节能力是个体在面对诱惑和冲突时，能够自觉地调节自己的行为和情绪，保持稳定和正确的方向。在体育活动中，大学生需要学会控制自己的情绪和行为，遵守比赛规则和集体纪律。这种自我控制和调节能力的培养，可以帮助大学生更好地适应社会生活，克服各种困难和挑战，形成健康的人格品质。

体育活动中的榜样和示范可以帮助大学生形成正确的道德行为。在体育活动中，教师通过自己的言行示范，为大学生树立正确的榜样。同时，教师也可以通过安排特定的行为情境，让大学生观察和学习“榜样”的行为模式，从而产生替代效应，形成新的行为习惯。这种榜样的力量可以帮助大学生明确正确的行为标准，纠正不良行为习惯，形成健康、积极的道德品质。

在大学生教育中，应该充分利用体育活动的优势，引导学生在参与中践行道德规范，培养他们的道德行为习惯。同时，教师也应该注重自身的言行示范作用，为大学生树立正确的榜样。

第三节　体育精神与大学生的强国理念

一　中华体育精神的认识

（一）中华体育精神的主要内容

1. 为国争光

在奥运赛场上，每一次中国运动员的精彩表现都是为国家争光，为中华民族争光。他们在全球舞台上展现出中国人的勇气和决心，以及不屈不挠的奋斗精神。这种为国争光的背后，不仅体现了运动员们长期以来的艰苦训练和不懈努力，也彰显了国家对于体育事业的高度重视和大力支持。

中华体育精神，是中华优秀传统文化的体现。它融合了“团结、友好、和平”的竞技精神，以及“自强不息、厚德载物”的人文精神。这种精神不仅贯穿于竞技场上，也深深烙印在他们的日常生活和训练中。中华体育精神强调的不仅是运动员们高超的技艺和卓越的表现，更是个体内在的修养和素质提升。它注重团队之间的协作和配合，倡导在公平公正的竞技环境中，通过努力训练、公平竞争来获得成功。这种精神对于提高运动员们的竞技水平具有深远影响。在训练中，运动员们秉持着“自强不息”的精神，不断挑战自我，突破极限。他们以极高的自律性和毅力，打磨技艺，提升自身实力。而在比赛中，他们则展现出“厚德载物”的人文精神，尊重对手，公平竞争，以良好的体育风尚赢得赞誉。

中华体育精神不仅仅局限于运动员们的赛场表现，也在日常生活中给予人们深刻的启示。它教导我们重视内在修养，提升自身素质，同时也强调团队协作的重要性。在当今社会，许多工作都需要团队的协作和配合才能完成，而中华体育精神正是强调了这一点。它让人们意识到，只有通过团队协作和共同努力，才能实现更大的目标。

此外，中华体育精神对于培养人们的道德品质和社会责任感具有积极作用。它弘扬的“团结、友好、和平”竞技精神以及“自强不息、厚德载物”的人文精神，正是我们社会所需要的正能量。这些精神鼓励人们在生活中积极向上，努力奋斗；同时倡导尊重他人，以和平的方式解决矛盾和冲突。

2. 无私奉献

中华体育精神中的“无私奉献”是一种重要的价值观和品质，它体现了运动员们为了国家、为了民族、为了体育事业而默默付出的奉献精神。在中华体育精神中，“无私奉献”是一种高尚的道德情操和行为准则。它强调的是为了国家和民族的利益，全力付出个人的时间和精力，为体育事业的发展和进步贡献自己的力量。这种精神体现在许多优秀的运动员身上，他们在训练和比赛中付出了巨大的努力和牺牲，为了国家的荣誉和民族的尊严而不懈奋斗。

“无私奉献”不仅体现在运动员们的赛场表现上，也贯穿于他们的日常生活和训练中。他们为了国家的利益，放弃了个人享受和娱乐，把全部精力和时间都投入到训练和比赛中。他们严格遵守饮食规范，进行高强度的训练，为了保持最佳状态，常常要忍受常人无法想象的艰辛和痛苦。

此外，“无私奉献”还体现在教练员、裁判员和其他体育工作者身上。他们默默付出，为运动员提供专业的指导和帮助，为比赛的公正性和顺利进行贡献自己的力量。他们用自己的知识和经验为体育事业的发展做出了巨大的贡献。

“无私奉献”是中华体育精神中的重要组成部分，它体现了运动员们为了国家、为了民族、为了体育事业而默默付出的奉献精神。这种精神不仅对于提高运动员们的竞技水平具有重要意义，对于培养人们的道德品质和社会责任感也具有积极作用。

3. 科学求实

中华体育精神中的“科学求实”是一种重要的思想方法和精神追求，它体现了运动员们在训练和比赛中注重科学、追求真实的价值观和态度。在中华体育精神中，“科学求实”是一种严谨、务实、科学的态度和方法。它强调的是在体育训练和比赛中，要遵循科学规律，运用科学的方法和手段，以求达到最佳的竞技效果。这种精神体现了运动员们对于科学训练和比赛的重视和尊重，也体现了他们对于自己的要求和追求。

“科学求实”在运动员们的训练和比赛中具有重要意义。首先，它可以帮助运动员们更好地了解自己的身体状况和运动能力，从而制定出更加科学、合理的训练计划和比赛策略。其次，它可以帮助运动员们更好地掌握运动技巧和战术，提高自己的竞技水平和比赛成绩。最后，它可以帮助运动员们更好地应对比赛中的突发情况，增强自己的应变能力和心理素质。

“科学求实”不仅体现在运动员们的训练和比赛中，也贯穿于他们的日常生活和训练中。运动员们要保持科学的生活习惯，注重饮食营养、睡眠质量、身体锻炼等方面的调节和安排，以保持最佳的身体状态和竞技状态。同时，运动员们也要注重学习和研究，掌握最新的运动科学知识和技术，不断完善自己的技能和知识结构。

此外，“科学求实”还体现在教练员、裁判员和其他体育工作者身上。他们要具备科学的教育理念和教学方法，为运动员提供专业的指导和帮助，不断提高自己的教学水平和执教能力。同时，他们也要注重科研和实践的结合，为体育事业的发展提供科学支撑和实践经验。

“科学求实”体现了运动员们在训练和比赛中注重科学、追求真实的价值观和态度。这种精神不仅对提高运动员们的竞技水平具有重要意义，对培养人们的科学素养和创新精神也具有积极作用。

4. 遵纪守法

中华体育精神中的“遵纪守法”是一种重要的道德准则和行为规范，它生动地体现了运动员们在体育事业中遵守纪律、尊重规则、维护公正的精神追求。在中华体育精神中，“遵纪守法”是运动员们最基本的道德要求之一。它强调的是在体育训练和比赛中，要遵守比赛规则和相关法律法规，尊重裁判判决和对手权利，维护公正和公平的竞赛环境。这种精神体现了运动员们对于规则的尊重和对于公正的追求，也体现了他们对于体育事业的责任感和担当精神。

“遵纪守法”在运动员们的训练和比赛中具有重要意义。首先，它可以帮助运动员们树立正确的价值观和道德观，明确自己的行为准则和行为规范，从而更好地约束自己的行为和心态。其次，它可以帮助运动员们提高自己的竞赛水平和比赛成绩，因为只有在公正的竞赛环境中，才能真正地展现出自己的实力和水平。

“遵纪守法”不仅体现在运动员们的训练和比赛中，也贯穿于他们的日常生活和训练中。运动员们要遵守日常生活中的各种规定和制度，注重自己的言行举止和社会形象，以良好的素质和形象展现出中国体育健儿的风采。同时，运动员们也要积极参与各种社会公益活动和社会建设，为社会发展和进步做出自己的贡献。

此外，“遵纪守法”还体现在教练员、裁判员和其他体育工作者身上。他们要具备高尚的职业道德和法律素养，为运动员提供专业的指导和帮助，同时也要严格遵守比赛规则和相关法律法规，维护公正和公平的竞赛环境。他们要注重自身的修养和提高，为体育事业的发展做出更多的贡献。

“遵纪守法”体现了运动员们在体育事业中遵守纪律、尊重规则、维护公正的精神追求。这种精神不仅对于提高运动员们的竞技水平具有重要意义，对于培养人们的法律意识和道德素养也具有积极作用。同时，“遵纪守法”也是构建和谐社会、推动体育事业可持续发展的重要保障之一。

5. 团结协作

中华体育精神中的“团结协作”是一种重要的团队精神，它体现了运动员们在训练和比赛中相互支持、相互帮助、共同奋斗的精神追求。在中华体育精神中，“团结协作”是一种集体意识和团队精神。它强调的是在体育训练和比赛中，运动员们要相互信任、相互支持、相互配合，为了共同的目标而努力奋斗。这种精神体现了运动员们对于集体利益的高度重视和对于团结协作的深刻理解，也体现了他们对于自己的责任感和担当精神。

“团结协作”在运动员们的训练和比赛中具有重要意义。首先，它可以帮助运动员们树立正确的团队观念和合作意识，明确自己的角色和责任，从而更好地发挥自己的优势和潜力。其次，它可以帮助运动员们提高自己的竞技水平和比赛成绩，因为只有在团结协作的基础上，才能更好地发挥出每个人的实力和水平。

运动员们要注重培养相互信任、相互支持的团队合作精神，积极参与各种集体活动和社会实践，增强自己的社会责任感和集体荣誉感。同时，运动员们也要注重与教练员、裁判员和其他体育工作者的密切配合和协作，积极听取意见和建议，共同推动体育事业的发展。

此外，“团结协作”还体现在教练员、裁判员和其他体育工作者身上。他们要具备高度的团队合作意识和协作精神，为运动员提供专业的指导和帮助，同时也要与其他工作人员密切配合和协作，共同推动体育事业的发展。他们要注重培养运动员们的团队合作精神和集体荣誉感，帮助他们树立正确的价值观和道德观。

6. 顽强拼搏

中华体育精神中的“顽强拼搏”是一种重要的精神品质，它体现了运动员们在训练和比赛中不屈不挠、勇往直前的精神追求。它强调的是在体育训练和比赛中，运动员们要具备顽强的意志和拼搏的精神，面对困难和挑战不轻易放弃，努力超越自我，争取最好的成绩。这种精神体现了运动员们对于自己的信心和勇气，也体现了他们对于成功的执着追求。

“顽强拼搏”在运动员们的训练和比赛中具有重要意义。首先，它可以帮助运动员们树立正确的态度，面对困难和挑战不轻易放弃，勇往直前。其次，它可以帮助运动员们磨炼自己的意志品质和心理素质，面对比赛中的起伏和变化能够保持冷静和稳定。最后，它可以帮助运动员们实现自己的目标和梦想，因为只有具备顽强拼搏的精神才能够取得更好的成绩和荣誉。

“顽强拼搏”不仅体现在运动员们的训练和比赛中，也贯穿于他们的日常生活和训练中。运动员们要具备坚定的信念和不屈不挠的意志，勇于面对各种困难和挑战，不断挑战自我，提高自己的能力和水平。同时，运动员们也要注重培养自己的心理素质和应变能力，不断学习和实践，提高自己的综合素质。

（二）中华体育精神的思想来源

中华体育精神深深地扎根于中国的传统文化之中，同时又充分体现了现代体育精神的时代特性。它既是我国传统文化的继承和发扬，也是现代体育精神的体现和升华。

1. 爱国精神和奉献精神

“为国争光”和“无私奉献”是我国体育精神的鲜明标志。这种精神来源于我国传统文化中的爱国精神和奉献精神。在我国传统文化中，爱国是每个公民的基本道德，奉献是每个人的社会责任。这种爱国精神和奉献精神在体育事业中得到了很好的体现。运动员们将国家和民族的荣誉放在首位，用自己的汗水和努力为祖国争光，展现了中华民族的自豪和自信。

2. 科学精神和实事求是

“科学求实”源于我国传统文化中的科学精神和实事求是。在我国文化中，注重科学和实事求是是每个公民的基本素质。这种科学精神和实事求是的态度在体育事业中得到了很好的体现。运动员们注重科学训练和体能锻炼，追求科学的训练方法和手段，不断提高自己的竞技水平和身体素质，为取得优异的成绩打下了坚实的基础。

3. 法治精神和文明素养

“遵纪守法”源于我国传统文化中的法治精神和文明素养。在我国文化中，遵纪守法是每个公民的基本素质。这种法治精神和文明素养在体育事业中得到了很好的体现。运动员们严格遵守比赛规则和相关法律法规，尊重裁判和对手，展现了中华民族的法治精神和文明素养。

4. 团结精神和坚韧不屈

“团结协作”和“顽强拼搏”源于我国传统文化中的团结精神和坚韧不屈。在我国文化中，团结协作是每个公民的基本素质，坚韧不屈是每个人的精神追求。这种团结精神和坚韧不屈在体育事业中得到了很好的体现。运动员们在比赛中不仅追求个人的成绩和荣誉，更注重团结协作、共同进步，展现了中华民族的凝聚力和合作精神。

中华体育精神不仅在体育事业中发挥了积极作用，也在我国的经济、文化和社会发展中产生了深远的影响。在经济发展方面，中华体育精神激发了人们的创业热情和创新精神，推动了我国的经济繁荣和发展。在文化建设方面，中华体育精神丰富了我国的文化内涵，促进了文化多样性和文化交流。在社会发展方面，中华体育精神弘扬了社会主义核心价值观，促进了社会和谐与进步。

中华体育精神是中华优秀传统文化和现代体育精神的结晶，它既是我国传统文化的继承和发扬，也是现代体育精神的体现和升华。这种精神不仅在体育事业中发挥了积极作用，也在我国的经济、文化和社会发展中产生了深远的影响。在未来的发展中，我们要继续弘扬中华体育精神，为实现中华民族伟大复兴的中国梦贡献力量。

二 从中华体育精神汲取民族复兴的磅礴力量

人无精神不立，国无精神不强。唯有精神上站得住、站得稳，一个民族才能在历史洪流中屹立不倒、挺立潮头。习近平总书记指出，广大体育工作者在长期实践中总结出的以“为国争光、无私奉献、科学求实、遵纪守法、团结协作、顽强拼搏”为主要内容的中华体育精神来之不易，弥足珍贵，要继承创新、发扬光大。体育是社会发展和人类进步的重要标志，也是综合国力和社会文明程度的重要体现。大力弘扬中华体育精神，充分发挥其提高民族自信心、增强民族凝聚力、振奋民族精神的重要作用，必将为实现第二个百年奋斗目标、实现中华民族伟大复兴的中国梦注入源源不断的活力。

（一）把握中华体育精神丰富内涵

文化是体育之根，精神是体育之魂。体育在提高人民身体素质和健康水平、促进人的全面发展，丰富人民精神文化生活、推动经济社会发展，激励全国各族人民弘扬追求卓越、突破自我的精神方面，都有着不可替代的重要作用。中华体育精神是中华民族在体育实践活动中形成的宝贵精神财富，是中国体育的精髓和灵魂，是社会主义核心价值观的重要组成部分，是中国精神的重要组成部分。中华民族几千年传统文化形成的民族自信心、自尊心、自豪感以及富国强民的价值追求为体育精神赋予了爱国主义、集体主义等鲜明的文化特征，构成了中华体育精神的丰富内涵。

体育作为一种文化，与爱国主义有着天然的联系。中华体育精神是爱国主义最具活力的载体和最鲜明的表现。在竞技体育中，我国体育运动员向来胸怀“祖国高于一切”的崇高信念，甘于用生命去捍卫祖国的尊严和荣誉，把奋力争先为祖国赢得荣誉视为无上荣光。每枚金牌的背后都有着许多自强不息、无私奉献、可歌可泣的故事。运动员们把从事的具体运动项目与报效祖国的宏伟大志紧紧地联系在一起，在银球里积聚能量，在泳池里劈波斩浪，在跑道上迎风绽放，咬紧牙关，默默奉献，不断实现着自己的人生价值。进一步看，中国的体育事业始终在服务国家战略方面发挥着举足轻重的作用，从20世纪50年代为了国家建设和国防安全强调“发展体育运动，增强人民体质”，到20世纪70年代体育外交成为联结中国与世界的重要纽带，再到如今全民健身战略聚焦全国人民身心健康和生活质量，体育事业都承载着为国争光、强国富民的历史使命和重大责任。

体育运动向来重实用、重行动。从20世纪50年代至今，我国培育了一批批国际乒坛的顶级运动员，靠的就是科学求实的精神。1960年，中国登山队胜利登上珠穆朗玛峰，实现了人类历史上第一次从北坡登上世界第一高峰，靠的也是科学求实的精神。中国体育健儿积极弘扬奥林匹克精神和中华体育精神，尊重规则、尊重裁判、尊重对手，不仅取得了优异的成绩，还展现了中国青年一代使命在肩、奋斗有我的精神风貌，拿到了道德的金牌、风格的金牌、干净的金牌。

中华民族的奋斗精神造就了中国体育不怕挫折、勇于拼搏、敢于胜利的优良传统。中国人的奋斗既有个人的奋斗，更是集体主义的奋斗，既注重体育运动员的独特价值，更追求团队成员间的相互团结与密切合作。在各大赛事上，我们不仅能看到体育老将们在赛场上拼尽全力，也能看到年轻小将们大放光彩。胜利最终属于执着信念、不言放弃、勇于超越的顽强拼搏者。

（二）大力弘扬中华体育精神

实现中华民族伟大复兴的中国梦，是当代中国爱国主义最鲜明的主题。伟大的事业需要伟大的精神。无论是革命战争年代还是和平发展时期，中华体育精神都是伟大中华民族精神的重要组成部分，充分展现了中国人民自信自强的精神风貌。一代代体育人怀揣民族梦想和家国情怀接续奋斗的光辉历程，为民族复兴写下生动的注脚。

回望历史，旧中国积贫积弱，体育落后，国民体质羸弱，备受西方列强欺凌，被蔑称为“东亚病夫”。1908年，《天津青年》杂志的一篇文章向国人发出过著名的“奥运三问”，表达了当时体育界对国衰民弱现状的强烈不满。体育代表着一个国家的实力和尊严。在积贫积弱的时代，许多有识之士率先意识到要把体育与救国相连，认为挽救国家民族必须培养新的国民，要以体育推动国民觉醒，促进救国图强。毛泽东同志认为体育的作用在于“强筋骨、增知识、调感情、强意志”，强调要把个人锻炼、体育运动与整个国家民族的命运结合起来。在争取民族独立和人民解放的伟大斗争中，中国的体育运动与革命战争密切结合，增强了人民身心素质，有力提升了军民的斗争精神，对夺取中国革命的胜利发挥了重要作用。

改革开放以后，中华儿女在中华体育精神的激励下继续奋勇前进。从1981年到1986年，中国女排连战连胜，创下世界排球史上“五连冠”的奇迹。把困难踩在脚下，把责任扛在肩头，把理想化作风帆。这个英雄集体不仅擦亮竞技体育的中国名片，更成为全民榜样和时代标杆，女排精神奏响了为中华崛起而拼搏的时代强音。2008年，北京奥运会成功举办，中国人民更加增强了民族自豪感和凝聚力。在改革开放的年代，体育精神激励着年轻人投身大潮、激荡梦想，中国人民万众一心、团结奋斗，改革开放热情高涨，国家实力显著上升，书写了改革开放的壮丽篇章，创造了世界所罕见的经济发展奇迹，中国大踏步赶上了时代。

体育强则国家强，国运兴则体育兴。建设体育强国，是全面建设社会主义现代化国家的一个重要目标。中国特色社会主义进入新时代，习近平总书记强调，体育是提高人民健康水平的重要途径，是满足人民群众对美好生活向往、促进人的全面发展的重要手段，是促进经济社会发展的重要动力，是展示国家文化软实力的重要平台。人民是发展体育事业的主体，弘扬中华体育精神要把满足人民健身需求、促进人的全面发展作为出发点和落脚点。2014年，国务院印发《关于加快发展体育产业促进体育消费的若干意见》，将全民健身上升为国家战略。党的十八届五中全会提出“发展体育事业，推广全民健身，增强人民体质”的工作方针。2021年，国务院印发《全民健身计划（2021—2025年）》，对促进全民健身更高水平发展、更好满足人民群众的健身和健康需求作出详细部署。当前，大力弘扬中华体育精神，要积极推广全民健身活动，普及科学健身和健康生活知识，带动更多人参加体育锻炼，不断开创体育事业发展新局面。

体育代表着青春、健康、活力，关乎人民幸福，关乎民族未来。大力弘扬中华体育精神，激荡中国力量，我们必将在国家强盛、民族复兴的蓝图上，续写中国奇迹，创造新的辉煌。

第二篇 体育运动实践

第五章 田径运动

05

田径运动（track and field）是径赛、田赛和全能比赛的全称。以高度和距离长度计算成绩的跳跃、投掷项目叫“田赛”；以时间计算成绩的竞走和跑的项目叫“径赛”。田径比赛由田赛、径赛、公路跑、竞走、越野跑和山地跑组成。此外，还有十项全能（100 米、跳远、铅球、跳高、400 米、110 米栏、铁饼、撑杆跳高、标枪、1 500 米），七项全能（100 米栏、跳高、铅球、200 米、跳远、标枪、800 米）等。

据记载，最早的田径比赛，是公元前 776 年在希腊奥林匹克村举行的第一届古代奥运会上进行的，项目只有一个——短距离赛跑，跑道为一条直道，长度为 192.27 米。到第十届古代奥运会上，才正式列入跳远、铁饼、标枪等田赛项目。当时只准男子参加，女子不得参加、观看，违者处以死刑。

1894 年，在英国举行了最早的现代田径运动国际比赛，比赛共分 9 个项目。真正的大型国际比赛是 1896 年开始举行的现代奥运会。它沿用古代奥运会每隔 4 年举行一次的制度，每届奥运会上，田径运动都是主要的比赛项目之一。从 1928 年第九届奥运会起，才增设了女子田径项目，此后，女子便参加了田径项目的比赛。

第一节　跑步运动

一 跑步运动的分类

田径运动（走、跑）的分类和项目，见表 5-1。

表 5-1 田径运动（走、跑）的分类和项目

项目	距离					
	成年		少年			
	男子组	女子组	男子甲组	男子乙组	女子甲组	女子乙组
竞走	20 公里 50 公里	5 公里 10 公里				
短距离跑	100 米 200 米 400 米	100 米 200 米 400 米	100 米 200 米 400 米	60 米 100 米 200 米	100 米 200 米 400 米	
中距离跑	800 米 1 500 米 3 000 米	800 米 1 500 米	800 米 1 500 米 3 000 米	400 米 800 米	800 米 1 500 米	400 米 800 米
长距离跑	5 000 米 10 000 米	3 000 米 5 000 米 10 000 米			3 000 米	
跨栏跑 （栏高）	110 米栏 （1.067 米） 400 米栏 （0.914 米）	100 米栏 （0.838 米） 400 米栏 （0.762 米）	100 米栏 （0.914 米）	100 米栏 （0.838 米）	100 米栏 （0.838 米）	100 米栏 （0.762 米）

二 短跑

短跑是田径径赛项目中的一类，短跑比赛项目包括 60 米、100 米、200 米和 400 米，是发展速度素质最有效的手段，是许多田径项目以及其他一些运动项目的基础。短跑全程按技术动作的变化可分为起跑、起跑后的加速跑、途中跑和冲刺跑四个部分。

（一）100 米跑的技术

1. 起跑

起跑的任务是使身体迅速摆脱静止状态，为起跑后加速跑创造条件。在短跑比赛中，运动员必须采用蹲踞式起跑，必须使用起跑器。安装起跑器的目的是使脚有牢固的支撑，形成良好的用力姿势，有利于起跑和起跑后的加速跑。

起跑器的常用安装方式有普通式、拉长式和接近式三种。普通式，前抵足板距起跑线一脚半长，后抵足板距前抵足板一脚半长。拉长式，前抵足板距起跑线两脚长，后抵足板距前抵足板为一脚长。起跑器与地面的角度是，前抵足板为 45° 左右，后抵足板为 60° ～ 70° 。两个起跑器的中轴线间隔约 15 厘米。接近式，前抵足板离起跑线一脚长，后抵足板离前抵足板一脚长，如图 5-1 所示。

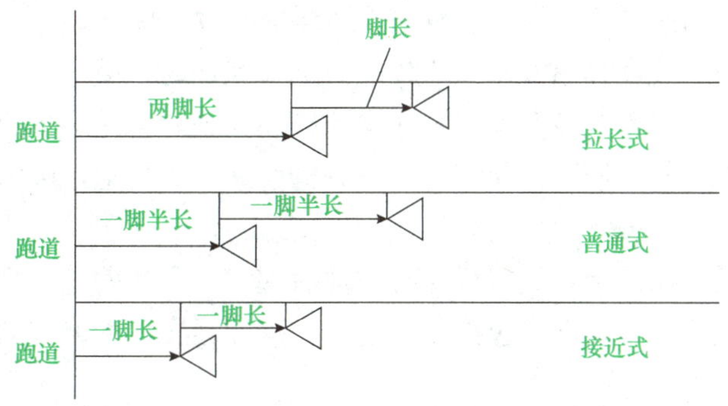

图 5-1 起跑器安装

起跑过程包括“各就位”“预备”和鸣枪三个阶段，如图 5-2 所示。

（1）“各就位”。听到“各就位”口令后，身体放松，情绪稳定地走到起跑器前，俯身，两手撑地，两脚依次蹬在前后抵足板上，后腿膝关节跪地，通常将有力脚放在前抵足板上。接着，两臂收回到起跑线内支撑地面，两臂伸直，两手间距离与肩同宽或稍宽，四指并拢或稍微分开与拇指成有弹性的“八”字形支撑，身体重心稍前移，肩约与起跑线齐平，头与躯干保持在一条直线上，颈部放松，身体重心均匀地落在两手、前腿和后膝之间，注意听“预备”口令。

图 5-2　起跑

（2）“预备”。听到“预备”口令后，臀部平稳抬起，稍高于肩，同时重心前移，双腿膝关节形成适宜的用力角度，两脚紧贴起跑器用力踏紧抵足板，背部肌肉绷紧并略成弓形，深吸一口气做好“预备”姿势，集中注意力听枪声。

（3）鸣枪。听到枪声后，两手迅速推离地面，屈肘做有力的前后摆动，同时两腿快速用力蹬起跑器。后腿快速蹬离起跑器后，迅速屈膝向前上方摆出，摆出时脚不应离地面过高，这有利于摆动腿迅速着地并过渡到下一步，前腿有力地蹬伸，后蹬角为 42°～45°。

2. 起跑后的加速跑

起跑后的加速跑是从前腿蹬离起跑器到进入途中跑姿势前的一个跑段，有 25～30 米，用 13～15 步跑完。其任务是：充分利用起跑获得的初速度，在较短距离内尽快地获得更快的奔跑速度。起跑后，从第一步开始，步长逐渐加大，上体逐渐抬起，步频逐渐加快，两脚的运动轨迹应逐渐接近一条直线转入途中跑，如图 5-3 所示。

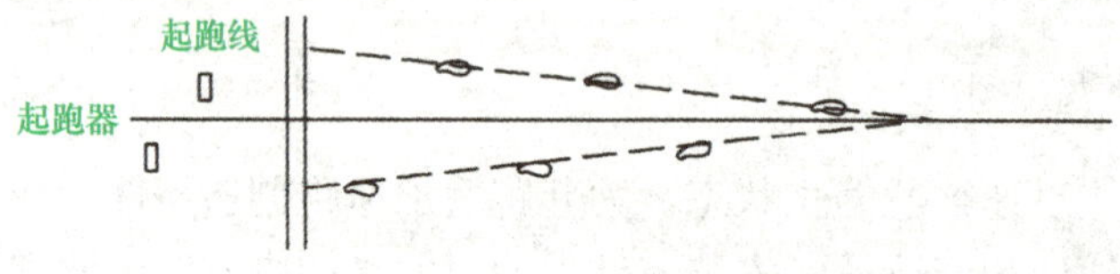

图 5-3　起跑后的加速跑

3. 途中跑

途中跑是短跑全程中距离最长、速度最快的一段。其任务是继续发挥和保持高速跑。跑是周期性运动，以 1 个复步（即左右腿各跑一步）为 1 个周期。在 1 个跑的周期中包括 2 个腾空时期和 2 个支撑时期（左支撑与右支撑）。就单腿来说，包括后蹬、后摆、前摆和着地缓冲 4 个动作阶段。现将 1 个周期分为后蹬与前摆阶段、腾空阶段和着地缓冲阶段三部分。

（1）后蹬与前摆阶段。当身体重心移过人体支点的额状面时，就进入了支撑腿的后蹬与前摆阶段。摆动腿随着跑动惯性，以髋关节发力，快速向前摆动大腿。这是当代短跑技术的特点。大腿抬的高度与上体倾斜线接近垂直，摆动大腿积极下压，脚前掌积极扒地，脚掌轻快地落在身体重心投影点前适当位置。

支撑腿在摆动腿积极前摆的配合下，快速有力地后蹬。后蹬是前进的主要动力，蹬地动作由伸展髋、膝、踝 3 个关节组成。蹬地动作包括蹬伸速度、蹬伸程度和蹬伸方向，在短跑中蹬伸速度极为重要。

蹬摆协调配合和上下肢动作的协调配合，是途中跑技术的关键，如图 5-4 所示。

（2）腾空阶段。从支撑腿蹬离地面到摆动腿着地为腾空阶段。当支撑腿蹬离地面，小腿随着蹬地后的惯性和大腿的摆动，形成大小腿边折叠边前摆，与此同时，摆动腿下压，自然向前下方伸小腿（做鞭打动作）准备着地。

（3）着地缓冲阶段。当摆动腿的前脚着地瞬间，开始了着地缓冲阶段。着地时应用前脚掌积极着地，着地位置约距身体重心投影点一脚至两脚处，应适当靠近身体重心投影点，这有助于缩短缓冲时间。当支撑腿着地缓冲的同时，摆动大小腿应充分折叠，脚跟靠近臀部，以缩短摆动半径。

图 5-4　中途跑

4. 终点跑

终点跑是全程跑的最后一段，应尽力保持途中跑的高速度跑过终点。终点跑的技术要求运动员在离终点线 15 ～ 20 米处时，尽力加快两臂摆动的速度增加摆动的力量，保持上体前倾角度。当运动员离终点线前一步距离时，上体急速前倾，双手后摆，用胸部或肩部撞终点线。

（二）200 米和 400 米跑的技术

200 米和 400 米跑，有一半以上的距离是在弯道上进行的。为了适应弯道，在技术上有相应的变化。为了便于弯道起跑后能有一段直线距离进行加速跑，应将起跑器安装在弯道跑道的右侧，起跑器对着弯道的切线方向，如图 5-5 所示。

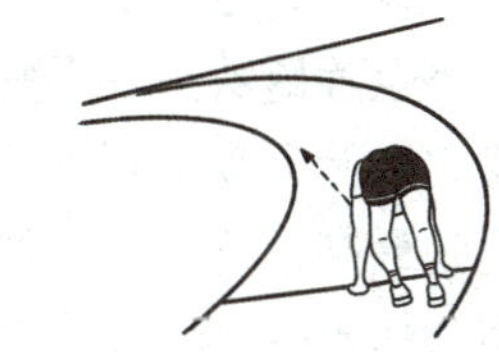

图 5-5　弯道上起跑器的安装

弯道起跑后前几步应沿着内侧分道线的切线跑。加速跑的距离适当缩短，上体抬起较早。在进入弯道时，应尽可能地沿着跑道内侧跑，身体及时向内侧倾斜。

运动员从直道进入弯道时，身体应有意识地向内侧倾斜，加大右侧腿和臂的摆动力量与幅度。弯道跑的蹬地和摆动方向，都应与身体向圆心方向倾斜趋于一致。

从弯道跑进直道时，应在弯道最后几步，身体逐渐减小内倾程度，自然跑几步，然后全力向前跑。

三 跨栏跑技术

跨栏跑项目有男子 110 米栏，女子 100 米栏和男、女 400 米栏。下面按直道栏、弯道栏进行技术分析。

（一）直道栏技术

直道栏全程跑分为起跑至第一栏技术、过栏技术、栏间跑技术和全程跨栏跑技术。

1. 起跑至第一栏技术

起跑至第一栏加速跑的任务是快速启动、积极加速，为顺利地过第一栏和全程跑打好基础。

起跑采用蹲踞式起跑。起跑至第一栏跑 8 步时，起跨腿在前，单数则摆动腿在前。

起跑预备时，臀部位置稍高，起跑后加速跑时各步后蹬角度较大，身体重心位置较高。跑到第6步以后，身体姿势已接近途中跑的姿势，并准备起跨过栏。起跑后各步步长均匀增大，栏前最后两步积极跑进，最后一步起跨腿积极着地，缩短步长10～20厘米，以加快起跨速度。

2. 过栏技术

过栏是从起跨脚踏上起跨点到过栏后摆动腿的脚接触地面。过栏的任务是使身体迅速越过栏架，为栏间跑创造条件。跨栏步技术分为起跨攻栏、腾空过栏、下栏着地三个阶段，如图5-6所示。

图5-6 过栏技术

3. 栏间跑技术

栏间跑技术是指从过栏后摆动腿的脚着地点至起跨腿的脚踏上起跨点这段距离中所表现出来的技术动作特征。栏间跑的主要任务是尽可能地加快栏间跑的节奏，提高跑速，为顺利跨过下一栏创造有利条件。

4. 全程跨栏跑技术

全程跑的任务是合理地将跨栏步技术与快速的栏间跑技术紧密地结合起来，保持正确的节奏和最快的速度跨越全部栏架，到达终点。

将全程跑看成一个整体，但各阶段也有所差异。首先要过好第一栏，这对于速度的发挥和节奏的建立以及运动员树立自信心都有十分重要的意义。全程跑的前三栏属于加速阶段，第四栏至第六栏达到最高速度，第七栏至第九栏由于运动员的体力呈逐渐下降趋势，所以，此时应注意在技术上控制动作不变形，在速度上避免下降过快。第十栏是最后一个障碍，过此栏时，运动员要加快下栏动作的速度，过栏后把跨栏节奏调整为短跑节奏，注意用力蹬地和摆臂。

（二）弯道栏技术

弯道栏包括男、女400米栏。400米跨栏跑的栏架较低（男91.4厘米、女76.2厘米），过栏并不十分困难，但是栏间距离和全程距离较长，对步长、节奏、速度、耐力和意志等要求较高。弯道栏全程跑分为起跑至第一栏技术、过栏技术、栏间跑技术以及终点冲刺和全程体力分配。

1. 起跑至第一栏技术

起跑在弯道上进行，采用蹲踞式起跑。起跑至第一栏一般男子跑20～23步，女子跑23～25步。起跑的步数与全程跑的节奏相适应。起跑至第一栏跑的步数固定，保持步长的准确性对顺利跨过第一栏和跑好全程有着重要意义。

2. 过栏技术

男、女400米栏过栏技术基本相同，与110米栏比较没有实质上的区别。由于栏架高度和栏间距离不同，因而在过栏动作幅度、用力程度和动作细节上稍有差别。

3. 栏间跑技术

栏间跑一般男子跑13～15步，女子跑15～17步。左、右腿均能起跨攻栏，可采用14步或16步栏间跑节奏。栏间跑有相同和混合节奏两种，混合节奏是指前半程、后半程或不同段落采用不同步数的栏间跑节奏。

好的栏间跑技术表现为跑速均匀，节奏准确，动作轻松，向前跑的效果好。

4. 终点冲刺和全程体力分配

合理分配体力对提高全程跑成绩有直接作用。在保持合理的栏间跑节奏和顺利过栏的前提下，全程采用“匀速”跑对提高成绩比较有利。从最后一栏到终点为 40 米，运动员都会感到疲劳，运动能力下降。此时，正是争取比赛胜利的重要时刻，要特别注意保持正确跑的技术，加强摆臂、抬腿动作，以顽强的毅力冲向终点。

四 中长跑

中长跑包括中距离跑和长距离跑。中跑是对速度耐力要求较高的项目，长跑是以耐力为主的项目。

(一) 中长跑技术

中长跑各个项目的完整技术分为起跑和起跑后的加速跑、途中跑、终点跑等主要环节。

1. 起跑和起跑后的加速跑

中长跑采用两种起跑方式：半蹲踞式与站立式。半蹲踞式起跑，前腿异侧的手臂、拇指和其余四指成八字支撑在起跑线后，同侧手臂自然后伸，身体重心主要落在前腿和支撑臂上。站立式起跑，听到“各就位”口令后，从集合线走到起跑线后，两脚前后站立，有力腿在前，紧靠起跑线后沿。两脚前后距离为一脚长，左右间隔为半脚。两臂一前一后，或是两臂在体前自然下重（见图 5-7）。颈部放松，整个身体保持稳定姿势。注意听枪声。

图 5-7 起跑的加速跑

听到枪声后，两腿用力蹬地，后腿蹬地后迅速前摆，两臂配合，两腿的蹬摆做快而有力的前后摆动，使身体快速向前冲出（见图 5-8），过渡到起跑后加速跑阶段。加速跑时，两腿应迅速有力地蹬伸和积极地摆臂，在短时间内达到预定速度。无论在直道或弯道上起跑，都应按切线方向跑进，在规则允许的范围内，抢占有利的战术位置，然后进入途中跑。

2. 途中跑

途中跑是决定中长跑运动成绩的主要环节。途中跑应强调轻松、省力、节奏好。途中跑有一半以上的距离是在弯道上进行的。弯道跑技术基本上与短跑的弯道跑技术相同，只是跑速相对较慢，动作速度、幅度和用力程度较小，如图 5-9 所示。

中长跑除了因战术需要而改变跑的节奏外，一般多采用匀速跑。匀速跑可为肌肉和内脏器官的活动创造有利的条件，并能推迟疲劳的出现。但长时间用一种节奏跑会使运动员感到单调，也不适应竞争的需要，因此，应掌握多种节奏跑的方法。

图 5-8 起跑后的加速跑

图 5-9 途中跑

3. 终点跑

终点跑的距离要根据项目、训练水平、个人特点、技术需要及比赛具体情况而定。一般情况下，800 米可在最后 300 ～ 200 米，1 500 米在最后 400 ～ 300 米，3 000 米以上可在最后 400 米到稍长的距离，开始终点冲刺跑。速度好的运动员往往在跟随跑的前提下，在最后一个直道时突然加速；耐力好的运动员多采用更长段落的冲刺跑。不论终点跑距离长短，在冲刺跑之前都必须抢占有利位置，并注意观察对手情况，动员全部力量冲过终点。

（二）中长跑的呼吸

中长跑时，为了改善气体交换与血液循环的条件，应注意呼吸节奏。呼吸节奏取决于个人特点和跑的速度。一般是跑两步或三步一呼气，再跑两步或三步一吸气。随着跑速的提高，呼吸频率也相应加快。呼吸应自然并有一定的深度。随着疲劳的出现，应着重加深呼气，只有充分呼出二氧化碳，才能充分吸进新鲜氧气。在强度大、竞争激烈的情况下，为了提高呼吸效率，仅用鼻呼吸是不够的，应半张口与鼻同时呼吸，最大限度地满足肌体对氧的需要。

五 接力跑

接力跑是田径运动中以集体形式出现的竞赛项目，是田径场上最具吸引力的项目之一。接力跑设置的项目一般为男、女 4×100 米接力跑和男、女 4×400 米接力跑以及异程混合接力等。规则规定 4×100 米的接力区为 30 米长，4×400 米的接力区为 20 米长，异程接力第一接力区和第二接力区长度为 30 米，第三接力区长度为 20 米。

接力跑的途中跑技术基本上与短跑相同，只是要求各棒队员之间协调配合保证在快速跑进中完成传棒、接棒技术。

（一）起跑

第一棒运动员采用蹲踞式起跑，一般用右手握棒。第二、三、四棒运动员多采用半蹲式或站立式起跑，并且头转向左后方。接棒运动员起跑姿势的选择，主要取决于能否快速起跑，并能清晰地看到传棒选手以及设定的起动标志。

（二）传棒、接棒方法

传接棒在接力跑项目中非常重要，是影响成绩的关键点。传接棒方法一般分上挑式、下压式和混合式三种。

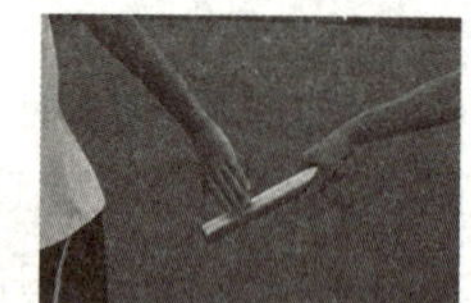
图 5-10　上挑式接棒

（1）上挑式接棒：运动员手臂自然后伸，四指并拢，虎口张开向下，掌心向后，递棒运动员由下至上将棒递入接棒运动员手中。接棒时手不能左右晃动，以免造成递棒不准确。上挑式交接棒的优点是不破坏跑的节奏，臂自然后伸与摆臂后摆相结合；缺点是第二棒已握至棒的中间或前段，给下一棒交接带来困难（见图 5-10）。

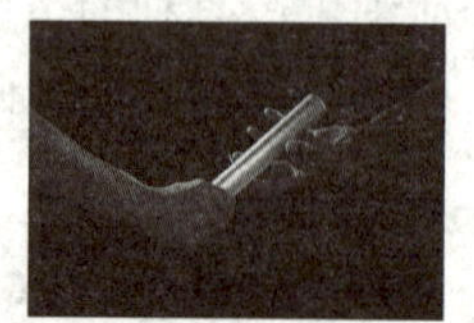
图 5-11　下压式接棒

（2）下压式接棒：运动员手臂后伸，四指并拢，虎口张开向后，掌心向上，递棒运动员由上而下柔和传入接棒运动员手中。优点是不用换手，缺点是臂后伸掌心外展易破坏跑的节奏，影响跑速（图 5-11）。

（3）混合式 4×100 米接力：为了在最快速度中交接棒，可采用上挑式、下压式混合接棒技术，即第一棒传第二棒用上挑式，第二棒传第三棒用下压式，第三棒传第四棒用上挑式。

运动员的持棒方法是：第一棒跑弯道，应跑跑道左侧右手持棒；第二棒运动员跑直道应跑跑道右侧，左手持棒；第三棒同第一棒，第四棒同第二棒。运动员交接棒后不得换手。接棒运动员标志的确定：4×100 米接力跑接力区为 30 米，因为一般交接棒在接力区 16 米左右接棒为宜，所以在起跑后 26 米左右距离，一般起跑标志为走 5 步，为 5 ～ 6 米。

接力跑是由 4 个人密切配合、奋力拼搏完成全程跑的。在安排各棒队员时，特别是 4×100 米比赛，必须考虑发挥每名队员的特长与优势。在 4×100 米项目中，第一棒安排起跑快、跑弯道技术好者，第二棒是直线快速跑、速度耐力好、传接技术好者，第三棒必须善于跑弯道，第四棒是全队实力最强的主力。

第二节 跳跃运动

一 跳远

跳远是在跑进中用单脚起跳，通过腾空，最后双脚落入沙坑的田径项目。跳远由助跑、起跳、腾空和落地四个部分组成。决定成绩好坏的主要有三个因素，即助跑的速度、踏跳的腾空高度和脚落地时前伸的远度。

（一）助跑

跳远的助跑速度与起跳腾起初速度有非常密切的关系，对跳远成绩有直接影响。跳远运动员为了获得更高的助跑速度，必须有相应的助跑距离，通常需要 20 米左右，跑 12 步左右。

1. 全程助跑距离和步点标志的测量方法

在跳远助跑道上，以起跳板为起点，向助跑反方向按自己所确定的助跑开始姿势、加速方式和步数反复跑几次后，找出和确定步数相符的脚迹的相对集中点即为初定的助跑起跑点。然后以此点开始，按自己的助跑方式向起跳板方向助跑并起跳，经反复练习、调整，最后确定，用皮尺丈量此距离并记录下来，以便以后使用。为了准确踏板起跳，助跑通常设两个标志。第一个标志设在助跑的起点上，第二个标志设在起跳板后的 6 ～ 8 步起跳脚着地处。

2. 助跑的起动方式

一种起动的方式是从静止状态开始助跑，采用两腿前后分开的“站立式”或两腿微曲、两脚左右分开的“半蹲式”静止姿势。这种开始姿势有利于提高助跑步点的准确性，初学者多采用这种开始姿势。另一种是行进间开始助跑，采用先走几步或跑几步踏上助跑的起跑点（第一标志），然后再开始加速助跑。这种起动方式比较自然、放松，优秀运动员多采用这种助跑起动方式。

3. 助跑的加速方式

一种加速的方式是积极加速，这种加速方式从助跑一开始就用力跑，步频始终很高，它能使运动员迅速获得较快的速度。另一种是逐渐加速，这种加速方式和一般的加速跑相似，开始步频较低，在逐渐加大步长的同时提高步频。这种加速方式的加速时间相对较长，跑得动作轻松、自然，多数运动员尤其是初学者多采用这种加速方式。

（二）起跳

起跳的任务是充分利用助跑取得水平速度，创造必要的垂直速度，获得更大的腾起初速度。

（三）腾空

跳远腾空阶段的任务是维持身体平衡，为完善的落地动作创造有利条件。起跳腾空后，运动员要保持起跳离地的跨步姿势，向前上方腾起。这一起跳结束时身体姿势在空中的延续，称为“腾空步”。跳远的各种空中姿势，都是在“腾空步”的基础上进行的。因此，做好起跳离地后摆动腿大腿抬平、小腿自然下垂，起跳腿自然伸直放松留于体后这一“腾空步”动作极为重要。“腾空步”以后的空中姿势有三种：蹲踞式、挺身式和走步式。

1. 蹲踞式

蹲踞式空中姿势是在“腾空步”的基础上，摆动腿大腿继续抬高，上体仍保持垂直，两臂向前挥摆，踏跳腿向前上方提举，与摆动腿靠拢，在空中成“蹲踞”姿势飞进。接着两大腿继续折叠上收，上体相继前倾，两臂向外挥摆，借助上收大腿的惯性把小腿一齐向前伸出，准备落地。

2. 挺身式

起跳后仍保持腾空步姿势，摆动腿，大腿积极而自然下放，小腿向前、向下、向后做弧形摆动，使髋伸展，两臂向下，向后方摆，这时留在身后的起跳腿与向后摆的摆动腿靠拢，臂前移，胸向外扩展并稍向前挺出，使身体胸部肌肉群处于拉长状态。然后收腹举腿，接着伸小腿，上体前倾，准备落地，如图 5–12 所示。

图 5–12　挺身式

3. 走步式

腾空步后，继续在空中像走步一样，即踏跳腾空完成“腾空式”动作后，摆动腿放下（第一步）并向后摆，同时踏跳腿屈膝，大腿前提，随即伸小腿，形成空中换步动作（第二步）。同时两臂配合做绕环动作，上体稍后仰。随后在身后的摆动腿向前收，与踏跳腿靠拢，这时两臂摆至体前，随着向前甩小腿，准备落地动作。两臂同时下放，向后摆去，上体前倾，两腿前伸落地，形成在空中迈两步半的走步式。如图 5–13 所示。

图 5–13　走步式

（四）落地

正确的落地不仅能获得更好的成绩，而且可以防止受伤。落地前，大腿向前提举，小腿前伸，膝关节伸直，同侧两臂向后摆，脚尖勾起，以脚跟领先接触地面，然后两腿迅速屈膝，髋前移，两臂屈肘积极前摆，使身体迅速移过支撑点。

二　三级跳远

三级跳远是一种连续跳远的项目，是助跑之后直线连续进行 3 次跳跃，动作潇洒、飘逸，可以充分展示运动员的矫健，可以有效地发展人的协调性。三级跳远技术由助跑起跳、单脚跳、跨步跳和第三跳 4 个部分组成。其中，第一跳（单脚跳）须用起跳腿落地；第二跳（跨步跳）须用摆动腿落地；第三跳（跳跃）用双脚落入沙坑，如图 5-14 所示。

三级跳的助跑与急行跳远的助跑基本相同，一般跑 16 ～ 24 步。与急行跳远助跑的不同点，一是助跑倒数第二步重心几乎不下降，第二是最后几步长度没有明显变化。

第一跳（单脚跳）是有力腿起跳，在空中做交换腿动作，有力腿落地。要点是尽量保持水平速度，起跳蹬地角约为 60°，身体重心轨迹长而平。

第二跳（跨步跳）仍是有力腿起跳，在空中成腾空步姿势，落地之前有一个顺势高抬大腿，做扒地式落地动作。

第三跳是无力腿起跳，应尽量利用所余的水平速度，并增加垂直速度，争取远度。蹬地角一般为 60° ～ 70°，起跳时两臂积极上摆，空中动作多采用蹲踞式。

图 5-14 三级跳远

三 跳高

至今出现过的主要跳高动作有跨越式、剪式、俯卧式和背越式等。由于技术的合理性，现在俯卧式、剪式已很少见到，人们多采用跨越式、背越式跳高动作，这里主要介绍后两者。

（一）跨越式跳高

跳高技术都由助跑、起跳、过杆和落地 4 个部分组成，如图 5-15 所示是跨越式跳高的技术过程。

助跑：在摆动腿一侧助跑，一般要跑 6 ～ 8 步。助跑路线与横杆的角度为 30° ～ 45°，助跑的开始三四步要轻松，富有弹性，随后逐渐加速，上体微前倾，助跑后几步重心稍低。

起跳：起跳点与横杆投影线的距离为 60 ～ 80 厘米，起跳时脚跟着地并迅速过渡到全脚掌，起跳腿迅速有力地起跳，踝、膝、髋充分蹬直，高抬摆动腿并积极前送小腿，身体重心迅速前移。

图 5-15 跨越式跳高

过杆：当摆动腿摆过横杆高度时，身体前倾，脚尖内转下压，起跳腿积极高抬，身体纵轴向起跳方向旋转，使上体和臀部迅速过杆。

落地：起跳腿随摆动腿的下压而抬高绕过横杆后，摆动腿缓冲落地。

（二）背越式跳高

背越式跳高的主要步骤有助跑、起跳、过杆、落垫。

助跑：背越式跳高助跑一般为 8 ～ 12 步，其中后 4 ～ 6 步助跑为弧线助跑。助跑前几步，步幅要开阔并有弹性。当转入弧线助跑时，整个身体向内倾斜。倒数第二步开始准备起跳，是助跑中最大的一步。最后一步时，起跳腿迅速踏向起跳点，髓部超前于上体，肩轴与髋轴成交叉扭紧姿势。

起跳：起跳脚由脚跟外侧先着地，柔和地过渡到全脚掌着地。此时，身体应向内侧倾斜。起跳时，摆动腿屈膝上摆，起跳腿迅速伸展，两臂上摆，躯干向上伸展。当起跳结束时身体与地面成垂直姿势。

过杆：起跳完成后，身体成伸展姿势向上腾起成背对横杆的姿势。头过杆后，仰头、侧肩、挺髋、屈膝，成拱形依次过杆，髋部过杆后，含胸收腹，上甩小腿过杆。

落垫：以适宜的屈髋姿势下落，用背部落在海绵垫上。

如图 5-16 所示是背越式跳高的技术过程。

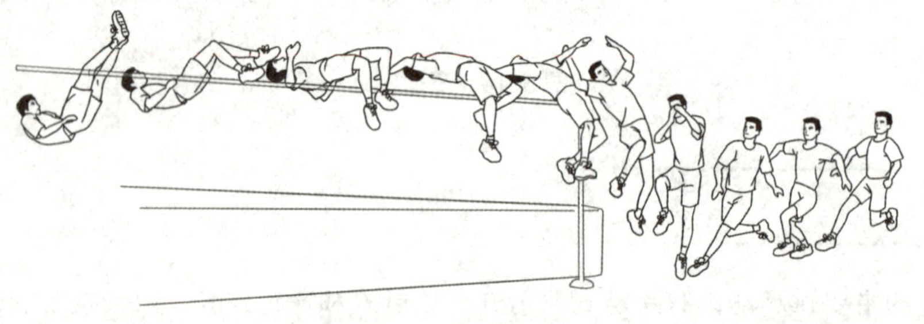

图 5-16　背越式跳高

第三节　投掷运动

一　铅球

推铅球是田径运动的主要项目之一。推铅球的动作技术是单手持球放在肩上锁骨窝处，站在直径为 2.135 米的圆圈内邻近后沿处，经过滑步（或旋转）后，单手从肩上推出，使铅球落在规定的投掷区内。

（一）原地侧向推铅球

1. 动作要领（右手持球）

（1）握球和持球。握球的方法（以右手握球为例）是，五指分开，把球放在食指、中指和无名指的指根上，大拇指和小指自然地扶在球的两侧，手腕背屈防止球滑动和便于控制出球方向。手指和手腕力量强的人可把球适当地向手指上移一点，这样可以更好地发挥推球的杠杆长度的作用，如图 5-17 所示。

握好球后，把球放在肩上锁骨窝处，贴着颈部，手稍外转，掌心向前，右臂屈肘，这样可以节省力量，加强铅球在滑步时的稳定性，有利于控制出球的方向，如图 5-18 所示。

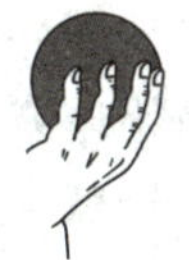
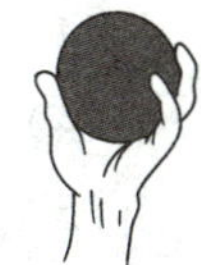

图 5-17　握球

（2）身体左侧对着投掷方向，两脚左右开立比肩稍宽，左腿自然伸直，以右腿支撑身体，左臂自然上举，上体向右侧扭转，左脚尖与右脚跟几乎在一条直线上，左臂向前下方伸出，使髋和背部肌肉扭紧拉长。

图 5-18　持球

（3）推铅球时，右脚用力蹬地，右膝内转，右髋前送，使上体迅速向投掷方向抬起，朝投掷方向转动，当身体左侧接近与地面垂直的一刹那，右脚迅速伸直，以左肩为轴，身体转向投掷方向，挺胸、抬头，右肩用力向投掷方向送，右臂迅速伸直将铅球向前上方 40° ～ 42° 推出。球离手时，手腕要用力，并用手指拨球。球出手后，右腿与左腿交换，左腿后举，降低身体重心，如图 5-19 所示。

2. 练习方法

（1）原地持球、握球练习。

（2）徒手或利用实心球做各种专门练习。

（3）原地推实心球过横杆。

（4）持铅球做原地侧向推铅球练习。

图 5-19　投掷铅球

（二）侧向滑步推铅球

滑步的目的是使铅球获得一定的速度，为最后用力创造良好的条件。

1. 动作要领（右手持球）

（1）滑步动作。从侧向预备姿势开始，左腿向投掷方向做 1 ～ 2 次轻微的预摆，待身体平稳后，左腿的大腿迅速有力地向投掷方向摆动，同时右脚用力蹬地，并迅速伸直右腿，使身体向投掷方向移动，右脚离地后，很快收回小腿向前滑动到圆圈中心附近，左脚积极落地，以形成牢固支撑力量，两脚着地后左脚尖和右脚跟成一条直线，为最后用力做好准备。

（2）最后用力。最后用力是在滑步结束后左脚着地的一刹那开始的，左脚迅速着地完成最后用力的保证。在拉收右腿的过程中，右膝和右脚向投掷方向转动，右脚着地后要不停地蹬转，利用右脚的蹬转和右膝的转动推送右髋转向投掷方向。这时髋轴的转动就超过了肩轴，上体出现扭紧状态，腰、背肌肉也被拉长。随着右腿的蹬伸，上体向右倾斜，右肩低于左肩。此时，左臂从胸前向左上方引，把胸前亮出，在右髋的不断前送中很快地向左转体，把胸转向前上方，抬头并稍后仰，左臂摆到身体的左侧并制动两腿积极蹬伸，同时右臂迅速有力地推出。球离手时，应加上腕和手指向外的拨球力量。这时，铅球向前运动逐步加到最大速度。推球时应做到以左侧为轴，左臂不能继续后摆，如图 5-20 所示。

图 5-20　侧向滑步推铅球

2. 练习方法

（1）侧向滑步推铅球的模仿练习。

（2）持实心球连续做 3 ～ 4 次预摆，然后用力向前上方推出实心球。

（3）拉住同伴的手，做滑步练习，体会两腿“摆”“蹬”的配合。

（4）持铅球或实心球在圈内反复做滑步练习。

（5）持铅球在投掷圈内做完整的侧向滑步推铅球。

（三）背向滑步推铅球

实践证明，滑步推铅球比原地推铅球要远 1.5 ～ 2.5 米。滑步时身体应保持平衡，身体各部位的动作要互相协调配合，使整个动作连贯和加速。

1. 动作要领（右手持球）

（1）握球和持球的动作与原地推铅球相同。

（2）滑步前的预备姿势可分为高姿势和低姿势两种。

1)高姿势。持球后，背对投掷方向，站在圈内靠近后沿处。两脚前后开立，相距 20 ～ 30 厘米，右脚尖贴近圆圈，脚跟正对投掷方向；左腿稍后，并自然弯曲，以前脚掌着地或脚尖着地，脚跟提起。持球臂的肘略低于肩或与肩齐，左臂自然上举并向内，上体正直放松，体重落在右腿上，两眼看前下方 3 ～ 5 米处，如图 5-21 所示。这种姿势的优点是较为自然放松，能协调地进入滑步动作，有利提高速度。这种姿势开始进入滑步时由于屈体团身而降低了身体重心，铅球上下移动较大，对身体平衡能力要求较高。

图 5-21　高姿势

2）低姿势。背对投掷方向持球站立，站在圈内靠近后沿处。两脚前后开立，相距 50 ～ 60 厘米，右脚尖贴近圆圈，脚跟正对投掷方向，左脚在后，以前脚掌或脚尖着地。左臂自然下垂并稍向内，两腿弯曲，上体向圈外探出，体重落在右腿上，两眼看前下方 2 ～ 3 米处，持球臂肘部自然下垂，铅球的投影点在右脚的右侧前方，如图 5-22 所示。这种姿势的优点是当投掷者未进入滑步时铅球已处于较低的位置，铅球的上下移动很小，较容易保持身体平衡。其缺点是全身的肌肉较紧张，右腿负担较大。

图 5-22　低姿势

（3）滑步前可做 1 ～ 2 次预摆，左腿自然弯曲，大腿用力平稳地向后上方摆动，右腿伸直脚跟提起，上体前俯，左臂微屈前伸，微低头，两眼看前下方。

（4）当左腿第二次回摆到靠近右腿时，右腿弯曲，上体前俯接近水平，紧接着右腿用力蹬伸，左腿向抵趾板中间提起，使身体重心向投掷方向移动。

（5）右腿蹬直后，迅速收小腿，右脚、右膝向左转动，与此同时，左脚积极下放，两脚着地，右脚跟和左脚尖成一条直线，为最后用力做好准备。

（6）由于铅球向前上方用力，球被推出后，身体仍有向前的惯性冲力，这样就会失去平衡。为了防止冲到投掷圈外造成犯规，投掷者应立即将右腿换到前面并屈膝，将左腿后伸，降低重心，改变重心移动的方向，便于维持身体的平衡。背向滑步推铅球完整过程，如图 5-23 所示。

图 5-23　背向滑步推铅球完整过程

2. 练习方法

（1）在教师的统一信号下，做背向滑步推铅球的模仿练习。

（2）徒手或持实心球做连续滑步练习。

（3）在一定高度的横杆前做背向滑步练习。

（4）持实心球做背向滑步推铅球练习。

二 铁饼

掷铁饼是技术较为复杂的项目，其比赛是在直径为 2.5 米的圆圈内采用旋转方法进行的。铁饼投掷的远度取决于器械的出手初速度、投掷时的出手角度、投掷时出手点的高度及空气作用力的影响，其中起主要作用的是器械的出手初速度。

（一）动作要领（右手握饼）

1. 铁饼握法

五指自然分开，中指通过铁饼面的中心，拇指和手掌平贴住铁饼，其余四指的最末指节扣住铁饼边沿，手腕微屈，铁饼的上沿微靠前臂，持饼臂自然下垂于体侧，如图 5-24 所示。

图 5-24 铁饼握法

2. 预备姿势

背对投掷方向，两脚站在投掷圈中心线的两侧（左脚略靠近中心线），间隔稍宽于肩，左脚稍靠后，持饼臂自然下垂于体侧。

持饼臂在体侧前后自然摆动 2 ～ 3 次，随后重心移向左腿，上体左移，同时躯干带动投掷臂向左摆起。铁饼摆至左侧约与肩同高时，左手托饼，然后重心由左腿向右腿移动，躯干带动投掷臂向身体右后方大幅度回摆。接近极点时，体重在右腿上，铁饼约与右肩同高，身体充分扭转拉紧，投掷臂尽量伸展放松，两眼平视。

3. 旋转

双腿支撑旋转：在预摆结束后立即开始做双腿支撑旋转动作。弯曲的右腿蹬地，上体向左转动，重心从右腿向边屈边转的左腿移动，左脚以前脚掌着地，屈膝向投掷方向转动。投掷臂自然地拖在身后，头随肩轴转动，逐渐形成以身体左侧为轴的旋转。

单腿支撑旋转：当已形成身体左侧为轴的旋转时，右腿蹬离地面，以大腿带动，绕身体左侧轴沿弧线大幅度地向投掷圈圆心摆动。在转动过程中，身体左侧轴逐渐向圆心方向倾斜，左肩、左臂同时向圆心方向带动，使身体重心投影线远离支撑点，以配合右腿摆动内转。左腿蹬离地面，使身体在转动过程中向圆心方向加速运动。

腾空：左脚转蹬离地，身体即进入短暂的腾空阶段（腾空时间应力求缩短）。这时，右髋、右腿积极内转下压，使右脚前掌迅速落在圆心附近，左腿积极向右腿靠拢准备下压落地，身体背对投掷方向，铁饼留在身后，形成一个良好的超器械姿势。左臂自然前伸，屈于胸前，重心落在弯曲的右腿上。

4. 最后用力

最后用力是决定投掷远度的关键技术环节。右脚着地后，左脚靠拢右脚积极落地，右腿微屈，左膝外转，躯干侧对投掷方向。右髋、右腿继续向投掷方向转动并前移，使髋轴进一步超越肩轴。此时头向投掷方向转动并稍抬起，左肩、臂向投掷方向牵引，右肘下降，稍低于肩，形成左侧转动轴。重心移近左腿时，左腿被迫压紧微屈，左膝跟着向投掷方向转动，同时支撑用力。在右髋、右腿继续转蹬的基础上，身体右倾绕左侧快速向前转动，肩轴迅速超越髋轴，以最快的速度、最大的力量向前挺胸挥臂。左腿积极蹬直，左肩制动，形成良好的左侧支撑用力。当身体重心达到较高部位时，铁饼经食指离手，快速沿顺时针方向自转，出手角度一般为 30° ～ 35° 。实践中根据风向和风力的情况来控制出手角度，逆风投掷时角度要小些，顺风时要大一些。

5. 维持身体平衡

铁饼出手后，为了防止由于向前的惯性冲出圈外造成犯规，应迅速交换两腿或顺惯性继续向左转体，同时降低身体重心，缓冲向前的冲力，维持好身体的平衡，如图 5-25 所示。

（二）练习方法

（1）握饼、摆饼、拨饼和滚饼练习。

（2）原地正面、侧向掷铁饼。

（3）徒手或持器械做旋转练习。

（4）正面旋转掷铁饼。

（5）背向旋转掷铁饼。

图 5-25　掷铁饼全过程

三 标枪

掷标枪的完整技术动作分为握持标枪、助跑、最后用力和缓冲 4 个部分。

（一）动作要领（右手握枪）

1. 握持标枪

握枪的方法可分为现代式（拇指和中指）握枪法和普通式（拇指和食指）握枪法两种。

（1）现代式握枪法。标枪斜放在掌心上，大拇指和中指环握在枪线把上沿，食指、无名指和小指自然地握住枪把，如图 5-26 所示。

（2）普通式握枪法，即拇指和食指握法。标枪斜放在掌心上，拇指和食指握在标枪线把上沿，其余手指依次握枪，如图 5-27 所示。

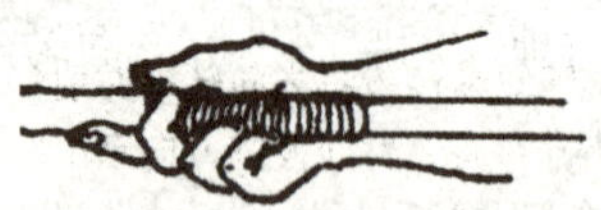

图 5-26　现代式握枪法

图 5-27　普通式握枪法

2. 持枪

合理的持枪方法应做到便于发挥助跑速度，便于引枪，使投掷臂和手腕放松自然。目前，运动员多采用肩上持枪的方法。

3. 助跑

助跑可分为预跑阶段和投掷步阶段两部分。

（1）预跑阶段。运动员从第一标志线跑到第二标志线为预跑阶段，通常为 15 米左右。跑双数步（8 ～ 12 步），右脚跑第一步；跑单数步（9 ～ 13 步），左脚跑第一步。预跑的动作要自然轻快，富有弹性，用前脚掌着地，逐渐加速。跑时上体略微前倾，持枪臂随着跑的节奏自然地前后摆动，且与下肢动作协调一致。通过不断加速的助跑获得较大的动量，并控制好器械，为进入投掷步完成一系列复杂动作做好准备。有些新手在预跑阶段跑得太快，增加了完成投掷步的难度，甚至破坏投掷步动作，影响最后用力。因此，助跑速度的提高必须与掌握技术的熟练程度相适应。

（2）投掷步阶段。运动员从第二标志线到起掷弧线的动作过程为投掷步阶段。投掷步一般为 5 步，也有采用 6 步的，目的是要在不断加速的情况下控制好器械，做好超越器械动作。

跳跃式投掷步：这种方法像跑跳步，在最后用力前右脚着地这一瞬间，由于右脚是向前跳出，且左脚向前摆动的角度较大、时间较长，因此会造成交叉步时人体重心的上下起伏，使左腿落地迟缓，延长了过渡阶段的时间，破坏了交叉步与最后用力的衔接。当左脚最后落地时，必然造成上体过早地抬起，导致整个身体重心过度前移，缩短了最后用力的工作距离，影响最后用力时的效果。

跑步式投掷步：在最后用力前左脚着地这一交叉步阶段，左脚是在右脚着地的这一瞬间，积极向前下方摆插，且摆动的角度小，着地的时间较短。左腿这一积极的摆插，能使髋部加速向前，超过肩部前移的速度，加大躯干后倾的程度，增加了最后用力时的工作距离，对身体形成正确的加速节奏和超越器械起到重要的作用。因此，在教学和训练中，建议有一定水平的运动员采用跑步式投掷步。

下面对跳跃投掷步（以 4 步为例）加以介绍。

第一步：左脚踏上第二标志线，右脚前迈开始第一步。在右脚前迈的同时，右肩向右转并开始引枪，左肩逐渐向标枪靠近，左臂在胸前自然摆动，目视前方，髋部保持预跳的动作，右脚掌落地的部位稍偏右，此时持枪臂尚未伸直。

第二步：右脚落地，左脚前迈开始第二步。左脚前迈的同时，髋轴向右转动，形成侧对投掷方向的姿势，持枪臂继续后引，左肩靠近标枪并稍含胸，以防右臂下降。左脚掌落地与投掷方向形成较大的角度，左肩摆至身体左侧，目视前方。

第三步：又称交叉步。这一步要加速下肢向前的运动，完成超越器械，并把标枪控制在有利于进入最后用力的部位。左脚一落地，右腿膝关节自然弯曲，大腿带动小腿积极向前迈出，当右腿靠近左腿时，左腿做有力的蹬伸动作，促使右大腿加速前摆。这时髋轴转向投掷方向，与肩轴形成交叉状态，左臂自然摆至胸前，进一步拉长躯干的肌肉。投掷臂充分伸直后引，不低于肩轴水平位，枪尖不高于头部，前臂与标枪的夹角越小越好。右脚跟外侧先着地，过渡到全脚掌，脚尖与投掷方向约成 45°。右脚落地的一刹那，躯干和右腿成一条直线，整个身体倾斜，与地面的夹角 55°～60°，身体重心在支撑点的后面，此时左腿已摆过右腿，目视投掷方向。

第四步：这一步是从助跑过渡到最后用力的衔接步，要求在高速中保持良好的超越器械，并按正确的用力顺序，发挥最大的力量，准确地用力于标枪纵轴。因此，它是投掷步中难度较大，又非常重要的一步。当第三步右脚未落地时，左腿已积极前迈开始第四步。右脚落地后，屈右膝，身体重心自然下降，左脚靠近地面，左腿积极前摆。身体重心超过右脚支撑点的一刹那，右腿及时蹬地，加快左脚落地的速度，以便做好落地支撑。这有利于保持已取得的下肢超越上肢的良好姿势，有利于加速上体的向前运动。此时右肩与左腿的连线与地面应约成 45°，左脚落地位置应在右脚点延长线的左侧约 30 厘米处。

投掷步四步的步长，一般是第一步大些，第二步小些，第三步大些，第四步小些。第一步大有利于从容地进行引枪动作，第三步大有利于加速和超越器械。一般情况下第四步是中等或略小于中等的步长，因为这一步要完成最后用力，如果太大，会由于腿部力量不足和速度不够而产生“下坐”现象。当然，如果步长太小又会影响向前的用力幅度，影响最后用力的效果。

4. 最后用力

投掷步的第三步右脚落地后，右腿屈曲压紧支撑，髋部迅速向前运动，当身体重心超越支撑点时（左脚尚未落地）即开始下肢最后用力。右腿及时用力蹬伸，推动右髋迅速向投掷方向运动，同时加速左脚落地的速度。右髋成半打开状态，右腿继续用力蹬地，转送右髋，使髋轴超过肩轴。在肩轴向投掷方向转动的同时，左臂前摆下压，投掷臂在原来的运行路线上，以上臂带动前臂转肩翻肘，当上体转至正对投掷方向时，投掷臂已翻到肩上，形成满弓姿势。这时投掷臂处于身后，与躯干几乎成直角，枪尖与头同高或稍高于头，重心接近左腿，左腿稍屈压紧支撑用力，头稍抬起，胸部肌肉处于充分拉长的有利姿势。形成"满弓"以后，胸部继续向前，肩轴迅速超越髋轴，以胸带臂迅速前挥，在左腿蹬伸的同时，使标枪在右肩上方（或右肩上方偏外）以 30° ～ 35° 飞出。出手点最好在左脚支撑点垂直上方或稍前，这有利于加大工作距离。标枪出手的一刹那，手指手腕的积极甩动使标枪沿着纵轴按顺时针方向自转，这有利于保持枪在空中飞行的稳定性，提高其滑翔效果。

5. 缓冲

标枪出手后，为了防止犯规，应及时换腿，缓冲，并降低身体重心保持平衡，一般缓冲距离为 2 ～ 3 米，如图 5-28 所示。

图 5-28　投掷标枪全过程

（二）练习方法

（1）握枪、持枪练习。

（2）正面插枪练习。

（3）原地侧向掷标枪。

（4）徒手练习助跑与投掷步。

（5）持枪做完整动作。

四　链球

（一）链球运动基本技术

链球是一项技术比较复杂的田径运动项目。一般情况下，掷链球的基本技术可以分为持握器械、预备姿势、预摆、旋转和最后用力 5 个部分。

1. 持握器械

投掷链球时，一般采用扣锁式握柄方法。正确的动作是：将链球的把柄放在左手食指、中指和无名指中段指节和小指末节，手指关节弯屈成钩形，钩握把柄。掌骨关节相对伸直，右手指扣握在左手指的指根部，右手的拇指扣握左手食指，左手拇指扣握右手拇指，两拇指交叉相握，成扣锁式握法。

需要注意的是，为取得较大的旋转半径，运动员往往会把柄置于左手指骨末节和指骨中段之间，然后右手同样扣握在左手上。除此之外，规则还规定，掷链球时，左手可戴光滑皮质保护手套，但指尖必须外露。

2. 预备姿势

运动员背对投掷方向站立在投掷圈后沿，两脚开立，距离同肩宽或者略宽于肩，以适合运动员预摆和开始旋转为度。左脚靠近投掷圈中心线，右肩稍远，这样便于有充分余地完成四圈旋转。两膝关节微屈，上体前倾右转，体重移至右腿，链球放在圈内身体的右后方，两臂伸直。另外，为了使动作做得更加轻松，也可以在以上预备姿势的基础上进行一定的改进，比如，有的运动员采用将球提离地面，由体前摆至右后方，然后直接进入预摆的方法。

3．预摆

预备姿势结束后就会开始进入预摆阶段。运动员拉链球，使链球沿有高低点的特定轨迹绕人体做圆周运动。大部分运动员采用两周预摆。在两周的预摆中，球呈匀加速运动，第二周预摆要比第一周预摆速度快，幅度大。预摆的速度要与身体的平衡相适应，身体平衡靠两腿和鼓的移动补偿完成。一般预摆两周时，每周链球运行距离为 5 ～ 6 米，速度 12 ～ 15 米 / 秒。两周预摆的技术动作和主要特点是：第一周预摆是从两腿蹬伸、上体直立左转拉伸两臂开始的。链球从身体的右后方沿向前、向左、向上的弧线运动。随链球向前移动，重心逐渐从右腿移向左腿。当链球摆至体前、肩轴与髋轴相平行时，两臂充分伸直。随后链球向左上方运动。当链球摆到左侧高点时，屈两肘，两手位于额前上方。链球通过预摆斜面高点后，两臂逐渐伸直，体重移向右腿，左膝稍屈，肩轴向右自然扭转 70° ～ 90° 。此时链球由上经身体右侧向下摆至低点，然后紧接着开始第二周预摆。

4．旋转

掌握好旋转技术是掷链球的关键。身体通过旋转，使器械获得较大的运行速度，积累动量，并造成身体良好的“超越器械”动作，为最后用力创造有利条件。旋转要求人与链球形成一个整体，有稳固的旋转轴和较大的旋转半径，要求在身体良好平衡的情况下，变换支撑形式，协调用力，逐渐加速，节奏明显。应充分利用双支撑时的加速转动，缩短单支撑时间，做好双支撑向单支撑的过渡旋转和单支撑向双支撑的转换，还应力求加长链球绕人体的转动半径，加快旋转的角速度。

在旋转过程中，单支撑和双支撑阶段的链球运行距离不同，每圈旋转时链球运行距离也不同。加长链球旋转时的运行距离和加快链球运行的速度，依靠增加双支撑用力时间并缩短单支撑时间完成。在完整的旋转技术中，各旋转加速的节奏一定要明显。加速节奏体现在缩短单支撑时间和加快双支撑速度上。

在旋转中，链球最高点逐渐升高，运行斜面的角度逐渐加大，以便为最后用力创造适宜角度。合理的旋转技术要求运动员的头部与肩保持相对稳定，头部不能有任何扭转和倾斜，头部位置的改变直接会造成旋转动作的错误。例如，向左转头容易造成肩带的紧张，影响双臂的伸直和导致旋转困难。躯干直立能维持平稳的旋转和对抗球的拉力，有利于旋转加速。两臂伸直，两肩放松，使肩和手臂放松牵拉链球，形成一个稳固的三角形，会使旋转形成一个理想的旋转弧。

旋转中，髋部向前挺出，有利于身体重心的移动和双支撑向单支撑的过渡，双腿弯曲，有利于对抗链球离心力和旋转时蹬地加速。

根据以上对旋转技术原理的分析，可以将旋转技术分为四个阶段，即单支撑阶段、双支撑阶段、双支撑过渡阶段、单支撑转换阶段，具体如下。

（1）单支撑阶段。单支撑阶段是从右脚抬起至右脚落地为止。在单支撑阶段，身体重心顺利地移至转动支撑的左腿至关重要。这取决于进入旋转双支撑向单支撑过渡时身体重心左移的时机，过早或过晚都将引起右髋的扭曲，造成偏离旋转轴的错误。单支撑时链球上升至高点前，是保持速度阶段，因为此时人体与链球是同步运动的。人体与链球整体的旋转是由左脚外侧支撑完成的。充分伸展双臂，可形成最大限度的旋转半径。链球接近高点之前开始转体，链球达高点时左脚由脚外侧转向前脚掌，链球由高点下行时，左膝弯曲下压，右脚快速落地，完成单支撑阶段。与此同时，双臂仍伸直，右腿和右髋超越肩轴，使身体呈扭紧状态，形成良好的下肢超越上肢和超越链球的姿势。

（2）双支撑阶段。双支撑阶段是从右脚落地开始至右脚离地。这一阶段是为链球加速的最佳阶段。右脚落地时，髋轴超越肩轴呈 20°～40°。在链球运行时，两肩放松，两臂应充分伸展，使链球以最大半径和最长运行距离运转。双支撑阶段应保持两腿的弯曲和躯干的正直，并保持身体的稳定，以利于对抗链球的离心力。

（3）双支撑过渡阶段。双支撑向单支撑的过渡转移阶段是在髋轴与肩轴平行，链球处于体前低点时开始的。此时链球运行半径相对缩短，而旋转角速度加快，应借助链球的转动加速，双脚向左侧转动，同时身体重心左移，右脚迅速抬起，进入单脚支撑阶段。过渡阶段由于转动力量的加大和脚速度的加快，双脚既要完成转动又要使身体重心左移，因而技术动作较为复杂，是比较难以掌握的技术环节。

（4）单支撑转换阶段。单支撑向双支撑的转换取决于单脚支撑旋转的成功。当链球由高点下行时，保持双臂的伸展和躯干的挺直，左脚掌平稳地支撑并转动，左膝及时准确地弯屈下压，使右脚尽快落地，形成一个充分的超越器械姿势。

5．最后用力

最后用力是在第三圈（或第四圈）旋转结束、右脚落地开始的。最后一圈右脚落地，下肢动作充分超越上体和链球，髋轴与肩轴达到最大扭转程度，两臂充分伸展，链球处在远离身体的右后上方，双膝弯屈，身体重心偏左。由于最后一圈转动速度较大，链球高速下行。随链球下行，身体重心右移，链球至身体的右前侧，身体重心移至双腿。当链球至身体右前方时，弯屈的双膝开始蹬伸，身体重心左移并升高，链球沿身体右侧弧线上升。此时左腿做强有力的支撑，右脚左转蹬送，右髋左转，躯干挺伸，左肩左转，头自然后仰，链球快速运行上升。当升至左肩高度时，两手挥动将链球顺运行的切线方向和理想的角度掷出。为保持身体的平稳和防止犯规，链球出手后要转体换腿，降低身体重心。

（二）链球运动技术训练要点

掷链球是技术比较复杂的旋转投掷项目。因此，在训练中应重点学习旋转的方法，可以说掌握了旋转的方法就掌握了掷链球技术。

1．使学生初步建立掷链球的完整技术概念

（1）通过观看优秀运动员掷链球比赛的技术影片、录像、技术图片，以及教师的示范，简要讲解掷链球的完整技术。

（2）简要介绍掷链球场地、器材规格和比赛的规则。

注意事项：

（1）对主要技术环节和难点，应侧重讲解，使学生加深理解。

（2）应对运动员进行安全教育，并采取措施，以保证教学安全顺利地进行。

（3）注意培养运动员的学习兴趣和能够学会掷链球技术的信心。

2．握法和预摆技术

（1）两脚分立同肩宽，前左后右移动髋部。

（2）徒手进行预摆的模仿练习。

（3）手持木棒或带球进行预摆练习。

（4）左右手持球单臂抡摆轻球。

（5）学习握法并持轻球、标准链球进行预摆练习。

（6）双手持球做下蹲站起的预摆练习。

（7）用轻球做边走边抡摆的练习。

（8）用两个或两个以上轻球做预摆练习。

注意事项：

（1）学习预摆技术时，先用徒手练习，然后再持器械，以便掌握和熟练移动髋部的技术。持器械练习时，应注意按由轻到重的顺序进行。

（2）摆动中要保持躯干正直，两腿自然弯曲，双臂放松，要注意股部和双腿向链球相反方向运动的对抗补偿动作。

（3）原地预摆链球起蹲、行进间预摆和摆两个以上链球加大了预摆的难度，也加快了掌握预摆技术的速度，但应注意安全。

3. 原地掷链球技术

（1）徒手做模仿最后用力的练习。

（2）用实心球、哑铃或木棒做最后用力的练习。

（3）1~2 次预摆后原地掷网袋实心球。

（4）1~2 次预摆后，原地掷短链球和轻链球。

注意事项：

（1）在徒手或持固定器械练习时，要注意最后用力动作的正确顺序，这些练习既有助于运动员掌握用力顺序，又可提高专门能力。

（2）最后用力的学习任务放在旋转的前面，能使旋转和最后用力形成自然的衔接。

（3）练习时要注意出手的方向、高度、角度和速度，以及上下肢的协调用力。

4. 旋转和旋转掷链球技术

（1）徒手旋转一圈的模仿练习。两脚分开同肩宽或稍宽于肩站立。两腿弯曲，两臂前平举，以左脚跟和右脚掌向左转动，左脚转约 90°，右脚转约 60°，躯干左转约 90°。身体重心随左转由双脚移至左腿，进入单支撑。单支撑时，右腿靠近左腿，左脚外侧支撑转动至左脚掌，然后以左脚掌支撑转体，右脚落地，完成一圈旋转。要求右脚落地后与左脚在一水平线上。

（2）徒手旋转 2 圈、3 圈、4 圈和多圈的练习。

（3）持木棒或网袋球旋转 1 圈、2 圈、3 圈、4 圈和多圈的练习。

（4）持短链球、轻链球旋转 1 圈、2 圈、3 圈、4 圈和多圈的练习。

（5）持标准链球旋转练习。

（6）持加重链球旋转练习。

（7）徒手旋转一圈接最后用力的练习。

（8）持木棒或网袋球，预摆 1~2 次后旋转 1 圈、2 圈、3 圈和 4 圈投掷练习。

（9）持短链球、轻链球、标准链球，预摆 1~2 次后旋转 1 圈、2 圈、3 圈和 4 圈投掷练习。

注意事项：

（1）在旋转和旋转投掷中，应保持上体正直，双臂伸直，双腿弯曲，髋部挺出，左脚跟与脚掌在旋转中自然交替进行，保持左脚的直线移动。右脚要尽量晚离地，离地时动作要迅速，落地要早，落地的位置要准确。在每圈旋转中都要有明显的超越和加速。

（2）头部要保持自然位置，防止过分转动。注意在旋转中定向，以及对方向方位、器械和空间的良好感觉。

（3）要保持以左脚为支撑点的稳定而垂直的旋转轴，使人与链球融为一体旋转。以移动身体重心来对抗离心力，加大旋转半径，加快链球运行的速度。

（4）旋转与旋转的衔接、旋转与最后用力的衔接要连贯，形成动作的整体性，使旋转有明显的加速节奏。

5. 学习第 1 圈旋转技术

（1）徒手旋转第 1 圈练习。站立姿势同前，左脚掌开始左转，随着身体重心左移，右腿以跟进形式靠近左腿进入单支撑，借惯性完成单脚支撑旋转，右脚落地形成超越姿势。

（2）双手持木棒或链球向左前方引摆，人跟随木棒或链球进入第 1 圈旋转的练习。

注意事项：

（1）第 1 圈旋转是旋转技术的基础，掌握好了才能顺利地过渡到以后各圈旋转中去，因此，教学重点应放在左脚的转动和右脚落地技术上。

（2）器械平摆，躯干伸直，髋部挺出，人跟随球转，右脚要快起动，快落地。

6. 改进和提高掷链球的完整技术

（1）在圈内或圈外旋转 3 ～ 4 圈投掷链球。

（2）用不同重量和不同长度的链球旋转 3 ～ 4 圈投掷练习。

（3）根据个人特点，确定合理的技术，并改进和完善。

（4）技术评定或测试成绩。

注意事项：

（1） 在完整技术的练习中，要严格要求技术动作的准确性，教练员要及时指出并纠正错误动作。

（2）完整的技术练习应尽量在护网和投掷圈内进行，以保证安全。

（3）技术评定要预先通知运动员，并提出评定的内容和要求。

第六章 球类运动

第一节 篮球运动

一 篮球运动概述

（一）篮球运动的起源与发展

篮球运动是用球向悬在高处的目标进行投篮比赛的一项球类运动。由于最初以用装水果的篮筐为投掷目标，因而名“篮球”。

篮球运动是1891年由美国马萨诸塞州斯普林菲尔德市基督教青年会训练学校体育教师詹姆士·奈史密斯（James Naismith）创造的。经过100多年的发展，篮球运动从最初的“游戏”逐步发展成一项雅俗共赏、老少皆宜的体育运动项目，并形成了一套独特的包含专项身体素质、专项技术、战术和规则、裁判法等内容的完整体系。1932年6月18日，国际业余篮球联合会在瑞士日内瓦成立，篮球运动进入推广时期，并出版了第一本国际比赛规则。1949年以后，篮球运动在世界各地广泛普及，世界篮球运动开始形成以美国队为代表的高度与技巧结合的美洲型打法，以苏联队为代表的高度和力量结合的欧洲型打法，以中国队、韩国队为代表的快、灵、准结合的亚洲型打法。1960年以后，世界篮球运动进入全面发展与提高的新时期，篮球运动技术、战术朝着灵活、高技巧、高速度、高强度、多变化、高比分的方向发展，特别是高空技术的进一步发展，显示出当代篮球运动发展的新趋势和新特点。通过对进攻时间、规则罚则、增加三分球等条款的调整，促使攻守平衡，使篮球运动向既重进攻又重防守、既重高度又重速度、既重力量又重速度的方向发展。目前，篮球运动进入融竞技化、智谋化，朝着“高、快、全、准、变”和技战术运用技艺化方向发展的时代。

篮球运动于1896年前后传入我国；1901年以后，成为国内一些大城市的教会学校课外活动的锻炼手段；1913年被列为国内比赛项目。中华人民共和国成立后，我国的篮球运动又有了很大的发展。篮球运动广泛普及，水平稳步提高。1959—1966年，我国男女篮曾接近世界先进水平。1984年，我国获得第23届奥运会女篮比赛铜牌；1993年，获得世界大学生运动会女篮比赛冠军。2001年，我国男篮队员王治郅成为中国进入美国职业男篮第一人。2003年，我国篮球运动员姚明和巴特尔相继加入美国职业篮球联赛。2023年7月2日，女篮亚洲杯决赛中国女篮73比71战胜日本女篮夺得冠军。

（二）篮球运动的特点和作用

1．篮球运动的特点

篮球运动激烈、对抗、复杂、多变的特点决定了比赛瞬息万变。在比赛中队员要根据场上不断变化的情况采取正确、果断的行动，才能取得“攻必克、守必固”的效果。如果缺乏战术意识，就只会蛮干、硬攻，既消耗体力，又往往事倍功半。同时，篮球运动作为集体运动项目，不仅要使队员融入整个队伍当中，而且要使每个队员成为有独特个性的个体。篮球的特点如图 6–1 所示。

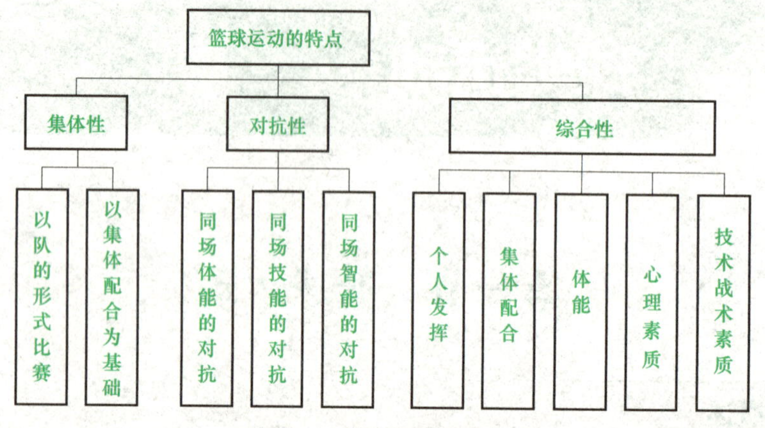

图 6–1　篮球运动的特点

2．篮球运动的作用

（1）篮球运动的集体性，能培养团队精神和集体荣誉感，增强球员的组织纪律性，这种团队精神无论对个人的发展还是社会的进步都具有积极的意义。

（2）增进身心健康。篮球运动对力量、速度、耐力、灵敏等素质的全面发展，分配和集中注意能力的提高，神经系统中枢的灵活性、协调支配各器官能力的提高，内脏器官的生理机能的改善，良好的心理素质的塑造、坚强的意志品质的形成以及团队精神的建立具有十分积极的作用

（3）促进人际关系。篮球运动不仅可以让广大青少年相互切磋技艺，也可以为他们相互了解、增进友谊、友好交往提供有效的途径，对青少年正确认识和处理人与人之间的关系、更好地融入社会、促进青少年健康人格的发展具有积极的作用。

二　篮球运动基本技术

篮球技术就是在篮球比赛中所运用的各种专门动作方法的总称，它是篮球比赛的基础，分为进攻与防守两大部分，如图 6–2 所示。

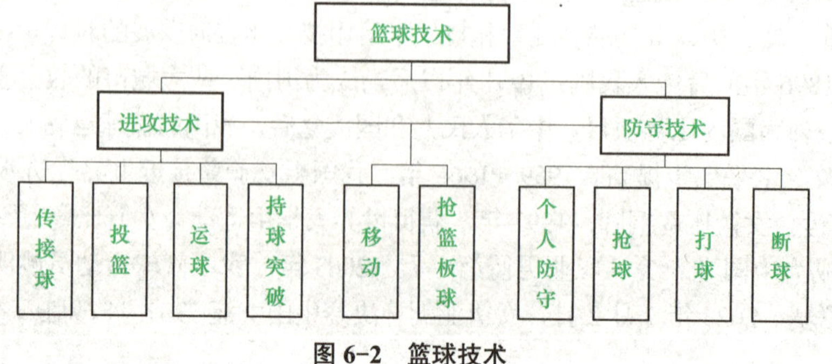

图 6–2　篮球技术

（一）投篮

投篮是在篮球比赛中，持球队员将球从篮圈上面投进球篮所采用的专门技术动作方法的总称。

篮球比赛的胜负是由得分多少来决定的，而投篮是重要的得分手段。篮球比赛双方一切技战术的目的都是投篮和防守投篮，所以投篮是篮球运动的核心技术。

1. 投篮的基本技术分类

投篮技术较多，按照投篮手法分为单手投篮和双手投篮两大类，可以在原地、行进间和跳起在空中完成。

2. 投篮技术分析

一个完整的投篮过程应由投篮的准备动作、投篮动作和结束动作三个阶段构成。这三个阶段包括持球、瞄准、出手、球在空中飞行和旋转几个基本要素，如图 6-3 所示。

（1）投篮的持球方法。持球是投篮前的准备工作，是完成投篮的前提。正确的持球方法有利于投篮动作的完成。持球分单手和双手两种，都要求五指自然分开，增加触球面积，指根以上部位触球，掌心空出。

（2）投篮的瞄准点。瞄准点是投篮注视的目标。根据目标测定投篮出手角度、用力大小等因素。在球场任何地方空心投篮，一般要瞄准篮圈前沿正中点；碰板投篮则根据入射角等于反射角的基本原理，以篮板某一点为瞄准点。

图 6-3 投篮过程

（3）投篮的出手方法。投篮的出手方法是投篮时球最后离开手的动作，是投篮技术的关键。出手动作包括出手手法和全身协调用力，其发力顺序为下肢蹬地、身体伸展、手臂伸出、手腕前屈和手指拨球。

（4）投篮的抛物线。抛物线是球出手后在空中飞行的路线，其意义主要是相对于投篮的球的入射角和有效面积。应根据不同的投篮距离选用高、中、低不同的弧度。一般来说，中弧线是较适宜的投篮弧线。

（5）球的旋转。球的旋转会影响投篮的准确性，适宜的旋转可排除空气阻力的干扰，使球平稳飞行。一般的投篮，球应沿横轴向后旋转；低手投篮时，球向前旋转；侧面碰板投篮时，应使球适当侧旋。

（二）运球

持球队员在原地或移动中，用手连续按拍使球借助地面反弹起来的动作叫运球。运球是篮球运动的基本技能，是控制球、支配球、组织战术配合及突破防守的基础。

1. 运球的基本技术分类

运球包括原地运球和行进间运球两类。原地运球包括高运球、低运球。行进间运球包括高低运球、运球急停急起、体前变向换手运球和体前变向不换手运球等。

2. 运球技术分析

运球技术动作由身体姿势、手按拍球的动作、脚步动作的合理运用三个环节组成。运球技术的关键就是运球队员对球的控制能力、支配能力，脚步动作的熟练程度，以及手、脚、躯干的协调配合。运球主要靠手指、手腕对球进行控制与支配。运球时，五指自然张开，掌心空出，用手指和指根以上部位控制球，以肩为轴，上臂带动小臂，最后作用于手腕，手指用力向下按拍球，并随球有迎送球动作。运球方向和速度的不同，要求按拍球的部位和力量也不同。运球时球的落点要有利于自己控制球和保护球。另外，要注意控制身体重心，保持运球手臂和脚步动作的协调。如图 6-4 所示。

图 6-4 运球

（三）传接球

传接球是篮球比赛中进攻队员有目的地转移球的方法，是进攻队员之间相互联系和组织进攻的纽带，是实现战术配合的桥梁。传接球技术质量的好坏，决定着战术配合的效果和进攻质量。

1. 传接球基本技术分类

传球技术分双手传球和单手传球两类。双手传球包括胸前传球、头上传球、低手传球和反手传球。单手传球包括肩上传球、胸前传球、体侧传球、低手传球、勾手传球和反弹传球等。接球技术也分为单手接和双手接两类。

2. 传接球技术分析

（1）传球技术分析。传球前的技术动作和传球时的手法是传球技术的关键。持球分单手持球和双手持球两种。单手持球时，五指分开，翻腕，指根以上部位接触球；双手持球时，双手手指自然分开，拇指相对成“八”字形，用指根以上部位持球侧后方，掌心空出，如图 6-5 所示。

图 6-5 双手传球

传球时，根据球飞行的方向、速度和落点要求，确定手腕抖动和手指用力大小，以及作用于球的部位。

（2）接球技术分析。接球时，应根据来球的路线、力量、速度和落点，肩背放松，手指分开，积极伸臂迎球；触球的瞬间，手臂向后引球，缓冲来球力量；双手握球，身体护球。

（四）个人防守

个人防守技术是防守队员为阻挠和破坏对手的进攻，合理运用脚步移动、手臂动作和身体姿势，积极抢占有利位置以达到控球目的而采用的各种专门动作。个人防守技术包括防守无球队员和防守有球队员两类。防守无球队员包括防原地摆脱、防横切、防纵切和防溜底线。防守有球队员包括防投篮、防突破、防运球和防传球。

防守技术主要由脚步动作和手臂动作等构成。脚步动作是个人防守技术的基础，一般情况下，多采用滑步配合其他脚步移动法。手臂动作主要表现为抢、打、断、封、拦截等动作。快速的脚步移动和合理的手臂动作是运用防守技术的关键。

（五）其他技术

1. 持球突破

持球突破是持球队员合理运用脚步动作和运球技术快速超越防守队员的一项攻击性技术。根据其动作结构，持球突破又分为交叉步突破和顺步突破两种。

2. 移动

移动是各种攻防技术的基础，包括走、跑、跳、急停、转身、跨步和滑步等各种脚步动作。

3. 抢篮板球

抢篮板球是攻守双方争抢投篮未中的球，分为进攻篮板球和防守篮板球两种。其技术环节包含观察判断、抢占位置、起跳和空中抢球四个技术环节。

三 篮球运动基本战术

（一）篮球战术

篮球战术是在篮球比赛中进攻或防守时集体配合与协调行动的组织形式。其目的是使全队形成有机联系的整体，充分发挥个人技术和特长，以便在激烈对抗中争取主动，获得胜利。篮球战术可分为进攻战术和防守战术。下面就几种具体战术进行说明。

1. 战术基础配合

战术基础配合指作为全队战术基础的 2 ～ 3 人参加的简单配合。进攻的基础配合，有发动及接应快攻的配合，结束快攻的配合和阵地进攻中的传切配合、掩护配合、策应配合、突破分球配合等；防守的基础配合有防快攻结束时的以少防多的配合，人盯人防守时的关门、挤过、穿过、换人、协防、夹击和补位配合。

2. 快攻与防快攻

快攻是以最快的速度发动进攻，创造以多打少的投篮机会的战术。发动快攻有 4 个时机，即抢得篮板球时、抢断球时、掷界外球时和跳球得球时。快攻的组织形式有长传快攻和短传快攻。现在快攻战术已经从 2 ～ 3 人参加发展为 5 人全体参加。

防守快攻的战术原则应是提高进攻成功率，拼抢进攻篮板球，减少对方可能发动快攻的次数，堵截发动快攻的第1传和接应第1传，防堵进攻队快下的队员，提高1防2、2防3、以少防多的能力。

3. 半场人盯人防守与进攻

（1）半场人盯人防守。

1）防守方法：按照个人防守对手的要求，对有球、无球队员分别采用相应的防守，积极移动并根据球和对手的位置及时调整防守位置和姿势。近球一侧的防守应注意封堵对手的传接球路线和空切；远球一侧的防守应适当保护篮下，并防止对手空切。当有球队员突破时，邻近的防守队员可协助同伴实施“关门”配合；当有球队员突入篮下时，远球一侧的队员要及时进行补防、协防，防守成功后应迅速找回原来的防守对象或进行换防。

2）进攻要点：①由攻转守时，每个队员都要快速退回自己的后场，找到对手，组成集体防守；②根据对手站位选择有利位置，有球紧，无球松，近球紧，远球松，积极移动，控制对手；③要做到人、球、篮兼顾，与同伴协同防守；④积极移动，根据对手进攻情况采用相应的防守配合，破坏对方进攻配合，加强防守的集体性。

（2）进攻人盯人防守。

1）进攻方法：进攻人盯人防守时，球队应根据本方和对方队员的特点选择合理的进攻阵型，并运用本队熟悉的进攻技术和战术创造有利的进攻机会。在组织进攻中，要攻击防守的薄弱环节，队员之间要默契，机动灵活地运用进攻战术，积极拼抢篮板球，并注意攻守平衡。

2）进攻要点：由守转攻时，在对方未形成有效的防守阵型时，应积极组织发动快攻；在阵地进攻时，要迅速落位并站好进攻队形，利用本方队员的特长组织有效的进攻，或利用传切、突分、掩护、策应等配合创造有利的进攻机会；同时注意拼抢篮板球和保持攻守平衡。无论采用哪种方式，发动配合后一般都是由传切、掩护、策应、突破分球等基础配合贯穿于全队配合之中，或以某一种基础配合为主，组成全队战术配合。采用哪种基础配合为主，既要根据本队内外线队员身高和技术特点等具体条件，又要针对对方防守情况而定。如对方扩大防守区域，可多用策应、传切、突破分球配合；对方缩小防守区域，可多用掩护配合，创造中距离投篮机会等。

4．区域联防与进攻区域联防

区域联防是在半场按一定阵形落位，每人有明确分工防守一个区域，同时又进行联合防守。采用的联防阵形有 2—1—2、2—3、3—2、1—3—1 和 1—2—2 等，如图 6-6 ～图 6-10 所示。

现代区域联防战术，已改变了单纯分区、集中防守篮下周围地带的陈旧防守方法，区域联防形式下增强了人盯人防守内容，形成新型的以胁迫球为主的对位联防。进攻区域联防应首先采用快攻突击，对方联防布阵之后，则要针对防守阵形的薄弱地区决定进攻落位阵形。例如：用 1—3—1 进攻 2—1—2 和 2—3 联防；用 2—1—2 进攻，1—3—1 联防。进攻联防时的配合，采用快速而有节奏的传球，破坏防守阵形，利用出现漏洞的机会进行投篮；运用插角、溜底线空切，形成局部防守队员负担过重，形成以多打少；中锋策应、掩护和突破分球配合，打乱对方的防守阵形，进行攻击。

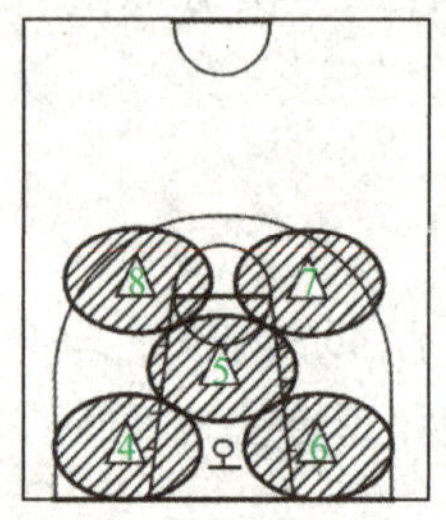
图 6-6　2—1—2 联防

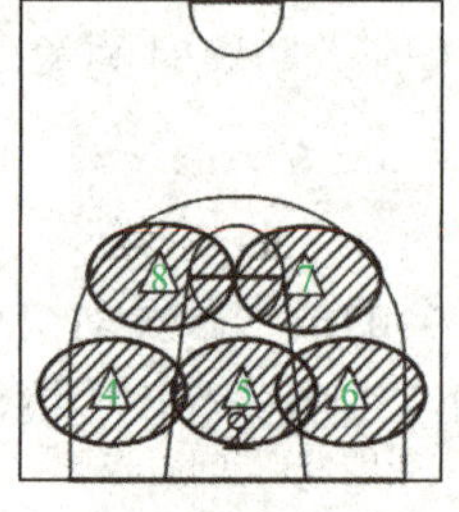
图 6-7　2—3 联防

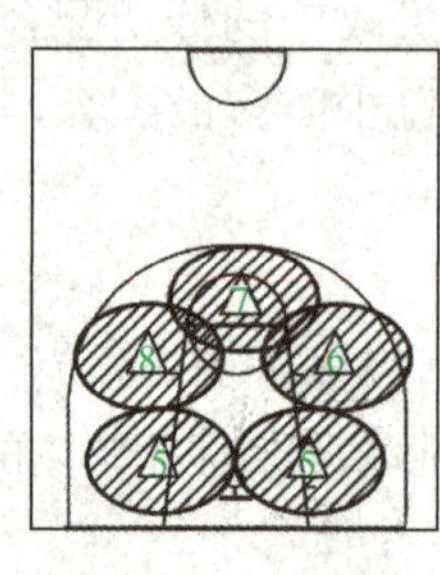
图 6-8　3—2 联防

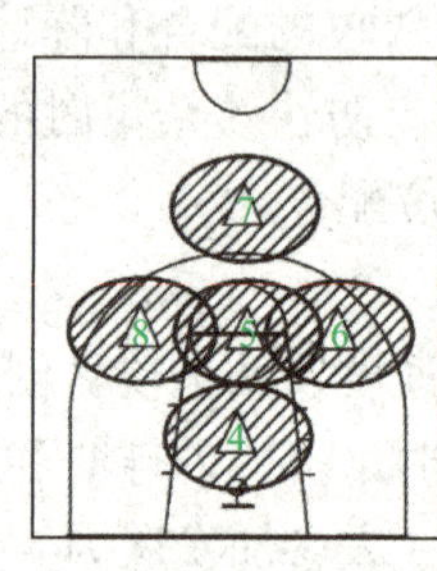
图 6-9　1—3—1 联防

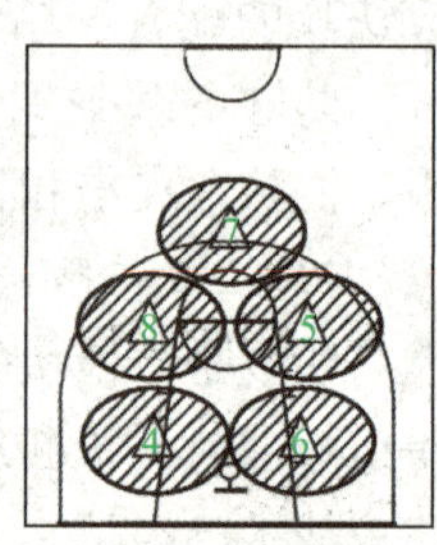
图 6-10　1—2—2 联防

（二）战术位置与职责要求

篮球比赛中按进攻队员在前场落位的区域和职责，将队员分为中锋、前锋和后卫。按一般规律，无论攻守，高大队员均应占据近篮区，较矮小队员布置在远篮区，合理运用战术才能充分发挥运动员的个人能力。

1．中锋

在攻防过程中，中锋处于内线，是战术组织的中枢，担任内线攻防重任，所以要求中锋队员身材高大、反应灵活、技术全面，有较好的攻防能力和战术意识，具备拼抢前后场篮板球的意识和能力。由于中锋防守时处在最后的防守位置，要求其具有较强的补防、封盖意识和能力。

2．前锋

前锋位于攻防第一线，是快攻的突击手和主要投篮手。在阵地进攻中，除了个人的攻击，还要与同伴组成各种进攻战术配合。防守时前锋处于前沿位置，在完成个人防守任务的基础上，还应与同伴进行各种防守战术的配合。因此，前锋队员不仅应具有较高的身高，还应具有机智灵活、熟练运用攻防技术的能力，能投善抢，具有较强的战术意识和进攻能力。

3．后卫

后卫是指进攻时处于全队战术阵形后方，活动在外围广大区域的队员，是组织指挥全队战术实施的核心队员。要求后卫队员具有良好的身体素质、全面的技术技能、良好的战术意识，能投善突，善于妙传助攻。同时，还应具有良好的心理素质，沉着善变，善于领会和传达教练员意图，根据场上情况变化，有组织地指挥全队进行攻防。

四 篮球运动竞赛规则简介

（一）篮球运动竞赛规则的含义

篮球竞赛规则是篮球竞赛的“法”。在竞赛规则约束下的“公正”“公平”和“公开”竞争是组织和进行篮球竞赛活动的基本保证。篮球竞赛规则是促进篮球技战术不断创新的“指挥棒”，对正确、合理地运用篮球技战术，保持、控制篮球竞赛的攻守平衡，使篮球竞赛更加精彩，起着重要的保证和促进作用。

高等学校的群众性篮球竞赛可根据参加竞赛的不同对象、不同水平和不同形式，采用被参赛各方所接受的简约规则、特殊规则等，使比赛更符合学生实际，更为精彩有趣，具有吸引力。

（二）篮球运动竞赛的基本规则

1. 违例部分

违例是违犯规则。罚则是将球判给对方队员，其在最靠近违例的地点从界外掷球入界。

（1）队员出界和球出界。

1）队员持球出界。当队员身体的任何部分接触界线上或界线外的地面，或接触界线上、界线上方或界线外的除队员以外的任何物体时，即是队员出界。

2）球出界。当球触及在界外的队员或任何其他人员，界线上、界线外的地面或界线上、界线上方或界线外的任何物体，如球触及篮架、篮板背面或篮板上方和篮板后面的任何物体，即为球出界。

（2）带球走。当持活球的队员用同一脚向任何方向踏出一次或数次，另一脚保持着与地面的接触点旋转，这一脚称为中枢脚。带球走是持球队员的中枢脚不合法地移动而出现的持球移动违例。

（3）非法运球。队员控制球后将球掷、拍或滚在地面上，在球触及另一队员之前再触及球为运球开始。队员用双手同时触及球或使球在单手或双手中停留的瞬间运球即结束，运球结束后不得再次运球。

（4）拳击球和脚踢球违例。凡是用拳击球或故意用膝、膝以下的任何部位去击球或拦截球为违例。球偶然接触到脚或腿，或脚或腿偶然触及球都不是违例。故意踢或用腿的任何部分阻挡球，或用拳击球是违例。

（5）球回后场违例。中线之后属于后场。一方队员在前场控制活球，该队的队员不得使球回后场。下列情况属于球进入某队的后场：球触及后场，球触及有部分身体接触后场的队员或裁判员。

（6）掷界外球违例。掷界外球时，队员发生下列情况时为违例：球离手后球触及场内其他队员之前，在场内再次触及球；球离手前或离手时步入场地；球未离手的持球时间超过 5 秒；在端线掷界外球时，越过篮板掷球进场；从前场掷球给位于后场的同队队员；掷界外球，球离手后，在球接触场上队员前，球触及界外，停留在篮圈、篮架上或进入球篮；掷界外球队员在球离手前从裁判员指定的地点横向移动超过1米，并向不止一个方向移动。

（7）罚球违例。罚球队员不得做假动作罚球或在球触及篮圈前进入限制区，其他任何队员在球触及篮圈之前均不得进入限制区。发生违例后，如是罚球队员违例，罚中无效，其他任何队员违例则罚中有效。罚不中时，如对方队员违例，重罚 1 次；如本方队员违例，即失去一次机会，由对方掷界外球继续比赛。

（8）有关时间规则的违例。

1）3 秒违例。某队在场上控制活球并且比赛计时钟正在运行时，该队队员不得在对方的限制区内停留超过持续的3秒钟。

2）5秒违例。在比赛过程当中，一名被严密防守的队员必须在5秒内传球、投球或运球。

3）8秒违例。每当一名队员在他的后场获得控制活球时，他所在的队伍必须在8秒内使球进入自己的前场。

4）24秒违例。每当一名队员在场上获得控制活球时，其所在球队必须在24秒内尝试投篮。

2. 犯规部分

犯规是在比赛过程中违反篮球运动规则，此外还包含与对方队员的身体接触或违反体育道德的举止。在篮球比赛中，对犯规的队员要进行登记并按规则进行处罚。

（1）技术犯规。技术犯规是指所有（不包括与对方队员接触）的队员犯规。队员不得漠视裁判员的劝告或运用不正当的行为。当有队员犯规时，裁判会做出一个手掌与另一个手掌交叉成T形，并举过头顶的动作来示意。

（2）侵人犯规。在一场篮球比赛中，10名队员快速移动在一个有限的空间内，身体接触不可避免。队员不应通过伸展其手、臂、肘、肩、髋、腿、膝、脚或将其身体弯曲成“反常”的姿势（超出其圆柱体）来拉、挡、推、撞、绊对方队员，以阻碍其进行，也不准做出任何粗野或猛烈的动作。发生侵人犯规后，如被侵犯队员未做投篮动作，应由其本人或同队队员掷界外球继续比赛（犯规的队处于全队犯规处罚状态时，则判给两次罚球）。如果被侵犯的队员正在做投篮动作，如投中，得分有效，再判给1次罚球；如未中，则视其投篮地点判给2次或3次罚球。

（3）违反体育道德的犯规。队员不是在规则的精神和意图的范围内合法地试图去直接抢球，发生的侵人犯规是违反体育道德的犯规。罚则是判给对方队2次或3次罚球以及随后中场的球权。

（4）取消比赛资格的犯规。队员、替补队员、教练员、助理教练员或随队人员的任何恶劣的违反体育道德的行为是取消比赛资格的犯规。罚则与违反体育道德的犯规判罚相同，并判犯规者回到休息室或离开体育馆。

（5）队员5次犯规。队员5次犯规是篮球运动比赛规则之一。在每场分4节、每节为10分钟的比赛中，当队员犯规（含侵人犯规和技术犯规）总次数达5次时，必须退出比赛，由同队其他队员替补出场比赛。

（6）全队犯规。全队犯规是指该队队员被判罚的侵人犯规、技术犯规、违反体育道德的犯规或取消比赛资格的犯规。在一节中某队全队犯规已发生了4次时，该队处于全队犯规处罚状态。

3. 半场3人篮球赛基本规则

半场3人篮球比赛除遵守国际篮球规则的精神外，还应按照以下规则和裁判法操作。

（1）每队由4名队员组成，上场比赛队员3名，替补队员和教练各1名。

（2）每场比赛分上下半时，每半时10分钟，两半时中间休息5分钟，最后得分多者获胜或先达到规定得分的队获胜（规定得分可在22～30分）。

（3）在2×10分钟的比赛中，上、下半时可各暂停1次（在规定得分的比赛中，每队只可以暂停1次）。

（4）比赛开始在罚球线两侧跳球，获球的队必须将球传（运）出三分投篮线以外再进攻。比赛中出现的所有跳球均在罚球线两侧进行。

（5）比赛中防守队员抢得篮板球或抢断球成功都必须将球传（运）出三分线外再进攻。

（6）投篮得分（含罚球得分）后，由原来进攻队的队员继续在中场圆弧线内掷球比赛，也可以交给对方队员掷球。

（7）球从端线出界，必须在限制区的端线两侧以外掷界外球。

（8）当比赛终了，双方最后得分相等时，采用足球罚点球的形式，谁先罚球应由两队抛硬币决定。

（9）队员全场犯规累计达 4 次者，裁判员应该取消其本场比赛资格。

（10）因为两队是在同一半场比赛，裁判员的判罚结果必须用口语表达清楚，如“白队 3 秒违例，红队掷球”。

（11）一般情况下，比赛可由一名裁判员担任，重要的比赛也可采用两名裁判员执法。这时，裁判员的观察应做到全面、准确，裁判员的位置选择应以球为主，随球移动。

（12）裁判员的分工配合基本同正式的篮球比赛。

（三）篮球裁判员的基本要求

1. 篮球裁判工作的意义

篮球裁判员是篮球竞赛场上的“执法官”。裁判员通过公正、公平地执行竞赛规则保护双方的合法权益，保护篮球运动倡导的合理的技术和战术，反对并处罚不合理的、不符合篮球运动发展方向的技术、战术和行为，以保证篮球运动向健康的方向发展。

2. 篮球裁判员的基本要求

（1）了解篮球运动。篮球运动是游戏，是竞赛，又是一种锻炼身体的方法。了解篮球运动的起源、发展、特点、作用、现状和发展趋势以及篮球运动与篮球竞赛规则之间的关系，不仅能帮助裁判员对这项运动有一个全面的认识和理解，也能使裁判员真正理解裁判工作的意义。

（2）了解规则精神。篮球竞赛规则随着篮球运动的发展而发展，已形成较完整的规则体系。其文字精练详细，了解每一条规则的理论内容并与赛场上的实际结合起来非常重要。

篮球竞赛规则的演变与篮球运动发展的发展阶段有关，裁判员应了解篮球规则对篮球运动发展的影响。篮球裁判员不仅要熟悉规则，更要理解规则，研究和掌握规则的精神和意图。

（3）掌握裁判的原则和方法。

1）篮球裁判工作的基本原则：①贯彻规则精神和意图。如宣判队员 8 秒违例是倡导和要求一种较快的进攻速度。②运用有利或无利原则。有时不宣判某防守队员的犯规反而有利于被侵犯队员进攻或得分。③保证控制比赛和比赛流畅。在保证控制比赛的基础上，应使比赛流畅进行，不至于因为宣判过多而干扰比赛。④保证尺度的一致性。不管比赛进行到什么阶段，或者外界压力有多大，努力以相同的尺度宣判同一场比赛。

2）篮球裁判方法。掌握一定的篮球竞赛裁判方法是裁判员临场执法的必备条件。篮球裁判方法根据其竞赛特点可将其按时间分为比赛前、比赛中和比赛结束等几部分工作；按工作内容分为对投篮情况、球出界情况、违例、犯规情况、罚球情况、暂停和替换情况等进行处理等工作；按裁判员的分工与协作又分为裁判员的责任与移动、手势与宣判程序等。

一个篮球裁判初学者要想比较快地获得裁判工作的基本能力，首先应对裁判员的责任、分工、移动有明确的认识，其次是对比赛中常见的违例和犯规有一定的鉴别能力并敢于做出宣判，最后是具有协作精神并能虚心地向同伴学习。

具有一定水平的篮球裁判员（如等级裁判）应该具备一定的职业化风度，这体现在以下几方面：对规则有比较全面和深刻的认识；裁判方法娴熟；了解并能处理好各个工作细节；协作能力强；对工作严肃、认真、公正、准确；具备控制各种局面的能力。

（4）其他要求。

1）品德。“公正与公平”是对篮球裁判员最基本的要求，对此，裁判员必须是坚定、明确和不动摇的。

2）心理状态与调节能力。裁判员的心理状态应该比较稳定并具有在各种复杂局面下的心理调节能力，以准备应对各种突发事件和控制比赛。

3）身体。具有良好的身体状态，以保证裁判员在工作中较快地抢占到有利位置，进行准确的宣判。

第二节　足球运动

一　足球运动发展概况

（一）足球运动简介

足球是以脚为主支配球的一项球类运动。两个队攻守对抗，争夺激烈，是富于战斗性的一项体育项目。现代足球是世界上开展最广泛、影响最大的运动项目之一，被誉为“世界第一运动”“运动之王”。

1863 年 10 月 26 日，英国 11 家足球俱乐部的代表在伦敦举行会议，成立了第一个足球运动组织——英格兰足球协会。当天也被世界公认为现代足球运动的诞生日。1904 年 5 月 21 日，法国、比利时、西班牙、荷兰、丹麦、瑞典、瑞士 7 国的足球协会的代表在巴黎举行会议，成立了国际性的足球组织——国际足球协会联合会，简称国际足联（FIFA）。

（二）现代足球运动的三个流派

历史、文化等多种因素的共同作用，产生了不同的足球运动流派。目前国际足联公认的有：欧洲派，代表国家有德国、英格兰；南美派，代表国家有巴西、阿根廷；欧洲拉丁派，代表国家有法国、意大利。

（三）现代足球运动的发展趋势

足球的攻守矛盾促使足球竞技水平不断提高。全攻全守型打法是现代足球发展的必然趋势。各种流派相互学习、取长补短，不断完善自己，速度越来越快，对抗越来越激烈。

（四）国际重要赛事

国际足联组织的世界性比赛有世界杯足球赛、奥运会足球赛、世界青年足球锦标赛、世界青年（17 岁以下）足球锦标赛、世界女子足球锦标赛、世界室内 5 人制足球锦标赛、世界俱乐部足球锦标赛。

二　足球运动基本技术

足球技术是指运动员在足球竞赛规则条件下，运用身体有效部位合理完成各种动作方法的总称。足球技术是运动员进行比赛活动的基本手段和能力，是完成战术配合、决定战术质量的前提和保证。

足球技术可从多层次和不同角度进行分类，根据比赛的攻防转换及运动员职能变换，可分为进攻技术和防守技术；根据运动员的位置分工，可分为守门员技术和锋卫队员技术；根据运动员的技术动作结构，可分为单元技术和多元组合技术；根据运动员的技术方式，又可分为有球技术和无球技术。为了便于认知和有利于足球技术教学，这里按位置进行分类。

（一）颠球

颠球是指运动员用身体的各个有效部位连续地触击球，并加以控制尽量使球不落地的技术动作。颠球是运动员熟悉球性的一种练习手段，以增强对球的弹性、质量、旋转及触球部位、击球时用力轻重的感觉。

双脚脚背颠球技术动作要领：脚向前上方摆动，用脚背正面击球，击球时踝关节固定，击球的下部。两脚可交替击球，也可一只脚支撑，另一只脚连续击球。击球时用力均匀，使球始终控制在身体周围。

（二）踢球

踢球是指运动员有目的地用脚把球击向预定目标的技术。踢球是足球技术中最重要的技术，这项技术主要应用于传球与射门。

1. 踢球技术动作结构分析

踢球的方法很多，动作要领也有所不同，但是每种踢法都是由助跑、支撑脚站位、踢球腿的摆动、脚触球和踢球后的随前动作 5 个环节组成。

（1）助跑。助跑的作用在于调整人与球的方向、距离，以便在踢球时使支撑脚能够处于所需要的正确位置，从而增加击球的力量。助跑的方向和出球的方向相同叫直线助跑，助跑的方向和击球的方向成交叉叫斜线助跑。

（2）支撑脚站位。支撑脚的位置要以踢球腿的摆动能达到最大的摆幅、发挥最大的速度和有利于踢球脚准确地接触球的合适部位为原则。支撑脚的位置一般是由所使用的踢球方法（脚法）来决定的。

（3）踢球腿的摆动。击球力量的大小由多方面的因素决定，而主要取决于踢球腿的摆动。它是踢球力量的主要来源。摆幅大，摆速快，踢出去的球力量大，球的运行速度就快，运行距离就远。踢球腿的摆动是在支撑脚跨步时（助跑最后一步）顺势向后摆起的。在支撑脚着地的同时以髋关节为轴，大腿带动小腿由后向前摆，当膝关节摆到接近球的垂直上方的刹那间，小腿加速前摆击球。

（4）脚触球。包括踢球脚的部位和击球的部位。一般来说，用脚的某一部位击球的后中部，作用力通过球心，出球平直。当踢各种不同状态的来球时，应准确判断来球的速度、方向，根据出球目标，合理选择踢球脚以及脚与球的部位。弧线球（香蕉球）主要运用脚背内侧或外侧击球，击球的作用力不通过球心，使球旋转，并沿着一定弧线运行。这种球具有一定的隐蔽性。

（5）踢球后的随前动作。踢球后随着腿的前摆和送髋，身体重心向前移动，这样既易于控制出球方向和加大踢球力量，又能缓和因踢球腿急速前摆而产生的前冲惯性，以维持身体的平衡，踢球后的随前动作还便于与下一个动作衔接。

在上述 5 个环节中，支撑脚站位、踢球腿的摆动、脚触球是主要的因素。

2. 踢球动作方法

主要的踢球动作分为脚内侧踢球、脚背正面踢球、脚背内侧踢球、脚背外侧踢球以及脚尖踢球和脚跟踢球，如图 6-11 所示。

（1）脚内侧踢球（脚弓踢球）。

特点：它是脚内侧部位踢球的一种方法，脚与球接触面积大，出球准确平稳，且易于掌握。但由于踢球时要求大腿前摆到一定程度时需要外展且屈膝，故大腿与小腿的摆动都受到限制，因此出球力量相对较小。

动作方法：脚内侧踢定位球时，直线助跑，支撑前的最后一步稍大些，支撑脚站在球的侧面约15厘米处，脚尖正对出球方向，支撑腿膝关节微屈。在支撑脚着地时，踢球腿大腿带动小腿由后向前摆动，在前摆的过程中大腿外展，当膝关节的摆动接近球的正上方时小腿做爆发式摆动，在触球前将脚跟送出使脚内侧部位所形成的平面与出球方向垂直，踢球脚脚底与地面平行，脚尖微微翘起，踝关节功能性地紧张使脚型固定，触（击）球后身体跟随移动，髋关节向前送，如图6-12所示。

踢地滚球时，要根据来球的速度、方向以及摆腿的时间，确定支撑脚的选位，保证踢球腿能充分地摆腿发力。

进行蹭踢球时，小腿略呈弧线摆动，用脚内侧蹭踢球的侧面，使球侧旋运行。

图6-11　踢球方法图

6-12　脚内侧踢球

踢空中球时，根据来球速度和运行轨迹及时移动到位，踢球腿大腿抬起（屈）并外展，小腿应拖后，利用小腿加速前摆击球，抬腿的高度要与来球高度相适应，摆腿的时间应与来球速度相对应，并根据出球的目标调整击球部位。

易犯错误与纠正方法如下：

1）踢球腿膝、踝关节外展不充分，脚趾没勾翘，击球脚型不正确，影响击球效果。纠正方法：膝、踝关节充分外展保证脚内侧部正对来球，脚趾勾翘保证脚掌与地面平行。

2）踢球腿直腿摆击球，出球乏力。纠正方法：要求踢球腿屈膝外转前摆击球，确保摆击的速度和力量。

3）击球刹那，脚型不固定，出球不顺畅。纠正方法：要在整个击球过程中保持前摆结束时的正确脚型。

（2）脚背正面踢球（正脚背踢球）。

特点：由于脚背解剖特点，脚背正面踢球摆幅相对较大，加之接触面（与球）相对较大，因而踢球力量大，准确性也较高。但受以上的因素影响，出球的方向及性质相对变化较小。在比赛中经常使用脚背正面踢定位球、地滚球、空中球、反弹球及倒勾球。

球的性质多为不旋转的直线球，但也可用来踢抽击性前旋球。

动作方法：踢定位球时，直线助跑，支撑脚踏在球侧约15厘米处，脚趾指向出球方向，膝微屈，眼睛注视球。在支撑脚前跨的同时，踢球腿大腿顺势后摆，小腿后屈。前摆时，大腿以髋关节为轴带动小腿前摆，当膝关节摆近球体上方时，小腿加速前摆，脚背绷直，脚趾扣紧，以脚背正面击球的后中部。击球后，踢球腿顺势前摆落地，如图6-13所示。

图6-13　脚背正面踢球

踢反弹球时，要准确判断球的落点、反弹时间和角度，选好支撑脚的位置，在球落地的刹那，踢球腿小腿加速前摆击球，在球反弹离地时击球的后中部。

踢地滚球时，支撑脚应正确选位，踢两侧地滚来球时，脚趾应对准出球方向，击球部位应准确，以保证击球能发上力。对速度较快的来球，要通过加大摆踢力量和调整出球方向，消除其初速度对出球方向的影响。

踢空中球时，支撑脚的选位要稍远，以踢球腿顺利摆踢发力为原则，并可根据来球角度或击球的部位选用抽击、弹击或摆击等方法。

易犯错误与纠正方法如下：

1）支撑脚的选位不当，影响摆踢发力和击球效果。纠正方法：要根据来球的情况和出球的目的，合理确定支撑脚的位置。

2）击球刹那，脚型不稳，趾尖上挑，影响出球力量和方向。纠正方法：整个击球过程要保持脚背绷紧、脚跟提起、脚尖下指的脚型。

3）踢球腿摆踢路线不直，出球方向不正。纠正方法：前摆击球时，要求膝关节向目标方向顶送，以保证作用力的目标方向。

（3）脚背内侧踢球。

特点：踢摆动作顺畅，幅度大，脚触球面积大，出球平稳有力，且性能和路线富于变化，是中远距离射门和传球的重要方法。

动作方法：斜线助跑，助跑方向与出球方向约成 45°，最后一步稍大，支撑脚底积极着地，脚尖指向出球方向，距球内侧后方约 25 厘米处，膝关节微屈，重心倾向支撑脚一侧。

在支撑的同时，踢球腿已完成后摆，并开始以髋关节为轴大腿带动小腿由后向前摆动，当大腿摆至与支撑腿接近同一平面时，小腿做爆发式摆动，脚尖外转，脚背绷直，以脚背内侧部位触击球。击球后踢球腿及身体继续随球向前。如图 6-14 所示。

踢地滚球时，要注意调整身体与出球方向的角度关系，以便踢球腿摆踢发力。

踢过顶球时，踢球脚背略平，插入球的底部做切踢动作，击球后脚不随球前摆。

图 6-14 脚背内侧踢球

易犯错误与纠正方法如下：

1）支撑脚选位不当，脚趾没对准出球方向，影响摆踢动作的完成。纠正方法：要求助跑的最后一步支撑脚趾转对出球方向。

2）击球刹那，膝不向前顶送，而是顺势内拐，导致出球内旋。纠正方法：踢球前摆时，膝关节要向出球方向自然顶送，以保证作用力的目标方向。

3）踢球腿后摆动作紧张，影响前摆速度，击球发力不足。纠正方法：要求后摆动作自然放松，确保动作能加力加速。

4）支撑脚落位偏后，上体放松后仰，出球偏高乏力。纠正方法：上体保持适度的向前倾压，可防止出球偏高和加大球的作用力。

（三）接球

接球是指运动员有目的地用身体的合理部位把运行中的球接下来，控制在所需要的范围内，以便更好地衔接下一个技术动作。接球是为下一个动作服务的，接球质量的好坏直接影响下一个动作是否顺利完成。接球的方法有多种，常用的有脚内侧、脚背正面、脚背外侧、脚底、大腿、腹部、胸部、头部等部位的接球。

1. 脚内侧接球

特点：这是用脚内侧部作接球的一种技术。由于脚触球面积大，动作简单，较易掌握。比赛中经常使用这种技术接各种地滚球、平球、反弹球、空中球。

动作方法：支撑脚脚尖上正对来球，膝关节微屈，同侧肩正对来球。接球腿提膝大腿外展，脚尖微翘，脚底基本与地面平行，脚内侧正对来球并前迎，当脚内侧与球接触的一刹那迅速后撤，把球接在脚下。若须将球接在侧面时，支撑脚脚尖应向同侧斜指，脚内侧与来球方向成一定角度触球，同时支撑脚提踵，以前脚掌为轴做适当转动，身体移动，如图 6-15 所示。

易犯错误与纠正方法如下：

（1）接球腿膝关节、踝关节外展不够，影响触球角度，控球不稳。纠正方法：接球腿膝关节、踝关节要充分外展，保证脚内侧部位能正对来球。

（2）接球引撤的时机和速度控制不好，缓冲效果差。纠正方法：引撤时机和速度要与来球速度相适应，保证引撤过程中脚内侧与球有较长的接触时间。

（3）压推或拨转接球后，重心跟进慢，接控动作脱节。纠正方法：在改变接球的方向时，既要控制加力动作的力量和角度，又要保证身体重心及时跟进。

（4）接球腿动作僵硬，直腿接球，难以控制。纠正方法：接球腿做到屈膝提起，方可避免直腿接球。

2. 脚背正面接球

动作方法：这种方法多用于接有较大抛物线的来球。根据球的落点，及时移动到位，脚背正面上迎下落的球，当球与脚面接触的一瞬间，接球脚与球下落的速度同步下撤，此时大腿膝关节、踝关节、脚趾均保持适度的紧张，脚尖微翘将球接到需要的地方，如图 6-16 所示。

图 6-15　脚内侧接球　　图 6-16　脚背正面接球

易犯错误与纠正方法如下：

（1）接球腿膝关节、踝关节紧张，动作僵硬，缓冲效果差。纠正方法：接球腿膝关节、踝关节应保持功能性的紧张，以保证对球的有效控制，过度紧张或松弛都会影响缓冲效果。

（2）对球的判断不准，接球部位没有对准来球，将球碰跑。纠正方法：要保证脚面部位接触球。

3. 胸部接球

特点：胸部接球由于接球部位较高，加之胸部面积大、肌肉较丰满等特点，易于掌握，所以是接高球的一种好方法。胸部接球包括挺胸式、收胸式两种方法。

挺胸式接球动作方法：面对来球站立（两脚左右或前后开立），两膝微屈，重心置于支撑面内，上体后仰，下颌微收，两臂自然张开，维持身体平衡。接触球瞬间，两脚蹬地，膝关节伸直用胸部轻托球的下部使球微微弹起于胸前上方，如图 6-17 所示。

收胸式接球动作方法：多用于接齐胸高的平直球。面对来球，两脚左右或前后开立，两臂自然张开，挺胸迎球，触球瞬间收胸、收腹，臀部后移将球接在体前。若需将球接在体侧时，则触球瞬间转体将球接在转体后相应的一侧，如图 6-18 所示。

图 6-17　胸部接球　　图 6-18　收胸式接球

易犯错误与纠正方法如下：

（1）触球刹那，躲闪转体，接球动作不稳定。纠正方法：接球刹那，挺胸应正对来球，应保证稳定和合理的接球部位。

（2）收挺时机掌握不好，缓冲效果差。纠正方法：收挺动作应与来球的速度相适应。

（3）落脚点偏左或偏右，导致球飞出或被对方拦截。纠正方法：接球之前做好准备动作，调整好脚步。

（四）运球

运球技术从狭义上讲，仅是指运球的方法，即指用身体的某一部分触球，使球能随运球者一起运动；从广义上讲，则不仅让球随人运动，还必须越过对方的防守。如何使用这些运球方法达到越过对方防守的目的，这里就包含了运球方法的运用问题。常用的运球技术有脚内侧运球、脚背正面运球、脚背外侧运球和脚背内侧运球。

1. 脚内侧运球

动作方法：运球前进时支撑脚始终领先于球，位于球的侧前方，肩部指向运球方向，支撑腿膝关节微屈，重心放在支撑腿上，另一条腿提起屈膝，用脚内侧推球前进，然后运球脚着地，如图 6-19 所示。

易犯错误与纠正方法如下：

（1）支撑脚选位不当，挡住球路或影响运球脚动作。纠正方法：支撑脚的脚趾方向要与运球方向保持一致。

（2）运球腿膝关节、踝关节僵硬，直腿推拨球，动作紧张。纠正方法：强调运球腿自然屈膝提起，膝踝外转，推拨球后自然落步，交替进行。

2. 脚背正面运球

动作方法：自然跑动，步幅稍小，上体稍前倾，两臂协调摆动，运球腿屈膝提起前摆，脚背绷紧，脚跟提起，脚趾下指，用脚背正面推拨球后自然落步，如图 6-20 所示。

图 6-19　脚内侧运球　　图 6-20　脚背正面运球

易犯错误与纠正方法如下：

（1）运球脚推拨部位及方法不当，难以控制运球的力量和方向。纠正方法：强调运球脚脚跟提起，脚趾下指，以脚背正面推拨球。

（2）膝关节、踝关节僵硬，变推拨为捅击动作，控制不住球。纠正方法：运球腿膝关节、踝关节要张弛交替、放松协调，要以推拨方式控制运球的力量和方向。

（3）支撑脚偏后，推拨球重心滞后，导致人球分离。纠正方法：要求支撑脚尽可能地接近球，使球始终处于身体的有效控制范围内。

3. 脚背外侧运球

动作方法：直线运球时，自然跑动，步幅偏小，上体稍前倾，两臂协调摆动。运球脚屈膝提起前摆，脚趾稍内传斜下指，摆至球体上方时，用脚背外侧推拨球的后中部，重心随球跟进。曲线运球时，触球作用力方向应偏离球心，使球呈弧线运行，如图 6-21 所示。

图 6-21　脚背外侧运球

易犯错误与纠正方法如下：

（1）运球脚直腿前摆，难以控制推拨力量。纠正方法：强调运球脚屈膝提起后自然下放推拨球，反复交替进行。

（2）膝关节、踝关节僵硬，影响控制球效果。纠正方法：要求膝关节、踝关节的适度紧张和自然放松有机结合。

（3）身体重心偏高或坐后，影响重心跟进。纠正方法：运球过程中要保持躯体稍前倾，重心略下沉的状态。

4. 脚背内侧运球

动作方法：跑动时身体自然放松，上体稍前倾并稍向运球方向转动，两臂自然摆动，步幅要小些。运球脚提起时，膝关节弯曲，脚跟提起，脚尖稍外转，在迈步前伸脚着地前，用脚背内侧向前侧推拨球，球向前侧曲线或弧线运行。

（五）运球过人

运球过人是指在运控球的过程中，根据临场需要，准确判断和把握对手的防守站位和重心变化情况，利用速度、方向和动作变化，获得时间和空间优势，从而突破防守的一种技术手段。运球过人的手段一般包括利用速度强行过人，利用身体的掩护强行过人，运球假动作过人，利用穿裆球过人，人球分路过人，利用变速运球过人，恰当地组合推、拨、挑、扣、拉、颠等动作过人。比赛中运球过人的方法有很多，只有熟练地掌握上述各种运球方法和动作，并注意掌握下列各种因素，才能在比赛中较有把握地完成运球过人。

运球过人的技巧：掌握过人时机，过人的时机要根据临场防守者的情况而定。如运球行进速度快时，则应离对手距离移近些再实施过人动作，否则对手将有时间转身起动将球追上。用假动作过人时，应善于利用对手因判断错误而造成重心移动的时机实施过人动作，这样，对手再调整重心时已为时过晚。掌握好过人时的距离。除利用速度过人外，其他方法都应是在距离对手一大步的地方并应大于运球者与球的距离，对手勉强可以触到球，但不会先于运球者触及球。

运球过人的技术特点：动作灵活多变，变换方向速度快，既可在面向对方时拨球过人，也可在背对对方时运用虚晃拨球过人，以支撑脚稳定身体重心便于做较大角度的转体，可利用身体掩护球。

（六）抢截球

抢截球技术是指运动员在规则允许的范围内，使用身体的合理部位将对手的控球权夺过来或破坏。

技术动作结构分析：抢截球技术的动作结构是由选位、抓住时机实施抢截动作、实施抢截动作后与下一动作紧密衔接三个环节组成：①选位；②抓住时机，果断实施动作；③在实施抢截动作后，应迅速使身体恢复到下一个动作所需要的状态和位置。

（七）头顶球

头顶球技术分前额正面头顶球与前额侧面头顶球。

1. 前额正面头顶球

原地顶球时，身体正对来球方向，眼睛注视球，两腿自然开立，膝关节微屈，重心置于两脚间的支撑面上（或后脚上），两臂自然张开，当球运行到将垂直于地面的垂线时，两腿用力蹬地，迅速向前摆体，微收下颌，在触球瞬间颈部做爆发式振摆，用前额正面击球中部，上体随球前摆，如图 6-22 所示。

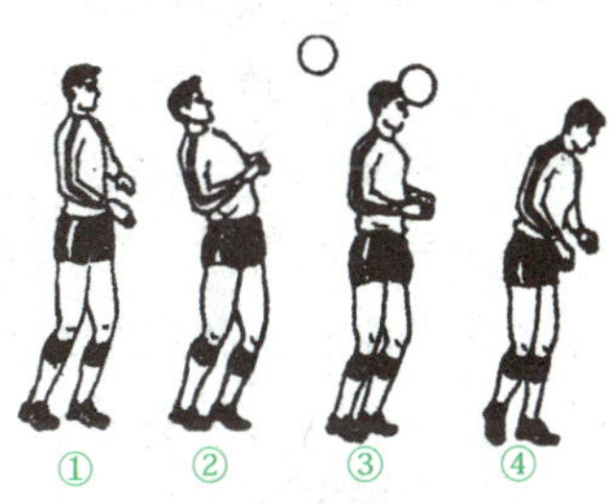

图 6-22 前额正面头顶球

2. 前额侧面头顶球

前额侧面头顶球技术的特点是动作快捷，变向突然，出球线路难以预测，对球门的威胁性极大。但动作难度较大，侧摆发力不足，出球方向较难控制，适用于应急时破坏球和接传中球顶射。

易犯错误与纠正方法如下：

（1）上体与下肢发力动作脱节，不协调，影响发力效果。纠正方法：要求身体整体性地自下而上发力顶击。

（2）击球时机掌握不好，使头在被动位顶球，影响顶球效果。纠正方法：前额要在身体重心的垂直部位顶击球。

（3）击球刹那，闭眼缩颈，影响顶球力量和准确性。纠正方法：眼睛要睁大，迎来送往球。

（4）跳起顶球时，起跳点、起跳时机和击球掌握不好，影响顶球动作质量和出球效果。

纠正方法：可通过助跑路线、起跳速度和摆击动作的调整，合理控制起跳点、起跳时机和击球效果。

（八）假动作

在足球比赛中，运动员为了争取时间、空间的优势，取得控球权或控制好球以达到射门的目的，常采用一些虚假动作掩饰自己的真实意图。虚假动作使对手产生错误的判断，造成重心错误的偏移，形成对自己有利的形势以达到自己的目的。

其技术动作要领如下：

（1）传球前的假踢：如传球前为了使堵住传球路线的对手闪开空当，可先向一方做假踢动作，当对手去堵假踢的传球路线时，突然改变踢球脚法将球从另一方向传出。

（2）接球前的假接：如对手在体侧紧逼的情况下，可先向一侧做假接球动作，当对手重心发生不适当的偏移时，突然改变向另一侧接球。

（3）接球前的假顶：接高度在胸或头部的空中来球，对手迎面上来准备在自己接球后立即抢截，接球者可做出假顶的动作，迫使对手减速或停下，远离自己准备截获顶出之球，此时突然用头或胸将球接在自己控制范围内。

（4）顶球前的假接：面对高空来球，做出胸部接球的假动作，诱使对手逼近准备抢球，等对手逼近时，突然用头将球传出，使对手来不及防守接球的队员。

三 足球运动基本战术

足球战术是指在足球比赛中，为了战胜对手，根据主客观情况所采取的个人行动和集体配合的方法。根据攻防的基本特点，足球战术可分为进攻战术、防守战术、比赛阵型三大部分。在进攻和防守战术中，又分别包括个人、集体与全队的攻防战术。

（一）比赛阵型

1. 阵型的发展和演变

为了适应攻守战术的需要，全队队员在场上的位置排列和职责分工，称为比赛阵型。各阵型的名称是按队员排列的形状而定。自 19 世纪中期世界上有了第一个足球比赛阵型至今日的“四三三”“三五二”“四二四”等，以及某些国家所采用的“水泥式”“锁链式”等，都是沿着这客观规律演变和发展的。

2. 足球的位置

足球场上一支队有 11 人，分不同位置，主要分为门将、后卫、中场和前锋四个。其中除了门将外，各位置又有细分，比如后卫有中后卫和边后卫，中场有前腰、后腰、边前卫，前锋有边锋、影锋、中锋等。

（二）进攻战术

1. 局部进攻战术

局部进攻战术是指进攻中两个或几个队员之间的配合方法，它是集体配合的基础，基本配合形式有二过一配合、传切配合和交叉掩护配合。下面主要介绍二过一配合。二过一配合是指在局部地区两名进攻队员通过两次连续传球配合，越过一名防守队员的配合方法。二过一配合形式根据传球和跑位的路线有：斜传直插二过一、直传斜插二过一、踢墙式二过一和回传反切二过一，分别如图 6-23（a）（b）（c）（d）所示。

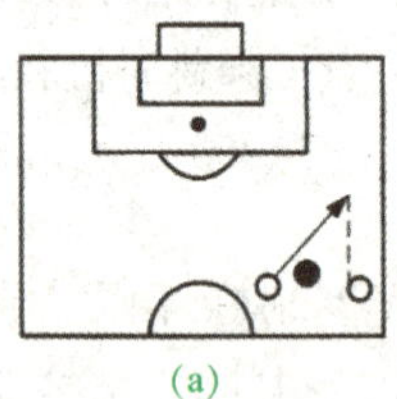
(a)

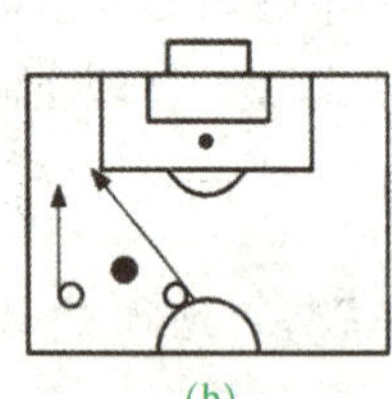
(b)

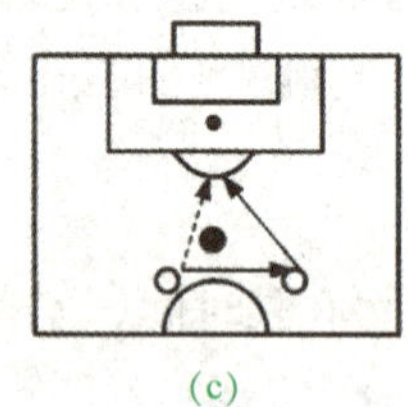
(c)

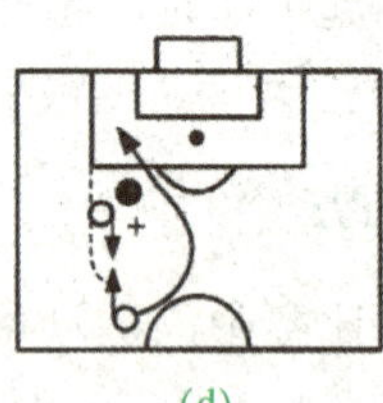
(d)

图 6-23 二过一

2. 整体进攻战术

（1）边路进攻。利用球场两侧地区发起进攻的方法叫边路进攻。边路进攻是全队进攻战术的主要形式之一，其主要特点是有利于发挥进攻速度，打破对方防线，制造缺口。

（2）中路进攻。中路进攻是利用球场中间区域组织的进攻，这种进攻虽能直接射门，但难度最大，因中路防守最为严密，对进攻队员的配合默契度和个人能力要求很高。

（3）转移进攻。当一侧进攻受阻，另一侧进攻有利时要及时、快速地转移进攻方向。此方法多采用中长距离传球来实现的，以拉开对方的防守，达到声东击西的进攻目的。

（4）快速反击进攻。比赛中当攻方进攻时，后卫线往往压至中场附近，防守人数也由于插上进攻和助攻而相对减少，此时如能抓住对方防区空隙较大和回防较慢的机会，乘其失球发动快速反击，往往能取得良好的效果。

快速反击是最有威胁的进攻手段，有效的进攻在于突然快速地反击，但其难度较大，既要冒险，又要有准确、快速的传切配合技能。快速反击要有组织，配合得要极为默契，必须进行专门性的训练，否则很难在比赛中实施。

3. 防守战术

（1）局部防守战术。局部防守战术是指两个或两个以上防守队员之间的配合方法。它是集体防守战术的基础。基本配合形式有保护、补位和围抢。

1）保护。保护是指在逼抢持球对手的同伴身后，选择适当位置协防并阻止对方突破的战术配合行动。

2）补位。补位是指防守队员弥补同伴在防守中出现漏洞时所采取的相互协助的战术配合。在比赛中，通过同伴的相互补位，可以有效地遏制和破坏对方的进攻行动，变被动为主动。

3）围抢。围抢是指在特定场区，两个以上的防守队员突然、快速、有效地夹击对方控球队员，把球抢夺回来或破坏的战术配合。

（2）整体防守战术。整体防守战术是指全队所采取的防守战术。基本形式有区域盯人防守、人盯人防守和混合盯人防守。按打法分为向前逼压式打法、层次回撤式打法和快速密集打法。

四 足球竞赛规则简介

（一）比赛场地

（1）比赛场地必须是长方形。两条较长的线叫边线，较短的线叫端线，当球的整体从地面或空中越过边线或端线时，即为死球。

（2）比赛场地长 90 ～ 120 米，宽 45 ～ 90 米；国际比赛场地长 100 ～ 110 米，宽 64 ～ 75 米；世界杯决赛阶段比赛场地长 105 米，宽 68 米。所有线宽都是 12 厘米，如图 6-24 所示。

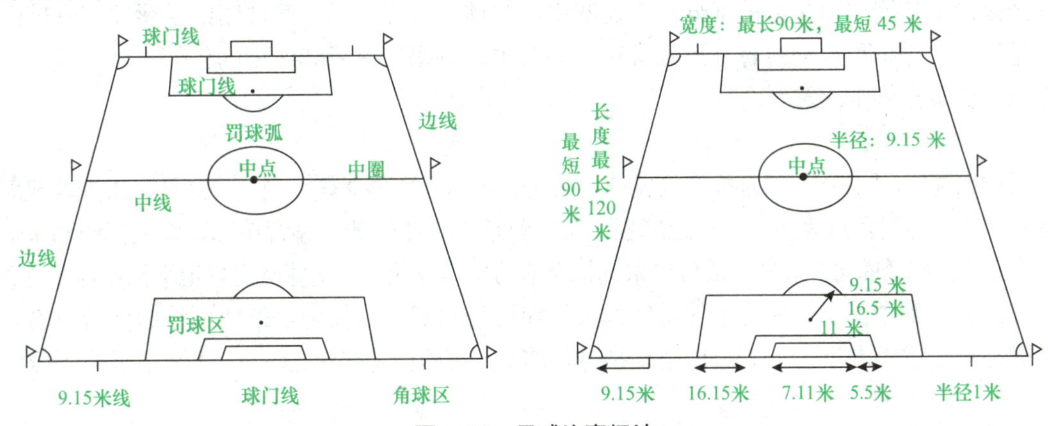

图 6-24 足球比赛场地

（3）比赛场地被中线划分为两个半场，在场地中线的中点做一个中心标记叫中点，以距中心标记 9.15 米为半径画一圆圈叫中圈。

（4）从距每个球门柱内侧 5.5 米处，画两条垂直于端线的线。这些线伸向比赛场地内 5.5 米，与一条平行于端线的线相连接，此区域范围是球门区。

（5）从距每个球门柱内侧 16.5 米处，画两条垂直于端线的线。这些线伸向比赛场地内 16.5 米，与一条平行于端线的线相连接，此区域范围是罚球区。在罚球区内距球门柱之间等距离的中点 11 米处，设置一个罚球点，在罚球区外，距罚球点 9.15 米为半径画一段弧。

（6）球门的宽度是 5.32 米，高度是 2.44 米。球门柱和横梁的宽度与厚度相同，均不超过 12 厘米。球门柱和横梁必须是白色的。

（二）比赛用球

（1）球为圆形，用皮革或其他适当材料。
（2）球的周长 68 ～ 70 厘米。重量在比赛开始时 410 ～ 450 克。
（3）压力等于 0.6 ～ 1.1 个大气压力。

（三）队员人数（队员服装）

在足球比赛中，每队场上最多有 11 名队员。其中，有 1 名守门员。每场比赛可以替换 3 名队员，被换出的人不得再次上场。如果比赛开始时某队队员少于 7 人，裁判员应停止比赛（掌握有利原则）。

球员的装备方面，同队队员的服装颜色必须一致，并与对方队员有明显区别。队员上场比赛时严禁佩戴任何饰物。球员必须穿运动衫、短裤、长袜、护胫和球鞋，守门员的服装颜色不能与己队和对手的服装颜色一样，裁判员与球员球衣颜色也不同，以便区别。所有球员均不得穿戴任何会使其他球员受伤的物品。

（四）比赛规则

1. 比赛时间

一场足球比赛正常持续 90 分钟，从第 1 分钟开始到第 45 分钟为止，被称为半场。在半场中，每队有 15 分钟的休息时间。第二个 45 分钟后，比赛结束。如果比赛在正常时间内取得平局，比赛将会进入加时赛或点球大战，以决定比赛的胜者。

2. 进球规则

进球是足球比赛中最关键的部分。在比赛中，当球完全穿过另一侧球门的横梁并跨越球门线时被认为是进球。进球可以通过各种形式实现，如头顶、脚踢，或者禁区内的任何一种方式。一场比赛中进球的数量是胜负的关键之一。

3. 比赛进行时交球

在足球比赛中，“交球”通常指的是球员之间通过传球来转移球权。当一支球队失去控球权时，另一支球队会尝试通过传球来重新获得控球权。交球包括脚内侧传球、脚背传球、脚尖传球和头球等。球员们需要根据比赛的情况和队友的位置来选择合适的传球方式，以使球队更好地掌控比赛的进程。

此外，在比赛中还有一些特定的交球方式，如长传和短传。长传是指球员将球传给距离较远的队友，通常用于进攻和反击；而短传则是指球员将球传给距离较近的队友，通常用于控制球权和组织进攻。

4. 越位

越位位置：队员在对方半场，并且较球更接近于对方的球门线，且在他与对方端线之间，对方队员不足两人；队员处于越位位置并不构成越位。

5. 判越位

判越位：处于越位位置的队员，在同队队员踢或触及球的一瞬间，裁判员认为他正在干扰比赛、干扰对方队员或利用越位位置获得利益时，才被判为越位。

6. 不越位

不越位：如果进攻队员在球门球、掷界外球、角球情况下接球，则没有越位。

7. 计胜方法

进球是足球比赛中最关键的部分。在比赛中，当球完全穿过另一侧球门的横梁并跨越球门线时被认为是进球。进球可以通过各种形式实现，如头球、脚踢，或者禁区内的任何一种方式。一场比赛中进球的数量是胜负的关键之一。

8. 掷界外球

当球的整体从地面或空中越过边线时，由最后触球方的对方队员，从球越出的边线掷界外球；掷球队员必须面向场地，站在边线上或边线外，使用双手将球从头后经头上掷出。若掷球队员的掷球违反规则，由对方掷界外球。掷界外球不能直接得分。

9. 角球和点球

角球和点球都是比赛中常见的判决和情况。当防守方在自己的底线附近挡住进攻方传中球并将其击出底线时，意味着进攻方赢得了角球。守门员如果在禁区内手球（碰到球后在禁区内抓了球）被判定为点球，而罚球线则会算在禁区内。

10. 犯规与不正当行为

（1）队员故意违反以下规则的任何一种，将判给对方踢直接任意球：踢或企图踢对方队员；绊摔或企图绊摔对方队员；跳向对方队员；冲撞对方队员；打或企图打对方队员；推对方队员；拉扯对方队员；争抢球时，在触球前触及对方队员；向对方队员吐口水；故意手球。

（2）队员在出现下列情况时，将被判给间接任意球：动作具有危险性，阻挡对方队员，阻挡对方守门员发球。

第三节　排球运动

一　排球运动发展概述

排球运动于1895年起源于美国，并在1900年传入了亚洲。经过百余年的发展，排球比赛经历了从16人、12人、9人到6人制的发展演变。1947年，国际排球联合会在巴黎成立，并统一了6人制排球规则。1964年，排球成为第18届东京奥运会的正式比赛项目。随着多年的改革，排球运动不断向全面、快速、多变、高度、纵深和立体方向发展。同时，沙滩排球、软式排球和气排球的兴起也为排球运动带来了新的发展空间。

排球运动于1905年传入我国，然而，我国真正开始学习并推广6人制排球，是在20世纪50年代初。在1954年加入国际排球联合会之后，我国的排球技战术水平得到了显著的提高，创造了一系列具有竞争力的打法，如“快板球”和“平拉开”。这些创新使得我国逐渐成为世界排球强队，并为全球排球运动的发展作出了重要的贡献。

1981年10月16日，中国女排在世界杯夺冠，获得了第一个世界冠军。迄今为止，中国女排在世界三大赛（世界杯、世锦赛、奥运会）中，共获得了10个冠军、2个亚军和3个季军。其中，在世界杯上获得了5个冠军、2个亚军和1个季军；在世锦赛上获得了3个冠军、1个亚军和1个季军；在奥运会上获得了3个冠军、1个亚军和1个季军。除此之外，中国女排在亚洲杯、亚洲运动会等赛事中多次获得冠军。

排球运动具有广泛的群众性、技术的全面性、高度的技巧性、激烈的对抗性、严密的集体性、攻防的两重性等特点。它能使经常从事排球运动的人提高力量、速度、灵敏性、弹跳力等身体素质，可改善身体各器官、系统的机能，培养良好的心理素质和意志品质。因此，排球得到广大群众及大、中、小学生的喜爱。

二 排球运动基本技术

排球技术是在排球规则允许的条件下，所采用的各种合理的击球动作和为完成击球动作所采取的必不可少的配合动作的总称。合理的技术动作既要符合人体解剖学、运动生物力学原理，又要符合个人特点和比赛的要求。完成动作时应能协调、轻松、正确、有力地充分发挥个人的体能、技能和特长，并能充分运用时间和空间的变化。

排球基本技术可分为六大类：准备姿势及移动、传球、垫球、发球、扣球、拦网。在各项技术中还可根据不同技术特点和运用方法等细分出许多技术动作。

（一）准备姿势和移动

准备姿势和移动是排球运动中各项技术的前提和基础。合理的准备姿势既要使身体重心处于相对稳定的状态，又要便于移动和完成多项击球动作，为迅速起动、快速移动及击球创造良好的条件；要迅速移动，保持好人与球的位置关系，确保各项攻防技术的合理有效运用和集体战术的有效配合，就必须做好正确的准备姿势。

1. 准备姿势

按身体重心的高低，准备姿势分为半蹲、稍蹲和低蹲三种，如图 6-25 所示。

图 6-25 准备姿势

（1）半蹲准备姿势。

动作要领：多用于接发球、拦网和各种传球之前。两脚左右开立略比肩宽，一脚在前，两脚尖适当内收，脚跟稍稍提起，两膝弯曲成半蹲。上体前倾，重心靠前。两臂自然放松置于腹前，身体适当放松，眼睛注视来球，两脚保持微动状态。

（2）稍蹲准备姿势。

动作要领：一般多用于扣球之前。稍蹲准备姿势的身体重心稍前，比半蹲准备姿势稍高，动作方法相同。

（3）低蹲准备姿势。

动作要领：主要用于防守和各种保护动作之前。低蹲准备姿势的身体重心比半蹲准备姿势更低、更靠前，双脚的前后左右距离和膝的弯曲程度更大，形成肩的垂线过膝，膝的垂线过脚尖，手臂置于胸、腹之间的姿势。

2. 移动

移动可分为起动、移动和制动。基本步伐有并步与滑步、跨步、交叉步、跑步和综合步。

（1）并步与滑步。

动作要领：当来球距身体一步左右时采用。如向前移动，前脚向前跨出一步，后脚迅速并上，做好击球前的准备姿势。若来球稍远，并步不能接近球时，可用快速的连续并步。快速的连续并步称为滑步。并步的特点是容易保持平衡，便于做击球动作。滑步虽然便于移动，但移动速度慢，只宜于短距离移动中运用，如图 6-26 所示。

图 6-26 滑步

（2）交叉步。

动作要领：当来球在体侧 3 米左右时采用。如向右侧移动，上体稍向右转，左脚从右脚前面向右交叉迈出一步，然后右脚再向右跨出一大步，同时身体转向来球方向，保持击球前姿势。交叉步的特点是动作快、步子大，便于制动，主要用于二传、拦网和防守。

易犯错误与纠正方法如下：

1）臀部后坐。纠正方法：含胸收腹，上体前倾，足跟提起。

2）弯腰、直膝。纠正方法：屈膝移动。

3）启动慢，移动步子过大或过小。纠正方法：移动前重心前移，身体保持微动状态。

4）移动时身体起伏过大。纠正方法：身体重心不能起伏过大。

（二）传球技术

传球是组织战术的基础。主要用于各种二传技术，用来衔接防守和进攻。它的主要特点是准确性高、隐蔽性强、善变。传球技术种类有正面传球、背传球、侧传球。下面主要讲述正面传球和背传球。

1. 正面传球

（1）准备姿势。

动作要领：采用稍蹲准备姿势。看清来球后，迅速移动到球的落点处，正对来球，身体保持平稳，上体适当挺起，双手自然抬起，放松置于脸前。

（2）手型。

动作要领：击球手型采用拇指“一”字形和食指“八”字形。手触球时，两肘适当分开，两手应自然张开成半球状，使手指与球吻合。两手间有一定的距离，以便扩大控制球的面积，但又不能过大而漏球。手腕稍后仰，手指手腕保持适当的紧张，以承受球的压力。主要以拇指内侧、食指的全部、中指的前两指节触球，无名指和小指在球的两侧辅助控制传球方向，如图 6-27 所示。

（3）击球。

动作要领：击球点在额前上方约一球距离处。这样便于观察来球的同时也能看清传球的目标，有利于对准球和控制传球方向。同时，在手触球时，肘关节尚未伸直，也便于继续伸臂用力。如击球点太高，肘部已伸直，就减少了对球的作用力，也影响手型的正确性。

（4）击球用力。

动作要领：全身各部位都要协调用力，主要靠蹬地、伸臂的力量，通过球压在手上使手指手腕所产生的反弹力将球传出，如图 6-28 所示。

2. 背传球

向头的后上方传球，称为背传球。背传球时上体比正传球稍后仰，身体重心稳定在两脚之间，双手自然上抬置于脸前。击球点在额上方，比正传球稍高、偏后。触球时，手腕后仰，手击球的下部，手型与正面传球相同。背传球主要靠蹬地、展腹、抬臂、伸肘和手指手腕的弹力将球传出，如图 6-29 所示。

易犯错误与纠正方法如下：

1）手型不是半球状，触球部位离身体远。纠正方法：固定传球手型，向上自传。

2）击球点过低或过高。纠正方法：自抛球后，对墙传球。

3）用力不协调，过早或过晚。纠正方法：自抛自传，体会蹬地伸臂力量将球传出。

4）手指弹力差或用不上手指弹力。纠正方法：利用足球或实心球做传球练习。

5）身体未转向传球方向。纠正方法：传球时右脚必须指向传球方向，转身传球。

6）取位不合适与球关系保持不好。纠正方法：结合移动练习，保证正面传球。

图 6-27　手型　　图 6-28　击球图　　6-29　背传球

（三）垫球技术

垫球主要用于接发球、接扣球、接拦回球等，是主要的防守技术，是组织进攻的基础。垫球技术有正面双手垫球、跨步垫球、低姿垫球、体侧垫球、背垫球、单手垫球、前扑垫球、侧卧垫球、翻垫球、鱼跃垫球、挡球、脚击球。下面介绍几种主要的垫球技术。

1. 正面双手垫球

（1）准备姿势：半蹲准备姿势。

（2）击球手型：①叠掌式：两手手指重叠，大拇指平行，掌根紧靠，合掌互握；②抱拳式；③互靠式。

（3）击球部位：以腕关节以上 10 厘米左右、桡骨内侧平面触球为宜。

（4）击球用力：两臂靠拢前伸，插到球下，击球时压腕顶肘，靠手臂上抬力量增加球的反弹力，同时配合蹬地跟腰动作，全身协调用力将球垫出。垫击用力的大小与来球力量成反比，与垫击的距离成正比。如来球力量小或垫击的距离远，垫出必须加上抬臂动作，给球以反击力量；如来球力量大或要求垫出球的距离近，则只需轻轻一垫，主要依靠球体本身的反弹力将球垫起，有时为了缓冲来球力量，手臂非但不能主动迎击来球，还需采用收腹含胸，帮助手臂后撤并适当放松，缓冲来球力量，如图 6-30 所示。

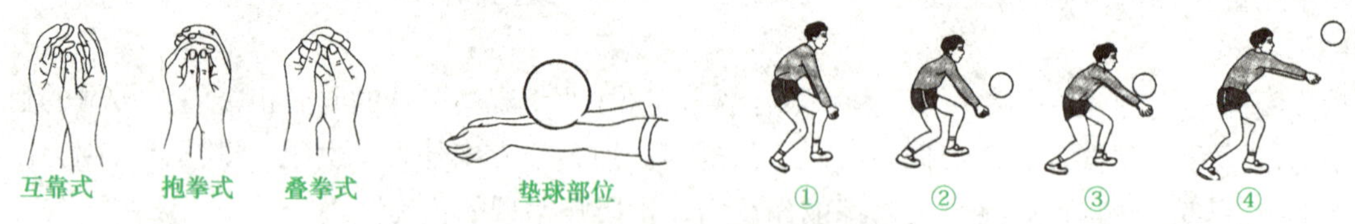

图 6-30　正面双手垫球

2. 体侧垫球

动作要领：左侧垫球时，先以右脚掌内侧蹬地，左脚向左跨出一步，身体重心移至左脚，并保持两膝弯曲。两臂向左侧伸出，使左臂高于右臂，右肩微向下倾斜。击球时，用向右转体和收腹的动作，配合提肩抬臂在身体左侧稍前的位置截住球，两臂垫击球的后下部。来球在右侧时，以相反方向的动作击球，如图 6-31 所示。

3. 背垫球

动作要领：背垫球一般在接发球或防守起球后，球飞出较远而无法进行正面垫球时采用。背垫球时，要判断好球飞行方向，迅速移动到球的落点上，背对出球方向，两臂靠拢伸直，击球点高于肩，蹬腿、挺胸，展腹后仰，直臂向后上方抬送，如图 6-32 所示。

图 6-31　体侧垫球　　　图 6-32　背垫球

（四）发球技术

发球是比赛的开始，可以直接得分，或破坏对方战术，有利于本方防守反击。发球既应有攻击性，更应有准确性。发球技术有正面下手发球、侧面下手发球、高吊发球、正面上手发球、跳发球、正面上手发飘球、勾手大力发球等。下面主要介绍正面下手发球、正面上手发球和侧面下手发球。

1. 正面下手发球

动作要领：正面下手发球动作简单易学，容易掌握，但球速慢、力量小、攻击性差，适用于初学者。

（1）准备姿势：队员面对球网，两脚前后开立，左脚在前，右脚在后，两膝微屈，上体稍前倾，重心偏右脚，左手持球于腹前。

（2）抛球：左手将球抛起在体前右侧，离手约一球的高度。

（3）挥臂击球：在左手抛球的同时，右臂伸直以肩为轴向后摆动。击球时，右脚蹬地，身体重心随着右手向前摆动击球而移至前脚上。在腹前以全手掌、掌根或虎口击球的后下方。手触球时，手指、手腕紧张，击球后，随击球动作，重心前移，迅速进场比赛，如图 6-33 所示。

图 6-33　正面下手发球

2. 正面上手发球

动作要领：

（1）准备姿势：队员面对球网，两脚自然开立，左脚在前，左手持球于身前。

（2）抛球：用抬臂和手掌的平托上送，将球平稳地垂直抛于右肩的前上方，高度适中。

（3）挥臂击球：在左手抛球的同时，右臂抬起，屈肘后引，肘平与肩，上体稍向右侧转动，击球时，利用蹬地，使上体向左转动，同时收腹，带动手臂挥动，在右肩上方伸直手臂的最高点，用全手掌击球的中下部，手指自然张开与球吻合，手腕要迅速主动做推压动作，使击出的球呈上旋飞行，如图 6-34 所示。

图 6-34　正面上手发球

易犯错误与纠正方法如下：

（1）抛球不准，太前、太后或离身体太近。纠正方法：熟悉动作要领，固定目标抛球。

（2）击球不准，无手腕推压动作。纠正方法：对墙发球，体会手触击球的包球动作。

（3）用不上全身协调力量。纠正方法：对墙平发或掷球练习。

（4）挥臂方向不正。纠正方法：徒手练习，击固定球练习。

（5）手击球部位不准。纠正方法：击打固定吊球。

3．侧面下手发球

动作要领：

（1）准备姿势。左肩对网，两脚左右开立，右脚稍前，与肩同宽。两膝微屈，上体稍前倾，重心落在两脚之间，左手持球于腹前。

（2）抛球。左手将球平稳地抛向胸前一臂远，离手约 30 厘米高。

（3）挥臂击球。在抛球的同时，右臂引向侧后方；接着利用右脚蹬地向左转体的力量，带动右臂向前上方摆动，在腹前用全手掌、掌根或虎口击球的下方。击球后，随势入场比赛，如图 6–35 所示。

图 6–35　侧面下手发球

（五）扣球技术

强有力的扣球，可使对方难以防守和组织反击。因此，扣球是进攻的主要手段，在比赛中占有重要地位，扣球的成败体现一个队的战术质量和效果，对比赛能否获胜有直接的关系。扣球的种类有正面扣球、小抡臂扣球、单脚起跳扣球、勾手扣球、快球（近体快球、短平快球、背快球、平拉开快球）、自我掩护扣球（位置差、空间差、时间差）。这里主要介绍正面扣球。

动作要领：

（1）准备姿势。扣球助跑前，采用稍蹲姿势，两臂自然下垂，站在距网 3 米左右处，观察二传来球，做好向各个方向助跑起跳的准备。

（2）助跑。助跑的目的是接近球，选择起跳点，保持好人与球的关系，同时也有助于提高弹跳高度。助跑的时机、方向、步法、速度要根据来球情况而定。助跑的步法有一步、二步、三步、多步助跑。无论几步助跑，最后一步是关键。以右手扣球的两步助跑为例，助跑时，左脚先向来球方向迈出一步，紧接着右脚再迅速跨出一大步，左脚及时并上，踏在右脚之前，助跑的速度由慢到快。最后一步要以脚跟先着地过渡到全脚掌着地，这样有助于制动身体向前的冲力，使身体获得的水平速度转换为向上的垂直速度，提高弹跳高度。

（3）起跳。起跳的目的不仅要获得弹跳高度，而且要掌握扣球的时机和选好击球点。在助跑跨出最后一步的同时，两臂经体侧后引，左脚在并上制动过程中，两臂自后积极向前摆动，随着双脚蹬地向上起跳而有力地向上摆动。手臂的摆动可根据扣球的需要和个人的习惯，采用小划弧、大划弧或前后摆臂助跑和起跳，要求协

图 6–36　起跳

调、连贯，具有爆发速度，如图 6-36 所示。

（4）空中击球。这是扣球的关键，其动作的好坏与扣球的质量密切相关。扣球起跳腾空后，挺胸展腹，上体向右转，右臂向后上方抬起，身体成反弓形。挥臂时，以迅速转体、收腹动作发力，依次带动肩、肘、腕各关节成鞭打动作向前上方挥动，使全身的用力依次传递叠加于手上，使手获得巨大的力和速度，以加大击球力量。

击球时，五指张开呈勺形，保持一定紧张度，全手掌包满球，击球的后中上部，手腕有前推下甩动作，使扣出的球加速上旋。

击球点应保持在起跳后手臂伸直的最高点的前上方，如图 6-37 所示。

（5）落地。为了避免腿部负担过重，力争双脚尽快同时屈膝落地，以缓冲下落力量，并立即做好下一个动作的准备，如图 6-38 所示。

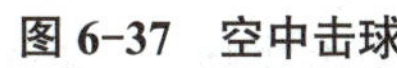

图 6-37　空中击球

图 6-38　落地

易犯错误与纠正方法如下：

（1）助跑起跳前冲，击球点保持不好。纠正方法：徒手助跑起跳，限制起跳点和落地点，防止前冲。

（2）上步跳时间较早，起跳早。纠正方法：听口令、信号，助跑起跳扣抛固定球练习。

（3）挥臂动作不正确。纠正方法：起跳挥臂打树叶、扣固定球。

（4）击球手法不正确，手未包满球不旋转。纠正方法：低网自抛自扣，做鞭甩击球练习。

（六）拦网技术

拦网是防守的第一道防线，是反攻的重要环节。拦网可以将对方有力的扣球拦起，减轻后排防守的压力。拦网可分为双人拦网、单人拦网或集体拦网（3 人）。

动作要领：

（1）准备姿势：面对球网，两脚平行开立约与肩宽，两手自然置于胸前。

（2）移动：可采用并步、跨步、滑步、交叉步、跑步等，将身体重心移动到拦网位置，准备起跳。

（3）起跳：移动后立即制动使身体正对球网后起跳，或在起跳过程中在空中使身体转向球网。起跳时，膝关节弯曲，两脚用力蹬地，两臂在体侧划小弧用力上摆，带动身体向上垂直起跳。

（4）空中击球：起跳后稍收腹，控制平衡。两手从额前贴近并平行向网上沿前上方伸出，两臂伸直，两肩尽量上提。拦击时，两手尽量伸向对方上空，接近球，两手自然张开，屈指屈腕呈勺形。当手触时，两手要突然紧张，用力屈腕。主动盖帽捂住球。

（5）落地：拦网后自然落回地面，落地时屈膝缓冲，如图 6-39 所示。

图 6-39　拦网

易犯错误与纠正方法如下：

（1）起跳过早。纠正方法：听信号起跳，起跳前深蹲慢跳。

（2）双手前部触网。纠正方法：徒手模仿提屈腕拦球动作，拦固定球防止手触网练习。

（3）过中线，身体碰网。纠正方法：徒手原地起跳含胸、收腹向左右移动起跳拦网练习。

（4）手距网远，中间漏球；盲目起跳，不看扣球动作。纠正方法：近网起跳，眼睛盯住扣球人挥臂动作，两手伸向对方拦击球练习。

三 排球运动基本战术

排球运动战术是指在比赛中，以规则和排球运动规律为基础，合理运用技术所采用的有意识、有目的、有组织的个人和集体配合行动。

排球运动基本战术可分为个人战术和集体战术。个人战术是指个人根据临场情况有目的地运用技术的过程。集体战术是指两个或两个以上队员之间有组织、有目的的集体协同配合。集体战术又分为进攻战术（“中一二”进攻形式、“边一二”进攻形式、插上进攻形式）、防守战术（接发球站位阵形、接扣球防守阵形、接拦回球保护阵形、接传和垫球防守阵形）。

（一）阵容配备

阵容配备就是把全队的力量组织起来，最大限度地发挥每个队员的技战术特点和作用。阵容配备主要有“四二”配备和“五一”配备，如图 6-40 所示。

“五一”配备阵容

二传
主攻 副攻
(接应)二传
副攻 主攻

(a)

“四二”配备阵容

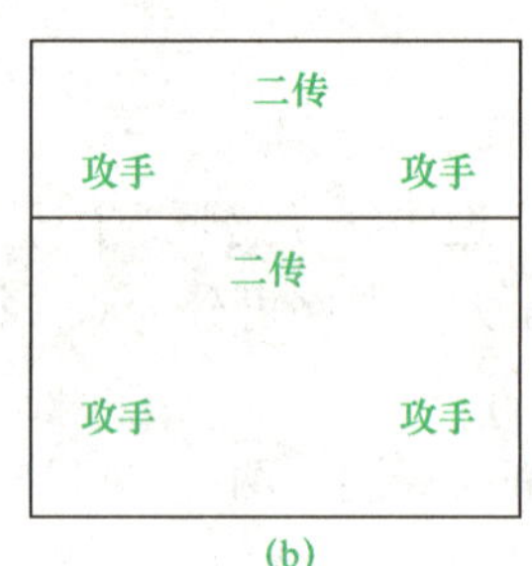

(b)

图 6-40 阵容配备

（二）进攻战术

（1）“中一二”进攻阵形：由 3 号位队员做二传，将球传给 4 号位，2 号位或后排队员进攻的组织形式。这种阵形是排球战术中最简单、最基础的一种进攻阵形。优点是二传队员居中站位，场上移动距离以及传球距离短，一传目标明确、容易，利于组成进攻，战术配合简单，适合初学者采用。缺点是战术配合方法少，对方容易识破进攻意图。这种阵形在技术水平较低的球队中多被采用，在某些特定条件下，高水平的球队为稳定战局或在来不及组织复杂战术进攻的情况下，也经常采用。

（2）“边一二”进攻阵形：由前排 2 号位队员做二传，将球传给 3 号位，4 号位或后排队员进攻的组织形式。优点是右手扣球者在 3 号位、4 号位扣球比较顺手，战术变化也较“中一二”进攻阵形多。缺点是 5 号位接一传时离 2 号位距离较远，控球难度大。

（3）插上进攻阵形：为了发挥个人特长，后排队员各自换到自己熟练的防守区进行专位防守。如主攻队员换到 5 号位，副攻队员换到 6 号位，二传队员换到 1 号位，以缩短插上时的距离。根据临场情况，把防守能力强的队员换到防守任务较重的区域，把防守能力弱的队员换到防守任务较轻的区域。后排的二传队员插上时，可从 1、6、5 号位插上到 2、3 号位之间的位置，准备做二传，前排的 2、3、4 号位队员则后退，准备接球或进攻。

（三）防守战术（以 5 人接发球防守阵形为主）

（1）接发球站位阵形：在对方发球时，本方为了接好发球而事先摆好的阵形称接发球站位阵形。它是接发球的基础，对接发球的效果和组织进攻的效果有很大影响。

接发球阵形通常采用 5 人接发球阵形。

W 形站位：适合初学者打比赛采用。优点为分工明确，职责分明。缺点是队员之间的交界点增多，队员配合不够默契时，会出现互抢或互让现象，如图 6–41 所示。

M 形站位：适合初学者之用。优点为队员分布更加均衡，分工明确，职责清楚，接落点散、速度慢的发球及下沉飘球、高吊球较为有利。缺点是不利于接对方发的落点在场地两腰及后场的大力球、平冲飘球等，如图 6–42 所示。

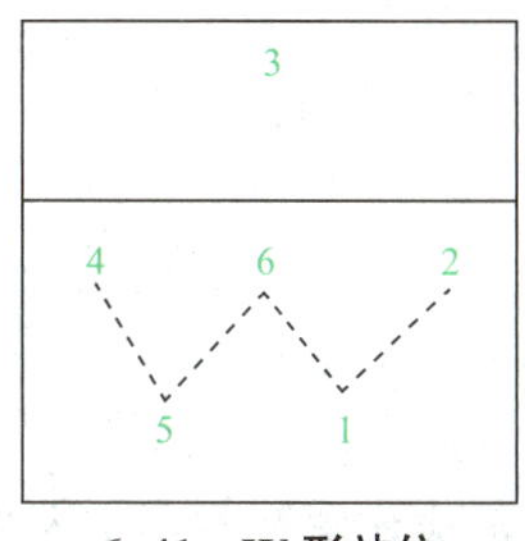

6–41 W 形站位

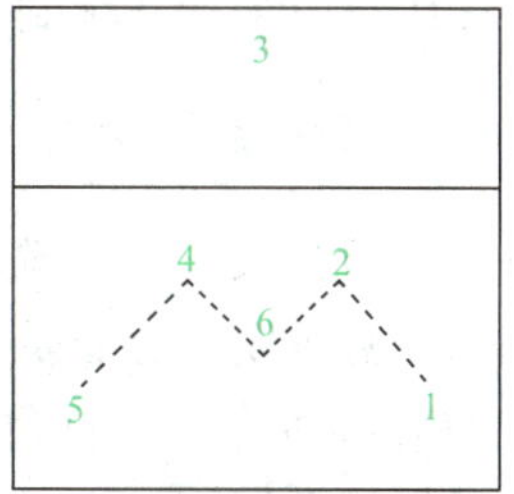

6–42 M 形站位

（2）接扣球防守阵形：接扣球防守阵形通常采用无人拦网下的防守阵形、双人和单人拦网下的防守阵形。

不拦网的防守阵形：当对方进攻力较差，没有必要拦网时采用。其阵形与 5 人接发球阵形相似。

单人拦网下的防守阵形：在对方进攻力量不强，扣球线路变化少，吊球多的情况下，可采用单人拦网下的防守阵形。不拦网的队员后撤参加防守。

双人拦网下的防守阵形：高水平的队多采用这种防守阵形，又分为边跟进和心跟进两种阵形。

1）边跟进阵形：在对方进攻力量强、吊球少时采用。优点是加强了拦网，但边上队员既要防直线，又要防吊跟进，比较困难。如对方 4 号位进攻，本方 2 号、3 号位队员组成双人拦网，4 号位队员后撤与后排 3 名队员形成半圆弧形防守。若对方吊前区，1 号位队员上前跟进，如图 6–43 所示。

2）心跟进防守阵形：当本方拦网力量强，对方采用打吊结合时采用。优点是加强前区防守，缺点是后防的空当较大，如图 6–44 所示。

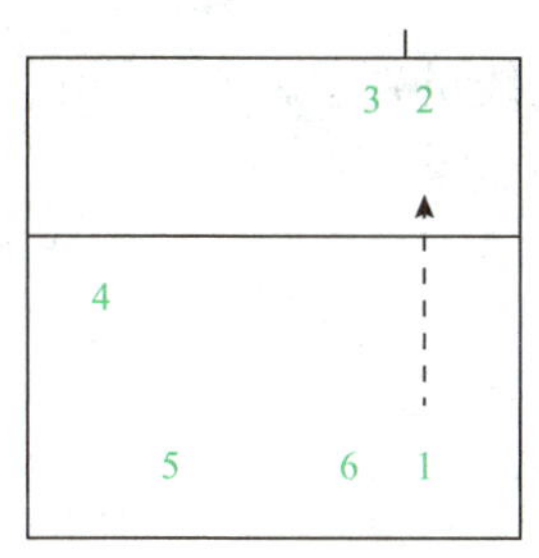

图 6–43 边跟进阵形

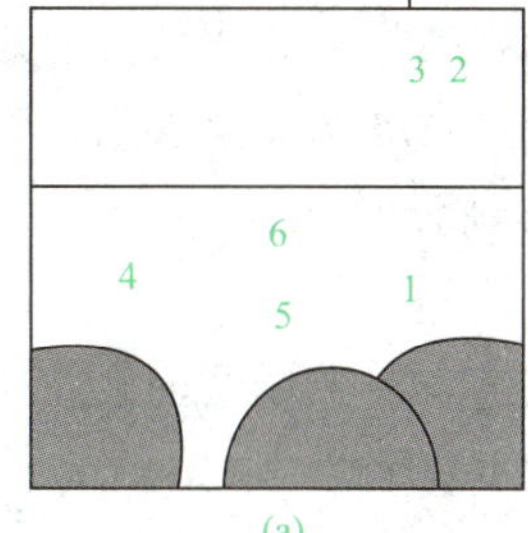

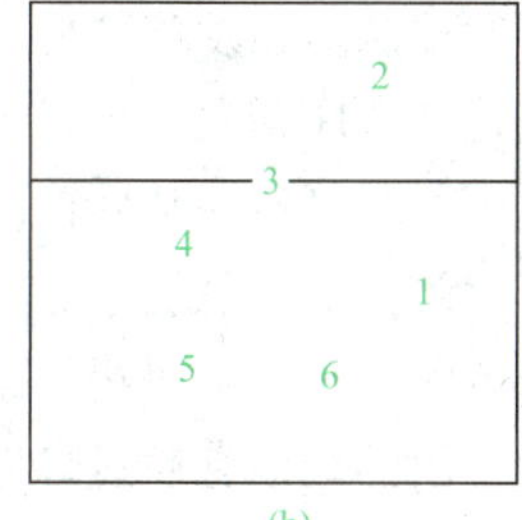

图 6–44 心跟进防守阵形

四 排球竞赛规则简介

（一）比赛场地

比赛场地包括比赛场区和无障碍区，其形状为对称的长方形。比赛场区为 18 米 × 9 米的长方形，其四周至少有 3 米宽的无障碍区。比赛场区上空的无障碍空间从地面量起至少高 7 米，其间不得有任何障碍物。国际排联世界性比赛场地边线外的无障碍区至少宽 5 米，端线外至少宽 8 米，比赛场地上空的无障碍空间至少高 12.5 米。

球网高度：球网架设在中线上空，高度为男子 2.43 米，女子 2.24 米。标志杆高出球网 0.8 米。

（二）比赛用球

球是圆形的，由柔软皮革或合成革制成外壳，内装橡皮或类似质料制成的球胆。颜色应是一色的浅色或彩色。国际排联世界性比赛中使用合成革球或彩色球需经国际排联同意并符合其标准。球的圆周：65 ～ 67 厘米；重量：260 ～ 280 克；气压：0.30 ～ 0.325 公斤 / 平方厘米（294．3 ～ 318.82 毫帕）。

国际排联世界性比赛应采用三球制。

（三）比赛队及队员装备

一个队最多有十二名队员、一名教练员、一名助理教练员、一名训练员及一名医师。全队队员包括上衣、短裤和袜子必须统一、整洁和颜色一致（后排自由防守队员除外）。运动鞋必须是没有后跟的柔软轻便的胶底或皮底鞋。队员上衣必须标有号码，序号为 1 ～ 18 号。号码必须在身前和身后的中间位置，并与上衣的颜色明显不同。禁止佩带可能造成伤害及有利于人为加力的物品。

（四）比赛方法

胜一球：一球是指从发球击球起至该球成死球止。如果发球队获胜，则得一分，继续发球；如果接发球队获胜，则获得发球权，同时得一分。

胜一局：每局先得 25 分并同时超出对方 2 分的队胜一局。当比分为 24 ∶ 24 时，比赛继续进行至某队领先 2 分（如 26 ∶ 24、27 ∶ 25）为止。

胜一场：胜三局队胜一场。如果 2 ∶ 2 平局，则决胜局（第五局）打至 15 分并领先对方 2 分获胜。

（五）比赛常见犯规及裁判法

1．发球犯规

（1）发球时的犯规。

1）击球前，球未抛起或未撤离托球的手。由第一裁判员判定。

2）发球队员在发球区外发球。由第一裁判员及靠近发球队员的司线员判定。

3）发球次序错误。记录员核对发球次序错误后，鸣哨报告裁判员。

4）第一裁判员鸣哨后，8 秒未将球发出。

（2）发球击球后的犯规。

1）球触及任何障碍物，或在进入对方场区前触及本队队员。

2）发出的球没有通过球网的垂直面。

3）界外球（包括球的触地点完全在界线外，球触及障碍物，球的整体或部分从过网区以外过网等）。

4）球越过发球掩护的个人或集体。

此外，发球触网后落入对方场内为好球。以上均由第一裁判员判定。

2．界内、界外球的判别

球的整体落在比赛场区或部分触及比赛场区的线，为界内球；球的整体落在界线以外，或球触及场外物体、天花板或非比赛成员等，或球触及标志杆、网绳、网柱或球网标志杆以外部分，或球的整体或部分从非过网区完全越过球网的垂直面匀判定为界外球。

对界内、外球的判定由第一裁判员负责，司线员给予提示。

3. 队员的场上位置和轮转

在发球队员击球时，双方队员（发球队员除外）必须在本场区内各站两排，每排三名队员，一个队前后排关系为三个同列关系。同列的前排队员必须有一只脚的一部分比其相应的同列后排队员的双脚距离中线更近，相等距离也不可以。同排（前排或后排）的左边或右边队员的一只脚的一部分必须比其同排中间队员的双脚距离同侧边线更近，相等距离也不可以。球发出后，队员可以在本场区和无障碍区的任何位置上。轮转是接发球队获得发球权后，该队队员必须按顺时针方向轮转一个位置（如 2 号位队员转至 1 号位发球，1 号位队员转至 6 号位等）。

当发球队员击球时，如果队员不在其正确位置上，则构成位置错误犯规，判错误方失一分，并把队员恢复到正确的位置。如没有按规定进行轮转，应立即纠正其错误并判失分。记录员应准确地确定其错误从何时发生，从而取消该队自错误发生以后的所得分，但对方得分仍然有效。如不能确定轮转错误中所得的分数，则仅给予失一分的判罚。

发球队一方的位置错误由第一裁判员分工判定；接发球一方的位置错误由第二裁判员分工判定。

4. 队员的替换错误

每一局每队最多可替换 6 人次。每次替换时可以同时替换一人或多人，自由防守队员的替换不在此列。自由防守队员应身着与本队不同颜色的服装，他在后排位置上可以替换任何一名队员（正在进行发球的队员除外）。他可以不经过裁判员的允许就进行替换，并且不受换人次数的影响。但自由防守队员不能参加本队的进攻，同时不能轮转至前排。

每局开始上场阵容的队员在同一局中可以退出比赛和再次上场各一次，而且只能回到原阵容的位置上。替补队员每局只能上场比赛一次，替补开始上场阵容的队员，而且他只能由被他替换下场的队员来替换。换人还有特殊替换、被判罚出场的替换、不合法的替换等。

5. 暂停的有关规定

每局比赛中，每队最多可请求两次暂停。所有暂停时间为 30 秒钟。

国际排联世界性比赛的第一局至第四局中，每局另外有二次时间为 60 秒钟的技术暂停，每当领先队达到 8 分或 16 分时自动暂停。

决胜局（第五局）没有技术暂停，只有每队可以请求的、时间为 30 秒钟的正常暂停。

暂停时双方运动员必须退出比赛场区到球队附近的无障碍区接受教练员的指导和安排。

6. 击球时的犯规

（1）持球。持球的判断可依据三个方面的因素来考虑：一是停留时间过长；二是击球不清晰；三是几种击球动作，例如携带球、捞球和推掷球等。由第一裁判员负责判定。

（2）连击。连击是指一名队员连续击球两次或球连续触及他身体的不同部位（但拦网后接球、接一传除外）。如发生持球或“连击”违例，则判对方得分。由第一裁判员负责判定。

（3）四次击球。规则规定每队最多击球三次（拦网除外），第三次必须将球击过网进入对方场区，第四次击球即为犯规。四次击球由第一裁判员负责判定，第一裁判员未察觉的明显的四次击球，第二裁判员可以用手势向第一裁判员提示。

（4）对同时触球的判断。同队的两名队员或更多队员可以同时触球。在两名队员同时触球时，应认为该队是两次击球（拦网除外）。两名队员同时去击球，但仅一名队员触到球则认为该队是一次击球。两名不同队的队员在球网上空同时触球后，比赛继续进行，接球的一方仍可击球三次。由第一裁判员负责判定。

（5）借助击球。队员有意借助同伴或任何物体去击球，为借助击球犯规。由第一裁判员负责判定。

7．进攻性击球犯规

除发球和拦网以外，所有直接向对方的击球都是进攻性击球。当球的整体通过球网垂直面或触及对方队员时，则算完成进攻性击球。前排队员可以对任何高度的球完成进攻性击球，但触球时必须在本场区上空；后排队员可以在后场区对任何高度的球完成进攻性击球，但不能在前场区将整体高于球网的球直接击入对方场区。此项犯规由第一裁判员负责判定。

8．拦网的犯规

拦网是队员靠近球网，将手伸向高于球网处阻挡对方来球的行动。只有前排队员允许拦网。两名或三名队员彼此靠近进行拦网为集体拦网，其中一人触球则完成拦网。在一个动作中，球可以迅速而连续触及一名或更多拦网队员，拦网后可由任何一名队员进行第一次击球，包括拦网时已经触球的队员。拦网时队员可以将手或手臂伸过球网，但不得影响对方击球。

（1）过网拦网。当对方进攻性击球前或击球时，在对方空间拦网并触球为过网拦网犯规。判断过网拦网犯规的依据是进攻性击球队员与拦网队员触球时间的先后。由第一裁判员负责判定。

（2）后排队员拦网。后排队员靠近球网，在高于球网处阻挡对方来球，并触及球则为后排队员拦网犯规。由第一、第二裁判员共同负责判定。

（3）拦发球。在前场区拦对方发过来的球并触及球则为拦发球犯规。由第一裁判员负责判定。

9．球网附近的犯规

（1）网下穿越。在不妨碍对方比赛的情况下，允许队员在网下穿越进入对方空间。允许队员的一只脚或双脚越过中线触及对方场区的同时，脚的一部分还接触中线或置于中线上空。除脚以外，不允许队员身体的任何其他部分接触对方的场区。在比赛中断后，队员可以进入对方场地。由第二裁判员负责判定，第一裁判员同样有权判定。

（2）触网。比赛进行中，队员触及球网则视为犯规。由第一、第二裁判员共同负责判定。一般第一裁判员负责网上沿的犯规判定，第二裁判员负责网上沿以下部分的犯规的判定。

（3）过网击球。在对方场区空间内击球为过网击球犯规。判断过网击球犯规的依据是击球点是否在对方场区空间。如击球点在本场区上空，击球后手随球过网是允许的，不判为过网击球犯规（拦网除外）。由第一裁判员负责判定。

10．延误比赛

（1）换人延误时间。由第二裁判员向第一裁判员报告，第一裁判员判定。

（2）在裁判员鸣哨恢复比赛后，拖延暂停的时间。

（3）请求不合法的替换，在同一局中再次提出不符合规定的请求。

（4）场上队员拖延比赛的继续进行。

延误比赛为全队的犯规行为，同一局中第一次延误，应判其延误的警告，再次出现则判延误判罚。

第四节　气排球运动

一　气排球运动概括

排球运动为大众所喜爱，却因为它的高度技巧性和器材的特点而让人却步。人们渴盼有一种便于大众参与的排球运动问世，于是许多国家的人们开始从球的性能、场地大小、球网高低、比赛规则上进行相应的变革，全球性的娱乐排球应运而生。气排球运动的发明创造便是其中之一。气排球可以说是我国土生土长的运动项目。1984 年，呼和浩特铁路局集宁分局的离退休人员为了丰富晚年生活，受春节联欢晚会上吹气球游艺活动的启发，首先用气球进行隔网对打游戏，随后改用儿童玩具塑料球代替气球，并逐步在呼和浩特铁路局内开展这项活动。后来他们又制定了简单的、没有文字资料的比赛规则，并将这项活动列为全局老年人运动会的比赛项目。

在气排球运动发展之初，项目普及度不高，参与人数不多，除了铁路系统外，其他来自各行各业的气排球爱好者们只能自己邀约组队参赛。随着气排球运动的不断推广，来自各行各业的气排球运动参与者日益增多。各机关、系统、单位纷纷开始组织各级各类气排球赛事，以活跃单位人员文体生活。除了各类民间赛事及国家、省、市、县体育局组织的赛事，行（专）业赛事也进入了气排球赛事大家庭。运动队由混合组队变成了混合组队与行（专）业组队相结合。如江西省宜春市的银行系统气排球赛，云南省组织的大专院校比赛，福建省近年来组织的社区、地税系统、工会系统比赛等。

气排球比赛由政府体育部门主办，转向由各基层气排球专项委员会、协会等民间组织联手主办，给基层气排球队伍搭建了一个相互学习、交流的平台。赛事不设过多门槛，采用自愿参加、自由组队、自理经费、自负安全的活动形式，让更多的基层队伍有了参加全国性气排球交流活动的机会。

二 气排球运动的基本技术

配合性技术是气排球技术的环节之一，对实现快速启动并准确地保持击球位置有着重要的作用，是完成击球技术的前提条件。在击球性技术掌握相对熟练后，配合性技术往往成为提高击球质量的关键。

（一）准备姿势和移动

气排球配合性技术主要分为准备姿势与移动步法两类。准备姿势根据身体重心的不同可分为稍蹲、半蹲、低蹲三种，移动脚步包括并步、滑步、交叉步、跨步、跑步、综合步等。这里与排球的准备姿势和移动相同，在此不作过多介绍。

（二）传球技术

利用全身协调力量并通过手指、手腕的弹力，将球传至一定目标的击球动作称为传球。传球的特点是采用手指、手腕缓冲和反弹的力量击球，因此，控制球的面积较大，容易控制球的弧度和落点。传球是气排球运动中一项重要的基本技术之一，也是二传队员组织本队进攻的主要方法。气排球传球技术按传球方向可分为正面传球、侧面传球和背面传球。

1. 正面传球

正面传球是传球技术最基本的方法，其他形式的传球技术也由此演化而来，其特点是便于观察传球方向，传球的准确性和稳定性较高。

（1）技术方法。

1）准备姿势。采用稍蹲准备姿势，上体稍挺起，仰头看球，两手自然抬起，屈肘并适当地分开放松，置于脸前。

2）迎球。①手型：十指应自然张开，使两手成半球状，手腕稍后仰，两拇指相对成一字形或八字形。两手间有适度的距离，以拇指内侧，食指全部和中指的二、三指节触球的后下部，无名指和小指在球两侧辅助控制出球方向。②击球点：击球点应保持在额前上方约一球的距离处，也可根据来球情况和传球需要适当提高或降低击球点。

3）击球。在迎球动作的基础上，当手和球即将接触时，手腕和手指要有前屈迎球的动作；当手与球接触时，各关节应适度伸展，全身各部位动作协调一致，最后蹬地、伸臂，用手指、手腕的弹力将球击出。

（2）技术要领：①击球点要保持在额前上方一个球远的距离；②手型要保持半球状，放松中要保持一定的紧张度；③触球时，指、腕要根据来球力量调整紧张状态。

（3）技术适用：①组织本队顺网扣球或调整扣球时采用；②在接对方弧度较高、速度较慢的球时使用。

2．侧面传球

身体侧对传球目标，将球向体侧方向传出的传球动作叫体侧传球。由于侧传球时，身体是在不转动的情况下侧对传球目标，所以，侧传球在比赛中具有较高的实用性和一定的隐蔽性。

（1）技术方法。

1）准备姿势。与正面传球相同。

2）迎球。与正面传球相同。

3）击球。击球点位于额前上方偏于出球方向一侧。手形与正面传球手形基本相同，出球方向一侧的手臂要略低一些，同时，上体向出球方向一侧倾斜。在上体向出球方向倾斜，身体协调用力的同时，双臂向出球一侧用力伸展，一侧手臂动作幅度要大，伸展要快。

（2）技术要领：身体重心偏向传球方向，出球一侧的手要略低于另一侧。

（3）技术适用：一般在网前传球或来不及转体的情况下采用。

3．背面传球

背对传球方向的传球称为背传球。背传球在传球技术中是一项难度较大的传球技术。其特点是隐蔽性强，具有较高的实用价值。

（1）技术方法。

1）准备姿势。采用稍蹲准备姿势，传球时上体稍后仰，双手自然抬起，手放在脸前。

2）迎球。双臂上抬，挺胸，上体后仰。其他动作与正面传球相同。

3）击球。击球点在头的上方，偏向头后。传球手形与正面传球相同，触球时手腕后仰，掌心向上，拇指及手腕要有向后上方送球的动作。

4）用力方法。蹬地、展腹、抬臂、伸肘，利用手指、手腕的弹力将球向后上方传出。

（2）技术要领：①上体后仰抬头，击球点在头上方；②掌心向上，手腕后仰，拇指用力，并蹬地、展腹、伸臂协调用力。

（3）技术适用。通常组织队员在二传队员身后扣球时采用。

（三）垫球技术

通过手臂和身体其他部位的迎击动作，使球以垫击面反弹出去的击球动作称为垫球。前臂垫球是气排球垫球技术的基本形式之一，其他垫球技术方法都是在前臂垫球的基础上衍生而来的。垫球技术主要用于在比赛中接发球，接扣球，接拦回球，接各种速度较快、弧度较平的球。

1．正面双手垫球

正面双手垫球是用双手在腹前垫击来球的一种垫球方法，是各种垫球技术的基础，是最基本的垫球方式，各种垫球技术都是由正面双手垫球技术衍化、发展而来的。正面双手垫球适用于各种接发球，接扣球，接拦回球和垫击较低的来球。

（1）技术方法。

1）准备姿势。一般采用半蹲准备姿势。

2）迎球。当球距离腹前一臂远时，两臂夹紧并向前伸，插入球下，同时配合蹬地、跟腰、提肩、顶肘、压腕、抬臂及全身协调动作迎击来球，身体重心随着击球动作向前上方移动。

3）击球。击球点保持在胸腹之间。击球部位在手腕以上 10 厘米处、双臂桡骨并拢后所形成的平面上。

4）击球后动作。身体重心继续协调向抬臂方向伴送球，垫球动作结束后立即松开双臂做好下一个动作的准备。

（2）技术要领。双臂夹紧对准球，前臂插入球下方。击球压腕抬送臂，蹬地、送臂髋用力。

（3）技术适用。在正面的来球弧度较低，无法传球时采用。

2. 体侧垫球

在身体侧面用双手垫球为体侧垫球。

（1）技术方法。体侧垫球可用于垫身体两侧的来球，以左侧垫球为例，先以右脚前脚掌内侧蹬地，左脚向左跨出一步，重心移至左脚，保持两膝弯曲，同时两臂向左侧伸出，左臂高于右臂，右肩微向下倾斜。击球时，用右转体和收腹的动作配合提肩抬臂，在身体左侧稍前的位置截住来球，用前臂垫击球的后下部。来球在右侧时，以相反方向的动作击球。

（2）技术要领。向侧跨步侧前伸臂，向内转体提肩击球，伸臂动作要快。

（3）技术适用。当来球飞向体侧，队员来不及移动正对来球时，可采用体侧垫球技术。

3. 背垫球

背对垫球目标，从身前向背后的双手垫球称为背垫球。

（1）技术方法。要判断来球的方向，快速移动到球的落点处，背对垫球的方向，两臂夹紧并伸直。击球时，用蹬地、抬头、挺胸、展腹和上体后仰的动作带动两臂向后上方摆动抬送，以前臂触球的前下方，将球向后上方击出，击球点一般应在肩前上方。

（2）技术要领。背对出球方向，两臂夹紧并伸直插到球下方，同时蹬地、抬头挺胸、展腹，击出球时要注意抬头、挺胸、展腹，身体后仰。击球点最好在肩部以上。垫低球时，要注意屈肘和翘腕。

（3）运用时机。在同伴防起球后，球飞得较远而又无法进行正面垫球时采用。

4. 跨步垫球

向前或向侧跨一步垫球的动作叫跨步垫球。

（1）技术方法。在判断来球落点时，同侧脚迅速向来球方向跨出一大步，上体顺势前倾下压，身体重心落在跨出脚上，同时两臂前伸插入球下，用蹬地、提肩、抬臂动作击球的后下部。

（2）技术要领。跨步要及时，重心下降要快，上体前倾，手臂要充分伸展，插到球下。

（3）技术适用。跨步垫球是当来球离身体前方或斜前方较远时，队员来不及移动时采用。跨步垫球在接发球和防守中运用得较多，它是各种低姿垫球动作的基础。

5. 挡球

用双手或单手在胸部以上挡击来球的击球动作，称为挡球。

（1）技术方法。

1）双手挡球。手臂屈肘上举，肘部向前，手腕后仰，用双手平掌外侧和掌根所组成的平面挡击球的后下部，击球瞬间手腕要紧张，用力要适度。

2）单手挡球。挡球时，手臂屈肘上举，肘部向前，手腕后仰，用掌根和拳心平面击球的后下部，击球瞬间手腕要紧张，如果来球比较高，可以跳起来挡球。

（2）技术要领。挡球时，手指、手腕保持一定的紧张度，挡球面要正对来球，击球的中后下部，并要控制击球的力量，使球在击出后保持一定的弧度。

（3）技术适用。双手挡球时，多用于挡击胸部以上力量大、速度快的来球，如防扣球。单手挡球多用于来球较高、力量较轻的球，如防拦网时打手出界的球。运用挡球可扩大防守范围。

（四）扣球技术

队员以一只手臂击球的形式，将本方场区上空的球击入对方场区的击球方法叫作扣球。扣球是进攻性击球的基本形式和有效方法，是比赛得分的主要方法之一。扣球技术方法有很多，下面介绍其中的几种。

1. 正面扣球

正面扣球是面对球网助跑起跳的扣球方法，特点是便于观察，能根据对方拦防情况，随时改变扣球路线和力量，是基本的扣球方法，也是其他扣球技术方法的基础。

（1）扣球前采用稍蹲准备姿势，两臂自然下垂，站在两米线后距中线 3 ～ 4 米处。助跑路线与球网的角度要保持在 45° 左右为好，观察来球，随时做好向各个方向助跑的准备。观察与判断二传队员出球的高度与落点，及时选择助跑路线。

（2）助跑通常采用一步助跑和两步助跑的形式。采用一步助跑时，右脚向前跨出一大步，以脚掌的后半部外侧着地（第一次制动），左脚迅速跟上，踏在右脚 左侧适宜的位置上（第二次制动）。采用两步助跑时，左脚向前迈出一步，右脚再快速跨出一大步，紧接着左脚迅速并上，两脚尖稍向右转，两臂下摆至体后。同时，注意抬头观察球。第一次制动时，制动脚要超越身体重心。第二 次制动时，身体重心不要超过起跳线。这样，才能使助跑产生的动能转化为势能，以获取最大的腾起高度。

（3）助跑路线。助跑的路线共有三种：斜线助跑、直线助跑、外绕助跑。助跑路线的选择应根据传球的落点来决定。以四号位扣球为例，扣集中球时，应采用斜线助跑，扣一般球时应采用直线助跑，扣拉开球时应采用外绕助跑。

（4）起跳。一只脚跨出的同时，另一只脚也跨跳出去，两只脚有一定腾空阶段，两只脚同时着地和蹬地。跨跳的特点在于加大踏地力量来提高弹跳的高度，跨步法适用于腿部力量较强的运动者。

（5）空中击球。利用以收胸为主的发力方法。击球时要击球的中后部，手腕要有柔和的推压动作，使球产生强烈的上旋。

适用于强攻扣球。通常球在起跳点正前方上空时采用。落地时，以两只脚前脚掌先着地，配合屈膝、收腹缓冲下落的力量，保持身体重心，同时也便于做好下一个准备动作。

（6）技术要领。

1）冲跳时起跳角度要小。

2）加大收腹的动作幅度。

3）推压手腕，使球产生强烈的上旋。

2. 原地扣球

（1）采用稍蹲准备姿势，随球移动以保持好人与球之间的距离。以右手扣球为例，双脚支撑，右肩、右手快速上抬成鞭打击球的状态，蹬地、收腹、提肩、挥臂击球，一气呵成。恢复稍蹲准备姿势，以连接下一个动作。

（2）技术要领。

1）保持好人与球的位置。

2）击球手臂要放在腰部以上，以便及时挥臂击球。

3）原地扣球时击球点较低，要击球的中后下部，并伴有“推压”手腕的动作，使球上旋高弧度过网。

（3）技术适用。

1）适用于老年人在比赛中使用。

2）在扣弧度较低、速度较快的球时效果较好。

3. 原地起跳扣球

（1）准备姿势。采用稍蹲准备姿势，随球移动以保持好人与球之间的距离。

（2）起跳。起跳时双脚向下踏跳，两臂从体后下侧经体前向上积极摆动，同时双腿快速蹬地、展体，带动身体腾空。

（3）击球。以右手扣球为例，右肩、右手快速上抬成鞭打击球的状态，收腹、提 肩、挥臂击球一气呵成。

（4）落地。以两只脚前脚掌先着地，配合屈膝、收腹缓冲下落的力量，保持身体重心，并恢复稍蹲准备姿势，以连接下一个动作。

（5）技术要领。

1）保持好人与球的位置。

2）选择好起跳时间与时机。

（6）技术适用。

1）适用于老年人在比赛中使用。

2）在扣弧度较低、速度较快、距离身体较近的球时效果较好。

4. 单脚支撑扣球

（1）准备姿势。采用稍蹲准备姿势，随球移动以保持好人与球之间的距离。

（2）击球。以右手扣球为例，左脚支撑，右脚、右肩、右手快速上抬成鞭打击球的状态，将球保持在前上方，左脚蹬地、收腹、提肩、挥臂击球，一气呵成。

（3）击球后。恢复稍蹲准备姿势，以连接下一个动作。

（4）技术要领。

1）提膝、抬臂要迅速、主动。

2）击球时身体要主动前倾。

（5）技术适用。

1）适用于老年人在比赛中使用。

2）适用于扣距离身体稍远的球。

3）适用于扣近网球。

5. 单脚起跳扣球

（1）助跑。采用一步、两步或多步的走步式的单脚助跑，保持与球网近似于平行的角度。

（2）起跳。助跑的最后一步时，左脚向扣球位置跨出一步，身体重心稍后仰，右腿向上积极摆动，左脚用力蹬地起跳，同时两臂积极上摆。

（3）空中击球。右膝上提，右肩、右手快速上抬成鞭打击球的状态，将球保持在前上方，同时蹬伸右腿、收腹、提肩、挥臂击球。

（4）技术要领。

1）助跑是要保持一定的水平速度。

2）要发挥向前上方的最大冲跳力。

（5）技术适用。

1）适用于扣距离身体较远的球。

2）在扣近网球时采用效果最佳。

6. 轮臂扣球

在扣球挥臂时以肩关节为轴，手臂由下向上轮臂发力击球的扣球方法。其特点是力量大，扣球角度大，不易被拦网。

（1）技术方法。起跳时左肩对网（以右手扣球为例），右肩下沉。当右臂摆放置脸前时，应迅速行至体侧并伸直，掌心向上，五指张开成勺状。击球时，用向左转体和收腹带动右臂至下向上地轮臂，在最高点全掌击球的后中下部位，并伴有推压 腕。击球后，身体缓冲落地。

（2）技术要领

1）起跳时要左肩对网（以右手扣球为例）。

2）起跳后，应把球保持在右肩上方。

3）要利用收腹、转体带动手臂击球。

（3）技术适用。

1）当球传至身体后方时采用。

2）扣从后场传来的调整球时采用。

7. 调整扣球

（1）技术方法。

1）助跑。助跑步法与扣拉开球的步法相同，助跑路线与球网的夹角不得大于35°，身体要面向来球方向。

2）起跳。要根据来球的高度、弧度、速度、角度选择起跳点和起跳时机。

3）空中击球。采用收腹、推压击球方法使球产生强烈的上旋，提高球过网时的弧度。

（2）技术要领。

1）必须及时调整助跑角度，保证有力的扣球位置。

2）熟练掌握各种方向、步法的起跳技术，以便及时调整人与球的关系。

3）要具有良好的腰腹爆发力、手腕的控制球能力。

（3）技术适用。适用于扣从身体侧、后方传来的调整球。

8. 冲跳扣球

助跑时要加大水平速度，助跑的最后一步迈得较小，落地时身体重心要继续前移，产生一个向前的蹬地速度，使助跑的水平速度与蹬地上的速度形成一个合速度，使身体在空中移动击球时产生对球的撞击力。

9. 挑吊球

（1）技术方法。

1）助跑、起跳与正面扣球的技术方法相同。

2）空中击球。击球时，利用手指、腕挑击球的下部，将球拨送过网到对方防守的空位。

（2）技术要领。

1）助跑、起跳要做得真实。

2）在挥臂扣球的一刹那改变手法，变鞭打击球为拨吊球。

3）吊球时要注意观察对方防守的空位。

（3）技术适用。在对方拦网严密或球离网过近的时候使用。

10. 搓吊球

（1）技术方法。

1）助跑、起跳与正面扣球的技术方法相同。

2）空中击球。击球时，全手掌包住球，利用手腕、手速下沉。掌自下而上地搓球，使球在过网时产生强烈的上旋和弧度然后快速下沉。

（2）技术要领。

1）助跑、起跳要做得真实。

2）在挥臂扣球的一刹那改变手法，变鞭打击球为搓球。

（3）主要适用于将球搓吊在拦网队员身后的空位和 3 号位中心空位。

11. 加压吊球

（1）技术方法。

1）助跑、起跳与正面扣球的技术方法相同。

2）空中击球。击球时，手臂伸直，利用手指、手腕拨击球的后上部，将球至上而下地推压过网到对方防守的空位。

（2）技术要领。

1）助跑、起跳要做得真实。

2）在挥臂扣球的一刹那改变手法，变鞭打击球为加压吊球。

3）指、腕要保持紧张度，拨球要快速、短促、有力，切忌出现甩手臂的动作导致动作幅度过大而出现持球犯规的现象。

（3）技术适用。在对方拦网严密或已经观察到对方明显的防守空位时使用。

（五）发球技术

队员在发球区内用一只手将自己抛起的球直接击入对方场区的技术动作称为发球。发球是破坏对方“一攻”战术，甚至是直接得分的重要手段。

发球技术结构决定动作名称，而技术方法决定发球性能。因此，按其发球性能主要分为旋转球和非旋转球。按动作方法可分为上手与下手发球、正 面上手发飘球、勾手发飘球、正面上手发大力球、勾手发大力球、跳发球等。

1. 发非旋转球技术方法

（1）正面下手发球。正面下手发球是正对球网，手臂由后下方向前摆动，在腹前将球击入对方场区的一种发球方法。

1）准备姿势。面对球网，两脚前后开立，左脚在前，两膝微屈，上体稍前倾，重心偏右脚，左手持球在腹前或体侧。

2）抛球。左手将球轻轻抛起在体前右侧或体侧，抛球高度 20 ～ 30 厘米，在抛球之前手臂以肩、肘为轴向后摆动。

3）击球。击球时右脚蹬地，身体重心随着右手向前摆动击球而移至前脚上，在腹前或体侧用掌根或虎口击球的中后下方，随着击球动作，手臂、重心向前移。

4）技术要领：①抛出高度不要高于 30 厘米；②用掌根或虎口击球中后下部。

（2）正面上手发飘球。发球者面对球网，采用手腕局部击球的中心点的方法击球，使球产生不规则的向前飘晃从而飞行过网，这种发球方法称为正面上手发飘球。特点是球体飘晃飞行，路线落点难以确定，具有一定的攻击性和稳定性。

1）准备姿势。采用稍蹲准备姿势。

2）抛球。左手持球于腹前，将球保持平稳的状态，垂直抛送到于右肩的前上方约 1.5 米的高度。抛球的同时，右臂抬起，并屈肘后引，肘部与肩平行，手掌成半握拳状，手腕锁紧，上体稍向右侧转动，抬头、挺胸、展腹，身体重心移至右脚上。

3）击球。右脚蹬地，上体向左转动发力，带动手臂挥动。挥臂时手臂伸直，在右肩的前上方用掌根击球的后中下部。击球时五指并拢，手腕后仰并保持一定的紧张感。用力要短促、有力，击球前要加速挥臂，挥臂轨迹保持直线运动，击球后的一瞬间手臂要有突停动作。抛出高度稍低为好，挥臂击球短促有力。击球力量贯穿球体中心。掌根击球不屈腕，击球后要突停。

4）技术适用：①在对方气排球特色技术不好时使用；②在保发球时使用。

（3）勾手发飘球。发球者侧对球网站立，借用下肢和腰部力量，采用勾手的形式，利用正面发飘球的原理与手法发飘球。

1）准备姿势。体侧对网，两脚自然开立，左手持球于胸前。

2）抛球。在抛球的同时，右臂向右侧下方摆动，上体顺势向右侧倾斜和转动，身体重心落在右脚上。左手采用托送动作，将球平稳地抛在左肩前上方约一臂远的高度。

3）击球。击球时，右脚蹬地，上体向左转动发力带动手臂挥动。挥动时手臂伸直，手腕保持紧张，以掌根的坚硬平面或半握拳击球的中下部。击球后，手臂挥动有突停动作。

4）技术要领：抛球不宜过高，转体带动挥臂。击球力量穿过球体中心，击球时不屈腕，击球后要有突停动作。

5）技术适用：①具有一定的攻击性，稳定性强，失误率低，适用于保发球；②在有意破坏对方接球阵型时使用。

2. 发旋转球技术方法

（1）正面下手发球。正面下手发球是正对球网，手臂由后下方向前摆动，在腹前将球击入对方场区的一种发球方法。

1）准备姿势。面对球网，两脚前后开立，左脚在前，两膝微屈，上体稍前倾，重心偏右脚，左手持球在腹前或体侧。

2）抛球。左手将球轻轻抛起在体前右侧或体侧，抛球高度 20 ～ 30 厘米，在抛球之前手臂以肩、肘为轴向后摆动。

3）击球。击球时右脚蹬地，身体重心随着右手向前摆动击球而移至前脚上，在腹前或体侧用掌根或虎口击球的中后下方，随着击球动作，手臂、重心向前移。

4）技术要领：①抛出高度不要高于 30 厘米；②用掌根或虎口击球中后下部。

（2）勾手大力发球。采用侧身站立，采用轮臂式击球形式，利用蹬地转体带动手臂发力，使球产生上旋的发球方法称为勾手大力发球。其特点是力量大、速度快、弧度低、旋转性强。

1）准备姿势。身体侧对球网，两脚自然开立，两膝弯曲，上体前屈，左手（或双手）持球于胸前。

2）抛球。左手（或双手）将球平稳地抛在左肩上方 1 米高为宜。在抛球的同时，两腿弯曲，上体需要向右倾斜，身体重心移向右脚，右臂向身体右侧后下方摆动，同时挺胸抬头，两眼注视球。

3）击球。击球时，利用右脚的蹬地转体动作发力，带动右臂做直臂弧形挥动。同时身体重心由右脚移至左脚。手臂在伸直的最高点，右肩的前上方击球。手腕要包住球，用全手掌击球的中下部，并用力去推压球，使球产生强烈的上旋。

4）技术要领：抛球平稳，高度 1 米为宜。蹬腿转体时带动手臂幅度要大，弧形轮臂的速度要快，高点击球手腕推压。

5）技术适用：①攻击性强，稳定性差，经常在利用攻击性发球破坏对方接发球和直接得分时采用；②在对方插托球技术差的时候采用效果明显。

（3）大力跳发球。大力跳发球是发球队员在发球区内将球抛在空中，利用扣球的方法将球击入对方场区的发球方法。跳发球是发球技术和远网扣球技术的结合，是一项攻击性极强的发球方法，但是由于对身体、技术要求太高，因此失误率较高。

1）准备姿势。队员面对球网，站在离端线 3 ～ 4 米处，用右手或双手持球置于体侧或腹前。

2）抛球。用右手或双手将球抛至右肩前上方，抛球高度一般为肩上方 2 米以上，落点在端线附近。

3）助跑起跳。随着抛球动作，队员迅速向前做扣球的助跑起跳步法。起跳时，两臂要协调而积极摆动，摆幅要大。

4）空中击球。挥臂击球、推压腕与远网扣球动作相同。

5）击球后，尽量使双脚同时落地，两膝顺势弯曲缓冲，迅速入场。

6）技术要领：①抛球在助跑方向的前上方的上空，距离要根据自己的助跑习惯而定；②跳起后，球要保持在头的前上方一臂远的距离；③空中击球时要利用收腹、手腕推压动作使球产生强烈的上旋。

（六）拦网技术

前排队员靠近球网，将手伸向高于球网处阻挡对方的来球并触及球称为拦网。拦网是气排球运动中一项非常重要的技术，是“防反”战术的重要环节，是比赛的主要的得分方法。拦网不仅能拦死、拦回、拦起对方的扣球，还可以削弱对方的进攻气势，动摇对方的信心，给对方进攻造成心理上的压力。

拦网技术按参加人数可分为单人拦网和集体拦网，按技术方法可分为原地拦网和移动拦网。

1. 单人拦网。

单人拦网技术动作包括准备姿势、移动步法、起跳、空中击球和落地 5 个相互衔接的部分。

（1）准备姿势和取位。面对球网，密切注视着对方动向，两脚平行开立，约同肩宽，距网 20 ～ 30 厘米，两膝稍屈，两手自然弯曲置于胸前，随时准备起跳和迅速向两侧移动。高大队员则双手上举，大臂与身体成 90°，准备移动和起跳。

（2）移动步法。拦网时按移动距离通常选用并步、滑步、交叉步法。通常在移动距离 0.5 米以内可采用并步移动，拦距离 0.5 ～ 1.0 米的高球时，可采用滑步移动步法，拦距离 1.0 米以外的扣球时一般采用前交叉移动步法。

（3）起跳：①起跳前立即制动，使身体正对球网后起跳，或在起跳过程中在空中使身体转向球网。②如果是原地起跳则从拦网准备姿势开始，两脚用力蹬地，两臂在体侧划小弧用力上摆，带动身体向上垂直起跳。③身材高大的队员由于不用太借助摆臂力量带动身体上跳，因而在准备姿势时便双手上举，起跳时主要用下肢力量，这样便于上手迅速伸出球网拦击扣球。

（4）拦网手法。起跳后稍收腹，控制平衡。同时，两手从额前贴近并平行于网向网上沿的前上方伸出，两臂伸直，两肩尽量上提。中青年比赛中，两手尽量伸向对方上空，接近球但不能主动触球，两手张开绷紧，屈指、屈腕呈勾型。老年气排球比赛中，两手不要伸向对方场区上空，被动触球后手臂可随球过网。边拦网时要外手里包，防止被打手出界，如果对方击球点高，不能接近球进行拦网时，可以采用手腕后仰的方法，堵截扣球路线，以便将球向上拦起。

（5）落地。拦网后落地时屈膝缓冲，身体重心后移，防止触网，落地后准备做下一个动作。

（6）技术要点：①取位准确，要保持与扣球人相对的拦网取位；②起跳及时，拦网手臂要封堵扣球人的挥臂路线；③手型正确，手臂要贴近球网并向上伸出，与肩同宽，五指张开，臂直指硬。

（7）技术适用：①主要用于拦对方近网、快速、低平的进攻性击球；②来不及组成集体拦网的进攻性击球。

2. 集体拦网

前排 2 ～ 3 名队员相互靠近，同时起跳，形成组合拦网，称为集体拦网。集体拦网是气排球拦网的主要形式。

（1）双人拦网。

1）技术方法：在单人拦网技术的基础上，首先要确定主拦网队员，另一人为配合拦网队员。通常为距离对方扣球点较近的人为主拦网队员。主拦网人要与对方扣球人正面取位，配合队员迅速移动靠近主拦网队员，两人同时起跳拦网。在空中两名队员的身体和手臂要保持相应的距离，尽量扩大拦截面积，同时，更要防止相撞或发生“空门”漏球的情况。当扣球点距离边线较近时，边线的拦网队员要外手里包，防止打手出界。

2）技术要领：步法一致，统一移动，一同起跳；分工明确，分别取位直线、大斜线位；相互靠近，谨防两个拦网人之间出现漏洞。

3）技术适用：适用于拦弧度高、速度慢、暴露性强的强攻扣球；适用于拦对方较高、较慢的进攻性击球。

（2）三人拦网。

1）分清主副。

a．拦对方 3 号位时以 3 号位队员为主拦网人，2 号位、4 号位为副拦网人；

b．拦对方 2 号位扣球时以 4 号位队员为主拦网人，3 号位、2 号位为副拦网人；

c．拦对方 4 号位扣球时要以 2 号位为主拦网人，3 号位、4 号位为副拦网人。

2）拦网取位。

a．拦网前中间拦网人站取位在 3 号位，与左（4 号位队员）、右（2 号位队员）拦网人保持间隔 1 米的距离；

b．起跳前按扣球的直线位、大斜线位、小斜线位进行取位。

3）移动步法。

a．必须采用前交叉移动步法；

b. 三人移动步法的幅度、节奏要高度一致，否则会出现相互干扰的情况，导致拦网之间出现空当。

4）起跳与拦网。

a．踏跳节奏要一致；

b. 起跳时间要一致；

c．手臂高度角度要一致；

d．边拦网者要外手内包，防止打手出界。

（七）气排球专门性技术

气排球特色技术是广大气排球爱好者在气排球运动实践中总结出来的符合气排球运动的制胜规律的各种简单实用的击球技术。主要包括插托球、抱球、捧球、扒球等技术。

1. 插托球技术方法

（1）技术分类。插托球又称托翻球，是指队员用双手在胸腹前托送的一种击球动作，按击球位置可分为左托球、中托球、右托球三种。

（2）技术方法。

1）准备姿势。根据来球的方向（左、中、右）、速度（快、慢）、弧度（高、低）与落点（前、后），可采用稍蹲和半蹲准备姿势。

2）迎球。

a. 左托球。球从左边来，右脚内侧蹬地、左脚向左跨出一步，重心移至左脚上，左腿弯曲。上身稍向左倾斜，左肩略低于右肩。左手向五指张开，掌心向前，迅速将手插到球的下部，手掌成勺形，手指指根在球的下部承受球的重量。同时右手五指张开，在来球的后上方顶压着球体并掌握球的方向，也称为护球。

b. 中托球。球从中部来即为追胸球，左（或右）手在上，另一只手在下，两肘关节适当内收，两手成勺形，以确保将球托到位。

c. 右托球。当球从右边来时，左脚内侧蹬地、右脚向右跨出一步，重心移至右脚上，右膝弯曲，上身稍向右倾斜，右肩略低于左肩。右手五指张开，迅速将手插到球的下部，用手掌托住（掌心不触球）成勺形，用手指指跟触球的下部，承受球的重量，同时左手五指张开，在来球的后上方顶压着球体，并掌握球的方向。

3）击球。在正确迎球手形的基础上，当手和球接触的瞬间，手腕和手指要有顺势缓冲动作，击球时，下手托球，手掌、手指给球体以撩拨动作，手掌、手指的撩拨用力从球体重心的后下方通过。使球在向上方送起的同时产生上旋。护在球上面的手顶包住球的重力与方向，利用上下产生合力将球送出。

（3）技术要领。

1）判断及时，对准来球，击球前手型要做好“鸭嘴”状，手掌和手指要保持适度的紧张感。下手插托，上手顶包。

2）击球时以下手掌发力为主，手球相吻，托护相应，结合下肢蹬地，两手合力，抬送出球。

（4）技术适用。

1）适用于接对方的各种来球。

2）亦可作为二传球技术。

3）在接对方大力发球时效果最佳。

2. 抱球技术方法

抱球是指队员利用双手对掌或对指的方法将离身体较远的低球抱冠二接起的击球技术。

（1）技术方法。抱球分为对掌抱球和对指抱球两种方法。

1）对掌抱球。

a．准备姿势。面对来球时，两脚开立约与肩同宽，根据来球的力量、速度，以稍蹲或半蹲姿势做好准备。

b．迎球。当来球离体前较远时，两肘伸直，手腕自然下垂，五指自然张开，两手掌相对，大拇指朝上，距离大于两小指的距离，左、右手掌斜相对形成一个与气排球大小相吻合的弧形，以便抱住球的两侧。

c．击球。手和球接触的瞬间，以指根带动指尖击球两边的后下部，以食指、中指、无名指三指受力为主，双手大拇指在球两侧的上部，小指托在球的底部。用抬臂抖腕的力量将球抱出。

2）对指抱球。

a．准备姿势。同对掌抱球准备姿势相同。

b．迎球。当来球离身体较近时，两肘弯曲，肘关节向外展，上臂与前臂的夹角大于 90°，手腕处于略紧张状态，五指自然张开，两手指相对，掌心朝上，大拇指朝前，呈弧形，以便抱住球的两侧。

c．击球。双手手指相对，托抱于球的底部，击球瞬间以手指和手腕的抖动、弹拨及抬臂的力量将球抱出。击球点在胸腰之间。

（2）技术要领：

1）做好手型，及早插到球下。

2）击球瞬间，两手托住来球的后下部，靠抬臂动作、手腕抖动、手指弹拨以及全身的协调发力将球抱出。

（3）技术适用：

1）抱球技术主要接用于处在胸腹之间的球；

2）亦可在近端做二传球。

3．捧球技术方法

捧球是指队员用双手或单手在腹前将离身体较远的来球用双手或单手将球捧起的技术动作，按照击球手法可分为双手捧球和单手捧球（捞球）两种方法。

（1）双手捧球。

1）准备姿势。面对来球时，两脚分开与肩同宽，根据来球的速度和力量，呈半蹲或全蹲姿势站立，两肘抵住腰部两侧，上臂与前臂夹角为 90°，双手掌张开并保持紧张感。

2）迎球。来球时，双手或单手掌心向上，手指张开，十指朝前形成弧形，手指、手腕与前臂基本形成一个平面。

3）击球。用全手掌触球的下部。双手捧球击球时，上臂夹紧身体，手指、手腕与前臂在一个平面上，靠手指与前臂上托的瞬间发力动作将球击出，其动作幅度较小。

4）技术要领：

a．击球前重心适当降低，两臂前伸插入球的下方，双手掌心朝上，双手快速插入球下。

b．击球时蹬地送腰手掌捧球，抬臂缓冲往上送球。

5）技术适用：

a．捧球主要是处理速度快的追身球。

b．亦可作为二传队员转移球时采用。

c．也可适用于后排防守技术。

（2）单手捧球。

1）准备姿势。和双手捧球的准备姿势相同。

2）迎球。当对方来球低而远时，采用跨步接近球，用同侧的一只手向前或向体侧伸出，插入球的下方，用手腕、手指及手臂的抖动将球捧起。

3）技术要领：击球前要将手臂充分伸展，以增大击球的长度和面积；与跨步、跑步结合用，效果最佳。

4）技术适用：

a．在救打手出界的球、同伴击到场外的低远球时采用；

b．在救对方的吊球、推到空位的球时采用。

三　气排球竞赛规则简介

（一）比赛场地

气排球比赛场地包括比赛场区和无障碍区。比赛场区为长 12 米、宽 6 米的长方形，如图 6-45

所示。场地的地面必须平坦、水平，并不得有任何可能伤害队员的隐患。其四周必须有 2 米宽的无障碍区，从地面向上至少有 7 米的无障碍空间。非正式比赛，面积可适当调整。

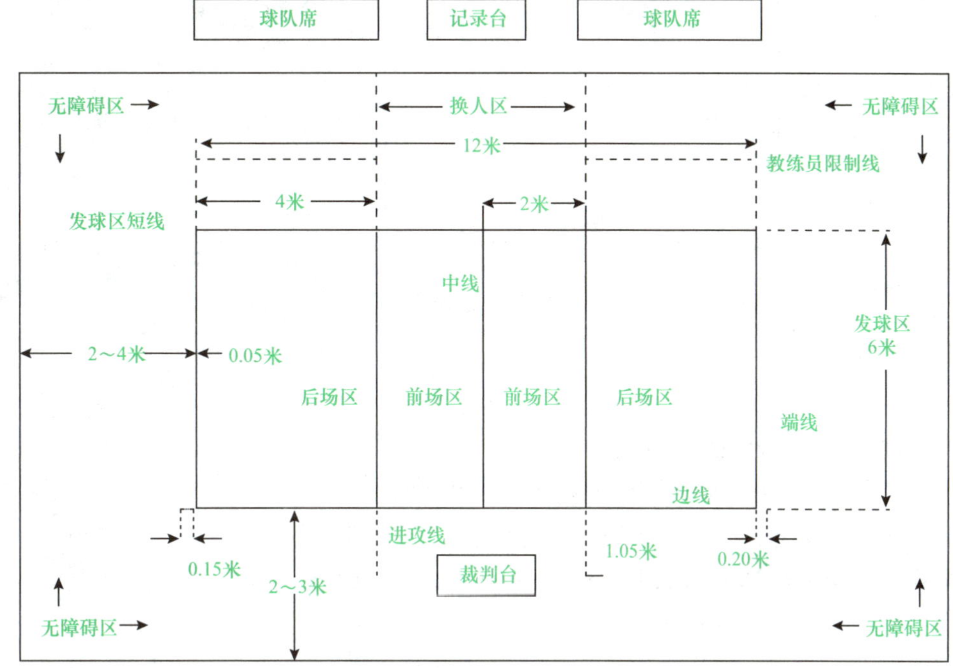

图 6-45 比赛场地

1. 比赛场地的画线

场地上所有的线均宽 5 厘米。

（1）界线。两条边线和两条端线划定了比赛场区。边线和端线都包括在比赛场区面积之内，长线为边线，两条短线为端线。

（2）中线。中线连接两条边线的中点。中线将比赛场区分为长 6 米、宽 6 米的两个相等场区。

（3）进攻线。每个场区各有一条距中线 2 米的进攻线。进攻线（包括进攻线的宽度）前为前场区。进攻线与端线之间为后场区。进攻线外两侧各画长 15 厘米、间距 20 厘米的三段虚线，为进攻线延长线。两条进攻线延长线与记录台一侧边线外的范围为换人区。

（4）发球区短线。端线后两条边线的延长线各有一条长 15 厘米、距离端线 20 厘米的短线，为发球区短线。两条短线（含短线宽度）之间的区域为发球区，发球区深度延至无障碍区的终端。

（5）教练员限制线。由一组长 15 厘米、间隔 20 厘米的虚线组成，虚线自进攻线的延长线至端线延长线，距边线 1.05 米并平行于边线。限制线是限制教练员的活动区域。

2. 裁判台

裁判台设在球网的一端，面向记录台，一般使裁判员的水平视线高出球网 50 厘米左右为宜。

（二）场地画法及检测

1. 场地画法

先在场地中间画一条 6 米长的中线 MN，取中点 O 为圆心，以 6.71 米为半径向 4 个场角画弧。再分别以 M 点、N 点为圆心，以 6 米为半径画弧，分别同前面的 4 个弧线相交，共成 A、B、C、D 四个点。连接这四个点便形成了场区的边线和端线。

再分别以 M 点、N 点为圆心，以 2 米为半径，在各边线上截取 E、F、G、H 四个点，连接 EG、FH 形成进攻线，如图 6-46 所示。

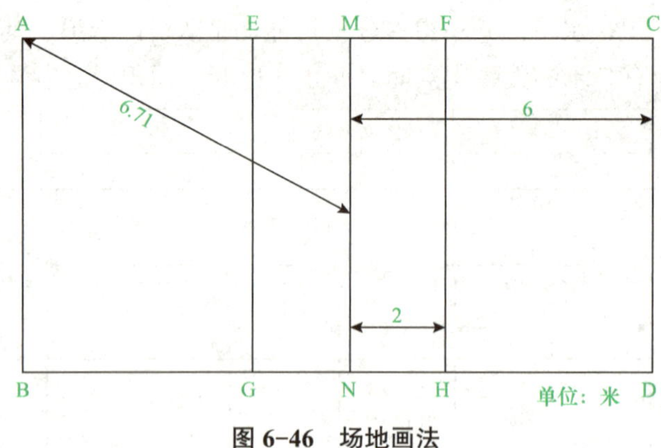

图 6-46　场地画法

2．场地的检测

（1）界线全部为 5 厘米宽。

（2）两个场区对角线之间的距离必须一致。

（3）线的颜色与场区和无障碍区的原色应有明显区别。

（4）若正式比赛场地上有其他体育项目的画线，其颜色应与气排球比赛界线有所区别。

（5）中线平均分在双方场区面积内。

场地检测示意，如图 6-47 所示。

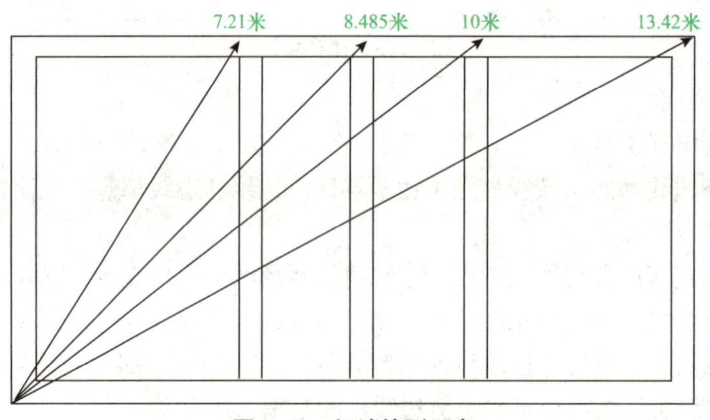

图 6-47　场地检测示意

注：丈量中线以中点计算，其他各线均以外沿计算。

（三）器材与设备

1．球网和网柱

（1）球网。球网架设在中线上空，在中线的垂直面上，为黑色。全长 7 米，宽 1 米，网孔面积为 10 平方厘米。网的上沿缝有 5 厘米宽的白色双层帆布带，中间用柔软的钢丝绳穿过，网的下沿用绳索穿起，上下沿拉紧并固定在网柱上。球网的两端各系一条宽 5 厘米、长 1 米的标志带，垂直于边线。两条标志带的外沿、球网的不同侧面分别设置长 180 米、直径 10 毫米、有韧性的标志杆，高出球网 80 厘米。标志杆每 10 厘米应涂有红白相间的颜色。

球网的张力适中，拉紧后可使球反弹，但又不能弹性过大。第一裁判员应用球掷向球网的方法进行检查，视球反弹情况判定是否符合要求。不能使用中间凸起的球网或网眼破损的球网。

球网高度：五人制比赛，男子 2 米，女子 1.8 米；四人制比赛，男子 2.1 米，女子 1.9 米（现多地中年组五人制的比赛也采用此高度）。球网高度应用量尺从场地中间丈量，球网两端（边线上空）的高度必须相等，不得超过规定网高 2 厘米。

（2）网柱。两根高 2.22 米的网柱用圆形光滑的金属材料制成（可调节高度），分别架设在两条边线外 0.5 ～ 1 米的中线延长线上。比赛之前或比赛期间，裁判员必须检查网柱和裁判台有没有对队员构成危险的因素（如网柱突出的绞盘、挂钩等）。

2. 其他器材与设备

（1）黄牌和红牌。第一裁判员判罚用。

（2）司线旗。一般为红色，尺寸为 40 厘米 ×40 厘米。

（3）换人号码牌。比赛换人使用，号码一般为 1 ～ 19 号。

（4）比分显示牌。

（5）气排球比赛位置表、比赛成绩表、简易记分表、正式记分表。

（6）裁判台。长约 80 厘米，宽约 70 厘米，高度调节范围在 1.1 ～ 1.2 米的升降台。

（7）记录台。

（8）球队席长凳。

（9）记录夹、三角尺、记录笔。

（10）广播器材。

（11）网高丈量尺。

（四）比赛规则

1. 记分方法

（1）得 1 分。比赛采用每球得分制。当某队使球成功地落在对方场区、对方犯规或对方受到判罚时，该队得 1 分。

（2）胜一局。比赛前两局以先得 21 分为胜一局，先得 21 分的队即该局获胜。目前，基层比赛都根据此规则执行。如果前两局比分为 1 : 1，决胜局以先得 15 分并超过对方 2 分的队获胜（如当比分为 14 : 14 时，应打到 16 : 14 或 17 : 15 为止）。任何一方先得 8 分时交换场地。

（3）胜一场。比赛采用三局两胜制，胜两局的队为胜一场。如果 1 : 1 平局，则进入决胜局。

（4）弃权与阵容不完整。

1）弃权。如某队被召唤后拒绝比赛或无正当理由未准时到场，则宣布该队弃权。这方以每局 21 : 0 的比分和 2 : 0 的比局获胜。

2）阵容不完整。如某队被宣布一局或一场比赛阵容不完整，则输掉该局或该场比赛应给予对方该局或该场比赛所得的分数和局数。阵容不完整的队保留其所得分数和局数。

2. 比赛的组织

（1）抽签。比赛开始前和决胜局比赛前，第一裁判员组织双方队长参加抽签，决定第一局或决三局发球的队和场区，第二裁判员跟随参加抽签。

抽签获胜的一方可以在发球或接发球、场区中进行选择，另一方在获胜方选择后，找选余下的部分。

（2）准备活动。两队合练 5 分钟。第一裁判员宣布活动时间。

（3）比赛者的权利和义务。

1）队长的权利和义务。应在记分表上注明谁为队长，且应有队长标志。比赛开始前，队长在记分表上签字并代表本队抽签，应对全队成员的行为和纪律负责。如队长被换下场，可指定另一名队员担任场上队长，代其行使职权。其权利有：比赛中，成死球时，可以请求对规则和规则的执行进行解释，如对裁判员的解释不满意，可以选择抗议并立即向第一裁判员声明，保留其在比赛结束时将正式抗议写在记分表上的权利；请求核对双方队员的位置；请求检查主板、球网和球等；请求暂停和换人。比赛结束时，队长要感谢裁判员并在记分表上签字承认比赛结果。

2）教练员的权利和义务。教练员可以在教练员活动区站立或走动，进行场外指导，但不得干扰或延误比赛。比赛前，教练员在记分表上登记和检查队员姓名、号码并签名；每局比赛前填写上场队员位置表，签名后交给第二裁判员或记录台；比赛中，可以请求暂停和换人。

3. 场上位置

发球队员击球时，双方队员（发球队员除外）必须在本场区内按轮转次序站位。

（1）场上队员位置。

1）五人制。场上位置排列为前排 3 人，即 2 号位（右）、3 号位（中）、4 号位（左）；后排 2 人，即 5 号位（左）、1 号位（右）。此上为同排队员，2 号、1 号位及 4 号、5 号位的队员为同列队员，如图 6–48 所示。

2）四人制。位置排列为前排 2 人，即 2 号位（右）、3 号位（左）；后排 2 人，即 1 号位（右）、4 号位（左）。此上为同排队员，2 号、1 号位及 3 号、4 号位为同列队员，如图 6–49 所示。

（2）位置的判定。队员的位置应根据脚的着地部位来判定。每名前排队员至少有一只脚的一部分比同列后排队员的双脚距中线更近，如图 6–50 所示。每名前排右边（或左边）队员至少有一只脚的一部分比同排中间（四人制为左边或右边）队员的双脚距右边（四人制为左边）线更近。每名后排右边（或左边）队员至少有一只脚的一部分比左边（或右边）队员的双脚距右边（或左边）线更近，如图 6–51 所示。

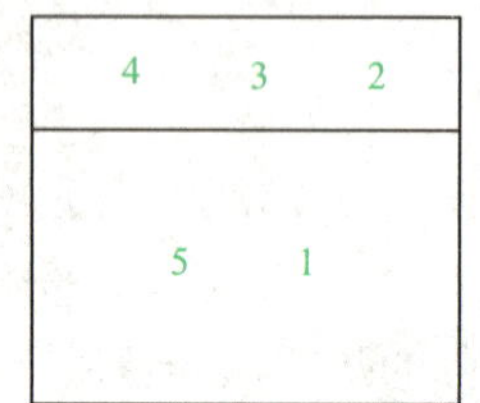

图 6–48　五人制场上队员位置

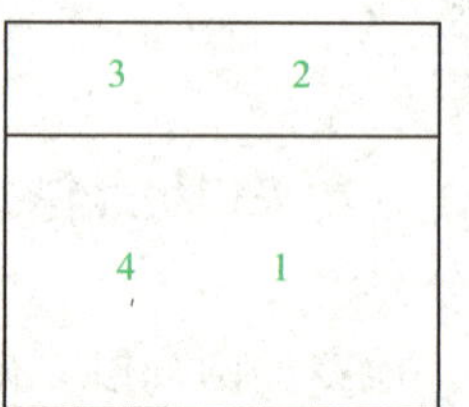

图 6–49　四人制场上队员位置

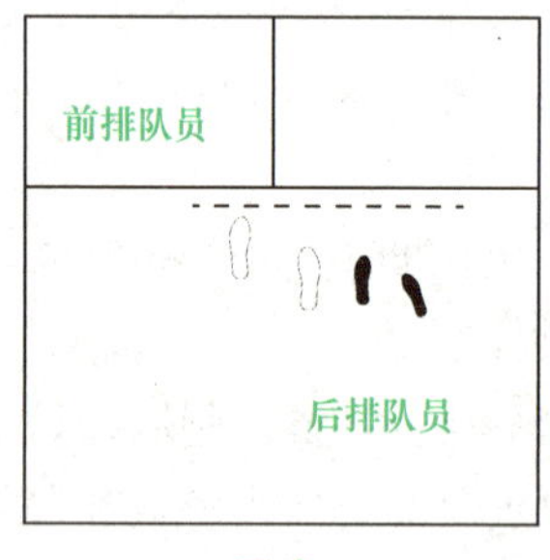

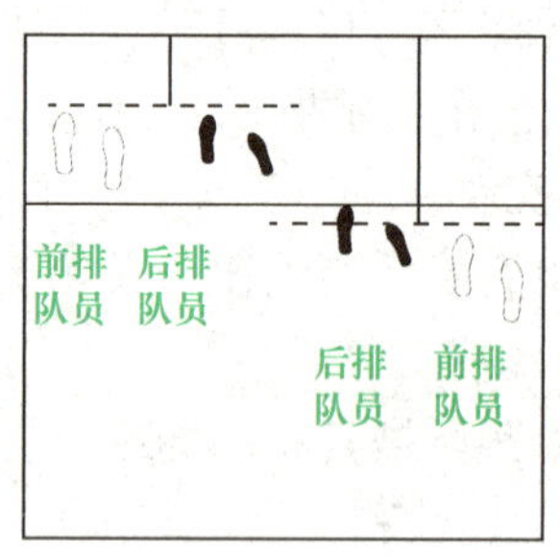

图 6–50　前后排队员位置正、误判断

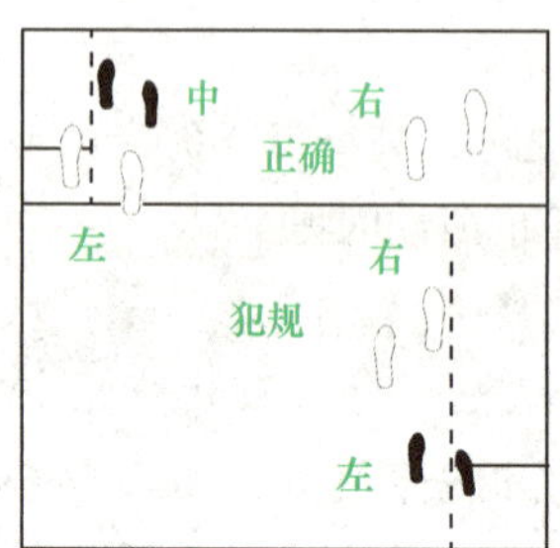

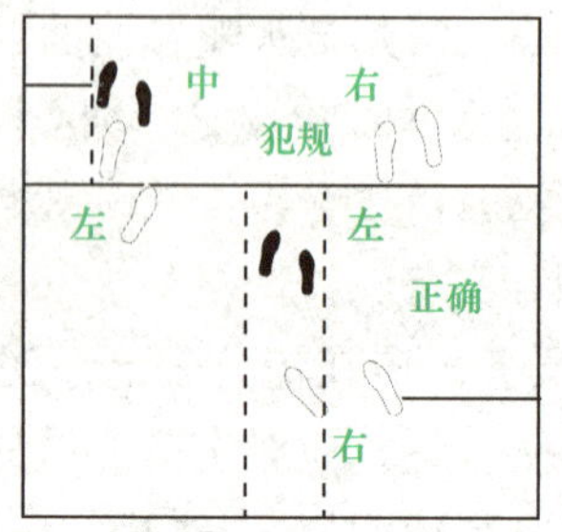

图 6–51　左右队员站位正、误判定

（3）位置错误犯规。发球队员击球瞬间，若双方队员不在规定的位置上，则构成位置错误犯规。判断时应注意：①位置错误只有在发球击球瞬间才可能发生；②双方队员的场上位置，应根据其脚的着地部分确定；③发球犯规与对方位置错误同时发生，则判发球犯规，发球后犯规（如界外球、发球未过网、发球掩护等），而对方出现位置错误，则判位置错误犯规。

判罚：由第一裁判员（视发球队员）和第二裁判员（视接发球队员）共同负责裁定，队员的相互位置关系依据场上位置表所确定的队员位置关系而确定。判发球犯规或对方位置错误犯规，失 1 分，队员立即站到正确位置。

4. 发球

（1）发球。后排右（1 号位）队员在发球区将球击出而进入比赛的行动称为发球。第一裁判员检查发球队员已握球在手且双方队员都已做好比赛准备后，则鸣哨发球。

（2）发球犯规与判断。

1）发球击球时的犯规。

a. 发球次序错误。发球次序应按照位置表上的顺序进行。发球队胜一球或接发球队胜一球时，均须按顺时针方向轮转一个位置发球。未按照正确的发球次序发球，则判发球次序错误。

判罚：主要由记录员发现该犯规。记录员应在球发出后立即鸣哨中断比赛并报告第二裁判员。第一裁判员如确认犯规，也可鸣哨判罚。判发球队失 1 分，然后让该队恢复正确位置。记录员如能准确地确定在发球次序过程中的得分，则取消该队在误发过程中所得分数，对方得分有效；如记录员不能确定发球次序错误从何时发生，则只给一次犯规的判罚。

b. 发球时球未抛起或未使球清楚离开就击球。发球时球被抛起或持球手撤离后，必须在球落地前，用一只手或手臂将球击出。如球未清晰离手，则判球未抛起犯规。

判罚：由第一裁判员负责裁定，判发球犯规失 1 分并失去发球权。

c. 发球区外发球。发球队员在击球或起跳击球时，不得踏及场区（包括端线）和发球区以外地面，否则判发球区外发球犯规。发球队员在击球前允许在发球区外助跑，但击球（或起跳）时应在发球区内。击球后发球队员可以踏入场内或踏出区外。

判罚：由第一裁判员和同侧的司线员负责裁定，判发球犯规失 1 分。

d. 发球 8 秒钟犯规。第一裁判员鸣哨后 8 秒钟内发球队员必须将球击出，否则判发球 8 秒钟犯规。发球队员将球抛起或撤离后，球未触及发球队员身体任何部分而落地，裁判员应允许发球队员再次发球，但两次发球的时间应连续计算在 8 秒钟时间内（包括发球队员未发球，换由另一队员发球）。

判罚：由第一裁判员负责裁定，判发球犯规失 1 分。

e. 双手击球或单手将球抛出、推出。

f. 球抛起后，在下落时触及发球队员身体任何部位。

2）发球击球后的犯规。

a. 发球未过网。球触及发球队员或球的整体没有从过网区内通过球网的垂直平面，均为发球未过网。

判罚：由第一裁判员裁定，判发球犯规失 1 分。

b. 界外球。球接触地面部分完全在界线以外，球触及场外物体、天花板或非场上比赛成员等，球触及标志杆、网柱或标志带以外的网、网绳等，球的整体或部分从过网区以外过网，球的整体从网下穿过，以上情况均判界外球。球触及比赛场区的地面（包括界线）为界内球。

判罚：由第一裁判员、第二裁判员、司线员共同负责裁定，判发球犯规失 1 分。

c. 发球掩护。发球时，发球队队员个人或集体密集站位或挥臂跳跃、左右移动以阻挡、遮挡球的飞行路线，且发出去的球从他或他们上空飞过，则构成个人或集体发球掩护犯规。

判罚：由第一裁判员负责裁定，判发球队犯规失 1 分。

5. 击球时的犯规与判断

（1）四次击球。比赛中每队最多连续触球三次（拦网除外），将球从球网上沿击过，如超过三次击球，则判四次击球犯规。不论队员是主动击球还是被动触球，均算该队员击球一次判罚，由第一裁判员负责裁定，第二裁判员协助判定，判犯规队失 1 分。

（2）持球。队员必须将球击出，不得接住或抛出，击出的球可以向任何方向弹出，否则判持球犯规。判断时应注意：

1）清楚击球与持球间的区别，击球是一个单一的动作，而持球是使球在手上停滞后再抛出，而不是清晰地击出。

2）进攻性击球时，吊球是允许的，但触球必须清晰。

3）队员在拦网时有握或抛的动作，裁判员必须判其持球。

判罚：只有第一裁判员负责裁定持球犯规，判犯规队失 1 分。

（3）连击。一名队员连续击球两次或球连续触及身体的不同部位（拦网和同一动作时除外），均判连击犯规。判断时应注意：

1）在第一、二、三次击球时，允许身体不同部位在同一个动作中连续触球。

2）要排除在一个拦网动作中球迅速且连续触及一名或更多的拦网队员的情况。拦网后，即使是集体拦网，触过球的队员仍可再做一次击球。

3）判断连击犯规应以视觉判断为主，要看清击球一瞬间是否造成连击犯规，而不用考虑击球前、后的动作。

判罚：由第一裁判员负责裁定，第二裁判员协助判定，判犯规队失 1 分。

（4）借助击球。队员在赛场内借助同伴或其他物体的支持进行击球，为借助击球犯规。判断时应注意：

1）一名队员可以拉住或挡住另一名即将造成犯规的同队队员（如触网、过中线等）。

2）队员击球后拉住网柱、挡板、裁判台等保护动作，不算犯规。

判罚：由第一裁判员负责裁定，第二裁判员协助判定，判犯规队失 1 分。

（5）同时击球。同队的两名（或三名）队员同时触到球时，被记为两次（或三次）触球（拦网除外）。如果只有其中一名队员触球，则只记一次。

如果是两名不同队的队员在网上同时触球，比赛继续进行，获球一方仍可击球三次。如果该球落在某场区之外，则判对方击球出界。

判罚：由第一裁判员负责裁定，第二裁判员协助判定，判犯规队失 1 分。

6. 进攻性击球犯规与判断

除发球和拦网外，所有直接击向对方的球都是进攻性击球，包括扣球，吊球，第一、二、三次击球，以及本队队员间进行配合的有过网趋向的传球等。进攻性击球时，球的整体通过球网垂直面（包括触及球网后再进入对方场区）或触及对方拦网队员的手，则认为完成进攻性击球。

（1）过网击球犯规。在对方进攻性击球前、后或击球时，本方队员在对方空间触及球，则为过网击球犯规。

判罚：由第一裁判员负责裁定，判犯规队失 1 分。

（2）前场区进攻性击球犯规。在前场区，完成进攻性击球、击球过网时没有明显向上的弧度（包括平行飞向过网的球），即判定为前场区进攻性击球犯规。

对对方的进攻性击球拦网时，拦网动作改为击球动作，且球整体过网时没有明显向上的弧度，应判进攻性击球犯规。

判罚：主要由第一裁判员判定，判犯规队失 1 分并失去发球权。

（3）击发球犯规。无论是在前场区还是在后场区，不能对对方的发球（在球的整体高于球网上沿时）进行进攻性击球，否则判为犯规。

判罚：由第一裁判员负责裁定，判犯规队失 1 分并由对方继续发球。

7. 球网附近的球

（1）球过网的规定。球的整体必须通过球网上空的过网区进入对方场区。过网区是球网垂直面，其范围下至球网上沿，两侧至标志杆及其延长线，上至天花板。

（2）球触球网的规定。球通过球网时可以触网；球入网后，可以在三次击球内再次击球。

判罚：主要由第一裁判员进行判罚，球过球网时司线员进行协助，判犯规队失 1 分。

8. 球网附近的队员

（1）过中线。

1）五人制。队员除脚以外，身体任何部位触及对方场区为犯规。

比赛中断后，队员可进入对方场区，因此必须清楚地判断是先成死球还是先过中线。

2）四人制。比赛进行中队员整只脚越过中线并接触对方场区时，为过中线犯规。判断时应注意：

a. 队员的一只（两只）脚部分越过中线触及对方场区的同时，其余部分接触中线或置于中线上空是允许的。

b. 与对方有身体接触但不一定妨碍对方的合法击球试图，即便没有身体接触也可能造成妨碍。

判罚：过中线犯规主要由第二裁判员负责裁定，发现犯规后立即鸣哨并做出手势。第一裁判员同样有权判定，判犯规队失 1 分并失去发球权。

（2）触网。

1）五人制。五人制中，触网即犯规，在比赛过程中，任何情况下都不得触网。

2）四人制。在比赛进行中，队员触网不是犯规，但以下干扰比赛的情况除外：

a. 击球时，触及球网上沿的网带。

b. 触及球网以上的 80 厘米标志杆。

c. 击球时借助球网的支持。

d. 造成对本方有利。

e. 妨碍对方合法的击球试图。

判断时应注意：

a. 队员击球后，在不干扰比赛进行的情况下，可以触及网柱、网绳和网全长以外的任何其他物体。

b. 由于球击入球网而造成网触及队员，不判犯规。

c. 成死球后队员触网，不判犯规。

判罚：第一裁判员负责观察进攻队及双方队员网上沿触网犯规，第二裁判员负责观察双方队员在网上沿以下触网犯规，判犯规队失 1 分。

9. 拦网犯规

拦网是队员靠近球网，在球网处阻挡对方进攻性击球的行动。与触球点是否高于球网无关，但触球时必须有身体的一部分高于球网上沿。只有前排队员可以拦网。

触及球的拦网行动被认为完成拦网。允许拦网队员的手过网拦网，但必须在对方进行攻击性击球后才能触球。

拦网犯规的判断：

（1）过网拦网。

五人制：对方队员进攻性击球前、击球时或击球后，拦网队员在对方空间拦网触球，则判过网拦网犯规。

四人制：对方进攻性击球前或击球时在对方空间拦网触球为过网拦网犯规。判罚由第一裁判员负责，判拦网队犯规失 1 分。

（2）后排队员拦网。后排队员靠近球网，在高于球网处阻拦对方来球并触及球，为后排队员拦网犯规。判断时应注意以下几点：①当后排队员参加集体拦网时，只要具备上述三条中的前两条（靠近球网，高于球网处阻拦），虽然本人未触球，但集体拦网成员中的任一队员触及了球，即被认为参加集体拦网的队员都触及了球，因此判定后排队员拦网犯规。②后排队员在球网附近、低于球网上沿触及对方来球，由于缺少了上述条件中的一个，故不能判为后排队员拦网犯规。③造成后排队员拦网犯规的一般是后排插上队员，因此，对后排插上队员应特别注意。

判罚：由第一、第二裁判员共同负责裁定。第二裁判员发现后应立即鸣哨并做出犯规手势，判犯规队失 1 分并失去发球权。

（3）拦发球。拦对方发过来的球为拦发球犯规。只要队员在球网附近并高于球网上沿阻挡对方发过来的球，不论是拦起还是拦死，只要触球即犯规。

判罚：由第一裁判员负责裁定，判犯规队失 1 分并由对方继续发球。

10. 界内、外球的规定与裁判方法

（1）界内、外球的规定。

1）界内球。球触及比赛场区的地面包括界线为界内球。

2）界外球：①球接触地面的面积完全在界线以外；②球触及场外物体、天花板或非场上的成员等。

3）球触及标志杆以及标志杆以外的球网、网绳或网柱。

4）球的整体从网下穿过。

5）球的整体或部分从过网区以外过网。

（2）对界内、外球的裁判方法。

1）对界内、外球，第一、第二裁判员根据自己的位置和职权范围做出相应的判断。

2）司线员对界内、外球应做出判断并出示相应的旗示。击球时，球的整体或部分从过网区外进入对方无障碍区，队员可以将球从同侧非过网区击回，对方不得阻碍。

11. 比赛间断

（1）正常的比赛间断。正常的比赛间断有暂停和换人。由教练员或队长用正式手势在死球时第一裁判员鸣哨前发出请求。

1）暂停。①每局比赛中，每队最多有两次暂停机会，每次时间为 30 秒；②一次或两次暂停与双方各一次换人相连续，中间无须经过比赛；③暂停时，队员必须离开比赛场区到球队席附近的无障碍区。由第二裁判员掌管，第一裁判员也有权掌管。

2）换人。五人制比赛中，每局每队最多可换 5 人次。四人制比赛中，每局每队最多可换 4 人次。同一个队未经比赛过程不得连续请求换人，但在同一次换人中，可换 1 人或多人时所换队员不受位置限制，可任意换人。

特殊换人：因队员受伤或生病不能继续比赛时，首先进行合法换人，如果不能进行合法换人，就采取特殊换人。特殊换人不作为合法换人的次数，任何队员均可替换受伤队员，但受伤队员不可

在本场比赛中返回赛场上。

由第二裁判员负责裁定，第一裁判员也有权裁定。

（2）例外的比赛间断。

1）队员受伤。比赛中如出现严重伤害事故，裁判员应立即鸣哨中断比赛，允许医务人员进入场地。该球重新开始。处理时应注意：

a．首先应进行合法换人，如不能，允许进行特殊换人。

b．如特殊换人不能进行，则给予受伤队员 5 分钟的恢复时间。

c．如 5 分钟后仍不能进行比赛，则该队被宣布阵容不完整。

2）外界因素。比赛中出现任何外界干扰（如非比赛球滚入场内、杂物抛进场内等），应立即中断比赛，该球重新进行。

3）拖延比赛。任何意外的情况阻碍比赛时（如室外比赛遭遇暴风雨、网柱或网绳断裂、照明灯断电等），第一裁判员、比赛组织者和主管委员会成员共同采取措施恢复比赛。处理时应注意：

a．一次或数次间断时间不超过 2 小时。

原场地恢复比赛：间断的一局保持原比分、原队员和原场上位置，已结束的各局保留比分。

换场地恢复比赛：间断的一局应取消，但保持该局开始时的阵容和位置，已结束的各局保留比分。

b．一次或数次间断时间超过 2 小时，全场比赛重新开始。

（3）不符合规定的间断请求。

1）超过规定次数的暂停。

2）超过规定次数的换人。

3）同一队未经比赛过程再次换人。

4）其他无权成员提出间断请求。

5）第一裁判员鸣哨发球的同时或之后请求间断。

判断时应注意：以上不符合规定的请求，如不影响和延误比赛，应予以拒绝，不判罚；但在同一局中再次出现，则判“延误比赛”犯规。

判罚：由第二裁判员拒绝，第一裁判员判罚，判犯规队失 1 分。

12．延误比赛

（1）延误比赛。一个队拖延比赛继续进行的不正当行动称为延误比赛。

（2）延误比赛的类型。

1）换人延误比赛：换人队准备上场队员未按要求做好换人上场准备（穿好服装、拿好换人牌），并在教练员提出请求后未及时跑向换人区。

2）在裁判员鸣哨恢复比赛后，拖延暂停时间。

3）同一局中再次提出不符合规定的请求。

4）球队成员拖延比赛顺利进行：场上队长向裁判员持续询问；其他队员向裁判员询问；发球队员拖延发球时间。

5）请求不合法的替换。

（3）延误比赛的判罚。只有第一裁判员才可对延误比赛进行判罚。延误比赛的判罚，见表 6-1。

表 6-1　延误比赛的判罚

种类	发生次数	违反者	判罚	牌	结果
延误	第一次	同队的任一队员	延误警告	手势、黄牌	不予判罚，防止重犯
延误	第二次（及其后的）	同队的任一队员	延误判罚	手势、红牌	失 1 分

1）延误警告。一场比赛中，对某一队的第一次延误比赛给予黄牌“延误警告”，不予判罚，防止重犯。

2）延误判罚。一场比赛中，同一队任何一名队员或其他成员出现第二次及其后的延误犯规，则判“延误判罚”犯规，由第一裁判员出示红牌，判犯规队失1分。

13．不良行为以及判罚

（1）不给予处罚的不良行为。轻微的不良行为不判罚，但第一裁判员有责任用手势或口头对场上队长给予警告，防止该队再发生导致判罚的不良行为。对轻微不良行为的警告分两种：①通过场上队长给予警告；②向相关队员出示黄牌，并记录在记分表上，无其他判罚。这个正式的警告本身不是判罚，但是标志着相关队员已达到判罚的程度。

（2）给予处罚的不良行为。按不良行为的程度，球队成员对裁判员、对方队员、同队队员或观众等的不良行为分为三类：①粗鲁行为，违背道德准则或不文明举止；②冒犯行为，诽谤、侮辱的言语或形态，或有任何轻蔑的表示；③侵犯行为，人身攻击、侵犯或威吓等。

处罚的等级：

1）判罚：对任何成员的粗鲁行为给予失1分判罚，出示红牌，对方得1分。

2）判罚出场：同一成员在一场比赛中的第二次粗鲁行为、某成员第一次出现冒犯行为，判罚出场，即取消一局比赛资格，裁判员持红牌、黄牌举起。该成员不得继续参加该局的比赛。教练员如果被判罚，则失去该局的指挥权。

3）取消比赛资格：同一成员在一场比赛中的第三次粗鲁行为或冒犯行为、某成员第一次出现侵犯行为，即取消比赛资格，裁判员一手持红牌、一手持黄牌。任何成员被取消比赛资格，必须立即进行合法的替换，离开比赛控制区，不得继续参加该场比赛。

（3）处罚的实施。

1）不良行为的判罚是针对个人的，对全队比赛有效，记录在记分表上。

2）同一成员在同一场比赛中重犯不良行为时，按判罚等级加一级判罚（该成员接受的判罚要重于前一次）。

14．间休息与交换场区

（1）局间休息。第一局结束后休息2分钟，决胜局前休息3分钟。

（2）交换场区。一局结束后，比赛队交换场区。决胜局（第三局）中，当某队先得8分时，两队交换场区，不休息，队员在原来的位置上继续比赛。如果未能及时交换场区，一经发现立即交换，保留两队已得分数。

15．气排球裁判员的鸣哨、手势

裁判员的鸣哨、手势与旗示不仅能表明裁判员的判断和裁决，反映裁判员的敏捷和果断，而且可以指挥比赛有序进行，促进队员技术和战术的发挥。

（1）鸣哨。

1）在比赛中，只有第一裁判员和第二裁判员可以鸣哨。第一裁判员鸣哨指示发球，开始比赛。第一裁判员和第二裁判员确认犯规并判明其性质，鸣哨终止比赛。

2）在比赛中断期间，第一裁判员和第二裁判员可以鸣哨表示同意或拒绝某队的请求。

3）裁判员应备用单音哨和双音哨各一只，可避免与其他赛场哨音相同，也可作为备用哨。

4）哨子应挂在胸前，不能握在手中。需讲话时要吐出哨子，不能咬着哨子讲话。

5）不同哨音的语言含义不同：

a．发球、发球失误、发球直接得分时，鸣哨要清脆、短促。

b．击球、触网、过中线、位置错误等犯规时，哨音要重且脆，并且要稍长些。赛前召集双方队长、比赛开始与结束、请求暂停、换人、宣布准备活动开始或结束等，鸣长哨。

6）第一裁判员、第二裁判员的哨音应有区别，不必重复鸣哨。

（2）手势与旗示。

1）手势的使用。裁判员鸣哨终止比赛后，应立即以法定手势表明。

a．如果第一裁判员鸣哨，他应指出应发球的队、犯规的性质、犯规的队员（必要时）。第二裁判员重复其手势。

b．如果第二裁判员鸣哨，他应指出犯规的性质、犯规的队员（必要时）。跟随第一裁判员指出发球队。

2）手势与旗示的使用要求：①裁判员只能用法定手势，避免使用其他手势。但在特殊场合，一些辅助手势可以使队员更加清楚裁判的意图。②当第二裁判员鸣哨判罚犯规时（如球出界），一定要注意手的方向与犯规队一致，左方的队员使球出界出左手示意，右方的队员使球出界出右手示意。另外出示手势前，位置要移动到犯规队一方。③裁判员鸣哨必须及时，手势也要坚决果断。其中，必须注意，裁判员的决断不能受观众及队员的干扰和影响，当裁判员自己意识到或经别的裁判员提醒认识到判断错误时，要立即对错误进行纠正。④司线员旗示所展示的信息对参赛者和观众而言非常重要，第一裁判员一定要非常关注。当司线员的判断错误时，第一裁判员可以进行纠正。司线员要时刻关注球的移动路线，尤为关注触手出界的判断。⑤当第三次击球后球没有越过网的垂直面时，若是最后一次击球的同一队员再次触球，手势为连击，若是另外一名队员触球，手势为四次击球。

第五节　乒乓球运动

一　乒乓球运动概述

乒乓球运动主要以室内运动为主，不仅要动脚、动手，更重要的是动脑。乒乓球运动既能锻炼身体，又能磨炼意志品质，既充满乐趣，又能广交朋友。乒乓球运动自 19 世纪末起源于英国，最初是一种游戏，一种家庭娱乐活动。当时普遍使用羔羊皮纸球，拍击球时和球碰台时发出“乒”“乓”的声音，人们模拟其声音把这项运动叫作“乒乓球”。

（一）乒乓球运动的起源

乒乓球运动的起源有很多说法，而最为流行的说法是，乒乓球运动于 19 世纪末起源于英国，是由网球运动派生而来的。“乒乓球”英文也叫“桌上网球”。19 世纪中期包括网球在内的球类运动，向两个方向发展，一个是向室外露天场地发展，另一个是向室内场馆发展。可以说“室内网球”是乒乓球运动的前身。至于从室内网球过渡到乒乓球，也就是从地板上打球转到在桌子上打球，则是在 19 世纪末开始出现的。资料显示，从 1884 年所使用的球拍看，球拍全长 49.5 厘米，类似小的网球拍，初期使用的球是硬而轻的实心球。1900 年前后，赛璐珞制的乒乓球开始出现。随着球材质的改变，球拍也相应地从长把改为了木拍。这种木拍在击打赛璐珞球时会发出“乒”的声响，而当球落在桌面上时又会发出“乓”的声音，因此，“乒乓”这个名字就由此诞生了。然而，长把球拍在桌上打球显得不够方便，于是人们又将其改为短把球拍。到了 1902 年，英国人进一步创新，发明了胶皮拍。随后的 1950 年，奥地利人又发明了海绵拍，并在此基础上衍生出了正胶海绵拍和反胶海绵拍。随着技术的不断进步，各种具有不同性能的球拍也相继问世。可以说，球拍的改革在很大程度上推动了乒乓球技术的发展。

（二）乒乓球运动发展概况

1900 年前后，由于轻工业的发展，生产工艺进步，乒乓球运动开始改用赛璐珞制成的空心球。赛璐珞空心球的使用极大促进了乒乓球运动的发展，各类竞赛活动也相应地发展起来，许多国家相继成立了乒乓球协会。第一次大型乒乓球比赛于 1900 年 12 月在英国伦敦举行，参加比赛的有 300 多人。1926 年国际乒乓球联合会（简称“国际乒联”）正式成立，并决定举行第一届世界乒乓球锦标赛。1926 年 12 月 12 日在英国伦敦举行了第一次具有历史性意义的国际乒乓球联合会代表大会。在会议上，正式通过了国际乒联章程和竞赛规则，并选举了国际乒联领导机构。第一届欧洲乒乓球锦标赛后因为印度参加而改为世界乒乓球锦标赛（简称“世乒赛”）。第二届世界锦标赛于 1928 年 1 月在斯德哥尔摩举行，此后每年一次。1940—1946 年因第二次世界大战世乒赛中断，1947 年在法国巴黎继续举行第 14 届世乒赛，到 1957 年后改为每两年举行一次。为促进地区间高水平的交流与提高，国际乒联从 1980 年决定举办“世界杯”赛。1988 年在第 24 届奥运会上乒乓球被列为正式比赛项目。至此，国际乒联已发展成为一个拥有 100 多个协会的国际体育组织，在世界体坛中享有很高的声誉。1926—1951 年，国际乒联共举行了 18 届世乒赛，除第 13 届在埃及举行外，其余 17 届均在欧洲国家举行。在 18 届世乒赛的 117 项冠军中，欧洲选手共取得 109 项冠军，是欧洲的全盛时期。

1952—1959 年，日本称雄乒坛。1952 年日本选手在第 19 届世乒赛中，利用海绵拍，采用远台长抽的进攻型打法，一举夺得四项世界冠军。这一时期日本选手成功地运用海绵拍，创造了“长抽攻击型”打法，冲破了欧洲保持 20 多年传统的削球防线，使乒乓球运动的优势从欧洲转到亚洲。

1961—1966 年，中国乒乓球运动崛起。我国运动员容国团以其独特的直拍近台快攻打法，在第 25 届世乒赛男子单打比赛中一举夺冠，为我国夺得有史以来的第一个世界冠军，不仅动摇了日本雄踞乒坛的地位，而且出现了从欧亚两洲横直争霸的形势，转到亚洲直拍近台快攻和远台长抽之间相互争雄的新局面。中国队的成功，显著提升了乒乓球的竞技水平，推动了乒乓球技术的又一次发展。

2000 年 2 月 23 日，国际乒联特别大会和代表大会在吉隆坡通过了 40 毫米大球改革方案，决定从 2000 年 10 月 1 日起，也就是在悉尼奥运会之后，乒乓球比赛将使用直径 40 毫米、重量 2.7 克的大球，以取代 38 毫米小球。

乒乓球运动在 20 世纪初传入我国，由于社会、经济等各种客观因素的影响，新中国成立前，乒乓球运动在我国发展比较缓慢。新中国成立后，在党和人民政府的关怀下，迅速得到了普及和提高。我国于 1952 年加入国际乒联，1953 年第一次参加第 20 届世乒赛。从第 25 届世乒赛容国团打开了中国乒乓球运动员通向世界冠军的大门之后，中国运动员就成了世乒赛冠军的主要得主。在第 44 届和第 45 届世乒赛以及 2000 年的悉尼奥运会上，中国队成绩辉煌，为长盛不衰 40 年的中国乒乓球在“小球时代”画上了圆满的句号。2000 年 10 月在扬州举行的第 21 届世界杯男子乒乓球比赛上，马琳决赛 3 ∶ 0 击败金泽洙，拿到了改大球后的第一个世界冠军。

2001 年，乒乓球比赛改为七局四胜制或五局三胜制（每局 11 分），球的直径从 38 毫米改到 40 毫米，重量控制为 2.7 克。

2014 年 7 月 1 日起，奥运会、世乒赛、世界杯以及国际乒联公开赛及总决赛开始使用高分子聚合物为原料的新塑料球（PVC 材质），球直径标准由原来的 39.5 ～ 40.5 毫米上调到 40 ～ 40.6 毫米，采用 40+ 标识。

2017 年将 40+ 的 PVC 材质赛福球改为 ABS 材质的赛顶球。2017 年 6 月 9 日，国际乒联官网宣布，乒乓球混双将成为东京奥运会正式比赛项目。

2023 年，国际残奥委会在官方网站宣布，经过各国际单项体育联合会的申请与此后的审核流程，国际残奥委会理事会已通过乒乓球进入 2028 年洛杉矶残奥会。

2023 年 5 月，南非德班世界乒乓球锦标赛中中国乒乓球队包揽了全部比赛冠军，成为本届世乒赛最大的赢家。

我国自 1952 年加入国际乒联以来，有过领先于世界的荣耀，也有过失去领先的痛楚，但是长期形成的“乒乓球精神”激励着一代又一代运动员不屈不挠、为国争光。

二 乒乓球运动基本技术

（一）握拍法

握拍法分为直拍握法和横拍握法两种。

1. 直拍握法

（1）快攻型握拍法。拍柄握于虎口，贴于拇指的第二关节和食指的第三关节之间。拇指的第一指节和食指的第二指节自然压住拍肩，食指的第一指节向内自然弯曲，其他三指自然弯曲斜叠于拍后，由中指的第一指节或第一关节顶于拍后，顶点靠近拍柄的延长线，如图 6-52 所示。

（2）弧圈球握法。拇指的第一指节和食指的第二关节压扣拍肩，食指的第一、第二指节成环状紧扣拍柄，其他二指在拍背面自然叠伸，由中指的第一指节顶于拍柄的延长线上，顶点较远，正手拉弧圈时，拇指、中指和无名指协调用力，如图 6-53 所示。

2. 横拍握法

形同握刀，拇指在前，食指在后，其他三指自然握住拍柄。拇指弯曲自然贴于拍柄，食指在拍后斜伸并自然贴于拍面，拍肩轻靠于虎口和中指的第二关节，其他三指自然握住拍柄，如图6-54所示。

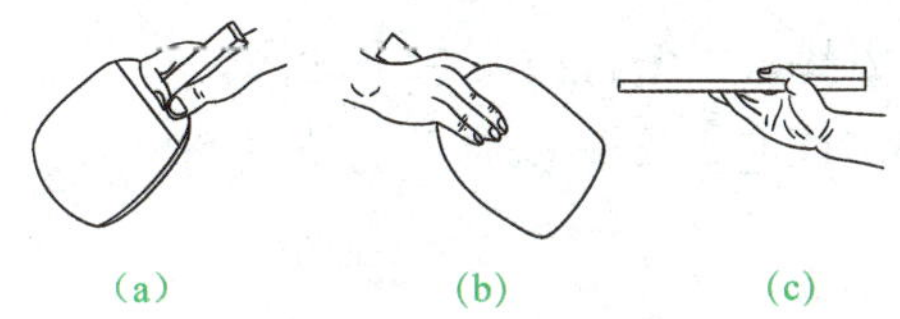

图 6-52 快攻型握拍法

图 6-53 弧圈球握法

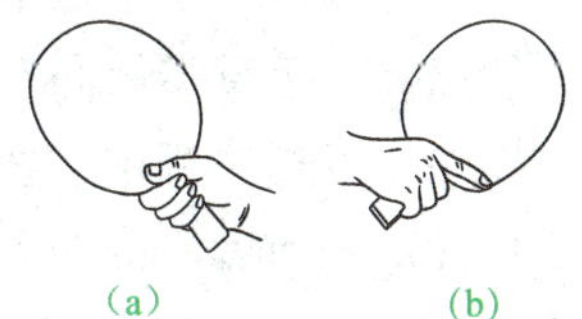

图 6-54 横拍握法

（二）基本姿势与站立

1. 基本姿势

两脚平行开立，略比肩宽，微提踵，脚前内侧用力着地，两膝稍屈，上体略前倾，略收腹，含胸，头颈部平稳自然，两眼注视来球，两肩放松，上臂自然下垂，执拍手的前臂自然弯曲置于身体中间，肘稍内收，腕自然放松。

2. 基本站位

（1）直拍攻击型打法的基本站位在近台中线偏左的位置，左脚稍前。

（2）两面攻打法的基本站位在近台中间。

（3）削攻结合打法的基本站位在中间靠中台附近。

（三）发球与接球

1. 平击发球

正手发球时，左脚在前，身体稍向右转。左手掌心托球，置于身体右侧，右手持拍也置于身体右侧。发球开始时，持球手将球向上抛起，同时右臂稍向后引拍，在球略高于网时持拍手从身体右后方向前挥拍，拍形稍前倾，击球的中上部。击球后，前臂和手腕继续随势向前挥动，身体重心移至前脚。击出的球先落在本方台面，弹起后再落到对方台面。反手发球时，右脚在前，球向上抛起后，右手持拍时从身体左后方向前挥动，拍形稍前倾，击球中上部，如图 6-55 所示。

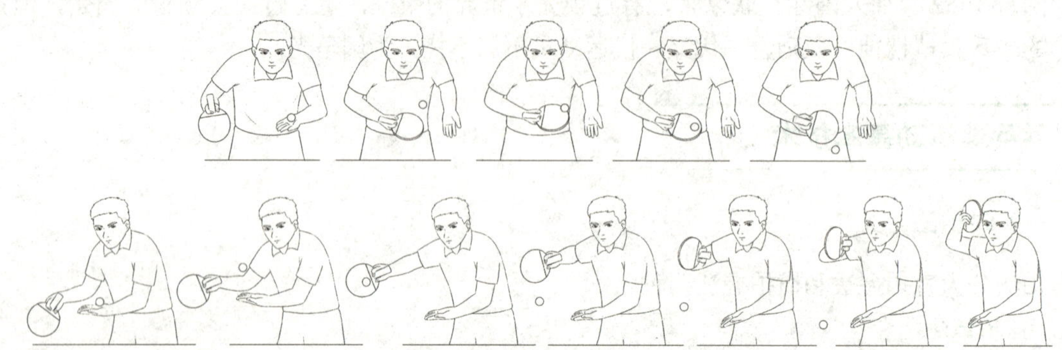

图 6-55　平击球

2. 正手发左侧上（下）旋球

站在左半台，左脚在前，右脚在后，身体向右斜。持拍手自然放在腹前约 20 厘米处，持拍手放在持球手后面。保持身体平衡，准备发球。持球手将球向上抛起的同时，持拍手迅速向后上方引拍。拍形向右前上方，身体向右转动，为击球做准备。

发左侧上旋球时，持拍手由右上方向左前下方挥摆。触球时，手腕发力从球的右中下部向左上方上勾、摩擦，使球带上上旋。击球后，手腕自然向右下方放松还原。

发左侧下旋球时，持拍手同样由右上方向左前下方挥摆。但在接触球时，手腕从球的右侧中下部向左下方摩擦，给予球下旋的旋转。击球后，手腕也是自然向右下方放松还原。

发球后，手臂继续向左方顺势挥动，并迅速还原到准备姿势，以便进行下一个动作。

在整个发球过程中，要注意手腕的灵活性和发力的控制。同时，要根据对手的位置和反应速度来调整发球的速度、旋转和落点。

3. 反手发右侧上（下）旋球

站在球台中间或稍偏左的位置，双脚分开与肩同宽或略宽，保持身体平衡。右手持拍（以右手为例），左手持球，将球置于腹前。左手将球向上轻轻抛起，同时右手持拍向后引拍，拍面保持适当角度，准备迎球。

发右侧上旋球时，当球下降到适当高度，右臂迅速向前上方挥拍，拍面稍微向前倾斜。在接触球的一瞬间，手腕向右上方抖动，给球一个向右上方的摩擦力，使球带上右侧上旋。

发右侧下旋球时，挥拍动作与上旋球相似，但在触球时，手腕向右下方摩擦球的侧面，使球产生右侧下旋。

击球后，手臂继续向前上方随势挥动，然后迅速还原到准备姿势。在发球过程中，要注意手腕的灵活性和发力的控制。同时，要根据对手的位置和反应来调整发球的速度、旋转和落点。此外，发球时要确保抛球的高度和位置合适，以便更好地控制球的弹跳高度和速度。

4. 发下旋短球

发下旋短球时，左脚稍前，抛球时将拍引至肩高，手腕略向外展，拍面稍后仰，球回落时，手腕和前臂迅速向前下方发力，摩擦球的中下部。拍触球时手腕的发力要大于前臂的发力，这样才能发出比较强烈的下旋球。

发转与不转球动作上的区别在于拍触球的刹那间拍形后仰角度。发不转球时，减小拍形后仰角度，并稍加前推的力量，使作用力线接近球心。

5．接发球

（1）接发球站位的选择。通常是根据对方发球时位置来决定自己的位置。如果对方站在球台的右角发球，自己的站位就应该中间偏右些，因为来球到右方的角度比较大，到左方的角度比较小。同样，如果对方站在球台的左角发球，则自己的站位应该中间偏左一些。

（2）接发球的判断。一般情况下，判断来球路线的变化，应该注意对方挥臂的方向。对方发斜线球时，手臂常会向斜前方用力；对方发直线球时，手臂多由后向前方用力；对方发急球时，手臂动作幅度大；对方发轻短球时，手臂动作幅度小。

判断来球落点的变化，可以从对方击球的力量轻重来判断：撞击力大，落点较远。也可以根据对方发球时摆臂振幅的大小和手腕用力的不同程度判断来球落点的远近和旋转的强弱。

（3）接发球方法。只有掌握较全面的击球技术，如点、拨、拉、推、搓、削、摆短、撇侧旋等，才能回击各种不同性能的来球。技术不全面，对手容易抓住接发球的漏洞。因此，应熟练掌握各种接发球技术。

（四）推挡

推挡是直拍快攻打法的基本技术之一，在左推右攻打法中占有极其重要的位置。推挡技术的特点是站位近、动作小、变化多。

1．推挡技术

站位近台偏左，上臂和肘部自然下垂靠近身体，前臂与上臂角度约为 100 度，肩部放松。握拍的食指稍用力，拇指放松，球拍成半横状，拍面与台面近似垂直，如图 6–56 所示。

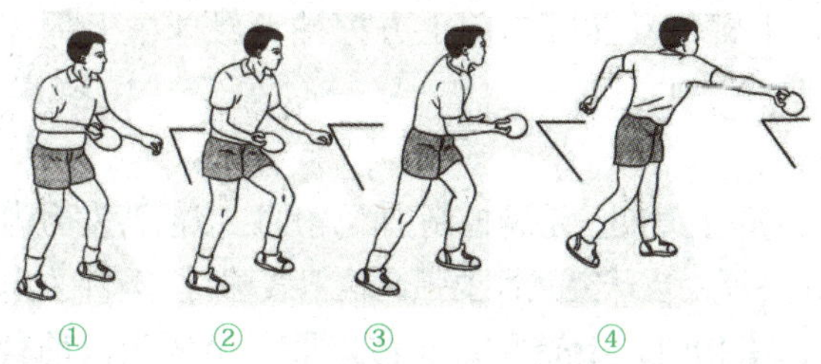

图 6–56 推挡

（1）挡球。前臂稍前迎，在上升期击球的中部，以借助对方来球的反弹力为主将球挡回。

（2）快推。击球前，上臂或前臂适当后撤引拍（动作要小）。击球前手臂迅速迎前，击球上升期拍触球时，前臂稍外旋，手腕外展，拍面稍前倾，触球中上部，手臂向前。

（3）加力推。击球前，前臂必须提起，上臂后收，肘部贴近身体，在上升后期或高点期击球。击球时适当运用伸髋和转腰动作加大手腕发力，并用中指顶住拍背面向前用力。

2．推挡易犯错误和纠正方法

（1）推挡时，手腕下垂，使球拍与小臂垂直。纠正时，手腕外展，同时调整球拍位置，使拍柄偏向左侧。

（2）推挡时，拍形角度掌握不好。纠正时，加强手腕的灵活性和调节拍面角度的能力。

（3）击球时，手指手腕调节拍形的时机不准确。纠正时，通过来球的速度和旋转及时调节拍形。

（4）快推前，肘关节离开身体。纠正时，击球前上臂和肘关节靠近身体。

（5）加力推，腰部配合不够。纠正时，击球时上臂和肘关节前送，并配合上体向左转动。

（五）攻球

攻球是乒乓球技术中的一个重要进攻技术。攻球往往由于具有进攻的主动权以及直接得分的可能，因而决定着比赛的胜负。运用乒乓球速度、力量、落点、旋转等击球要素的特性，攻球技术可分为正手攻球、反手攻球和侧身攻球三大部分。

（1）正手攻球技术（以右手为例）。击球前，腰稍右转，前臂向后下引拍，直握拍成半横状（横握拍前臂与手腕成直线）。当球从台面弹起，重心由右脚移至左脚，手臂向左前上方挥动，以前臂发力为主。击球时，直握拍食指放松，拇指压拍，横握拍前臂带动手腕略内旋，使拍面前倾，击球中上部，如图 6-57 所示。

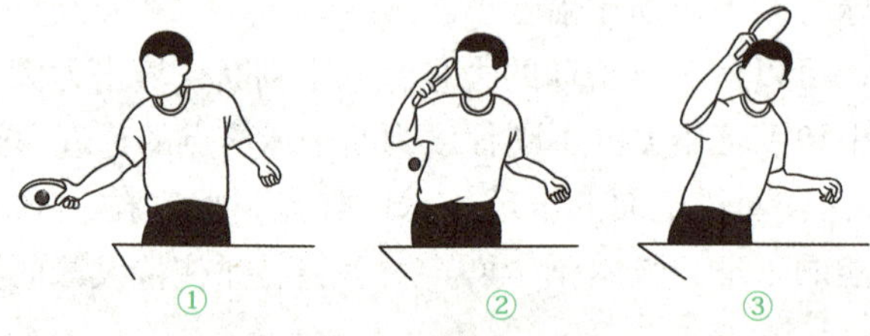

图 6-57　正手攻球

1）正手快攻。前臂与台面略平行，以前臂发力为主，击球上升期。前臂挥动要快，根据来球长短、高度调节发力。要依靠调节拍面方向，改变击球部位和挥拍方向来变化击球线路。

2）正手扣杀。根据来球长短，确定站位。来球短站位近，反之站位远。整个手臂随腰转动向后引拍，增大拉拍幅度和挥拍的加速度。要在来球的上升期或高点期击球，并向前下挥拍击球中上部。要充分利用腰和下肢协调用力，增大扣杀力量。

3）正手中远台攻。站在中远台，右脚偏后，转腰引拍时前臂与地面平行，手臂放松，拉大上臂与身体的距离。击球时，上臂带动前臂向前上方挥拍，触球中上部。要适当运用腰和下肢的力量，协调发力。

（2）反手攻球技术。

1）反手快攻（直拍）。击球上升期，手腕控制拍面角度。以前臂发力为主并力求放松，球拍与来球要拉开距离，以加大攻球力量。反手攻球突然性要强，攻斜线球时击球中左部，攻直线球时击球后部。

2）反手快拨（横拍）。引拍时，上臂贴近身体，肘关节固定，前臂前伸迎击来球。击球上升前期，拍触球中上部。击球时手腕控制拍面略前倾，以向前用力为主。

（3）侧身攻球。侧身攻球的技术内容和动作要领与正手攻球相似，只是在站位、引拍方向和挥臂方向上视来球需要而有所调整，这里不再赘述，仅就需要注意的问题作些提示。掌握好侧身移步的时间。起动过早，易被对方觉察而突变我方正手空当；起动过晚，又会错过最佳的击球时间。通常来说，最好在对手球拍触球的瞬间判断清楚来球后即侧身。侧身的步法要高效迅速。一般是向侧后方移动（而非纯粹向后），并要具备连续进攻的能力（包括扑右方空当）。动作幅度应根据需要灵活调整，切记不能引拍过大发死力。明确侧身攻球的战术意识，避免盲目侧身或是习惯性侧身。侧身时应大胆果断，攻球必须有较大杀伤力。

（六）搓球

搓球是近台还击下旋球的一种技术。搓球技术的主要特点是站位近、动作小，多在台内进行。搓球技术主要是通过旋转、落点的变化制约对方的进攻，作为一种过渡性技术，可以给进攻制造机会。

1．搓球技术

正手搓球时，击球前，右手向右上方引拍，拍面稍后仰，击球时，前臂和手腕向左前下挥动，摩擦球的中下部，如图 6-58（a）所示。

反手搓球时，击球前，手臂自然弯曲向左上方引拍，击球时，前臂旋内配合转腕动作，向前下方用力，拍面稍后仰，摩擦球的中下部，如图 6-58（b）所示。

图 6-58 搓球

（1）快搓。站位近台，击球上升前期击球时，手臂要迅速前伸。根据来球的旋转调节拍面角度和用力方向。

当来球具有强烈的下旋特性时，球拍应接触球的底部，并加大向前的击球力度；若来球的下旋较弱，球拍应接触球的中下部，同时在向前下方击球时需要施加更大的力量。

（2）慢搓。站位近台，身体迎前，击球最高点或下降期。有明显的腰部动作，提臂引拍出后向前下发力。加长摩擦时间，增强旋转。

（3）快摆。站位近台，身体迎前，击球上升前期，拍面后仰，触球中下部或底部。击球时，前臂前伸的动作和快搓相似，只是持拍触球时手臂和腕用力较小。

2．搓球易犯错误和纠正方法

（1）球拍没有上引，击球时前臂由上向下动作不明显。纠正时，持拍做前臂和手腕向上再下切的模仿练习。

（2）击球时，拍面后仰不够。纠正时，练习慢搓接对方发来的下旋球，体会拍面后仰前送的动作。

（3）击球时，球触拍的部位不准。纠正时，做对搓练习，体会摩擦球的动作。

（4）击球后，前臂前送力量不够。纠正时，二人做慢搓练习，体会击球后前臂前送的动作。

（七）弧圈球

弧圈球是一种强烈的上旋球，是反胶海绵球拍在拉球技术上的发展，是现代乒乓球运动中的一项重要技术。弧圈球的重要特点是上旋强、稳定性高、攻击威力大，如图 6-59 所示。

1．正手拉高吊弧圈球

（1）左脚在前，右脚在后，身体向右侧扭转，右肩略低，略收腹。

（2）手臂自然下垂，球拍后引的幅度较小。

（3）击球下降期，拍面稍前倾，摩擦球的中部或中部偏上，以向上发力为主，略带向前。

（4）击球时，后脚掌内侧蹬地，以转腰带动肩、上臂、前臂和手腕发力。

图 6-59 弧圈球

2．正手拉前冲弧圈球

（1）准备动作与拉加转相似，手臂后引略高，持拍手稍下沉，拍与腰同高。

（2）击球高点期或下降前期，拍面前倾的角度比拉加转大，摩擦球的中上部，以向前发力为主，略带向上。

（3）在击球时，采用直握拍方式的情况下，可以通过在拍后施加一个顶推的动作，来增强对球拍的支撑力量。

3．弧圈球易犯错误和纠正方法

（1）在引拍过程中，前臂和上臂在肘关节处的夹角没有打开，而是靠拉肘向后引拍，影响拉球力量。在训练中有意识地把前臂放下来，配合脚部的转动和重心移动。

（2）击球前，腰部向后转动过大，形成掷铁饼式的准备姿势，影响向前发力。在实践中只要感到身体的重心能够移至击球的一侧脚时即可。

（3）击球时，球拍过于前倾，摩擦球过薄，使拉球的力量减弱，准确性降低，容易打在拍边，出现人们常说的“飞碟”现象。击球时球拍不要过于前倾，同时注意手腕向内向前的转动，这样方可拉出高质量的弧圈球。

（4）拉球过程中，手臂由后直接向前挥动，成近似于直线形，难以制造拉球的弧线。正确的挥动方法是手臂由右后下方以肘关节为轴，向左前上方挥动，其挥动轨迹近似于小弧形，这也部分地体现了弧圈球技术术语的内涵。

（5）肩部过于紧张，动作僵硬。由于弧圈球的动作比一般攻球动作稍大些，因此要做到拉后手臂，尤其是肩部要迅速放松还原，以易于连续拉和提高拉后扣杀的命中率。

（八）削球

削球技术的特点，概括起来有两点：一是稳健性，二是变化性。它通过旋转和落点的变化，调动对方，伺机反攻得分。

1．削球技术

（1）远削。远削站位中远台，向上引拍，是为了增大削击球的用力距离。在下降期击球，但不能低于台面。要保持足够的撞击力，使球能通过球网，如图 6-60 所示。

（2）近削。近削站位中近台，向上引拍，比肩略高。根据来球的情况调节拍面后仰角度。以前臂发力为主，手腕配合下压，击球后没有前送的动作。

（3）削弧圈球。应在来球的下降后期触球，此时球的旋转已减弱。击球点一般选在右腹前为宜，并适当放低些，这样可利用来球部分向上的反弹力形成自然的回球弧线，有利于提高削球的准确性。球拍触球时，拍面不能过分后仰，应触球的中下部。如果来球旋转较强，拍面进行竖直调整，并适当加大手臂向下压球的力量。触球时，手腕应相对固定，以免回球过高。

图 6-60　远削

2．削球技术易犯错误和纠正方法

（1）引拍上提不够，削击路线短。纠正时，按动作要领徒手反复做引拍练习。

（2）拍面过于后仰。纠正时，拍面稍竖，多练削对方平击发球。

（3）削球时球拍向前用力过大。纠正时，多球练习，体会接重板球时前臂下压动作。

（4）击球后上臂前送不够，使球下网。纠正时，多练远削球，体会上臂前送动作。

三 乒乓球运动基本战术

（一）基本战术

所谓乒乓球运动的战术，即乒乓球运动员在比赛中为战胜对手所采取的计谋和行动。技术是战术的基础，只有掌握了全面和实用的技术，才有可能运用多变的战术。同样，在比赛中，只有合理地运用战术，才能使技术得以充分发挥。在训练中，只有带着战术意识去练技术，才能练就真正实用的技术。

1．发球抢攻战术

通过发球旋转、落点和速度的变化，直接为进攻制造机会，这种战术就是发球抢攻战术。发球的质量和发球的变化是基础。发球后应有主动进攻的意识，要去抢攻，不能等待进攻。

（1）发旋转球的抢攻战术。①正、反手发下旋球伺机抢攻。②正、反手发上旋球伺机抢攻。③正、反手发不转球伺机抢攻。

（2）发球变化线路和落点后的抢攻战术。①正手发急长球至对方底线配合近网短球，伺机抢攻。②反手发急下旋球至对方底线配合近网短球，伺机抢攻。③正、反手发侧下旋至对方反手位配合正手近网球，伺机抢攻。④正、反手发侧上旋球到对方反手，伺机抢攻。⑤正、反手发不转球到对方正手、反手或中路，伺机抢攻。⑥正、反手发侧旋球至对方台内，伺机抢攻。

2．相持球战术

对攻战术：运用正反手攻球、弧圈球、反手推挡、拨球等技术，采用攻击对方两大角、追身攻、落点变化、力量轻重变化等方式得分。

3．搓攻战术

搓攻战术是进攻型打法的辅助战术之一，也是削球打法相互对垒时的主要战术之一。此战术是利用搓球的旋转、落点的变化，为进攻创造条件，但在对进攻型打法时，搓球的板数不宜过多。常用的搓攻战术有以下几种：

（1）搓对方反手大角，再变直线，伺机反攻。用于对付反手攻击力不强的选手，先搓对方的反手位大角，待其准备侧身或已将注意力放到了反手时，则变其正手，伺机反攻。此战术运用时需注意，搓反手时角度要大，边线的动作尽量隐蔽，弧线要低，落点尽量靠近边线。

（2）搓球转快攻。此战术可分为以下几种情况：对搓中先拉一板弧圈或小上旋，侧下旋；搓中突击；搓球至对方进攻质量不高的一边，让其先把球拉起来，自己则准备反攻。

（二）双打

1．双打配对

（1）一个左手和一个右手握拍的攻球手相配。这种配对有利于减少走动范围，并充分发挥正手攻球的威力。

（2）一个两面攻和一个左推右攻打法相配。这种配对有利于减少走动范围，并充分发挥正手攻球的威力。

（3）两个两面攻（拉）打法相配。这种配对能够发挥全台进攻的威力。

（4）一个使用两面不同性能球拍和一个快攻打法相配。这种配对由于不断改变回球旋转性能与击球节奏，使对方较难适应。

（5）两个削球打法相配。这种配对有利于发挥削球的威力。

2. 双打的基本走位

双打走位的要求：让位快，抢球及时，既有利于自己的发挥，又不阻挡同伴回击。

（1）对方回球在右方，击球后应向左后斜退，如图 6-61 所示。

（2）对方回球是右方大角度，击球后应向右闪开，如图 6-62 所示。

（3）对方回球在中线靠右处，击球后应向左闪开，如图 6-63 所示。

（4）一左一右的运动员可做“八”字走位，如图 6-64 所示。

（5）对方连续攻击右方一点，就需要轮流向右后方移动，如图 6-65 所示。

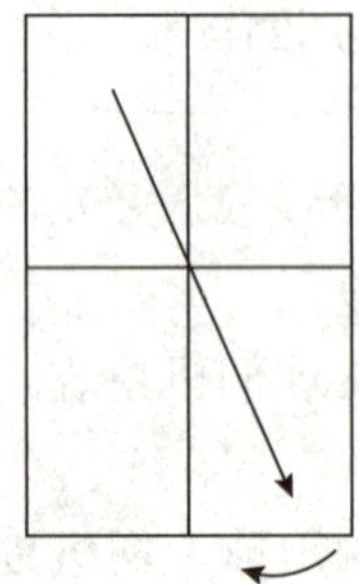
图 6-61 双打走位一

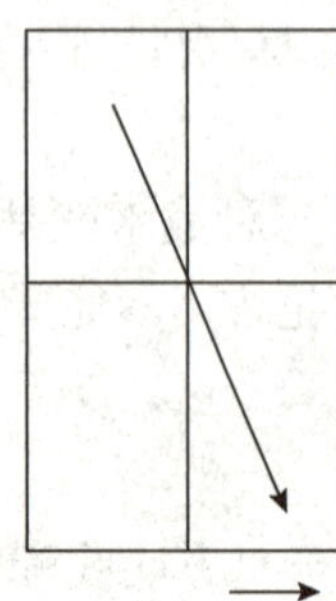
图 6-62 双打走位二

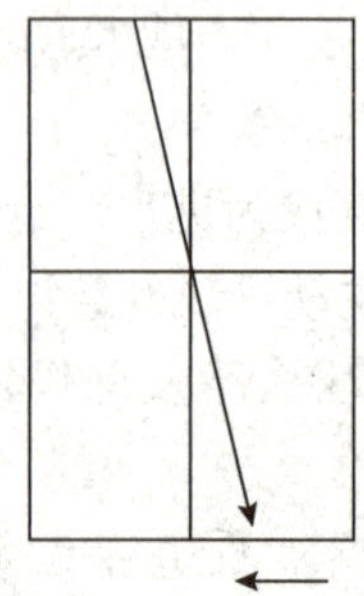
图 6-63 双打走位三

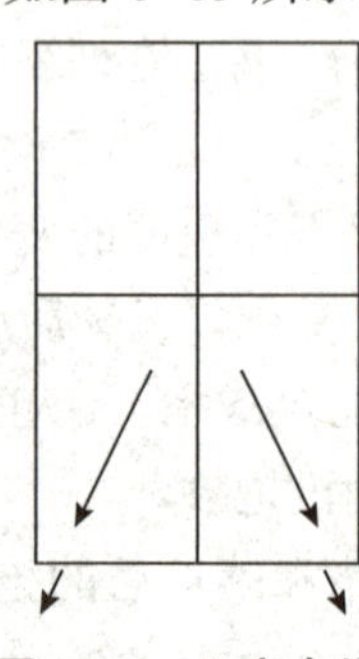
图 6-64 八字走位

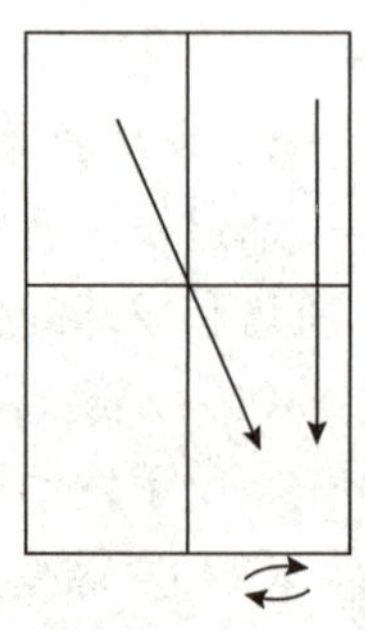
图 6-65 双打走位四

3. 双打战术

（1）连续进攻一角，突攻相反方向。这样可以把对方挤到一角，然后突出反方向。

（2）交叉进攻两角，伺机进攻空当。

（3）有针对性地将球击向两人的弱点，使对方处于被动，然后伺机抢攻。

（4）打追身球是指专门向击球员所处的位置击球，给击球员造成让位和给接球员造成抢位的困难。

（5）运用旋转的变化，制造抢攻机会。

（6）利用落点的变化，控制、调动对方，争取主动。

四 乒乓球运动竞赛规则简介

（一）场地和灯光

场地和灯光可按具体条件决定。一般国际比赛，每张球台用 75 厘米高的深暗色挡板围成长 14 米、宽 7 米的比赛场地，场地上空 4 米内没有障碍物，场地上各点的光度不低于 400 勒克斯。场地的光源最好使用顶灯，应避免日光的直接照射，也不要使用一般日光灯，以免妨碍运动员的视觉。

（二）器材

1. 球台

（1）球台的上层表面，称作“台面”。它是与水平面平行的长方形，长 2.74 米，宽 1.525 米，离地面高度 76 厘米。

（2）比赛台面应包括球台表面的边缘，不包括边缘以下的侧面。

（3）台面应一律呈暗色，无光泽，各边有一条 2 厘米宽的白线。沿 2.74 米长的台面边缘所画的线叫作“边线”。沿 1.525 米长的台面边缘所画的线叫作“端线”。

（4）比赛台面应由一个垂直的球网划分为两个相等的“台区”，在各区的整个面积应被看作一个整体，球网与端线平行。

2. 球网

（1）球网包括网、其悬挂物及支柱。

（2）球网应悬挂在一根绳子上，绳子两端系在高 15.25 厘米的直立网柱上，网柱外缘离开边线外缘 15.25 厘米。

（3）整个球网的顶端距台面 15.25 厘米。

（4）球网的底边应尽量贴近台面，网的两端应尽量贴近网柱。

3. 球

（1）球应为圆形，直径为到 40 ～ 40.6 毫米。

（2）球重 2.7 克左右。

（3）ABS 材质的赛顶球。

4. 球拍

（1）球拍的大小、形状或重量不受限制，但球拍的底板应为木料制成，平整而坚硬。

（2）用来击球的拍面覆盖物可以是一层普通的颗粒胶，颗粒向外，连同黏合剂不超过 2 毫米；也可以是颗粒向内或向外的海绵胶，连同黏合剂不超过 4 毫米。

（3）球拍两面的表面不管是否用来击球，一律为暗色无光泽，拍身边缘上的滚条或包边不得呈白色，也不得反光。

（4）由于褪色、磨损或意外的损坏，造成颜色上轻微差异的球拍，如果不改变拍面的性能，可以继续使用。

（5）在比赛时，运动员有权对对方球拍进行检查。

5. 球拍的种类与性能

（1）普通胶皮拍。胶粒高度在 1.6 毫米以上。

性能：它主要依靠来球的较强旋转和较大冲力来增加回球的旋转。挡冲力大的上旋来球，回球呈下旋；搓下旋来球，回球略呈上旋；来球不转，回球也不转。

（2）正贴胶海绵拍。

1）正胶海绵拍：海绵连同粘贴胶皮的总厚度不超过 4 毫米。

性能：反弹力强，回球速度快，能形成一定旋转，但不能造成强烈的旋转球。

2）生胶海绵拍：生胶皮正贴在海绵上的球拍。

性能：反弹力强，回弹速度快，摩擦力较小，击球旋转较弱，制造旋转能力较差，但挡过去的球略下沉。

（3）反贴胶海绵拍。

1）反胶海绵拍：将反贴胶皮上有胶粒的一面贴在海绵上，平面向外。

性能：胶皮表面平整，黏性较大，对球的动摩擦力较大，有利于拉弧圈球。

2）防弧海绵拍：胶皮表面发木，没有黏性，胶粒向内粘贴在弹性差的海绵上。

性能：胶皮没有黏性，对球的动摩擦力小，制造旋转能力差，便于控制弧圈球。

（三）乒乓球竞赛规则

1. 定义

（1）球处于比赛状态的一段时间，叫作一个“回合”。

（2）不予记分的回合叫作“重发球”。

（3）记分的回合叫作“得分”。

（4）握着拍的手叫作“执拍手”。

（5）未握着拍的手叫作“不执拍手”。

（6）用执拍手中的球拍或执拍手腕以下部位触球叫作“击球”。

（7）对方击球后，处于比赛状态的球尚未触及本方台面即行击球，叫作“拦击”。

（8）对方击来的处于比赛状态的球，尚未触及本方台面，在越出端线及假想延长线之前，即触及本方运动员或其任何穿戴物品，叫作“阻挡”。

（9）在一个回合中，首先击球的运动员叫作“发球员”。

（10）在一个回合中，第二次击球的运动员叫作“接球员”。

2. 合法发球

（1）发球时，球应放在不执拍手的掌上，手掌应静止、张开、伸平，四指并拢，拇指随便。

（2）发球时，从球在不执拍手掌上开始，不执拍手和球应该始终高于球台水平面。

（3）从球停留在静止的不执拍手掌上的最后一刻直到发球时击球，整个球拍应高于球台水平面。

（4）发球员只能用手向上抛球，不得使球旋转，使球从手掌垂直的45度角内抛起。

（5）当球从抛起的最高点降落时，发球员才能击球。

（6）发球员发球时不能挡，应让接球员看清楚发球员的手和球的位置。

（7）发球击球时，球必须处在发球员台区端线或其假设延长线之后，但不得远于发球员身体（除手臂、头和腿以外）离球网最远的部分。

3. 合法还击

在发球或还击以后，运动员必须击球，使球直接越过或绕过球网，或在触网、网柱以后落在对方台区。

4. 比赛次序

（1）在单打中，首先由发球员发合法球，再由接球员合法还击，然后两者交替合法还击。

（2）在双打中，首先由发球员发合法球，再由接球员合法还击，然后由发球员的同伴合法还击，再由接球员的同伴合法还击。此后，运动员按次序交替合法还击。

5. 比赛状态

当球在发球员不执拍手中被抛起前静止状态的最后一刻起即处于比赛状态。

（1）球触及除比赛台面、球网、网柱、执拍手中的球拍或执拍手手腕以下部位以外的任何东西。

（2）或者这个回合被判为重发球或判一分。

6. 重发球

（1）发出的合法球越过或绕过球网时触网或网柱，或触网或网柱后被接球员或其同伴拦击或阻挡。

（2）如果球已发出，而裁判员认为接球员或其同伴尚未准备好（但接球员或其同伴企图击球，则不能认为未准备好）。

（3）如果裁判员认为由于发生了无法控制的意外事故，而运动员未能合法发球或未能合法还击或不符合规则。

（4）由于纠正发、接球次序或方位次序错误而中断回合。

（5）由于实行轮换发球而中断回合。

（6）由于怀疑发球是否正确，警告运动员而中断回合。

（7）如果裁判员认为比赛受到干扰，似乎将影响这个回合的结果而中断比赛。

7．一分

除非一个回合被判重发球，下列情况判失一分。

（1）未能发出合法球。

（2）未能合法还击。

（3）拦击或阻挡。

（4）连续击球两次。

（5）球连续两次接触本方的台区。

（6）用不合规则规定的拍面击球。

（7）在球处于比赛状态时，运动员或其穿戴的任何物品移动台面。

（8）在球处于比赛状态时，不执拍手触及台面。

（9）在球处于比赛状态时，运动员或其穿戴的任何物品触网或网柱。

（10）发球时，运动员或其同伴跺脚。

（11）在双打中，运动员未按发球员和接球员确定的顺序击球。

8．一局比赛

在一局比赛中，先得11分的单打或双打运动员为胜方，但打到11平以后，先多得2分者为胜方。

9．一场比赛

（1）一场比赛可采用五局三胜或三局两胜。

（2）比赛应连续进行，但一场比赛的第三局和第四局之间，其他连续进行的各局之间休息不得超过1分钟。

10．选择发球、接球和方位

（1）每场比赛用抽签的方法确定首选择者。

（2）胜方可以做如下选择：①选择先发球或先接发球，则负方选择方位。②选择方位，则负方选择先发球或先接发球。③要求负方先做选择，留下的给胜方。

（3）在双打中，得到首先发球权的一方可以决定由谁首先发球。在一场比赛的第一局里，接球一方应决定由谁首先接发球。在该场比赛的以后各局，按照规则规定，由发球方确定谁首先接发球。

11．发球和接发球次序以及方位

（1）在记录的比分到2分以后，接发球一方即成为发球一方，以此类推，直到一局结束。如果两方比分都达11分，开始实行轮换发球法。

（2）在双打中：①由取得发球权一方选出的同伴发球，由对方有关同伴接发球。②第二个发球员为第一个接球员，而第二个接球员为第一个发球员的同伴。③第三个发球员为第一个发球员的同伴，而第三个接球员为第一个接球员的同伴。④第四个发球员为第一个接球员的同伴，而第四个接球员为第一个发球员的同伴。⑤第五个发球员即第一个发球员，以此类推，直到一局结束。

（3）双方比分都达11分，实行轮换发球法以后，发球和接发球次序同上，但每个运动员每次只轮发一个球，直到该局结束。

（4）一局中首先发球一方，在该场下一局应首先接发球。

（5）在双打比赛中，除第一局外，每一局选出了第一个发球员后，首先接发球的应是前一局发给他球的发球员。

（6）一局中某一方位的单打或双打运动员在下一局应换到另一方位。

12．发球、接发球次序错误和方位错误

（1）如果运动员应交换方位时没有交换，错误一旦发现，应立即中止比赛，并按该比赛场开始时次序，根据场上比分来确定运动员应该站的方位，再继续比赛。

（2）运动员在未轮到他时错发了球或错接了球，一旦发现，应中断比赛，并按该场比赛开始时的次序，从场上比分开始，由应发球或接发球的运动员发球或接发球。在双打中，按发现错误时那一局中有首先发球权的那一方的次序进行纠正，再继续比赛。

13．发球

要求发球者将球向上直抛，至少抛到离不执拍手手掌上 16 cm。

第六节　羽毛球运动

一、羽毛球运动概述

羽毛球（badminton）是隔着球网，使用长柄网状球拍击打用羽毛和软木制作而成的小型球类的室内运动项目。

羽毛球运动是一项广大群众参与度较高的体育运动项目，具有球小、速度快、变化多等特点。运动器材设备比较简单，在室内、室外都可以进行。运动量可大可小，不同年龄、性别和身体条件的人都可以参加。因此，这项运动易于开展和普及。经常参加羽毛球运动不仅可以发展人的灵敏性和协调性，提高动作速度和上下肢活动的能力，改善心血管系统的机能，而且有助于培养勇敢顽强、机智果断等品质。

羽毛球运动的起源与类似“毽子板”的游戏有着密切的联系，由于国家、民族、文化以及语言等差异，因而对原始羽毛球名称的叫法有所不同。目前世界上就这项运动始于何时、何地众说纷纭，很难找出一个准确的答案。不过对现代羽毛球运动名称由来的说法基本一致。据记载，19 世纪中叶在英格兰格拉斯哥郡附近鲍弗特公爵的伯明顿庄园内举行了一次家庭社交会。由于当时天公不作美下起了雨，户外到处积水，客人们只得待在室内，时间一长，不免感到单调无味，客人中有位从印度退役的英国军官便将在印度孟买见到的“普那”（poona，一种类似羽毛球运动的游戏）介绍给大家。玩耍是在大厅内，用绳代替网。这项活动的趣味性较强，从此很快引起了许多人的兴趣。于是有人提议以这个庄园的名称命名这项运动［英语中 badminton（伯明顿）被称为“羽毛球”］。

二、羽毛球运动基本技战术入门与学练方法

（一）基本技术

1．握拍法

正确的握拍法对掌握基本技术是有直接关系的，方法得当就能精确地将球打到对方场区的任何位置和施展多变的战术，相反就会直接影响基本技术的完成和击球的效果。

基本握法有两种，即正手握拍法和反手握拍法（本书所介绍的技术均以右手握拍者为例）。

（1）正手握拍。通常正确的握拍与握手姿势非常相似。虎口对着拍柄窄面内侧的小棱边，拇指

和食指贴在拍柄的两个宽面上，中指、无名指和小指并拢握住拍柄，掌心不要紧贴，拍柄末端与小鱼际肌平，拍面基本与地面垂直，如图 6–66 所示。

图 6–66　正手握拍

（2）反手握拍。在正手握拍的基础上，拇指和食指将拍柄稍向外转，食指稍向中指收拢，拇指上内侧顶贴在拍柄内侧的宽面上，中指、无名指和小指并拢握住拍柄，柄端靠紧小指根部，使手心留有空隙，如图6–67所示。

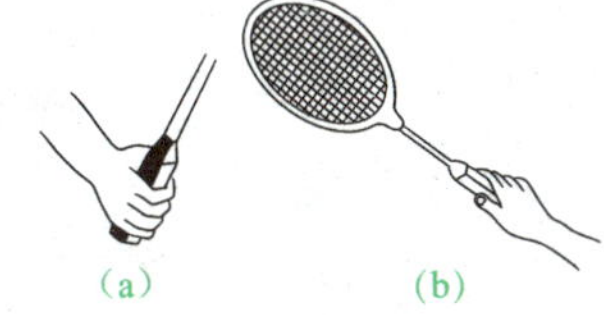

图 6–67　反手握拍

2．发球与接发球法

（1）发球法。发球有正手发球和反手发球两种。根据球在空中飞行的弧线，可分为高远球、平高球、平快球、网前球等。

1）正手发高远球。高远球指将球发得又高又远，几乎垂直下落在对方底线附近。站位应在靠近中线一侧，离前发球线约 1 米的位置。左脚在前，右脚在后。身体稍侧对网，两脚与肩同宽，身体重心放在右脚上。左手持球，右手握拍并自然屈肘于身体右侧。发球时，右臂后引，由上而下向右前方挥拍，同时左手放球。挥拍过程中，重心由右脚转到左脚。当球拍挥至右侧稍前下方时（击球点），右前臂加速，握紧球拍，手腕动作由伸腕经前臂内旋至屈腕，急速向前上方闪动击球。击球后，球拍随势向左上方减速收回至胸前，如图 6–68 所示。

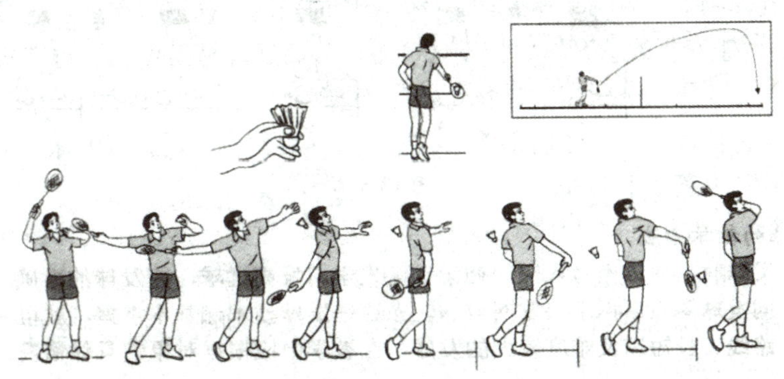

图 6–68　正手发高远球

2）正手发网前球。网前球指发的球刚好越过网顶落至对方前发球线附近。基本动作与发高远球相仿，但站位稍前。由于网前发球飞行距离短、弧线低、用力轻，因此，前臂挥动的幅度和手腕后伸的程度要比发高球小，球拍触球时，拍面从右向左推送击球，使球刚好越网而过，落在对方前发球线附近，如图 6–69 所示。

图 6–69　正手发网前球

3）反手发网前球。站位靠近前发球线，左脚或右脚在前均可，身体重心在前脚，上体前倾，后脚跟提起。右手反握在拍柄稍前部位，肘关节提起，手腕稍前屈，球拍低于腰部，斜放在小腹前。左手持球在球拍面前方。发球时，球拍由后向前推送击球，使球的最高弧线略高于网顶，球过网而下行，落在对方前发球线附近，如图 6-70 所示。

图 6-70　反手发网前球

（2）接发球法。还击对方发过来的球叫接发球。接发球技术在每场比赛中同样起着重要的作用。如果说发球发得好是争得每分球胜利的开端，那么接发球接得好也同样是争得每分球胜利的第一步。因此，接发球也是不可忽视的技术。

1）接发球的站位。

a．单打站位：通常站位要在离前发球线约 1.5 米靠近中线的位置。左脚在前，右脚在后，双膝微屈，身体重心放在前脚上。后脚跟稍抬起，身体半侧向球网，球拍举在身前，两眼注视对方。

b．双打站位：由于双打发球区较单打发球区短，发高远球易出界和被对方扣杀，所以，双打发球多以发网前球为主。接发球时应站在靠近前发球线的地方。双打接发球的准备姿势同单打基本相同。略有区别是身体前倾较大，球拍高举，尽量在过网后的最高点进行击球，但是要防止对方在右发球区时，用平快球突袭反手部位。

2）接发球的判断。由于发球动作的一致性和变化多，因此，加强接发球的判断能力是十分重要的。判断是提高反应的基础，失去了“判断”的反应，接球将带有盲目性。一般可从以下两方面判断：①从对方发球的动态来判断；②从对方发球出手的动作判断。应注意这种判断不是孤立的，而是相互联系、相辅相成的。

3．基本击球法（手法）

羽毛球基本手法一般分为后场高空击球技术、前场网前击球技术、放网前球技术、推球技术等。

（1）后场高空击球技术。后场高空击球也称后场上手击球，即在尽可能高的击球点上，还击对方向底线击来的高球。它具有主动性强、击球力量大等特点，可给对方造成较大威胁。后场高空击球技术是打好羽毛球的重要手法之一。根据其技术的性质特点不同，通常可分为高远球、吊球和杀球（扣杀）。

1）高远球。击高远球分为正手、反手和头顶三种击法。下面主要介绍正手高远球和反手高远球。

a. 正手击高远球。技术要点：判断来球方向和落点后，侧身后退（后退步至球下），左肩对网，左脚在前，右脚在后，重心在右脚上。右手持拍，手臂自然曲屈举至右肩上方。击球时，上臂后引，随之肘关节上提明显高于肩部，将球拍引至头后，自然伸腕，然后在后脚蹬地、转体和腰腹协调用力下，以肩为轴，上臂带动前臂快速向前上方甩腕，在手臂伸直的最高点击球，随后球拍顺惯性往前下方挥动并收拍于体前。与此同时，左脚后撤，右脚向前迈出，如图 6-71 所示。

图 6-71 正手击高远球

练习方法：

- 挥拍练习。按动作要领反复做挥拍练习，有条件的可用网球拍来做挥拍练习。
- 空中悬球练习。用一细绳将球挂在适当位置，反复练习击球动作。
- 原地对打练习。两人站在各自场区底线附近，开始先练直线对打，然后再练对角线对打。
- 一人固定，一人前后移动练习。一人在底线固定位置击出高球，另一人则在回击高球后从底线回到中心位置，再退到底线还击对方打来的高球。两人对打高球的练习方法很多，初学者应按循序渐进原则，先熟练掌握原地对打，再进行移动中对击。

练习提示：正手击高远球易犯错误有，击球点选择不当，偏前或偏后；击球时不是以肩为轴，影响上臂发力；击球不是用爆发力而是把球推送出去；击球前向后引拍幅度较小，未构成一个较长的挥拍距离。在纠正这些错误时，主要是对照技术要点，反复做挥拍练习和原地对打练习，也可照镜子练习挥拍，以便观察动作。

b．反手击高远球。当对方将球击到本方左后场内，以反手将球击回对方底线去的高远球击球法称之为反手击高远球。它的特点是节省体力，对步法要求也不高，在被动情况下，可采用反手击高远球过渡，帮助自己重新调整站位，如图 6-72 所示。

动作要领：首先准确判断对方来球的方向和落点，迅速将身体转向左后方，步法到位后，右脚前交叉跨到左侧底线，背对网，身体重心在右脚上，使球在身体的右肩上方。击球前，由正手握拍迅速换为反手握拍，并持拍于胸前，拍面朝上。击球时，以大臂带动小臂，通过手腕的闪动和自上而下的甩臂将球击出。在最后用力时，要注意拇指的按压用力与甩腕的配合，同时还要利用两腿的蹬地、转体等协调全身用力。初学者用反手击高远球时，往往容易出现步伐不到位、击球点掌握不好的情况；击球时，未用拇指的侧压用力；击球时用力过早或过迟，没有用在“点”上。这要通过反复的练习和体会才能逐渐掌握正确的击球动作。

图 6-72 反手击高远球

练习方法：同正手击高远球。

练习提示：反手击高远球易犯错误有，击球点选择不当，偏前或偏后；击球时不是以肩为轴，影响上臂发力；击球时未借助手指发力而是把球推出去；击球前向后引拍不够；身体没有完全背对网。在纠正这些错误时，主要是对照技术要点，反复做挥拍练习和原地对打练习，也可照镜子练习挥拍，以便观察动作。

2）吊球。吊球可以用正手、反手、头顶击球技术来完成。初学者首先要学好正手吊球技术，然后再学反手及头顶吊球技术。下面主要介绍正手吊球技术。

正手吊球技术要点：击球前的准备动作与正手击高远球相同。吊球时，拍面正面向内倾斜，手腕做快速切削下压动作，用力要轻。若吊斜线球，则球拍切削球托的右侧。若吊直线球，拍面正对前方，向前下方做切削球，如图 6-73 所示。

图 6-73　正手吊球

练习方法：

定点吊斜线球练习者固定站在后场底线，用正手吊球技术将球吊至对方网前，对方将球挑回练习者的后场，如此反复练习。定点吊直线球练习者站在后场，将球直线吊到对方网前，对方则将球挑至练习者后场，如此反复练习。

练习提示：练习吊球时易出现的错误有，击球点过低造成球不过网；不是用“切削”动作击球，而是往下拉球拍。纠正方法是多进行定点吊球，加大练习频率，体会“切削”动作。

3）杀球。杀球是主要的进攻技术，分为正手杀球、反手杀球、头顶杀球。

正手杀球技术要点：击球时的准备姿势和击球动作与正手击高远球相同，不同的是，最后用力的方向朝下，而且要充分利用蹬地、转体、收腹以及手臂和手腕的爆发力全力将球向下击打，击球点相较击高远球更靠前。击球瞬间要紧握球拍，如图 6-74 所示。

图 6-74　正手杀球

练习方法：

- 按照技术要点做挥拍练习。
- 一杀两防。用两人防守可提高练习的连续性和密度，同时，守方可练习防守技术。
- 多球练习。由一人将球连续发至对方后场进行杀球练习，可有效提高练习密度和强度。

练习提示：杀球技术中易犯的错误有，击球点偏后或偏低影响手臂发力；杀球时动作过于紧张，无法运用爆发力击球；挥臂时以肘为轴，影响上臂发力；击球时手腕下甩不够，造成杀球出界等。因此，在练习杀球时，要特别注意全身协调用力，最后通过加快挥臂速度以及手腕下甩来增加杀球力量。

（2）前场网前击球技术。网前击球是调动对方、寻找战机的重要手段。运用力量要适度，所以在学习时，除注意动作规范之外，还应细心体会击球时手腕、手指的细小感觉。

1）搓球。技术要点：击球前的准备姿势为侧身对网，右腿跨出呈弓步，左脚在后自然拉开，上体略有前倾。击球时，拍面稍前倾，利用手腕和手指力量向前“切削”球托底部或向后“提拉”，使球击出后旋转或滚动过网。搓球一般在对方来球较靠近网上时运用。正反手搓球除握拍不同外，其他要领相同，如图 6–75 所示。

图 6–75 搓球

2）勾对角球。技术要点：准备姿势同上。击球时，拍面斜向对方右（左）网前。正手勾对角球时击球托右侧，手腕和手指带动球拍向左内勾动；反手勾对角球时，击球托左侧，同时向右内勾动，如图 6–76 所示。

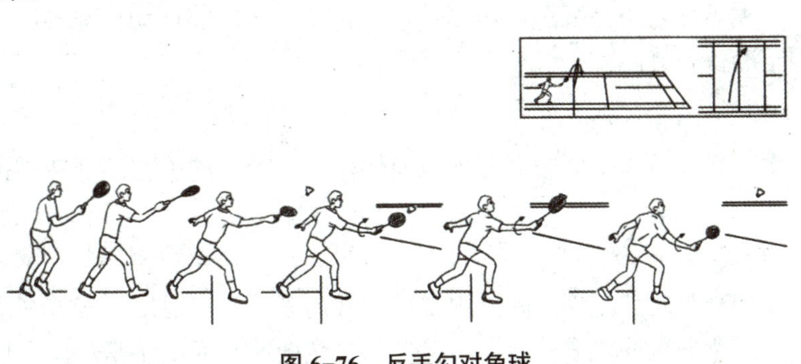

图 6–76 反手勾对角球

3）扑球。技术要点：击球时，拍面前倾，上臂带动手腕和手指快速闪动发力，击球后立即收拍，以免触网犯规，如图 6–77 所示。

（3）放网前球技术。放网前球是指在被动情况下，把对方击来的网前球回击到对方网前区域的击球方法。其特点是，击球点低，击球时只用手腕、手指力量把球拍轻轻一托，使球一越过网就朝下坠落。质量较好的放网前球可以扭转被动局面。放网前球技术有正手和反手放网前球两种。

图 6-77　扑球

1）正手放网。正手握拍，击球时确保拍面尽量朝前而非朝上。与搓球不同，放网时球离网较远，因此需要保持拍面朝前，以确保球的高度适中。在放网前，建议向后下方稍作回拍以进行缓冲，这样可以使球的飞行更加柔和，并在过网后迅速下落。发力主要依靠小臂带动手腕进行发力，力量大小应根据来球速度进行调整，通常采用较小的力量。

2）反手放网。采用反手握拍，确保大拇指顶住球拍的宽面，掌心保持空虚，整体握拍要放松。发力时主要依靠小臂带动手腕进行动作，同时用大拇指轻轻顶推，将球平稳地推送出去。

（4）推球技术。推球是把对方击来的网前球快速推向对方后场底线。推球技术的特点是击球点高、动作小、发力距离短、速度快，且落点变化多，是前场击球技术中进攻底线的一种有效方法。推球有正手、反手两种方法。

1）正手推球。移动到位，球拍向右侧平举。推球前，前臂稍外旋，手腕后伸同时球拍也稍往后摆，拍面对准来球。这时小指与无名指稍松开，使拍柄离开手掌，这样能充分发挥手指的力量。推球时，拍面尽力后仰，手腕由后伸直并且闪腕，食指向前压下，小指、无名指突然握紧拍柄，球拍快速地由右经前向左挥动。推球后，在回动过程中回收球拍于胸前。

2）反手推球。移动至网前左侧，反手握拍，右臂侧上举。推球前，右臂向左胸前收引，手腕稍外展，球拍松握，拇指顶住拍柄的内侧宽面，推球时，当前臂往前伸的同时外旋，手腕由稍外展到伸直抖腕，中指、无名指、小指突然紧握球拍，拇指顶压，向前挥动将球推出，触球托的后部。击球后，身体还原至准备姿势。

4. 基本步法

在羽毛球运动中，运动员为了回击对方来球而快速、合理、准确移动到适当位置的移动方法称为步法。

（1）上网步法。

技术要点：判断准来球后，左脚掌内侧用力蹬地并向来球方向迈出，接着右脚也向前迈出一大步，落地后，右膝关节弯曲缓冲并成弓步，紧接左脚自然向前脚靠上小半步。击球后，右脚蹬地用小步或并步退回中心位置，如图 6-78 ～图 6-81 所示。

（2）后退步法。技术要点：判断准来球后，右脚蹬地先向后撤一小步，同时上体右转，左肩对网，接着，左脚用并步靠近右脚（或从右脚后交叉后撤一步），右脚再向后撤，左脚再跟上，一直移至球下。在移动过程中，必须完成挥拍击球前的引拍动作。击球后，身体重心随右脚前移迅速用小碎步回到中心位置，如图 6-82 示。

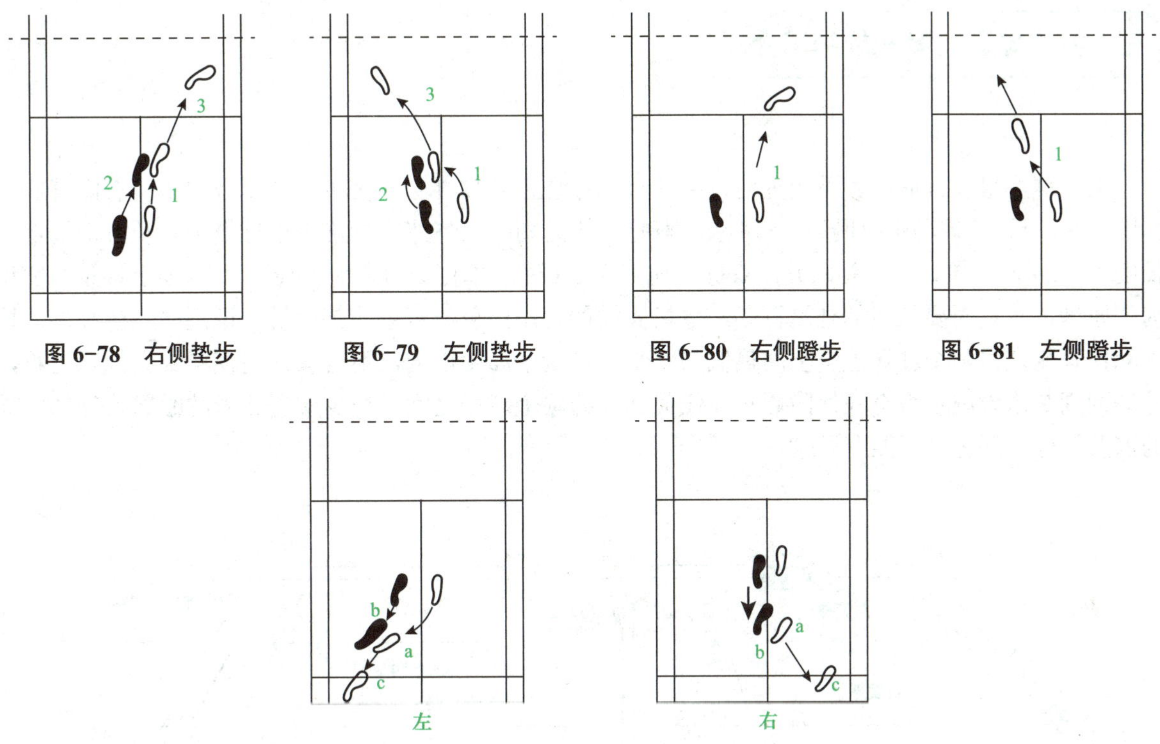

图 6-78 右侧垫步 图 6-79 左侧垫步 图 6-80 右侧蹬步 图 6-81 左侧蹬步

图 6-82 后退步法

（二）基本战术

羽毛球比赛的战术较多，不管采用什么战术，都要根据双方特点及场上情况合理运用，才能收到较好的效果。下面介绍最基本的几种战术。

1. 单打战术

（1）打四方球战术。这一战术的主要目的是通过打落点，逼迫对方前后奔跑，被动应付，并在其回球质量下降或露出破绽时乘虚攻之。它对步法较慢、体力较差的对手十分有效。

（2）杀、吊上网战术。这是一种主动进攻的战术。通过高球下压迫使对方被动回网前球，这时迅速上网以扑球或搓球、勾对角球等网前球技术，制造在中场大力扣杀的机会。这种战术必须很好地控制杀、吊球的落点，使对方被动回网前球，才能主动迅速上网。

2. 双打战术

（1）攻人战术。集中本方力量，重点攻击对方较弱的一人常会给对方巨大的心理压力而造成失误。

（2）攻中路或攻边战术。对方站位若是左右分开，将球攻到对方中路；当对方前后站位时，则可攻其两边线附近。这样可使对方防守时互相争抢或互让而出现失误。

（3）防守反击战术。防守反击战术是用来对付后场进攻能力弱或为了消耗对方体力而采用的一场战术。压对方后场底线两角，诱使对方在左右移动中进攻，以坚固的防守伺机反攻，争取比赛主动权，后发制人。

（4）后杀前封战术。本方前后站位，一人后场进攻，另一人在网前封堵对方回击的球。后场人员注意攻球落点位置。前场选手注意封网，后场选手杀大对角线、中路、小斜线或采用攻人战术时，前场封网选手应将判断来球的重点放在封住对方的直线球上。

三、羽毛球运动竞赛规则简介

（一）场地

羽毛球场呈长方形，各条线宽均为4厘米，场地上空12米以内和四周4米以内不应有障碍物，如图6-83所示。球场中央网高1.524米，双打边线处网高1.55米。标准羽毛球场为一长方形场地，长度为13.4米（单、双打相同），双打场地宽为6.1米，单打场地宽为5.18米。球场上各条线宽均为4厘米，丈量时要从线的外沿算起。球场界线最好用白色、黄色或其他易于识别的颜色画出。按国际比赛规定，整个球场上空空间最低为9米，在这个高度以内，不得有任何横梁或其他障碍物，球场四周2米以内不得有任何障碍物。任何并列的两个球场之间，最少应有2米的距离。球场四周的墙壁最好为深色，不能有风。

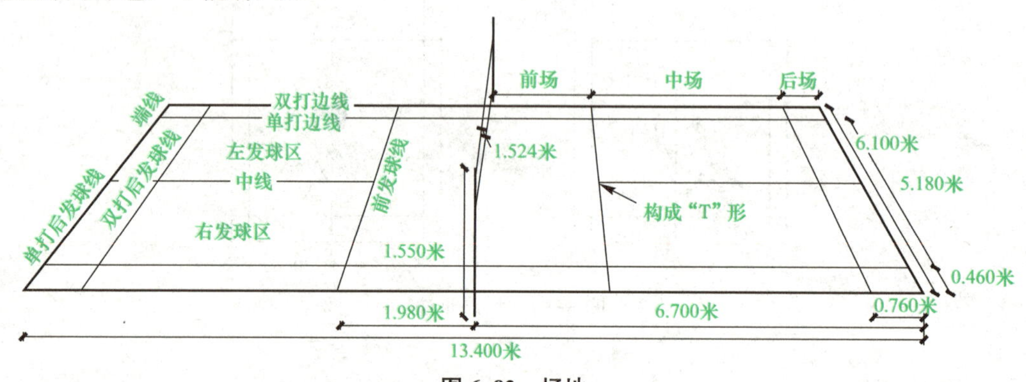

图6-83　场地

（二）器材

球重4.74～5.5克，由16根羽毛插在半球形软木托上，球高68～78厘米，直径58～68厘米，分为1～10号。球拍框总长度不超过68厘米，宽不超过23厘米，拍弦面长不超过28厘米，宽不超过22厘米，如图6-84所示。

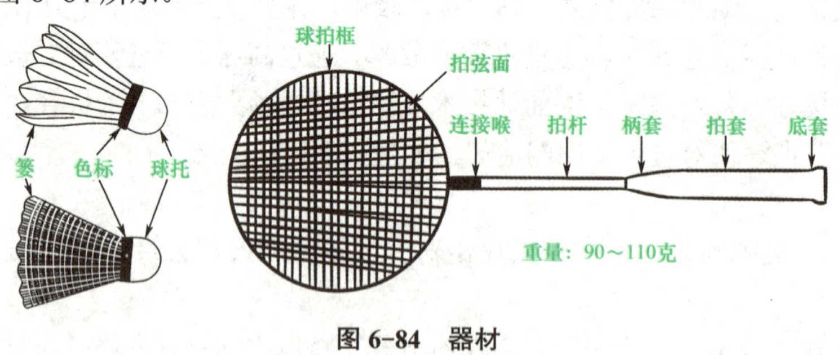

图6-84　器材

第七节　网球运动

一、网球运动概述

网球与高尔夫球、保龄球、桌球并称为“世界四大绅士运动”。它的起源可以追溯到12—13

世纪的法国。当时在传教士中流行着一种用手掌击球的游戏，方法是在空地上两人隔一条绳子，用手掌将布包着头发制成的球打来打去，以后逐渐演变成球拍、球网。到 19 世纪，网球运动已在欧美盛行起来。大约在 1885 年网球运动传入我国。近年来，我国的网球运动已有了新的发展，运动水平也不断提高，尤其是女子网球的运动水平已跻身于世界前列。

国际网球联合会（International Tennis Federation，ITF）成立于 1912 年，总部设在巴黎，目前它主要负责组织最高层次的“四大网球比赛”和“戴维斯杯”及“联合会杯团体赛”。

温布尔登网球锦标赛、美国网球公开赛、法国网球公开赛和澳大利亚网球公开赛号称世界“四大网球赛”，并均为“大满贯”比赛项目。如果运动员能在一个年度中赢得“四大网球赛”的冠军，即为“大满贯”锦标赛得主，被视为国际网坛的一种最高荣誉。

二、网球运动基本技术

网球是一项优美而剧烈的运动，其技术有一定的难度。

（一）握拍方法、准备姿势和步法

1. 握拍方法（以下都以右手为例）

常用的握拍方法有三种。

（1）大陆式握拍。大陆式握拍还被称为“榔头”式握拍。因为采用这种握拍方法时，食指根部压在与拍面水平的那个平面上，拍面的角度几乎与地面垂直，所以仿佛在用拍框的侧面钉钉子一样。大陆式握拍适合用来击打任何类型的球，在发球、打截击球、过顶球、削球以及防守球时采用这种握拍效果更好，如图 6-85 所示。

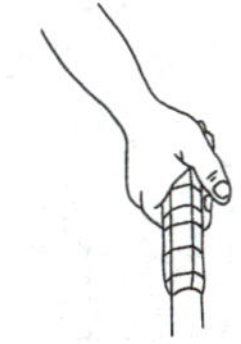

图 6-85 大陆式握拍

1）优势。运用大陆式握拍能使在发球或打过顶球时手臂自然下压，这样不但攻击的效果最好，而且给手臂的压力也最小。由于在打正手和反手球时不需要调整握拍法，因此大陆式握拍也是打网前截击球的最佳选择，因为采用这种握拍法可以使攻防转换十分迅速。同时，它还适合于在防守时击打已到达身体侧面、击球点较晚的球。

2）劣势。用大陆式握拍很难打出带上旋的击球或削球，这就意味着击球点必须要比球网高，由于球在这一点停留的时间非常短暂，因而击球时间就很短。另外，这种握拍不容易处理高速的落地球。

（2）东方式握拍。这里介绍一个正确采用东方式握拍的小窍门：将手平放在拍弦上，然后下滑到拍柄根部抓握；或者把球拍平放在桌面上，闭上眼，将球拍拿起。从技术的角度讲，东方式正手握拍就是先以大陆式握拍持拍，然后逆时针方向旋转球拍（左手握拍的选手须顺时针方向转动），直到食指的根部压到下一个接触的斜面为止，如图 6-86 所示。

1）优势。东方式正手握拍也被称为“万能握拍法”。采用这种握拍，拍面可以通过摩擦球的后部击出上旋球，还可以打出有很大力量和穿透性的平击球。同时，东方式握拍很容易转换到其他握拍方式。

2）劣势。与大陆式握拍相比，尽管东方式握拍的击球点在身体前部要更高更远一些，但它仍不适用于打高球。虽然东方式握拍击出的球比较有力量和穿透性，但更多的是平击球，这就导致稳定性差一些，因此很难适应多回合的打法。

（3）西方式正手握拍。西方式正手握拍以东方式握拍，然后逆时针方向（左手握拍则顺时针方向旋转）旋转球拍，使食指根部压在下一条拍棱上。底线力量型选手多采用这种握拍，如图 6-87 所示。

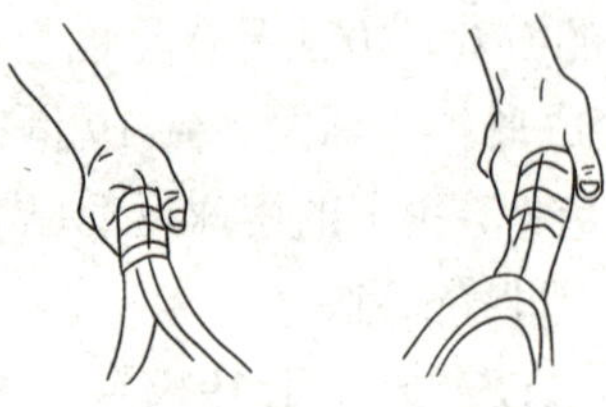

图 6-86　东方式握拍

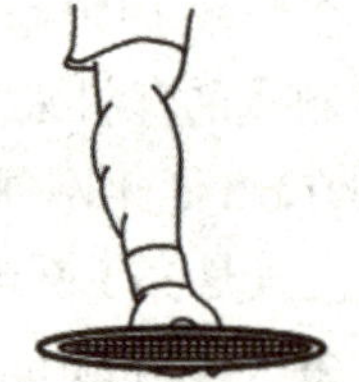

图 6-87　西方式正手握拍

1）优势。相对于东方式握拍，这种握拍可以打出更多上旋球，使球更容易过网，也更好控制线路。因此，它很适合打上旋高球和小角度的击球，而且这种握拍还可以打出更深远的平击球，它还适合大幅度地引拍，而且强烈的上旋有助于把更多的球打在场内。

2）劣势。西方式握拍不适合回击低球。因为采用这种握拍时，拍面自然地呈关闭状态，这样迫使选手必须打球的下部然后向上挑，容易给对手留下进攻机会。另外，从这种握拍转换到大陆式握拍法需要作很大的调整，因此，多数底线力量型打法的选手在攻打上网时就很不舒服。

2. 准备姿势

正确的准备姿势是打好网球的前提。面向球网，两脚开立稍比肩宽，双膝微屈，上身略前倾。右手持拍，左手托拍颈，拍头向上，与胸同高。重心在两脚前脚掌间，两眼注视对方或来球，做好随时起动的准备。重要的是身体要放松，肩部和握拍要放松，过于紧张就无法顺利进入挥拍动作，如图 6-88 所示。

3. 步法

网球击球时，其脚步主要采用关闭式和开放式两种方法。

（1）关闭式步法以前脚掌为轴，另一脚向侧上方跨出，形成两脚交叉步法。这种步法在底线正反手击球和网前截击中大量运用。初学者应首先学习这种步法，如图 6-89（a）所示。

（2）开放式步法击球时，两脚平行站立，以前脚掌为轴，转胯转体形成击球步法。通常在有一定技术基础的前提下运用这种步法。如图 6-89（b）所示。

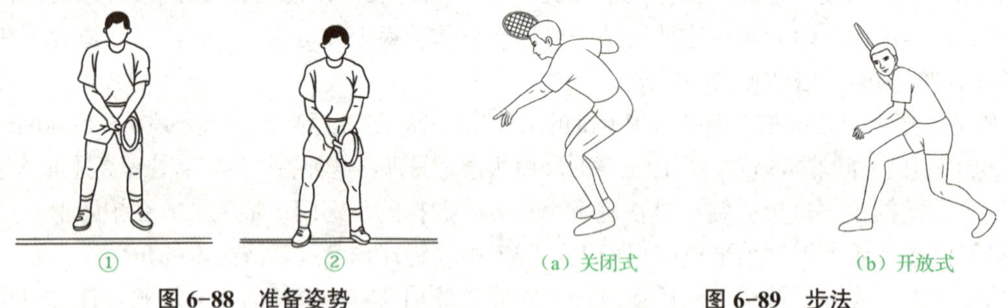

图 6-88　准备姿势　　图 6-89　步法

（二）发球

发球是进攻的开始，是场上唯一不受对手影响的技术。掌握大力、凶猛和旋转多变的发球，可直接得分，或造成对方接球困难，为网前截击和其他制胜手段创造机会。

1. 平击发球

平击发球俗称“炮弹式发球”，出球力量大，速度快，落点深，极具威胁。缺点是命中率较低，体力消耗大，一般用作第一次发球。

（1）发球前运动员侧对球网站位，双手（一手握拍，另一手持球）贴近体前，高度齐腰。挥拍时，持拍手臂向后上方摆动，当肘关节摆至肩高可超过肩时，手臂在头后绕环，此时屈肘放松手腕，使拍框在头后下垂。与此同时，持球手以拇指、食指和中指的指尖把球轻轻托起，随握拍手下摆，持球手下摆至前腿处，挥拍手在身后上摆时，持球手同时上举，当上举到头前上方时，球离手抛到空中，然后球拍向上挥起，手腕由后屈向前抖甩，手臂尽可能向上伸展，前臂、手腕和球拍几乎成一直线。击球后，手臂随惯性继续向前下摆动。

（2）发球时还应注意身体的摆动和重心的移动。准备时，重心在前脚，球拍后挥，重心后移到后脚；击球时，身体由后仰向前摆，同时重心移向前脚，如图 6–90 所示。

2. 切削发球

出球旋转性强，沿弧线飞行，容易控制落点，落地后球向对方场地一侧的角上跳动，可拉开对方，造成接球困难。比赛中常用作第二次发球，缺点是易被对方抽杀。这种发球主要是最后击球时，拍面与球形成一定的角度，球拍在球的后方横挥而过，在击球的瞬间劈向球的侧面，使之产生侧旋。切削发球的抛球，应抛在身体的右上方。

3. 上旋发球

发球时站立的位置与切削发球相同。抛出球的位置在头后偏左的上方。拍面的触球点在球的中部偏下方。击球时身体成弓形，利用杠杆力量对球施加旋转，球拍快速从左向右挥动，并从下向上擦击球的背面，使球产生右侧上旋。击球后，球拍随挥至体前靠右侧结束。

4. 发球练习方法

（1）徒手练习方法。

方法一：碰背挥拍练习，即持拍手肘关节向上并弯曲，使拍头在背后下垂，拍边碰背，然后向前上方挥拍，以体会挥拍动作。

方法二：辅助挥拍练习，即在同伴的帮助下进行挥拍练习。

方法三：对墙挥拍练习，即沿墙挥拍练习，以体会击球时的运动路线、击球时拍面的位置和方向。

（2）固定球练习方法。

方法一：握拍颈挥拍击球练习，即练习者站在网前，侧身对网，挥拍击球，以体会击球时拍面触球部分。

方法二：跪姿挥拍击球练习，即练习者半跪在中场，先抬肘并弯曲使拍碰背，然后抛球挥拍将球击过网。

方法三：站立挥拍击球练习，即练习者站在后场，先抬肘并弯曲使拍头碰背，然后抛球挥拍将球击过网。

（3）完整动作练习方法。

方法一：对墙发球练习，即练习者站在离墙约 12 米处，以完整的发球动作对墙发球，以体会完整的发球动作。

方法二：发球区发球练习，即练习者站在底线一侧，以完整的发球动作将球发至对场另一侧发球区，以体会发球的动作和目标。

方法三：连续发球练习，即练习者站在底线一侧，用一种发球方法连续发球练习，以巩固发球动作。

（三）正手击球

1. 技术动作方法

正手击球是指在握拍手同侧于后场击对方反弹来球的技术动作，这种击球方法通常用于接对方发球和反弹来球。正手击球动作由准备姿势、后摆引拍、挥拍击球和随挥跟进 4 个技术环节组成，如图 6–91 所示。

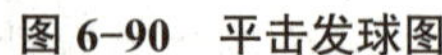

图 6-90　平击发球图　　　　6-91　正手击球

（1）准备姿势。面对球网，两脚自然开立成稍蹲姿势，身体重心落在前脚掌上，稍向前倾。左手扶住拍颈，拍面与地面垂直，拍头指向对方，注意对方来球，做好击球准备。

（2）后摆引拍。当判断来球需要用正拍回击时，以右脚为轴，左脚向右前方跨出成"关闭式"击球步法，同时转动身体并使右臂向右上弧线慢速引拍，球拍指向球场后端的挡网，拍头向上稍高于手腕，尽量保持侧身迎击球，左手随着侧身转体而指向前面的来球。

（3）挥拍击球。当球接近身体时，身体重心前移，以肩关节为轴，大臂带动小臂向前挥拍，手腕固定，向前挥拍时带动身体转动。击球时，拍面垂直于地面并沿着来球的方向挥出，击球点应在左脚尖身体右侧方约与腰部同高的位置上。

（4）随挥跟进。击球后，球拍沿着球飞行的方向继续向上挥动，然后肘关节顺势弯曲，使右臂自然接触下巴，拍头随挥至左肩上方，并用左手扶住拍颈，右脚停留在身后，脚尖触地面结束动作，恢复准备姿势。

2. 常用正手击球技术

（1）正手平击球。后摆引拍时，手腕稍上翘使拍头高于手腕，并引拍至头部同高。挥拍时，手腕相对固定握拍，以减少拍面挥动过程中的变化。击球时，拍面与地面保持垂直并以同样拍面继续前挥。引拍和挥拍击球的整个过程保持拍头不能下垂。击球后，球拍向前挥动于左肩上方自然收拍。

（2）正手上旋击球。后摆引拍时，拍头稍下垂，手腕翻转与手背形成角度。挥拍时，球拍从上向下再向前上方做环形挥拍动作。击球时，拍面斜向下盖住球并做向上提拉动作，同时加大腰部的转动。击球后，柔软地使用手腕，使球拍挥至身体内侧。在挥拍击球过程中，拍面是一直变化着的。

（3）正手削球（下旋球）。后摆引拍时，直线将球拍引至身体后侧，动作较小。挥拍时，手腕固定握拍，使拍面斜向地面稳定前挥。击球时用斜向地面的拍面以切削动作在身体侧前方击球。击球后，球拍随球前送，并在身体前方以左手扶拍结束动作。后摆引拍和挥拍击球过程保持拍面相对稳定。

3. 正手击球练习法

（1）徒手练习方法。

方法一：后摆引拍练习，即练习者站在障碍物前 1 ～ 5 米处，做后摆引拍动作，使拍头前端触及障碍物，以体会后摆引拍的伸展程度。

方法二：挥拍击球练习，即练习者站在障碍物前约 1 米处，做挥拍击球动作，使拍面触及障碍物，并观察拍面是否与障碍物平行，以体会挥拍击球时拍面的角度。

方法三：完整动作练习，即准备姿势动作站立，结合"关闭式"步法做后摆引拍、挥拍击球和随挥动作练习，重点体会整个动作过程及收拍动作。

（2）定位球练习方法。

方法一：自抛击球练习，即以后摆引拍姿势站立，左手握球前伸，使球自由下落反弹至腰部，同时右手挥拍击球。

方法二：击抛球练习，即以准备姿势站立，结合"关闭式"步法，击他人短距离抛来的定点球

（这两项练习最好选择在挡网或挡墙前练习，以便捡球）。

方法三：击对方前场抛球练习，即练习者站在发球线后约 1 米处，迎击对场网前抛来的球。

（3）移动击球练习方法。

方法一：两人对墙练习，即两人分别站于挡墙约 6 米处，以底线正手击球方法连续迎击同伴打过来的反弹球。

方法二：底线击对方前场来球，即由他人在对方前场送球，练习者在底线迎击来球。

方法三：两人底线正手击球，即两人分别站立在两底线，以中等力量迎击对方来球，要求击球时动作顺畅完整。

（四）反手击球

1. 技术动作方法

反手击球是指在握拍手的异侧于后场击对方反弹来球的技术动作。这种击球方法通常用于接对方发球和反弹来球，如图 6–92 所示。

反手击球动作由准备姿势、后摆引拍、挥拍击球和随挥跟进 4 个技术环节组成。

（1）准备姿势。反手击球的准备姿势动作方法与正手击球相同。

（2）后摆引拍。当判断对方来球朝反手方向飞来时，扶住拍颈的左手应迅速帮助右手变换为反手握拍法，右脚向左前方跨出成“关闭式”击球步法，身体重心在右脚上，同时转动身体带动球拍向左后方摆动，球拍指向球场后端的挡网，后摆时手臂相对伸直，手腕用力使拍头稍翘起，右肩对着来球。反手后摆动作较正手后摆动作完成得更早些。在后摆引拍整个过程中，左手始终扶住拍颈。

（3）挥拍击球。当球接近身体时，球拍由后向前上方挥出，前挥时手臂仍保持伸直，重心在右脚上，击球时手腕绷紧使拍面与地面保持垂直，击球点在右脚左前方膝与腰之间的高度上，结合转体和转肩的动作将球击出。

（4）随挥跟进。击球后，球拍沿着球飞行的方向继续向右前上方挥动，单手握拍流畅、舒展，随挥至右外侧；双手握拍挥拍至右肩上方结束；左脚保持留在身后，脚尖触地。

2. 常用底线反手击球技术

（1）反手平击球。这种击球方法适合于单手反手击球的初学者使用。反手平击球一般使用东方式反手握拍方法。特点是球速快，球的飞行路线比较平直，球落地后的前冲力量大。

技术要点：后摆引拍时右脚向左侧前方跨出并用力踏地，屈膝降低重心。击球时手腕绷紧，使球拍与地面垂直。挥拍击球的路线是从后向前上方比较平缓地挥击，同时左臂自然展开留在身后，保持身体的平衡。击球后，球拍应随着惯性挥至右肩上方，持拍手臂挥直。

（2）反手上旋击球。这种击球方法适合于有一定技术基础的人使用。

技术要点：后摆引拍时，持拍手肘关节微屈并稍靠近身体。击球时拍面稍向后倾斜，利用球拍向上摩擦球体使球产生运动的过程中，前肩应该像一个卷曲的弹簧被放开一样，平滑地转动，这个放开动作造成了拍头出去的速度，并把力量作用于击球。击球完成后，球拍不要停止，应继续向右前上方挥动。

（3）反手削球（下旋球）。这种击球方法较为简单易学，且比较安全，适合于初学者使用。

技术要点：后摆引拍时，拍头要比反手上旋击球起得高，球拍要相对远离身体，手腕上翘，使拍头高于手腕，拍面稍斜向地面。向前挥拍时肘关节外展，手臂伸直，保持拍面稳定。击球时手腕绷紧，拍面微开，球拍由后上向前下方做切削动作，击球点比反手上旋击球稍前。击球后，球拍的随挥动作由下稍向上成弧形前挥至肩部或头部高度。

（4）双手反手击球。这种击球方法由于双手握拍，拍面容易稳定，初学者易于学习和掌握。

技术要点：当判断需要用双手反手击球时，右手立即换成东方式反手握拍，左手顺着拍柄向下滑，直到双手相接，左手掌贴在拍柄背面，以东方式正手握拍。后摆引拍时，右脚向左前方跨出，身体重心在右脚上，侧身转肩背朝网，双臂相对靠近身体，直线向后充分引拍。挥拍时回身转腰，球拍由后下向前上方挥出，挥拍过程尽量保持拍面与地面垂直，击球点位于身体左前体侧与腰部同高处。击球后随挥动作充分向右前上方挥动，环绕至右肩上方收拍，收拍时左臂不能挡住脸部，挥拍结束时右脚留在身后并与地面接触，如图 6–93 所示。

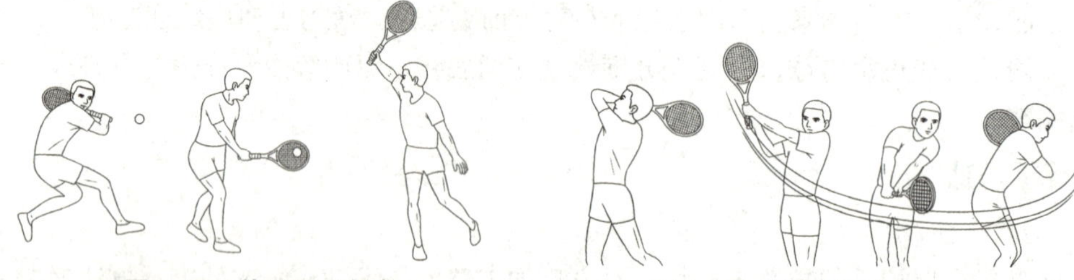

图 6–92　单手反手击球　　　图 6–93　双手反手击球

3. 反手击球练习方法

（1）徒手练习方法。

方法一：挥拍动作练习，即练习者左手持固定物于身后，右手持拍做挥拍徒手练习，体会挥拍时两手臂展开、保持身体平衡的感觉。

方法二：挥拍击球练习，即练习者站到障碍物前约 1 米处，做挥拍击球动作，使拍面触及障碍物，并观察拍面是否与障碍物平行，以体会挥拍击球时拍面的角度。

方法三：对镜挥拍动作练习，即练习者站于镜子前挥拍练习，检验与纠正自己的挥拍动作。

（2）固定球练习方法。

方法一：自抛击球练习，即练习者原地对挡墙或挡网站立，进行反手的自抛击球练习。

方法二：多球自抛击球练习，即练习者站在底线后，用多球连续自抛击球过网练习，体会整个动作过程及人与场地的关系。

方法三：击对方前场抛球练习，即练习者站在发球线后约 1 米处，迎击对场网前抛来的球。

（3）移动击球练习方法。

方法一：对墙击球练习，即练习者站于挡墙约 6 米处，以单手反手握拍或双手反手握拍方法对墙连续击球。

方法二：底线击对方前场来球，即由他人在对方前场送球，练习者在底线以反手削球动作方法迎击来球。

方法三：双手反手移动击球，即练习者站立底线中间，以双手反手的握拍方法移动迎击对方前场送于左侧的来球。击球后返回原来位置，准备击打下一个来球。要求判断球的落点，迅速移动到位，及时后摆引拍。

（五）截击球

1. 技术方法

截击球是指凌空击打对方来球的技术动作，即当球在落地之前将来球击回对方场区。既可以在网前截击，也可以在场内任何地方截击空中球，截击球以网前截击为主。截击球的特点是缩短击球距离，扩大击球的角度，加快回球速度，在网球比赛中是一种主要打法和进攻手段。

（1）准备姿势与站位。准备姿势的基本方法与底线击球相同，因来球速度快、距离短，所以要集中注意力。眼睛注视来球，重心稍降低并落在前脚掌上，上体前倾，做好更充分的击球准备。网前截击的一般站位应该在离网 2 ～ 3 米的位置上，单打应位于前场中间，双打则位于距同侧边线约

2 米处。截击球以大陆式握拍为主。

（2）后摆引拍动作。当判断来球需要截击时，异侧脚向反方向前侧跨出成“关闭式”步法，同时以肩带动转体后摆引拍，引拍时手腕锁紧球拍使拍面固定，要保持球拍与肩平行，拍头高于手腕且稍高于肩膀，眼睛紧盯着来球。迅速、简单、幅度小是截击后摆引拍动作的特点。

（3）挥拍击球动作。向前挥拍时，手腕固定，保持适度开放的拍面，结合“关闭式”步法，重心前移，带动紧张固定的右肩膀顺势向前挥拍。击球时，手腕紧固，击球点保持在体前，主动上前迎击球，充分利用身体前冲的力量，以短促的动作向前向下切削来球。

（4）随挥跟进动作。截击球的随挥动作一般短促有力，击球后，随惯性球拍向前下方做随挥动作，送出 30 厘米左右即停止。

2．常用截击球技术

（1）正手截击球。后摆引拍时，左脚立即向右前方跨出，同时转肩，带动球拍向后引，拍头要高于握拍手，绷紧手腕，握紧球拍。截击球的动作有点像挡击或撞击，在拍面短促向前撞击的同时微微向下做切削球的动作，击球时保持拍头微翘，拍面稍向后仰。击球后有一个小幅度向前的随挥动作，随挥过程中手腕仍紧握拍，如图 6–94 所示。

（2）反手截击球。对大多数参加网球运动的人来说，反拍截击比正拍截击更容易，因为它更符合人体解剖学肌肉用力结构的特点，如图 6–95 所示。

图 6–94　正手截击球　　**图 6–95　反手截击球**

（3）截击高球。后摆引拍时加大后摆引拍的幅度，手腕上翘使拍头竖起。击球时，球拍对准球做高位切削动作，重心前移，然后做简短的随挥动作。反手截击高球时，扶拍手帮助球拍向后引拍，同时控制好拍面，球拍后摆引拍幅度不要太大，拍头朝上，体前击球。

（4）截击低球。截击低于网的来球时，首先要降低身体重心，屈膝至来球的适宜高度，移动时如采用前弓步，后膝盖甚至可触及地面，所以截击低球通常被称为“膝盖打球”。击球时，拍头略低于手腕，拍面开放。在身体前面击球时，击球动作和随挥动作更为短促。

3．截击球练习方法

（1）徒手练习方法。

方法一：后摆引拍练习，即背对挡墙或挡网 0.5 米处站立，做后摆引拍动作练习，以体会短距离引拍。

方法二：单个动作徒手练习，即连续正手或反手徒手截击球动作练习。

方法三：正反手徒手练习，即结合步法，交替进行正反手徒手练习。

（2）固定球练习方法。

方法一：短距离击抛球，即两人一组，相距约 4 米，一人准确抛球，另一人以半跪姿势撞击来球，体会击球时拍面的角度。

方法二：网前短拍截击练习，即两人一组，隔网站立，一人送球，另一人先用手掌接对方来球，然后以短拍截击对方来球，体会击球动作。

方法三：网前截击练习，即练习者站在网前，连续用正手或反手截击对方固定来球。

（3）移动击球练习方法。

方法一：正反手截击练习，即结合步法，网前交替以正反手动作截击对方中场送来的球。

方法二：移动截击球练习，即练习者站在网前一侧边线处准备，移动连续截击对方 3 个不同位置的来球，以体会移动击球动作。

方法三：截击高球练习，即练习者站在发球线中间，判断对方来球后，以截击高球的动作截击对方来球。

（六）其他技术

1. 高压球

高压球的动作和发球相似，后引拍动作比发球简短，直接引拍下垂在肩后。击球点在右肩前上方，击球的后上部，利用身体的前俯带动肩臂向前挥拍，可以切削或旋转动作。有时来球过高，还可跳起来打高压球，起跳与引拍应同时进行，空中击球后落地。高压球适用于击高于头的来球，也可直接击落地的高球。

2. 挑高球

持拍自下方后引，直接自右下方向前挥拍，球拍击球的后下部或下部，把球高高地打入上空，落在对方后场区。如球拍有向后上方提拉的动作，可使球产生强烈的上旋。挑高球的目的在于迫使对方后退，赢得时间回到有利的位置。

3. 放短球

放短球多用手腕动作，小臂带动手腕持拍向下切，沿球下部快速滑动，缓冲来球力量，使球后旋，落入对方网前。放短球适用于对方在底线往复跑动时，出其不意突放一网前短球，造成对方来不及上网而失误。

三、网球运动基本战术

现代网球运动正朝着技术全面、特长突出，击球时的速度快、力量大、旋转强的方向发展，对抗越来越激烈，对网球运动员战术意识提出了更高的要求，因此在教学训练中不断提高战术意识是尤为重要。

（一）单打战术

1. 发球战术

因发球不受对方的支配，可通过力量、速度和落点达到得分的目的，例如针对对方有弱点的发球；也可运用不同的发球方式，制造上网截击的机会；还可以利用风向、阳光等自然条件发球，给对方制造困难。第一次发球，多采用大力平击发球，造成对方难以抵挡而失误。第二次发球为求成功，多采用切削发球或旋转球。发球站位也应有战术考虑。发第一区时，尽量接近中点线站位，发直线球逼住对方反拍；发第二区时，可距中点线稍远站位，便于以更大的斜线发至对方反拍区，并扩大自己正拍防守的区域。

2. 接发球战术

接发球一般是处在被动地位，但也应做些战术上的准备以减少被动，争取主动。

（1）站位。为避免接球时的大距离奔跑，接球站位应该在对方向本人左右发球夹角的分角线上，并站在端线内 0.5 米处。这样有利于左右回击和上网回击。

（2）接发球方法。一般多采用平击抽球，将球回击到对方底线两角，也可以加旋转回球，旋向两边线外，使对方大范围左右奔跑。

3. 上网战术

上网战术是积极主动的打法，在发球和接发球后冲到离网较近的位置，不等对方回击的球落地，即进行空中截击或高压球。

（1）上网时机。多用于第一次发球，发急速旋转球后，借球在空中飞行时间长、对方难以回击之机上网截击。

（2）上网站位。尽可能站到距网约 2 米处。近网进攻威胁性大，封网角度小，防守控制面积大，但必须有强力高压球作保证，否则对方挑高球时便陷入被动。

（3）上网击球。上网击球主要采用截击球和高压球，还要根据对方的站位决定击球的方向和落点。

4. 底线战术

底线击球应以进攻性打法为前提，用快速、准确、凶狠的击球取胜对方。常用的办法有：大角度抽击球，使对方左右奔跑；逼右攻左，逼左攻右，攻击对方的弱点；大力直线球，在速度上压制对方等。

（二）双打战术

双打比赛站位，一般是正拍好的站位靠右侧，反拍好的站位靠左侧，最理想的配对是一个右手握拍，另一个左手握拍。发球时，发球者站在端线后，中线与边线一半处，同伴则站在距网 2 ～ 3 米，离边线 3 米处守住半边场区，伺机截击或高压击球。接发球时，接发球者站在可能发到的角度的分角线上，同伴则站在发球线前距网 4 ～ 5 米，离边线 3 米处。同伴之间要有默契，一般原则是来球在两人之间，由正拍击球者回击；球在两人之间又是斜线来球时，由距离近的运动员迎击；挑高球落在两人之间，由正拍击球者进行高压击球；对方接发球回击过来的中场球，由上网运动员争取截击，另一同伴注意补漏。

四、网球运动竞赛规则简介

了解网球运动竞赛规则不仅有助于我们更好地参与网球运动，还有助于我们观赏网球运动。

（一）场地

网球比赛场地有草地、硬地、泥沙地和涂塑合成地面等。场地规格如图 6–96 所示，网高 0.914 米，端线外至少有 6.40 米空地，边线外应有 3.66 米空地。

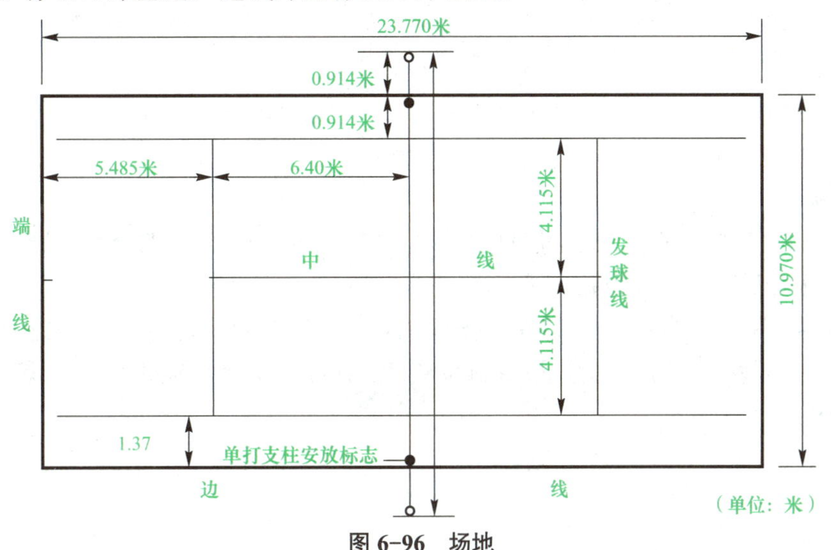

图 6–96 场地

（二）比赛规则

1. 发球

（1）发球员在发球前，应先站在端线后、中点和边线的假定延长线之间的区域里，用手将球向空中抛起，在球接触地面以前用球拍击球。

（2）发球员在整个发球动作中，不得通过行走或跑动改变原站立的位置，两脚只准站在规定的位置，不得触及其他区域。

（3）每局开始时，先从右区端线后发球，得或失一分后，换到左区发球。发出的球应从网上越过，落到对角的对方发球区内或其周围的线上。

（4）发球时，发生下列任何情况之一均判失误：发球员违反上述规定，未击中球，发出的球在落地时触及固定物（球网、中心带、网边白布除外）。

（5）下列任一情况，均判发球无效，并重发球：发球触网后仍然落到对方发球区内，接球员未做好接球准备。

（6）发球次序及交换场地。第一局比赛终了，接球员成为发球员，发球员成为接球员，以后每局终了，均依次互相交换，直至比赛结束；双方应在每盘的第一、三、五等单数局结束后，以及每盘结束双方局数之和为单数时，交换场地。

2. 失分

出现以下情况，均判失分：发球员接连两次发球失误；在球着地前触及身体任何部位或其穿戴的任何物件；在球第二次着地前未能还击过网；还击的球触及对方场区界线以外的地面、固定物或其他物件；还击空中球失败；故意用球拍拖带或接住球，或故意用球拍触球超过一次；“活球”期间运动员的身体、球拍触及球网或对方场区内的地面；过网击球；抛拍击球。

3. 压线球

落在线上的球均为界内球。

4. 双打发球及接发球次序

每盘第一局开始时，由发球方决定何人首先发球，对方则同样在第二局开局时决定由何人首先发球，第三局由第一局发球方的另一球员发球，第四局由第二局发球方的另一球员发球，以下各局均按此次序发球。

每盘第一局开始时，由先接发球一方决定何人接发球，并在这盘单数局继续先接发球。

对方同样应在第二局开始时，决定何人先接发球，并在这盘双数局继续先接发球。其同伴应在每局中轮流接发球。

5. 双打还击

接发球后，双方应轮流由其中任何一名队员还击，如运动员在其同伴击球后，再以球拍触球，则判对方得分。

6. 计分方法

（1）局。每胜一球得一分叫 15，得两分叫 30，得三分叫 40，先得四分胜一局。双方各得三分时为“平分”，平分后净胜两分为胜一局。

（2）盘。先胜六局者为胜一盘。双方各胜五局时，一方净胜两局为胜一盘。在每盘局数为 6 ∶ 6 时，长盘制为一方净胜两局为胜一盘，短盘制为先胜 7 分者胜该盘，例如 7 ∶ 4。若比分为 6 平时，一方须净胜两分，如 8 ∶ 6。

第八节　橄榄球运动

一　橄榄球运动概述

橄榄球运动是一项充满激情与力量的团队球类运动，其独特的魅力吸引着全球无数爱好者。它起源于19世纪中期的英国，传说在1823年，英国拉格比公学的学生威廉·韦伯·埃利斯在足球比赛中，因一时冲动抱起足球冲向对方球门，这一违规举动却意外催生了橄榄球运动。此后，这项运动逐渐发展并传播到世界各地，形成了不同的流派和竞赛形式。

橄榄球运动具有鲜明的特点，是一项高强度的对抗性运动，要求运动员具备出色的力量、速度、耐力和敏捷性。在比赛中，球员们需要通过奔跑、传球、接球、冲撞等动作来争夺球权并得分，整个过程节奏紧凑，充满变数，极具观赏性。同时，橄榄球运动也是一项高度讲究团队协作的运动，场上的15名球员（英式橄榄球）或11名球员（美式橄榄球）各司其职，必须密切配合，才能完成进攻和防守任务。

从运动价值来看，参与橄榄球运动对运动员的身心发展有着诸多益处。具体如下：

（1）在身体素质方面，它能全面提升人体的心肺功能、肌肉力量、爆发力和身体协调性。

（2）在心理层面，运动员在激烈的对抗中需要保持冷静的头脑、果断的决策能力和坚韧的意志力，这有助于培养他们的抗压能力和团队合作精神。

（3）在国际交流方面，橄榄球运动能促进不同文化之间的交流与融合，国际赛事的举办让来自世界各地的球队齐聚一堂，展现各自的技战术风格和文化特色。

如今，橄榄球运动已经发展出多个分支，其中英式橄榄球和美式橄榄球最为知名。英式橄榄球注重团队配合和连续进攻，比赛中没有暂停，节奏较快；美式橄榄球则更强调战术的复杂性和对抗的激烈程度，设有攻防转换和暂停机制，规则相对复杂。无论是哪种形式，橄榄球运动都以其独特的魅力在全球范围内拥有广泛的群众基础和影响力，世界杯等国际赛事更是吸引了亿万观众的关注。

二　橄榄球运动基本技术

橄榄球运动的基本技术是运动员在比赛中完成各种动作的基础，包括持球、奔跑、传球、接球、踢球、防守等多个方面，每个技术环节都有其特定的要求和要领。

1. 持球技术

持球技术是橄榄球运动中最基础的技术之一，正确的持球方法能保证球员在奔跑和对抗中不丢失球权。球员通常用双臂将球抱在胸前，一手在前稳住球的前端，另一手在后托住球的后端，手指自然张开，掌心贴紧球面，同时双臂用力夹紧，将球固定在身体与手臂之间，这样可以有效防止球在身体晃动或受到撞击时掉落。在快速奔跑或准备传球时，持球的手要根据具体情况灵活调整，确保球的稳定性和传球的准确性。

2. 奔跑技术

奔跑技术在橄榄球运动中至关重要，球员需要具备快速的启动速度、灵活的变向能力和持久的耐力。在直线奔跑时，球员要保持身体前倾，步幅适中，频率较快，双臂自然摆动，以增加前进的动力。在变向奔跑时，要降低重心，用内侧脚蹬地，外侧脚引导方向，同时身体随之转动，保持平衡，以便快速改变运动轨迹，摆脱防守球员的纠缠。此外，球员在奔跑过程中还要时刻观察场上局势，根据队友和对手的位置变化及时调整自己的奔跑路线。

3．传球技术

传球技术分为多种类型，如短传、长传、侧传等，不同的传球方式适用于不同的比赛场景。

（1）短传通常用于近距离传递球权，球员用手腕发力，将球快速、准确地传给队友，传球时手臂要贴近身体，动作简洁有力。

（2）长传则需要更大的力量和更精准的控制，球员要借助手臂、肩部和腰部的力量，将球向远处的队友传出，传球时身体要向后扭转，然后突然发力，使球沿着预定的轨迹飞行。

（3）侧传主要用于在边线附近传递球，避免球出界，传球时手臂向侧面摆动，球的飞行路线较为平直。

无论哪种传球方式，都要保证传球的准确性和及时性，让队友能够顺利接球。

4．接球技术

接球技术同样不容忽视，它直接关系到球权的转换和进攻的延续。球员在接球时，要提前判断球的飞行轨迹和落点，迅速调整自己的位置，做好接球准备。对于高球，要跳起身来，用双手将球牢牢接住，同时注意保护自己，避免被对手撞击。对于低球或地面滚动球，要弯腰屈膝，降低重心，用双手或手臂将球揽入怀中，防止球从手中溜走。接球后要立即将球抱紧，做好下一步的进攻或传球准备。

5．踢球技术

踢球技术在橄榄球运动中主要用于发球、射门和弃踢等环节。

（1）发球时，球员要将球放在地上，用脚的内侧将球踢向对方场地，要求踢球的力量适中，方向准确，为队友争取有利的进攻位置。

（2）射门是得分的重要手段之一，球员需要在规定的范围内将球踢过球门横杆上方，这就要求球员具备精准的脚法和良好的心理素质，踢球时要控制好脚与球的接触部位和发力大小，确保球能够按照预期的路线飞行并得分。

（3）弃踢则是在进攻受阻时，为了避免丢失球权而采取的一种策略，球员要将球踢向对方场地深处，增加对方的进攻难度。

6．防守技术

防守技术包括拦截、擒抱、冲撞等，其目的是阻止对方的进攻，夺回球权。

（1）拦截时，防守球员要准确判断对方球员的传球路线，迅速上前将球截获。

（2）擒抱是最常用的防守手段，防守球员要冲向持球的进攻球员，用双臂抱住对方的腿部或腰部，将其摔倒在地，使其无法继续前进，擒抱时要注意动作的规范性，避免犯规。

（3）冲撞则是在双方争夺球权时使用的技术，防守球员要利用身体的力量撞击对方球员，干扰其持球和传球，争取夺回球权，但冲撞时不能使用危险动作，以免造成伤害。

三 橄榄球运动基本战术

橄榄球运动的战术是球队在比赛中根据场上局势和对手特点制定的策略和方法，合理运用战术能有效提高球队的进攻效率和防守强度，增加获胜的机会。基本战术主要包括进攻战术、防守战术和特殊情况下的战术等。

1．进攻战术

进攻战术的核心是通过一系列的配合和行动，突破对方的防守，实现得分。常见的进攻战术有连续冲击战术、传球战术、侧翼进攻战术等。

（1）连续冲击战术是指进攻方通过多名球员轮流持球向对方的防线发起冲击，利用身体优势突破对方的防守阵地，这种战术适用于对方防线较为薄弱或体力下降的情况，通过不断的冲击消耗对方的体力，为后续的进攻创造机会。

（2）传球战术是指利用球员之间的传球配合，调动对方的防守阵型，寻找防守漏洞。进攻方可以通过短传、长传相结合的方式，将球在场上快速转移，让防守球员难以捉摸，从而创造出射门或突破的机会。例如，在对方防线收缩时，可以通过长传将球传到侧翼，由边路球员发起进攻。

（3）侧翼进攻战术是针对对方防线中路防守较强的情况，从场地两侧发起进攻。进攻方可以将球传到侧翼，由速度快、灵活性高的球员沿着边线奔跑，利用边路的空间突破对方的防守，这种战术需要球员具备良好的速度和变向能力，同时队友要及时进行掩护和配合，为持球球员创造进攻空间。

2. 防守战术

防守战术的目的是阻止对方的进攻，保护自己的球门，争取夺回球权。常见的防守战术有区域防守、人盯人防守、联防等。

（1）区域防守是指防守球员各自负责一定的区域，在自己的区域内对进入的进攻球员进行防守，这种战术可以有效地覆盖整个场地，防止对方球员在特定区域形成突破，适用于对方传球较多的情况。

（2）人盯人防守是指每个防守球员负责紧盯一名进攻球员，无论对方球员跑到哪里，都要进行贴身防守，这种战术可以有效限制对方核心球员的发挥，减少其接球和进攻的机会，但对防守球员的体力和防守能力要求较高，需要球员具备良好的耐力和防守技巧。

（3）联防是指区域防守和人盯人防守的结合，防守球员既有各自负责的区域，又要根据进攻球员的移动进行协防，这种战术灵活性较高，既能有效覆盖场地，又能对重点进攻球员进行针对性防守，在比赛中应用较为广泛。

3. 特殊情况下的战术

特殊情况下的战术包括开球战术、罚球战术、最后时刻的战术等。

（1）开球战术是指比赛开始或得分后重新开球时采用的策略，进攻方可以通过巧妙的开球方式，如将球踢向特定的区域，由队友抢球后发起快速进攻，打对方一个措手不及。

（2）罚球战术是指在获得罚球机会时制定的得分策略，球队可以根据罚球的位置和距离，选择直接射门或进行传球配合，争取获得更多的得分机会。例如，在距离球门较近的位置，可以选择直接射门；在距离较远的位置，可以通过传球配合，将球带到更近的位置后再射门。

（3）最后时刻的战术是指在比赛即将结束，双方比分接近的情况下采用的策略，如果球队处于落后状态，可以采取积极的进攻战术，如全力冲击对方的防线，争取在最后时刻得分；如果球队处于领先状态，则可以采用拖延时间的战术，如控制球权，消耗比赛时间，确保胜利。

四 橄榄球运动竞赛规则简介

橄榄球运动的竞赛规则是保证比赛公平、有序进行的重要依据，不同类型的橄榄球运动规则存在一定差异，这里主要介绍英式橄榄球和美式橄榄球的一些基本竞赛规则。

1. 英式橄榄球竞赛规则

英式橄榄球比赛通常分为上下两个半场，每个半场 40 分钟，中间休息 10 ～ 15 分钟。比赛开始时，由一方球队在中场开球，将球踢向对方场地，双方球员开始争夺球权。比赛中，球员可以用手传球，但只能向后或向侧面传球，不能向前传球，向前传球视为犯规。

得分方式主要有以下三种：

（1）达阵得分。当进攻方球员将球带过对方的球门线并触地时，可得 5 分，达阵后还可以获得一次射门机会，若射门成功，可再得 2 分；

（2）射门得分。进攻方在比赛中通过踢球将球踢过对方球门横杆上方，可得 3 分。

（3）罚踢得分。当对方犯规时，进攻方获得罚踢机会，若罚踢成功，可得 3 分。

比赛中，球员之间可以进行合理的身体对抗，如擒抱，但不能使用危险动作，如击打头部、拉拽球衣等，否则将被判犯规，犯规方将受到处罚，如对方获得罚踢机会、犯规球员被暂时罚下场等。此外，比赛中还有一系列关于球出界、越位等的规则，确保比赛的公正性和流畅性。

2．美式橄榄球竞赛规则

美式橄榄球比赛分为 4 节，每节 15 分钟，第一、二节之间和第三、四节之间各休息 2 分钟，上下半场之间休息 12 分钟。比赛开始时，由进攻方在自己的 20 码线处开始进攻，通过一系列的进攻动作推进球权，每次进攻有 4 次机会，如果在 4 次机会内推进 10 码以上，则可以获得新的 4 次进攻机会，否则将失去球权，由对方球队进攻。

美式橄榄球的得分方式有以下三种：

（1）达阵得分。球员将球带过对方的球门线并触地，可得 6 分，达阵后可以选择射门（得 1 分）或再次进攻达阵（得 2 分）。

（2）射门得分。在比赛中任何时候，进攻方都可以选择射门，若球踢过对方球门横杆上方，可得 3 分。

（3）安全得分。当进攻方在自己的端区内犯规或被防守方逼入端区，防守方可得 2 分。

美式橄榄球的规则相对复杂，对球员的位置和职责有更明确的划分，比赛中有更多的暂停和攻防转换，战术的运用也更为复杂。在身体对抗方面，美式橄榄球允许更激烈的冲撞，要求球员必须佩戴专业的护具，如头盔、护肩、护肘等，以保护自身安全。在比赛制度方面，比赛中也有严格的犯规判罚制度，如非法阻挡、拉拽、恶意冲撞等行为都将受到处罚，确保比赛的安全和公平。

总之，橄榄球运动的竞赛规则旨在维护比赛的公平、公正和安全，同时保证比赛的观赏性和流畅性，运动员和裁判员都必须严格遵守这些规则，才能使比赛顺利进行。

第七章

搏击运动

第一节　跆拳道

一　跆拳道运动概述

跆拳道（taekwondo），是现代奥运会正式比赛项目之一，是一种主要使用手及脚进行格斗或对抗的运动。跆拳道起源于朝鲜半岛，早期是由朝鲜三国时代的跆跟、花郎道演化而来的，是韩国民间流行的一项技击术。

（一）跆拳道的产生与发展

跆拳道是经过东亚文化发展的一项武术，以“始于礼，终于礼”的武道精神为基础。其脚法占70%。跆拳道的套路共有 25 套，另外还有兵器、擒拿、摔锁、对拆自卫术及 10 余种基本功夫等。跆拳道在 1988 年汉城（现首尔）奥运会时被确立为示范项目；在 1992 年的巴塞罗那奥运会开始成为试验比赛项目；在 2000 年的悉尼奥运会成为正式比赛项目。跆拳道作为健康运动和人性教育项目，已经发展成为 203 个国家的 8 000 万人参与的世界性武艺运动项目。

跆拳道在全世界的组织主要分为两个体系：国际跆拳道联盟（ITF）和世界跆拳道联盟（WTF）。奥运会采用的是 WTF 体系。

（二）我国跆拳道运动的发展

1992 年 10 月 7 日，中国跆拳道协会筹备小组成立，这标志着我国跆拳道运动的正式开始。1994 年 9 月，在云南昆明进行了第一届全国跆拳道比赛；1995 年 5 月在北京体育大学举行了第一届全国跆拳道锦标赛，从此跆拳道在中国迅速发展。1995 年 8 月正式成立中国跆拳道协会。同年 11 月，中国跆拳道协会被世界跆拳道联盟接纳为正式会员。

（三）跆拳道技术

跆拳道的三个分项，即竞技、品势、特技，各自具有独特的特点和价值。

竞技是跆拳道中最为人们所熟知的分项，它强调实战对抗，以击败对手为目标。在竞技比赛中，双方选手按照规定的规则和动作标准，运用踢、打、冲、防等技术进行对抗。竞技跆拳道不仅要求运动员具备出色的身体素质和技术，还要求他们具备敏捷的反应能力、准确的判断能力和良好的心理素质。竞技跆拳道的训练，可以锻炼运动员的意志品质，培养他们的团队合作精神和竞争意识。

品势是跆拳道中的另一个重要分项，它注重技术的规范和动作的准确性。品势是由一系列基本动作和招式组成的，每个动作都有其特定的含义和用途。通过品势的练习，运动员可以逐步掌握跆拳道的基本技术和动作要领，提高身体的柔韧性和协调性。品势的练习也要求运动员注重呼吸和力量的配合，通过呼吸调节来发挥力量的最大效能。品势的修习有助于培养运动员的耐心和专注力，使他们能够更好地掌握和运用跆拳道的技术。

特技是跆拳道中的一项高难度表演项目，它要求运动员具备出色的身体素质和极高的技术水平。特技动作通常包括跳跃、旋转、踢腿等高难度动作，需要运动员具备出色的柔韧性、力量、协调性和平衡能力。特技跆拳道的表演不仅展示了运动员的技术水平，还通过精彩的表演给观众带来视觉上的享受。特技跆拳道的训练需要运动员付出大量的努力和汗水，通过不断地练习和挑战自我，他们可以突破身体的极限，实现自我超越。

1. 跆拳道动作的使用部位

（1）拳法。拳法在竞赛跆拳道中主要有正拳，在品势中则有正拳、勾拳、锤拳等：

1）正拳（也称平冲拳或直拳）：将手的四指并拢握紧，拳面要平，然后拇指压贴于食指和中指的第二节上。使用正拳时，用拳的正面的食指和中指部分击打。

2）勾拳：握法同正拳。使用时用食指和中指关节根部的突出部分击打。

3）锤拳：握法同正拳。使用时用小指和手腕间的肌肉部分击打。

4）平拳：向前平伸拳，然后把手指的第二节弯曲，指尖贴紧手掌，拇指弯曲紧贴食指尖，用第二指尖击打。

5）中突拳：中指弯曲或食指从正拳握法中突出，主要是击打太阳穴和两柱肋部。

（2）掌法。

1）手刀：四指伸直，拇指弯曲靠近食指，用小指侧的掌外沿攻击对方。只局限于在品势中使用。

2）背刀：此掌法与手刀基本相同，用食指侧攻击对方。只限于在品势中使用。

3）贯手：手形与手刀基本相同，要求微屈中指，主要用四指指尖截击对方的要害部位，如攻击对方的眼睛、喉部等。只限于在品势中使用。

（3）臂部。

1）腕部：腕关节的四周部位。主要用于防守格挡。

2）肘部：用肘的鹰突关节攻击。只限于在品势中使用。

3）前臂和上臂：主要用外侧进行格挡防守，其中前臂的格挡在竞赛跆拳道比赛中经常被运动员所使用。

（4）脚部与膝部。跆拳道比赛中，运动员以腿攻为主，采用的脚的部位是脚面、足刀、脚尖和脚跟。

1）脚面：用脚的正面部分攻击对方，主要用来踢击对方髋关节以上、锁骨以下被护具包围的部位和头部的侧面。

2）足刀：用脚外沿侧蹬对方，多用于侧、推踢。

3）脚尖：主要用脚趾前端的部位进攻对方。

4）脚跟：主要用脚跟后踢和推踢对方。

5）前脚掌：主要用前脚掌攻击对方，多用于劈腿。

6）膝部：用膝盖顶击对方，只局限于在品势中使用。

2. 基本步法

（1）上步。右架站立，右脚向前上一步，成为左架实战姿势，反之左架亦然。

动作要领：上步时通过向左拧腰转髋完成，两臂在体侧自然上下移动，重心不要上下起伏过大。

（2）后撤步。右架站立，左脚向后撤一步，成为左架实战姿势，反之左架亦然。

动作要领：后撤步时重心保持平稳地移动，通过向左拧腰转髋完成，两臂在体侧自然上下移动。

（3）前跃步。右架站立，两脚同时向前跃进一步，保持右架实战姿势，反之左架亦然。

动作要领：向前跃步时，重心不宜起伏过大，尽量使重心平稳移动，两脚稍离地即可。

（4）后跃步。右架站立，两脚同时向后回撤一步，保持右架实战姿势，反之亦然。

动作要领：向后回撤时，重心不宜起伏过大，尽量使重心平稳移动，两脚稍离开地面。

（5）原地换步。右架站立，两脚原地前后交换，由右架换成左架，反之左架亦然。

动作要领：重心不宜起伏过大，尽量使重心平稳移动，两脚稍离开地面。

（6）侧移步。第一种步法是以前脚为轴，后脚向左侧方向移动，用以改变与对手的站位方向；第二种步法是右架站立，右脚先向右侧移动一步，随之左脚也迅速向右侧移动一步。

动作要领：一般是将身体重心移向前脚，以利于后腿攻击。

（7）垫步。右架站立，右脚向左脚内侧上步，同时左腿迅速抬起以便进攻和防守。

动作要领：右脚垫步时，左脚要迅速提起，重心落在右腿上，右膝微屈。

3. 品势中的步型

（1）准备势。两脚开立与肩同宽，身体自然直立，两脚尖略外展，两手握拳置于腹前。

（2）开立步。两脚开立与肩同宽，身体自然直立，两膝微屈，两脚尖正对前方，两手握拳置于体侧。

（3）马步。两脚开立，较肩宽，两脚尖平行或略内扣，挺胸直背，两腿屈膝半蹲，重心落在两脚之间。

（4）弓步。前后脚分立，两脚相距一步半，前腿屈膝，后腿伸直，前腿膝关节与脚尖垂直，重心大部分落在前脚上。左脚在前称左弓步，右脚在前称右弓步。

（5）后弓步。前后脚分立，两脚相距约一步，后脚尖外展 90°，后腿屈膝如同骑马状，前腿膝关节略屈，重心大部分落在后腿上。左脚在前称右后弓步，右脚在前称左后弓步。

（6）前探步。如走路姿势，两脚之间距离小于弓步，上体略前倾，前腿膝关节略屈，重心大部分落在前脚上。左脚在前称左前探步，右脚在前称右前探步。

（7）虚步。与后弓步相似，前脚掌点地，脚跟提起，重心落在后脚。左脚在前称右虚步，右脚在前称左虚步。

（8）交叉步。一脚向另一脚的前侧或后侧落步，脚尖着地，两腿屈膝交叉。

4. 实战姿势

实战姿势是竞赛跆拳道比赛中双方开始时的基本站立姿势。

动作过程：两脚开立与肩同宽，两臂垂于体侧。左脚或右脚向另一脚的前方迈出，两脚相距一步距离前后站立，使身体侧对对方，同时两手半握拳，沉肩，两臂屈肘自然垂放（左脚在后是左架实战姿势）。重心落在两脚之间，膝部略弯曲，眼睛平视对方面部，下颚微收。

动作要领：两臂所放位置不是固定的，也可以一臂垂下或两臂都垂下。两脚之间的距离和重心的高低可根据具体情况进行调整，原则上是在移动时能最快调整好身体重心。

5. 拳法

拳法的主要作用是防守和配合腿的进攻。右架站立，左手拳为前手拳，右手拳为后手拳。

后手拳的动作过程：右架站立，右脚向后蹬地，腰部与上体快速有力地向左前方扭转，借以增加出拳的速度和力量。在右脚蹬地的同时，右臂快速前伸，肘关节抬起，前臂内旋，拳心向下方转动，使拳面、前臂、肘关节与肩成一条直线并处在一个水平面上。同时身体重心移至左腿上。在击打中目标后，有一个制动过程，然后手臂迅速放松，并借左腿的支撑力量将手臂收回，恢复成实战姿势。攻击部位为胸腹部。

动作要领：用拳击打对方护具的一刹那，腕关节要紧张，将拳握紧，拳进攻主要在双方距离较近时使用，击打时要准备立即起腿进攻或反击。

二 跆拳道腿法技术

（一）前踢

实战姿势开始，右脚蹬地，髋关节略向左旋转，双手握拳置于体侧，同时，右腿以髋关节为轴屈膝上提。当大腿抬至水平或稍高时，髋关节向前送、顶，小腿以膝关节为轴快速向前上方踢出，整条腿踢直，力达脚尖。踢击后迅速放松，右腿沿原路线收回，成实战姿势，如图 7-1 所示。

图 7-1 前踢

动作要领：膝关节夹紧，小腿放松，富有弹性；高踢时往上送；小腿回收速度要快。其主要攻击部位有面部、下颏和腹部。

（二）横踢

实战姿势开始，右脚蹬地，重心前移至左脚，右脚屈膝上提，两拳置于胸前，左脚前脚掌碾地外旋，髋关节左转，右腿膝关节向前抬至水平状态，小腿快速向左前横向踢出。

击打目标后迅速放松收回小腿，成实战姿势，如图 7-2 所示。

图 7-2 横踢

动作要领：膝关节夹紧，向前提膝，尽量走直线；髋关节往前顺，身体与大小腿成直线；严格注意击打的力点在正脚背，踝关节放松。其主要攻击部位有头部、胸腹部和肋部。

（三）侧踢

实战姿势开始，右脚蹬地，右腿以髋关节为轴屈膝提起，两手握拳置于体侧。随即左脚以前脚掌为轴外旋 180°，髋关节向左旋转，右腿以膝关节为轴向前蹬伸，右脚快速向右前上方直线踢出，力点在脚跟。发力后沿起腿路线收腿，成实战姿势，如图 7-3 所示。

图 7-3 侧踢

动作要领：起腿时，大小腿膝关节夹紧；踢出发力时头、肩、腰、髋、膝、腿和踝成一条直线：大小腿直线踢出，沿原路线收回。其主要攻击部位有肋部、胸腹部和头面部。

（四）后踢

实战姿势开始，转身后腿后撤背对对方。重心后移至左脚，右脚蹬地后屈膝提起，右脚贴近左大腿，两手握拳置于胸前。随即左脚蹬地伸直，右脚自左大腿内侧向后方直线踢出，力达脚跟。踢击后右脚沿原路线快速收回，成实战姿势，如图 7-4 所示。

图 7-4　后踢

动作要领：起腿后上体和大小腿折叠收紧；后踢时动作延伸要长，用力延伸；转身、提腿、出脚动作连续，一次性完成，不能停顿。击打目标在正后偏右。其主要攻击部位有胸腹部和头面部。

（五）下劈

实战姿势开始，右脚蹬地，重心前移至左脚。同时，右腿以髋关节为轴屈膝上提，两手握拳置于胸前。随即充分送髋，上提膝关节至胸部，右小腿以膝关节为轴向上伸直，将右腿伸直举于体前，右脚过头。然后放松向下以右脚后跟（或脚掌）为力点劈击，击打后成实战姿势，如图 7-5 所示。

图 7-5　下劈

动作要领：腿尽量往高、往头后举，向上送髋，重心往高起；脚放松往前落，落地要有控制；起腿要快速、果断；踝关节要放松。其主要攻击部位有头顶、脸部和锁骨。

（六）后旋踢

实战姿势开始。两脚以两脚掌为轴均内旋约 180°，身体向右转约 90°，两拳置于胸前。上体右转，与双腿拧成一定角度。右脚蹬地将蹬地的力量与上体拧转的力量合在一起，将右腿向后上以髋关节为轴直腿摆起，右腿继续向右后旋摆鞭打，同时上体向右转，带动右腿弧形摆至身体右侧，右腿屈膝回收。右脚落至右后成实战姿势，如图 7-6 所示。

图 7-6　后旋踢

动作要领：转身、旋转、踢腿连贯进行，一气呵成，中间没有停顿；击打点应在正前方，呈水平弧线；屈膝起腿的旋转速度要快；重心在原地旋转 360° 。后旋腿攻击的主要部位有前额和胸部。

（七）跳踢

跳踢指先跳起使身体腾空，然后在空中完成各种踢法的攻击技术。跳踢包括旋风踢、双飞踢、腾空后踢、腾空后旋踢、跳步横踢等多种方法，是跆拳道的高难度技术动作。下面就简单介绍双飞踢的方法及动作要领。

双飞踢：实战姿势开始，先用右横踢攻击，在右脚未落下时，左脚立即蹬地起跳，身体腾空右转，用左横踢迅速踢击，腾空高度在膝关节以上，但不宜过高。右脚落地支撑，左脚横踢目标后迅速前落，成左势实战姿势，如图 7–7 所示。

动作要领：在使用第一个横踢时，身体可向后稍倾，便于第二个横踢的使用。两腿交换之间，转髋要快速。其主要进攻部位有肋部、胸腹部和头部。

图 7–7　双飞踢

三　跆拳道的健身价值与欣赏

（一）跆拳道的健身价值

跆拳道具有防身健体、修身养性、娱乐观赏等多方面的作用，是人们增强体质、培养意志品质的一种较好的方式。

1. 改善和增强体质

跆拳道的技术是由全身协调配合，主要通过各种各样的腿法来表现。它能很好地促进人体的力量、速度、灵敏、耐力、协调等全面身体素质的发展，具有强身健体的作用。由于运动员在比赛和平时训练中要经常临场应变技战术，或是快速进攻，或是主动后撤再反击，或是腾空劈腿，或是后踢接后旋踢，因而对提高神经中枢的灵活性、提高神经中枢协调支配各器官的能力，起着良好的作用。

2. 提高防身与自卫的能力

跆拳道是武技中的一项。通过跆拳道练习，不仅可以掌握各种踢法和拳法，提高身体的灵活能力和反应能力，还可以经过长期训练后形成一定技能，具备防身和自卫的能力。

3. 磨炼意志，培养高品格的修养

跆拳道推崇“礼始礼终”的尚武精神，其宗旨是礼义廉耻、忍耐克己、百折不挠。跆拳道的训练，可以培养练习者坚忍不拔、勇敢无畏、顽强坚毅的意志品质，尤其讲究未曾学艺先学礼，未曾习武先习德，这使练习者从开始就养成谦逊、宽容、礼让的高尚品德和尊师重教、讲理守信、见义勇为的情操，以有益于社会。

（二）娱乐观赏

跆拳道是一项很具有观赏性的运动项目。在功力检验中，运动员轻松击破木板、砖瓦，使人为之惊叹。而竞赛跆拳道则是两人激烈的对抗，双方选手斗智斗勇，比赛中常有的凌空飞腿和组合腿法令人眼花缭乱，具有极高的观赏价值。

1. 跆拳道技术风格

（1）技术型运动员在比赛中动作稳健，腿法多变，技术成熟，心理稳定，攻防一体，常常使对手在不知不觉中败下阵来。

（2）力量型运动员身体条件好，腿长，肌肉爆发力强，先天素质高人一筹，攻势凌厉，常以力量取胜。

（3）散手型运动员作风顽强，比赛中多主动进攻，攻守得宜，自成一体，动作非常实用，有很高的训练水平和比赛技术。

（4）进攻型运动员进攻意识强烈，会追着对手攻击，用快速连续的技术动作压制对手。

（5）防守反击型运动员的技术训练水平很高，也有很多的大赛经验，多是试探性进攻，在对手反击或进攻时找出弱点，然后直接地回击。

2. 跆拳道的段位与级别

跆拳道有着严格的技术等级考核制度。修炼者水平的高低，以“级”“品”“段”来划分。“级”分为十级至一级，十级水平最低，一级较高。一级以后入“段”，段位从低到高分为一至九段。未成年选手达到一至三段水平，则授予“一品”至“三品”。

从腰带的颜色上可以看出选手的技术水平，从低到高依次为白带（十级）、白黄带（九级）、黄带（八级）、黄绿带（七级）、绿带（六级）、绿蓝带（五级）、蓝带（四级）、蓝红带（三级）、红带（二级）、红黑带（一级、一品至三品）、黑带（一段至九段）。

黑带表示白色的对立，相对白色技术已经熟练，意味着黑暗中也能发挥自身能力。黑带段位分一段至九段。一段至三段是黑带新手的段位，四段至六段是高水平的段位，七段至九段只能授予具有很高学识造诣和对跆拳道的发展做出重大贡献的杰出人物。

四 跆拳道品势的练习方法

（一）练习者注意事项

1. 树立信心

常有人说“跆拳道品势深奥，其意境的修炼需要长期的领悟”，这是忠告练习者“艺无止境”。其实从另一方面说，跆拳道品势动作简单，左右匀称。只要认真学习，任何年龄、任何体质的人，都可以掌握它。初学者最大的困难是品势动作重复较多，转向复杂，容易顾前忘后，记手忘脚。但只要在老师的指导下，练习者树立信心，勤学多练，避免贪多求快，马虎草率，花上几个月的时间，摸清基本规律，就能打得很好。

2. 持之以恒

练习跆拳道品势不能“三天打鱼，两天晒网”，其对人体生理机能的提升，对疾病抵抗力的增强，都需要经过一定时期的系统锻炼，不是练几下就能见效的。有些人因为暂时没有收到效果，或是没掌握动作要领，就感到枯燥、困难，半途而废。也有些人在锻炼过程中感到腰酸腿痛，畏难而退。对那些体质较弱和不经常运动的人来说，这是为适应锻炼需要的增强过程。发生这种情况，不要怕，只需适当减少运动量，或者是练习时姿势放高一些，经过一段时间，酸痛现象就会自然消失。

3. 循序渐进

有些人学拳贪多求快，想先把动作比划下来，以后再注意改进。也有人以多为胜，见异思迁，结果费劲不小，会的不少，可惜质量不高，收效不大，徒有一副空架子。我们知道，跆拳道品势锻炼的效果和质量密切相关。没有正确的姿势和动作，就收不到健身和医疗的功效。一旦形成错误定型，纠正起来比学习新的动作更困难。而且学得草率马虎，一味贪多求快，几天不练也容易忘掉。所以学跆拳道品势要循序渐进地学、扎实地学，宁要少，但要好，打好基础，这样才能收效大，进步快。

4. 重视基本功

打好基础包含两方面意思：一是姿势（型）和动作（法）规范正确，做到“势正招圆”；二是基本功扎实，有良好的身体素质和专项素质。有人认为基本功训练是提高技术水平的需要，初学者不必急于投入。其实不然，学跆拳道品势先从套路入手，还是从先练基本功开始，这个问题我们不必强求千篇一律，重要的是两者不能脱节。脱离了基本功，套路不会正确，质量不能保证；没有套路，基本功也会失去方向，无的放矢。初学跆拳道品势阶段就把两者结合起来，一边练套路，一边进行必要的专门训练，如马步冲拳、弓步下截、压腿以及手法、腿法的单独操练，将会较快地把握跆拳道品势要领，较好地掌握套路，减少错误，正确入门，避免走弯路。

5. 适当掌握运动量

运动量大小与练习时间的长短、动作的准确程度相关。适宜的运动量，要根据个人的体质条件来定。一般来说，练完以后，感到轻松舒服，情绪很高，说明运动量大小合适。运动量过小，身体活动不足，收不到锻炼效果；运动量过大，容易产生疲劳和运动伤害。一般健康的人练到身体出汗即可，体弱和病患者要根据医生和教练员的指导进行锻炼。下肢不能活动的患者，也可以只做上肢和腰部的基础练习。只要按照要领，坚持训练，同样会收获成果。

6. 选好练习的时间和场地

练习的时间最好安排在清晨或傍晚。清晨练习，可以帮助练习者摆脱睡眠的抑制状态，使头脑清醒，为工作和学习做好准备；傍晚练习，可以帮助练习者消除疲劳，起到促进休息的作用。清晨和傍晚时，环境都较安静，这便于练习者集中思想。练习之后，不要马上吃饭或睡觉，最好稍平静一会儿，使运动时的兴奋状态逐渐消失。此外，工间和课余也是进行跆拳道品势锻炼的好时光。

练习者最好找空气新鲜和安静的环境，避免风沙和烟雾。公园、河岸、树林和庭院都是很好的练习地方。如果在室内，最好在空气流通和有阳光的地方。练习时，练习者最好穿宽大柔软的便服或运动服，以免妨碍动作。天太冷时可戴上帽子和手套。练完以后要把汗擦干，以免感冒。

7. 做好准备活动和整理活动

跆拳道品势动作刚劲有力，因此练习前的准备活动和练习后的整理活动非常重要。准备活动是使身体进入运动状态的必要手段。身体肌肉、关节没有摆脱僵滞，大脑处于紧张思维之中，练习时就难以入静和入境，这是练习者的共同体会。

跆拳道品势的准备活动包括两个方面：一是生理准备。目的是克服人体惰性和肌肉黏滞性，使运动器官从相对静止状态进入工作状态，相关的肌肉、关节、韧带活动开，运动中枢走向兴奋，以便更准确地支配动作。二是心理准备。目的是消除思维的紧张状态，使心理平静，精神集中。准备活动可采取慢跑、体操、站桩、压腿、活腰等形式，活动强度要小，但要充分和认真。

整理活动可以使运动器官恢复平静，消除疲劳。练习者多采取放松操、散步、活动性游戏、按摩等方式，以避免肌肉持续紧张，防止膝关节过度疲劳。有的人在练习以后，习惯马上坐下来休息，这是很不好的习惯，应该改正。

（二）练习步骤

一般说来，跆拳道品势的学练提高可以分成三个阶段：第一阶段是基础；第二阶段力求完整协调；第三阶段注重内外相合，形神兼备。

1. 基础阶段

写字要首先保证字形准确，练跆拳道品势也要首先打好形体基础。形体基础指身型、手型、步型、身法、手法、步法、腿法、眼法等型与法符合规格，避免错误定型。中国武术家说："学拳容易，改拳难。"一旦形成错误习惯，纠正会更困难，因此从学练之初就要十分注意对型和法力求规范。体的基础指体力、素质和基本功的训练，要为技术提高打好物质基础。

（1）体松心静。品势修炼要求练习者身体放松，内心安静，精神集中，呼吸自然。练习者要学会调整自己的身体，消除紧张。有些初学者，尤其是青年人，误认为认真就要多用力气，结果常常周身紧张僵硬，面红气喘，违背了跆拳道品势的特点。也有人边练边思考问题，精神处于紧张状态，影响了锻炼效果。体松和心静是跆拳道品势的基本修养。只有消除身体的紧张和思想的杂念，不断调整，控制自己的身心状态，才能进入跆拳道品势的修炼境界。

（2）立身中正。练习跆拳道品势要求：中正安舒，端正自然，与坐禅、气功的立身要领完全一致。有的人长期形成了不良习惯，练习时拱肩驼背，低头弯腰。也有人动作紧张生硬，造成身体前俯后仰，摆臀扭胯。这些都要认真纠正，在练习中应努力保持良好的体型、体态。

（3）型法准确。对每种型法的规格、要领都要清楚，一招一式力求准确。初学者不要贪多求快，囫囵吞枣，更忌照猫画虎，似是而非。实践证明，改正错误习惯比学习新动作更困难。因此从一开始就要力求准确，宁可学得少一点，也要努力做得好一点，这是最扎实、最有效的途径。

2. 熟练阶段

这一阶段要求动作完整协调，连贯圆活，如行云流水，和谐流畅，不发生"断劲"现象。这是衡量一个人技术熟练与否的重要标志。

（1）上下相随。任何跆拳道品势都要求手、眼、身、步协调配合，周身形成一个整体。初学者往往顾此失彼，手脚脱节，四肢与躯干分家，以至运动中转折生硬，忽轻忽重。随着练习者品势技术的提高和熟练，就会表现出运动的协调性和完整性。

（2）运转圆活。动作运转圆活也是技术熟练的具体表现。就好像优秀司机驾驶车辆时，尽量平稳柔和，避免冲击摇晃一样，跆拳道品势动作也要力求圆活和顺，转接自然。要做到这一点，练习者需要特别重视腰和臂的旋转，以腰为轴带动四肢，以臂为轴牵引两手，使手脚动作和躯干连成一体。

（3）动作连贯。跆拳道品势动作之间要前后衔接，不允许有明显的停顿。在教学中，为使初学者便于对照检查，常采用分解教学的方法。但是动作熟练以后，一定要消除割裂痕迹。前一动作的完成即为后一动作的开始，要做到"势断劲不断，劲断意还连"。两个动作之间，先由意念和气势衔接转换，再由腰带动四肢，由内而外，由微渐著地发生形变。

3. 自如阶段

这一阶段的重点是意念引导和呼吸配合，力求内外相合，气势统一，意领身随，得心应手。

（1）以急导体，分清虚实。练跆拳道品势自始至终要求练习者思想专一。初学时，练习者的思想只能集中于记忆动作和规格要领，其表现是精力用在手脚上。动作熟练以后，思想集中于周身协调，精力重点用在腰腿上。随着技术的提高，思想就会转入动作的虚实和劲力的刚柔运用方面，表现为精力放在意念引导动作上。就像演员最终要以情感人，塑造角色内心世界，而不能停留在形体外表上一样，跆拳道品势最终也要求"重意不重形"，"不在形式在气势"。

跆拳道品势表面平淡，实际上充满了变化。其表现在于动作的虚实、劲力的刚柔、拳法的蓄发、身法的开合等方面。一般说来，品势中每个动作都有起、转、蓄、发等不同的阶段。起和转的过程属虚的阶段，劲力要轻柔，身法要舒松；蓄的过程为由虚转实阶段，劲力要轻灵收缩，身法要内开外合；发的过程为实的阶段，劲力要沉稳充实，充满张力，身法要内合外开，对拉互拔。这些变化和运用，都要以意念为主导，“先在心，后在身”，意动身随，气势相合，才能得到完美体现。所以说，跆拳道品势绝不是一潭死水，而是充满着生机和变化。

（2）以气运身，气力相合。跆拳道品势初学者只要求自然呼吸，当吸则吸，当呼则呼，通畅自然，不必受动作约束。技术提高以后，练习者应该有意识地引导呼吸与动作配合，使动作和劲力得到更好发挥。这种呼吸叫作“拳势呼吸”。一般说来，当动作转实时，应该有意识地呼气，以气助力；当动作转虚时，有意识地吸气，以利于动作转换。所以，跆拳道品势经典理论说“能呼吸然后能灵活”。实际上，无论意识与否，我们日常的呼吸总是与劲力运用和身体动作相配合的。随着动作的起、升、伸、开，胸腔舒张而吸气，随着动作的落、降、缩、合，胸腔收缩而呼气，随劲力蓄收而吸气，随劲力发放而呼气。拳势呼吸只是把这种自发的配合转成自觉的引导，因此是积极的、超乎自然的。

那么，是否有了拳势呼吸就不要自然呼吸了呢？不是。因为跆拳道品势不是呼吸体操，它的动作变化不是根据呼吸节奏编定的，不同的跆拳道品势套路，其呼吸次数、节奏不相同，就是同一套跆拳道品势，不同体质、年龄、技术水平的人练起来呼吸也不一致。可以这样说，练习时拳势呼吸只能要求在主要动作和开合鲜明的动作上，其比重应该因人而异。在一些过渡动作及感到呼吸难以适应的时候，练习者仍需要自然呼吸，或采用辅助性的短暂呼吸进行调整。所以，跆拳道品势总是拳势呼吸和自然呼吸两者并用，同时辅以联系两者的调整呼吸作为过渡。

（三）练习方法

根据跆拳道品势训练内容的组合特点，我们可以采用分解训练法和完整训练法来练习品势。

1. 分解训练法

在品势练习中，分解训练法主要是将完整的一套品势合理地分成若干个环节或部分，然后按照环节或部分分别练习的方法。分解训练法主要是针对初学者，它可将复杂的动作套路分解成若干个练习者可以接受、易于练习的简单动作环节，从而降低了学习难度，可以给练习者带来学习的信心。

分解练习法可分为单纯分解练习法、递进分解练习法、顺进分解练习法。下面针对跆拳道品势练习的特点我们依次进行分析。

（1）单纯分解练习法。即将一套完整的动作分解成若干个环节或部分。在练习者掌握各个环节或部分后再将各个部分或环节串联起来。此训练方法对所练习的各个环节或部分的顺序不作要求，主要用于高难度品势套路的学习。

（2）递进分解练习法。应用此方法练习品势时，同样需要将整套的品势分解成为难度相对较低的若干环节或部分。先训练第一部分，再训练第二部分，之后再将第一、第二部分合练，再训练第三部分，之后再将第一、第二、第三部分合练。如此类推，直至完成整套品势动作。对于跆拳道品势这样的套路练习，此方法对各部分或环节先后训练的顺序有一定的要求。

（3）顺进分解训练法。顾名思义，是将品势套路分解成若干个环节或部分，先练习第一部分，掌握后再练习第一部分和第二部分。练习者掌握第一、第二部分后，可再将第一、第二、第三部分一起练习，以此类推，直至完成整套的动作。

2. 免整练习法

对品势套路训练而言，完整训练方法主要是为那些已经初步掌握某一套品势动作，但还需要提高这套动作质量的练习者而设计的。此方法根据目的不同可以分为两类：一类是从整体上对品势的把握，主要注重整体的效果；另一类则着重提高动作的质量。在训练中，我们可以要求练习者在训练过程中停止练习，指出其错误，这样可以加深练习者对该环节的印象。

使用此方法需要注意以下几点。

(1)注重动作的力度。要求练习者能表现出跆拳道品势动作中所特有的硬朗、大方、干脆的特点。

(2) 注重动作的节奏。对于跆拳道品势练习者来说，速度不是越快越好，而是要用心去领悟每一个动作的攻防含义，从整体上把握，表现出跆拳道品势所特有的节奏。

(3) 协调手法腿法。将各种手法腿法融会贯通，理解每个动作在实战中的含义，这样可以加强练习者的身体协调性，从而达到事半功倍的效果。

(4) 精气神的表现力。当练习者的水平达到一定程度时，他所练的不单是身体机能，而很大程度上是一种精神的升华和气质的培养。什么可以表现出这种精神上的东西呢？眼睛！目可传神。所以每做一个动作时我们的目光为先，来表现出品势套路所特有的味道。

(5) 注意动作的标准。这是最基本的也是最容易忽视的。根据运动训练学我们可将动作分为身体姿势、动作轨迹、动作时间、动作速度、动作速率、动作力量和动作节奏 7 个要素，但品势动作中我们主要注意动作的起点、止点，动作的轨迹、节奏和身体姿势。只有从整体上把握，加上细节的推敲，我们才能打出品势所特有的那种连续的阳刚的节奏。

(四)练习手段

跆拳道品势的练习手段有许多种，按照练习者身体的姿势可分为原地站立练习、原地坐式练习、行进间的练习等手段，根据动作的机构手段又可分为单一的周期练习手段和混合型多元练习手段等。下面主要谈一下平时品势练习中常用的原地站立练习手段、原地坐式练习手段和行进间的练习手段。

1. 原地站立练习

其主要适用于初学者。由于初学者对各种步法和手法的空间感觉、发力的大小和角度、动作的路线缺乏正确认识，所以需要利用这种原地练习的手段。同时，此手段简单易行，对场地的要求也不是很严格。

按照动作的运动状态，可分为静力性练习和动力性练习，前者主要是指摆正正确的动作姿势后全身静止不动，主要是使练习者对各个动作的空间位置有一个正确的认识。后者是在前者的基础上进一步加大难度，要求练习者重复完成某一个动作或某组组合动作，主要是使练习者掌握动作发力的大小、角度和动作的路线。

根据动作的部位，可分为手法的练习和步法的练习。前者如上、中、下格挡动作，后者如马步、三七步、猫步、弓步等。

根据参与人的数量，可以分为单人、双人和多人练习。在多人练习中，正确的发声配合发力，可以提高训练的气势，从而达到事半功倍的效果。

2. 原地生式练习

此手段主要是上体动作的练习。由于坐式不便于发力，所以练习者可以更好地练习上体动作，增加上体的协调性。此手段主要用于巩固上体的手法和动作。

3. 行进间练习

行进间练习可分为步法的练习和组合的练习。

此手段是练习步法最有效的方式，是建立在各种步法腿法有一定基础的练习手段。组合练习手段主要锻炼手法和腿法的配合，是在能正确完成单个动作基础上进行的。根据练习者的水平可以相应地编排行进间练习的组合套路，如前踢成行走步接下格挡接冲拳、侧踢成三七步接双手刀外格挡、上步成弓步接翻背拳等。

五 跆拳道竞赛规则简介

（一）比赛场地

比赛场地为正方形或长方形，边长 8 米 ×8 米至 10 米 ×10 米不等，具体根据比赛级别调整。

场地表面应平坦、无障碍物，且铺设有专业的跆拳道垫。场地四周应设有安全边界，边界外至少有 1 米宽的无障碍区，确保运动员安全。国际比赛场地可能更加宽敞，以适应更高水平的竞技需求。

（二）比赛装备

运动员需穿着标准的跆拳道服，包括道袍、道带及必要的护具（如头盔、护胸、护腿、护臂及手套等）。

道带颜色代表运动员的级别。

比赛用脚靶和护具需符合国际跆拳道联盟（ITF）或世界跆拳道联盟（WT）的标准。

（三）比赛队及队员装备

每队可派多名选手参赛，每位选手需有明确的编号和级别标识。

选手道服上应清晰显示其姓名、国家 / 地区及级别。

禁止佩戴任何可能造成伤害的饰品或硬质物品。

（四）比赛方法

得分与胜负：通过踢击对方身体有效部位（如躯干、头部）得分，具体得分标准依据击打部位和力度而定。

每局比赛时间根据级别和赛事安排而定，通常为 2–3 分钟，局间休息 1 分钟。

三局两胜制或五局三胜制决定比赛胜负。

犯规与处罚：包括但不限于攻击非有效部位、使用非法技术、故意摔倒、逃避比赛等。

犯规将根据情节轻重给予警告、扣分甚至取消比赛资格等处罚。

（五）比赛常见犯规及裁判法

攻击犯规：攻击对方非有效部位（如关节、裆部）或使用非法技术（如抓、推、抱）为犯规。

行为犯规：包括不尊重裁判、对手或观众，故意拖延时间，以及任何违反体育道德的行为。

裁判判定：裁判员根据规则和现场情况做出判定，包括得分、犯规、警告、扣分等。裁判员的判定是最终决定。

第二节　散　打

散打是一项徒手搏击、斗智较力的技术，被称作“勇敢者的运动”，是中国武术一个主要的表现形式，历史上也称散打为角力、相搏、白打、抢手等。散打的技术动作是中华民族千百年来徒手搏杀技法的精华。在现代文明社会里，散打在防身抗暴、维护社会治安等方面依然有着重大的实用价值。学习散打能使你在紧要关头挺身而出，无所畏惧地战胜邪恶。

散打的技术和招法举不胜举，本节重点介绍一些较为易学、实用的招法供同学们选学。

一 组合技术动作

（一）拳掌技法

【招法一】勾拳接直拳（见图 7-8）。

作用：直拳攻击面部。

做法：甲用左上勾拳攻击乙面部，乙上体后仰避开来拳，甲勾拳马上变直拳，趁乙上体没有恢复常态时攻击乙面部。

练法：

（1）做原地上勾拳变直拳练习，熟练后配合步法练习；

（2）配合跳步，用上勾拳接直拳击打沙袋或手靶。

【招法二】挑掌接拍手（见图 7-9）。

作用：拍抓对手面部。

做法：甲用挑掌攻击乙裆部，趁乙防下时，马上变拍手直取乙面部。注意挑掌变拍要快，挑掌可不到位即变拍手。

图 7-8 勾拳接直拳

图 7-9 挑掌接拍手

练法：

（1）配合前进步练习挑掌接拍手，运程 10 米为一组；

（2）用挑掌接拍手攻击沙袋。

【招法三】直拳接拍手（见图 7-10）。

作用：拍击对手面部。

做法：甲用左直拳攻击乙上盘，乙左肩后撤避开来拳，甲迅速上右步用右手拍击乙面部，要求上步快、拍手疾。

练法：

（1）配合步法、身法练习直拳接拍手，可以击拍树叶、飞虫等物；

（2）用直拳接拍手击打沙袋或手靶。

【招法四】劈打接抽手（见图 7-11）。

作用：抽击对方面部。

做法：甲用右拳劈打乙颈部，乙后仰接过，甲左脚前蹿，同时用左手抽击乙面部。劈打不要太猛，要含着劲，抽手要急速。

图 7-10　直拳接拍手

图 7-11　劈打接抽手

（二）拳腿技法

【招法一】摆拳接摆腿（见图 7-12）。

作用：用摆腿攻击对手胸腹部。

做法：甲用左摆拳攻击乙面部，乙用摇闪避开来拳，甲借摆拳的惯性向右转体 180°，发出右摆腿攻击乙胸腹部。

练法：

（1）用摆拳接摆腿击树叶、草叶、沙袋；

（2）配合各种步法练习摆拳接摆腿。

【招法二】直拳接正�（见图 7-13）。

作用：踹击对手胸部。

做法：甲用直拳攻击乙面部，乙用左手上架，甲用正踹攻击乙胸部。要求收拳快、发腿疾。

图 7-12　摆拳接摆腿

图 7-13　直拳接正踹

练法：

（1）直拳接正踹反复练习，运程 10 米为一组；

（2）用直拳接正踹踹沙袋。

【招法三】挑掌接边腿（见图 7-14）。

作用：用边腿攻击对手面部或胸、腹部。

做法：甲用挑掌攻击乙裆部，乙用下格挡防之，同时向后退步，甲用高边腿攻击乙面部。挑掌时注意护面，边腿要突击。

练法：

（1）挑掌接高边腿配合各种步法练习，数次为一组；

（2）用挑掌接高边腿踢沙袋、脚靶。

（三）连环腿法

【招法一】勾踢接侧踹（见图 7-15）。

作用：踹击对手大腿和腹部。

做法：甲用右勾踢攻击乙左踝，乙提左膝防之。甲待乙左脚下落时踹击乙大腿，踹后还连踹乙胸部。

练法：

（1）用勾踢接侧踹踹树、沙袋；

（2）配合步法、手法练习勾腿接侧踹。

图 7-14 挑掌接边腿

图 7-15 勾踢接侧踹

【招法二】边腿接后扫腿（见图 7-16）。

作用：将对方扫倒。

做法：甲用右低边腿攻击乙裆部，然后右腿落在体后，待乙欲进步时突然发出右后扫腿。

练法：

（1）配合各种步法练习后扫腿；

（2）低边腿踢空腿接后扫腿扫实物等。

【招法三】勾踢接摆腿（见图 7-17）。

作用：摆踢对手肋部。

做法：甲用右腿勾踢攻击乙左腿，乙提膝防守，甲借惯性转体 180°，发出左摆腿攻击乙左肋部。

练法：

（1）配合步法练习勾踢接摆腿；

（2）用勾踢接摆腿踢树、沙袋。

图 7-16 边腿接后扫腿

图 7-17 勾踢接摆腿

二 肘膝招法

【招法一】顶肘接拍手（见图 7-18）。

作用：拍抓对手面部。

做法：甲用左顶肘攻击乙面部，乙用左手防守，同时后退，甲突然用左手拍击乙面部。

练法：

（1）配合前进步、垫步练习顶肘接拍手；

（2）用顶肘接拍手击树叶、沙袋或手靶。

【招法二】摆拳接顶肘（见图 7-19）。

作用：顶击对手下颌。

做法：甲用左摆拳攻击乙面部，诱乙防面部右侧随即上右步封住乙左腿，同时用右肘顶击乙下颌。

练法：

（1）配合步法练习摆拳接顶肘；

（2）用摆拳接顶肘攻击沙袋、手靶：

图 7-18　顶肘接拍手

图 7-19　摆拳接顶肘

【招法三】顶膝接边腿（见图 7-20）。

作用：踢击对手胸部。

做法：甲用右膝顶乙，乙提膝防守，且封住它的正面进攻，但此时乙侧面较空，甲趁乙落步未稳时用左边腿攻击乙胸部。

练法：

（1）配合疾步、前进步练习顶膝接边腿；

（2）用顶膝接边腿攻击沙袋。

【招法四】平勾拳接侧顶膝（见图 7-21）。

作用：顶击对手裆部。

做法：甲用左平勾拳攻击乙面部，等乙防守时上右步用左膝顶击乙腹、裆部位。注意拳变膝要快速灵活，顶膝要准确。

练法：

（1）配合步法练习平勾拳接侧顶腰；

（2）用平勾拳接侧顶膝攻击沙袋。

图 7-20　顶膝接边腿

图 7-21　平勾拳接侧顶膝

三　摔拿招法

【招法一】摆拳接靶子（见图 7-22）。

作用：摔倒对方。

做法：甲用右摆拳攻击乙面部，乙用摇闪躲过来拳时，对腿下防守较松，甲趁机用左脚勾乙右脚，同时用左手猛推乙前胸，右手搂住乙右脚向后猛拉，乙必仰身倒地。

练法：

（1）配合步法练习摆拳接靶子；

（2）面对小树，打空拳后用靶子摔小树。

【招法二】顶膝接里勾腿（见图 7–23）。

作用：摔倒对方。

苗法：乙向前进步，甲用右膝阻止乙进步，重心向前，随即右腿从里向外勾住乙右腿，右手可封住乙右腿后侧，重心向前倒，将乙摔倒。

练法：

（1）配合步法练习顶膝接里勾腿；

（2）顶空膝后接里勾腿摔沙人。

图 7–22　摆拳接靶子

图 7–23　顶膝接里勾腿

【招法三】直拳接推头（见图 7–24）。

作用：将对手拿住。

做法：甲用左直拳攻击乙面部，乙潜伏躲闪。甲上右步落脚于乙左腿后侧，同时左手猛推乙额头，右手从侧后搂住乙腰，将乙擒住。

练法：

（1）配合前进步练习直拳接推头拿法；

（2）用直拳接推头拿法拿沙人。

【招法四】挑肘接后拉发（见图 7–25）。

作用：将对手拿住。

做法：甲用挑肘攻击乙下颌，乙向后仰面避之，甲上右步封住乙左腿，同时右手从后面抓住乙头发，左手辅助右手猛推乙下颌，将乙头拿住，如乙企图挣脱可将其拉倒。

练法：

（1）配合步法、假动作练习挑肘接后拉发拿法；

（2）用挑肘接后拉发拿法拿沙人。

图 7–24　直拳接推头

图 7–25　挑肘接后拉发

第八章 冰雪运动

第一节　冰雪运动概述

一 冰上运动的起源

1. 中国古代的滑冰

滑冰运动是一项比较古老的运动，人类的冰上活动最早可以追溯到新石器时代。滑冰是我国古代体育的组成部分，有史可查的能追溯到宋代。古时把溜冰称作“冰嬉”或“冰戏”。到了清代，冰上运动出现了速度滑冰、花样滑冰、冰上足球、冰上抛球、冰上射天球、打雪挞及冰上摔跤等形式。滑冰在19世纪中叶以前，是满族八旗兵必须操练的一项军事技术项目。据文献记载，乾隆皇帝在《冰嬉赋序》里把跑冰鞋运动称为“国俗”，可见当时滑冰运动的普及。

我国最早的冰刀是用牲畜的胫骨制作的，多采用马骨。到了清代后期，冰刀已是铁制的了。现在的滑跑冰鞋是从满族人最初用兽骨缚于脚下参加滑冰行军演变而来的。

2. 源于古代交通运输的外国冰上运动

西方国家的滑冰运动起源于西欧和北欧。11—12世纪的荷兰、英国、瑞士及斯堪的纳维亚半岛一些国家就有脚绑兽骨、手持带尖木棍支撑冰面向前滑行的记载。类似的记载在荷兰的古雕刻画、英国的手抄文献、瑞士的古文献以及斯堪的纳维亚的叙述文学中都有发现。尽管这种活动只是人们在冬季开展的一种游戏，或者作为代步工具，但却为现代速度滑冰运动的诞生奠定了基础。

据考证，滑冰起源于荷兰，当时人们用木制的爬犁在冰上作为运输工具。后来人们在实践中发现，野兽骨头比木头更易于在冰上滑行，于是改用动物骨头作为滑冰用具，如将马骨磨成光滑的底面，将骨的两端钻孔，用皮带绑在鞋上，用支杖支撑滑行。

1250年左右，荷兰人发明了铁制冰刀，把它绑在鞋上滑起来要比用兽骨快得多。很快，这种简易的铁制冰刀盛行于荷兰和欧洲其他国家。1572年，苏格兰人发明了第一双“全铁制冰刀”，这是现代冰刀的起始标志。

最早的速滑比赛出现于1676年，是在荷兰的运河上举行的。最初的比赛是从一个城镇滑到另一城镇，后来逐渐由长途滑行比赛演变为环城赛。当时由于在城市中举行直线滑行比赛不便观看，冰场逐渐演变为U形跑道，最初距离为160～200米，最后形成了现在速滑比赛所使用的封闭式椭圆形400米标准跑道。

随着社会生产力的发展和人们文化生活需要的变化，滑冰运动由简单滑行逐渐向更高层次的花样表演及竞技性很强的冰球运动发展，滑冰从娱乐游戏活动发展成了竞技运动项目，进而形成了现代冰上运动。

3. 滑冰运动在我国的发展

中华人民共和国成立后，滑冰运动逐渐被重视和发展起来。20 世纪 80 年代中期以后是我国冬季运动发展史上最重要的时期。从这时开始，我国加强对冰雪项目发展战略的研究，在全面总结中国冬季运动发展历程和分析国际冰雪运动发展形势的基础上，对冰雪项目的布局进行了调整，将短距离、短跑道速度滑冰、花样滑冰女子单人和双人滑作为振兴中国冬季运动的突破口，并提出了实现冬奥会奖牌零和金牌零的突破目标。在这一战略思想指导下，我国对项目的管理、预测、经费投入、后备人才培养及重点运动员训练等采取了一系列措施。这些措施的实施，使一些项目的运动技术水平迅速提高，并涌现出一大批优秀运动员。

二 滑雪运动的起源

1. 中国古代滑雪

在中国新疆阿勒泰地区发现的原始滑雪板，距今已有 6 000 多年的历史。在阿勒泰市汗德求特乡发现了目前仍在使用的一种原始滑雪板，这种滑雪板以杨木为原料，底部包的是马腿的皮毛，用一根长约两米的滑雪杖辅助滑行。这种滑雪板很原始，在全国乃至全世界都很罕见。

中国最早的、有文字记载的滑雪活动可追溯到隋唐时代。那时，北方的少数民族在冬季的雪地上“骑木而行”，用以狩猎觅食。近千年来，类似的活动也先后在鄂温克族、鄂伦春族、赫哲族及满族中出现。

隋朝时期，北室韦人主要居住在嫩江流域。嫩江流域地处大兴安岭南部，气候寒冷，气温常在零下二三十摄氏度，无霜期短，冬季长达半年左右。山上多松、桦、榆、柞木，兽类则有野鹿、獐子、狼、獭、野猪等。北室韦人尚不会耕种，只能靠猎鹿獐等食肉衣皮来生活。在漫长的冬季，江河封冻，遍地白雪覆盖，原来的地貌已难辨识，深沟大壑、冻裂的地缝，自然形成坑坑洞洞，且都被积雪覆盖。在这样的山野追猎野兽，很容易误陷其中，这给人们生产活动造成了巨大障碍，迫使北室韦人发明了一种巧妙的行动方式——“骑木而行”，这就是我国最早有文字记载的滑雪运动。

2. 外国古代滑雪

滑雪运动历史悠久，追溯滑雪活动的起源要从古代原始的实用滑雪说起。据资料记载，滑雪始于北欧的挪威，距今已有 4 000 多年的历史，那里是世界滑雪的故乡。“滑雪”这个词始于挪威语 skith（雪鞋）。据考证，早在 4 000 多年前，在北欧、西伯利亚、乌拉尔山脉周围和中亚细亚等地已有人滑雪。在挪威，人们在多处岩洞的岩壁或石碑上发现了刻画着石器时代的人们乘滑雪器具打猎的图案。

世界上最古老的滑雪板发现于芬兰的卡鲁夫瑞斯库和瑞典的豪汀，据科学鉴定为公元前 2500 年前的制品。在芬兰卡鲁夫瑞斯库发现的滑雪板，很像神话故事中的冬神渥鲁穿的滑雪板，其中一支板窄而长，用于滑行，另一支板宽而短，在滑行面粘着毛皮，用于走路。最古老的雪鞋是加拿大和西伯利亚的因纽特人在冻土带的雪地上使用的。最古老的滑雪运动传说出现在古挪威等北欧各国的故事中，被誉为冬神的渥鲁和滑雪女神安德瑞蒂斯在传说中经常乘着前端弯曲的雪具往返于各地。古希腊历史学家赫罗德乌斯写道：“在北方有阿波瑞斯人，可以一刻不停地飞驰如箭。”古罗马的日耳曼人称芬兰的北部人为“乘骑滑雪板的芬兰人”。古罗马的伦巴商人说：“人们穿着像弓一样弯曲的木板，向前跳着猎取野兽。”

滑雪不仅用于生活，还用于军事和战争。1200 年，在奥斯陆战争期间，挪威的斯法礼王为侦察瑞典人，让侦察兵掌握滑雪技术。1452 年，瑞典人也在战争中使用过滑雪。14—18 世纪，滑雪曾被用于芬兰、挪威、波兰、俄国和瑞典的战争。1719 年，挪威还组建了世界上第一支滑雪部队。

三 赛事

冰雪运动赛事是冰雪运动的重要组成部分，也是推动冰雪运动发展的重要动力。冰雪运动赛事多种多样，包括国际性和国内性、综合性与单项赛事等。

国际冰雪运动赛事中最著名的当属冬季奥林匹克运动会（Winter Olympics），每四年举办一次，是全球最高水平的冰雪运动竞技场。除此之外，还有世界冰雪运动锦标赛（World Championships）、世界杯（World Cup）等国际赛事。

国内冰雪运动赛事则以全国冬季运动会（Chinese National Winter Games）为代表，是国内最高水平的冰雪运动赛事。此外，还有全国冰雪运动锦标赛（Chinese National Championships）、全国青少年冰雪运动锦标赛（Chinese National Junior Championships）等赛事。

除了国际性和国内性赛事，还有一些单项赛事，如冰球联赛（Ice Hockey League）、滑雪联赛（Ski League）等。这些赛事不仅能让运动员在竞技场上展示自己的实力，还能吸引更多的人关注和参与冰雪运动。

此外，冰雪运动赛事还有一定的地域性特点。在冰雪资源丰富的国家和地区，冰雪运动赛事的规模和水平相对较高。例如，北欧国家的冰雪运动赛事、俄罗斯的冰球联赛等都有着较高的国际声誉。

冰雪运动赛事的发展呈现出多元化、专业化、地域化等特点。这些赛事不仅能让运动员在竞技场上展示自己的实力，还能促进冰雪运动的普及和发展，推动冰雪运动的创新和提高。

四 冰雪运动的发展趋势

冰雪运动的发展趋势还表现在以下几个方面。

1. 普及化与大众化

随着冰雪运动的推广和普及，越来越多的人开始参与冰雪运动，这不仅包括专业运动员，还有广大的业余爱好者。冰雪运动不再只是少数人的专利，而是逐渐成为大众化的休闲活动。

2. 科技驱动的创新

科技在冰雪运动中的应用越来越广泛，从运动装备到训练方法，都有显著的改进。例如，智能滑雪镜、VR/AR 技术用于模拟训练等，这些都为冰雪运动的发展提供了强大的动力。

3. 环保与可持续发展

在全球环保意识的推动下，冰雪运动的开展也更加注重环保和可持续发展。例如，使用环保材料制作运动装备，推广低碳出行方式等。

4. 赛事组织的完善

冰雪运动的赛事组织越来越完善，不仅有国际性的大型赛事，还有各种地方性和业余赛事。这不仅提高了冰雪运动的竞技水平，也吸引了更多的人参与其中。

5. 跨界融合与合作

冰雪运动与其他领域的融合也越来越明显，如文化、旅游、教育等。这种跨界合作可以为冰雪运动带来更多的发展机会和资源。

6. 冰雪旅游业的兴起

随着人们对冰雪运动的热爱和参与度的提高，冰雪旅游业也得到了快速发展。冰雪旅游不仅提供了观赏冰雪美景的机会，还为人们提供了体验冰雪运动的平台。

这些趋势共同推动着冰雪运动的进步，让更多人享受到了冰雪运动带来的快乐和激情。相信冰雪运动将继续在全球范围内得到更广泛的推广和发展，成为人们休闲娱乐的重要方式之一。

第二节　冰上项目

一　滑冰

（一）滑冰概述

滑冰运动的产生与人类生活生产有密切的关系。最原始的冰上滑行器是用动物骨制成的，古人将兽骨系于鞋上在冰封的湖泊、河道上滑行。滑冰运动主要分为以下几种。

1．速度滑冰运动

速度滑冰是指在规定距离内以竞速为目的的滑冰比赛，是一种以冰刀为用具在冰上进行的竞速运动，是冰上运动项目之一。速度滑冰是冰上运动的源头，冰上运动的其他项目都是在速度滑冰的基础上产生和发展起来的。速度滑冰具有悠久的历史。

2．花样滑冰运动

早在新石器时期，人类为了生产和生活的需要，用兽骨制成冰刀作为狩猎和生活中必备的交通工具。后来，人们用兽骨制成绑式冰鞋在冰上活动，随着人类社会的发展，逐步分化出以游戏和娱乐为主的冰上活动，即花样滑冰的雏形。

（二）速度滑冰运动方法指导

速度滑冰的运动方法主要由起跑、直道滑跑、弯道滑跑以及终点冲刺几个方面构成，具体如下。

1．起跑

要做好起跑，需要对以下几个方面的技术动作加以注意。

（1）起跑姿势。以站立姿势为主要依据可以将起跑姿势分为两种：一种是正面起跑，其又可以分为正面点冰式起跑、丁字式起跑、蛙式起跑三种具体类型；另一种是侧面起跑，实际上就是指两刀平行与起跑线成一定角度的侧向站立的起跑。而以运动项目距离为主要依据，则可以将起跑姿势分为短距离起跑和长距离起跑。这里重点对两种较为典型的正面起跑姿势加以分析和阐述。

1）正面点冰式起跑。“各就位”口令下达后，前脚冰刀与起跑线约成45°角，刀尖切入冰面，刀跟抬起保持稳定不动；后刀用平刃或内刃置于冰面，两刀间距略大于髋，两刀开角为90°～120°，后刀刃应牢牢咬住冰面，以便起动时后脚冰刀快速发力；上体直立，两臂自然下垂，目视前方，体重大部分落在后腿上。

“预备”口令下达后，屈膝屈髋，降低身体重心，体重大部分移至前脚冰刀；重心前移，要做到肩超过前脚刀尖并位于前膝上方，前膝蹲曲角约为90°，后膝约为110°；头部与整个身体成直线，目视前方跑道；后臂微屈肘（约90°～110°）并后举与肩齐平或略高于肩，前臂屈肘约成90°，置于膝盖上方，两手半握。

保持上述动作静止不动两秒钟以上，鸣枪之前不改变动作。

2）丁字式起跑。起跑方法与点冰式起跑基本相同，不同的是：丁字式起跑两冰刀是以平刃在冰上支撑站立，重心位于两冰刀中间，即体重较均匀地置于两腿；丁字起跑的“预备”姿势，身体重心略有前移，但不能将体重大部分移至前脚冰刀，以免冰刀滑动。

（2）起动。起动是起跑的第一步，具体来说，就是指浮腿向前摆动迅速跨出着冰、后腿快速用力蹬离冰面的技术。要做好速度滑冰的起动，需要掌握以下几个方面的动作要领。

第一，迅速向前上摆动浮腿，并使前脚冰刀尽量外转。

第二，身体重心前移，呈前冲姿势，快速用力蹬直后腿，身体向前“弹出”，在后腿蹬直瞬间，两刀抬离冰面，身体有个腾空阶段；两臂配合腿的蹬踏动作，屈肘做小幅度快速摆臂；髋随重心移动而前送，外转的前脚冰刀以内刃踏切动作迅速着冰，并使刀根落于前进方向的中线上。

第三，采用蛙式起跑，两手迅速撑离冰面，两腿同时用力蹬冰，并快速前摆浮腿。浮脚冰刀无须做外转动作。

2．直道滑跑

直道滑跑这一技术主要包括滑跑姿势、自由滑行、收腿动作、单支撑蹬冰动作、摆腿动作、双支撑蹬冰动作、着冰动作、摆臂动作几个方面，具体如下。

（1）滑跑姿势。滑跑姿势在发挥技术、减少阻力、增加推进力并持续长时间的紧张工作方面起着非常重要的作用。一般来说，合理、正确的滑跑姿势可以使滑冰者保持最大用力能力，最大限度地减少滑跑中的阻力，快速地行进。

正确的直道滑跑姿势：上体放松成背弓的流线型姿势。上体应倾至几乎与冰面平行或肩背略高于臀部，与冰面形成 10°～25°角，上体要充分放松，团身，两肩下垂，力求接近流线型。头部微抬起，目视前方 10～20 米。腿部呈低姿势，即大腿深屈，膝关节角度为 90°～110°，踝关节角度为 55°～75°，髋关节角度屈至 45°～50°，并使身体重心线（是通过身体重心的假设线）从后背下部穿过大腿，经过膝盖后与脚的中后部相接。

（2）自由滑行。蹬冰脚冰刀蹬离冰面后，另一条腿借助前次蹬冰惯性，在冰上支撑滑行至该腿开始蹬冰前的滑行过程，就是所谓的自由滑行。

滑冰者的支撑腿冰刀由外刃过渡到平刃支撑；鼻、膝、刀成三点一线的滑行姿势；身体重心放在冰刀中后部的上方；两肩保持平稳，上体朝着滑行方向稍倾斜；保持基本滑跑姿势，不得上下起伏。

（3）收腿动作。收腿动作是与自由滑行动作同步的协调动作。具体来说，要掌握以下几个方面的动作要领。

第一，起于蹬冰腿结束蹬冰变为浮腿开始收腿。

第二，利用蹬冰腿蹬冰结束的反弹力以及内收肌群收缩，将冰刀抬离冰面，完成收腿还原动作。

第三，浮腿屈膝放松，并以大腿带动，以最短路线直接内收至身体的矢状面。

第四，结束收腿时，浮腿大小腿与支撑腿靠拢，膝盖低垂，冰刀垂直于冰面。最后止于浮腿收至身体重心下方的矢状面。

（4）单支撑蹬冰动作。单支撑蹬冰动作的分界时机是从开始横向移重心起，到浮腿冰刀着冰止。具体来说，应该掌握的单支撑蹬冰的动作要领主要有以下几个方面。

第一，准确的蹬冰时机。准确适时地移动重心是非常重要的，身体总重心沿横向开始移动，浮腿从支撑腿后位开始向前摆动，身体失去平衡做积极“倾倒”压冰。

第二，牢固的蹬冰支点和侧蹬方向。冰刀以内刃切入冰面，刀尖指向滑行方向，形成牢固的支点并随身体重心横向移动，将全身力量集中地作用到冰面向侧推蹬，产生强而有力的推进力。

第三，用刀刃中部蹬冰。注意绝不能将重心置于刀的前部开始蹬冰，以免造成身体重心偏前形成严重的后蹬冰错误，而削弱蹬冰力量。

第四，浮腿做协调配合。浮腿加速向前侧摆动，重心移动和蹬冰腿作加速展腿的协调配合动作，使蹬冰角（蹬冰腿的纵轴线与水平面之间的夹角）缩小，使水平分力加大，当浮腿前摆着冰时，则是快速伸膝展腿的最佳时机。蹬冰角可以决定蹬冰的力量效果。

（5）摆腿动作。在单支撑蹬冰的同时，浮腿做摆动动作，摆腿动作是蹬冰动作的组成部分。具体来说，需要掌握的摆腿动作要领有以下几个方面。

第一，浮腿从后位的矢状面摆向身体重心移动方向。

第二，膝盖领先，以大腿带动小腿摆向身体重心移动的方向（前侧方）。

第三，摆腿时，将大腿前摆置于胸下，使膝部由下垂状态向前上抬起贴近支撑腿膝部。

第四，当摆腿动作即将结束时，尤其强调大腿抬送至胸下和小腿前刀尖微翘起的动作，此时，应做到两腿、两刀尽量靠近，并将浮脚冰刀放于支撑脚刀前面，以准备用刀后部着冰，则摆腿动作结束。

（6）双支撑蹬冰动作。具体来说，需要掌握的双支撑蹬冰动作要领有以下几个方面。

第一，自浮腿冰刀着冰开始，继续控制体重于蹬冰腿，随重心移动蹬冰角缩小，加快展腿速度，并在结束蹬冰时达到最快速度。

第二，保持冰刀内刃全刃压冰向侧推蹬的蹬冰方向，刀尖指向滑行方向。

第三，充分利用蹬冰腿肌肉长度，使肌肉产生尽可能多的能量，蹬冰距离（幅度）尽量延长，在加快展直腿的过程中作用力总时间相对加长，使蹬冰结束时产生最大蹬冰力量。

第四，蹬冰速度达到最快时，将蹬冰腿充分伸直。即在蹬冰结束时，蹬冰腿（膝、踝）关节充分伸直，踝关节跖屈，蹬冰腿冰刀蹬离冰面。

（7）着冰动作。着冰动作也称下刀动作，是与双支撑蹬冰动作是同步协调完成的，指从浮脚冰刀着冰起，到完全承接体重止的动作。具体来说，需要掌握的着冰动作要领有以下几个方面。

第一，着冰前浮脚冰刀应尽量靠近支撑脚冰刀并领先 1/2 刀长的部位，刀尖稍翘起朝着新的滑行方向做好着冰准备。

第二，以冰刀的外刃（或平刃）和冰刀的后半部着冰。

第三，膝盖领先上抬，小腿积极前送，顺势做向前的快速着冰动作。

第四，尽量缩小着冰刀的出刀角度，接近直道方向着冰，使新的滑行方向沿直线滑行。

（8）摆臂动作。通常情况下，可以将摆臂动作分为单摆臂、双摆臂和背手滑行（不摆臂）三种类型，每一种类型都有其各自的特点和适用范围。其中，单摆臂多用于中长距离，以保持滑行节奏和速度的均匀；双摆臂多用于起跑、短距离和终点冲刺，以提高速度；背手滑行多用于弯道后的直道中，以延长滑步，放松一下。这里重点介绍双摆臂，摆臂时，两臂前后加速摆动，准确协调的配合是良好滑行技术的基础。摆臂力量、幅度要与腿部动作及滑跑速度相一致。两臂摆动有三个位向点，即左（右）臂的前高点、两臂的下垂点和左（右）臂的后高点。前摆时，臂从后高点顺势下落经下垂点加速向前上方摆至前高点，然后，臂从前高点回摆下落经下垂点，接着加速向后方至后高点。

具体来说，需要掌握的摆臂动作要领有以下几个方面。

第一，摆臂应领先于腿部动作，当腿部动作高速运动时，臂与腿才同步运动。

第二，两臂以肩为轴做独立的加速前后摆动。

第三，前摆至最高点时，手不超过肩高。

第四，后摆至后高点时，肘与手的动作要求是：短距离肘要保持弯曲状态，肘与肩部大致齐平，手略低于肘部，如后摆过高则摆臂路线会加长而降低摆臂速度；长距离则肘部不能弯曲，手臂在后高点可略超过头部。

第五，两臂贴近大腿摆动，使之与头、支撑腿、躯干成平行摆动方向，以保持平衡。

3. 弯道滑跑

弯道滑跑，主要由滑跑姿势、单支撑左腿蹬冰动作、右腿摆腿动作、双支撑左腿蹬冰动作、右脚冰刀着冰动作、单支撑右腿蹬冰动作、左腿摆腿动作、双支撑右腿蹬冰动作、左脚冰刀着冰动作这几个动作构成，具体如下。

（1）滑跑姿势。

1）上体动作：上体前倾程度要比直道更接近水平状态。上体放松、团身背弓，成流线型并朝着滑行方向，身体成一线向左倾斜，保持平稳流线型状态。

2）头部、肩部与臀部动作：在弯道滑跑中，头部要与身体其他部分成直线，并始终要处于整个身体的领先位置；两肩始终保持平行稳定状态，并与离心力方向成一直线（即两肩处于半径延长线的平行位置）；臀部始终保持与冰面平行。

（2）单支撑左腿蹬冰动作。单支撑左腿蹬冰动作指右脚冰刀离开冰面起，到右腿摆动后重新着冰的动作。具体来说，要掌握以下几个方面的动作要领。

1）保持两肩、臀部与冰面平行稳定状态；大腿和膝部位于胸下，并以左刀外刃牢固咬住冰面；保持后坐使身体重心位于冰刀中部。

2）展腿时，先展髋，与此同时深屈膝踝（压膝），当浮腿摆经蹬冰腿时，蹬冰腿膝关节开始积极加速伸展。

3）沿弯道半径延长线向外侧蹬冰，使蹬冰腿肌肉完成最有效的蹬冰。

（3）右腿摆腿动作。右腿摆腿动作是指自右腿蹬冰结束抬离冰面起，到右腿加速摆动与左腿交叉后至右腿冰刀着冰的动作。具体来说，要掌握以下几个方面的动作要领。

1）屈膝以膝盖领先摆收右腿，在重力和屈髋、膝肌群内收的作用下，使腿部由外展动作变为内收和前跨动作。

2）右腿向左腿右前方朝着支撑腿加速摆动。

3）右腿交叉经过左腿时，右刀跟要贴近左刀尖做交叉跨越动作，以保证左脚侧蹬，并为右脚着冰动作做好准备。

（4）双支撑左腿蹬冰动作。双支撑左腿蹬冰动作是指自摆动后的右脚冰刀着冰起，到左脚冰刀结束蹬冰离开冰面的动作。具体来说，要掌握以下几个方面的动作要领。

1）身体重量尽量控制在蹬冰腿上，充分利用体重完成最后蹬冰动作。

2）将蹬冰刀控制在臀下，用刀刃中部做快速向侧推蹬。

3）当蹬冰结束时，在膝关节伸直的基础上，重心移向冰刀的前半部，使踝关节迅速跖屈，以增加蹬冰腿做功距离和充分发挥肌肉的有效力量。

（5）右脚冰刀着冰动作。右脚冰刀着冰动作是指自右脚冰刀以内刃着冰起，到该腿完全支撑承接体重左腿蹬冰结束冰刀离冰的动作。具体来说，要掌握以下几个方面的动作要领。

1）着冰点应在支撑脚冰刀左前方（靠近支撑脚冰刀），沿弯道滑行方向（贴近弯道切线方向），使着冰脚冰刀准确地落在重力与离心力的合力点上。

2）刀尖抬起朝着切线方向，以刀跟内刃先着冰。

3）右腿以前跨动作使膝部朝着弯道滑行方向，并保持右脚冰刀着冰后的小腿向左倾斜度，顺势着冰。

（6）单支撑右腿蹬冰动作。单支撑右腿蹬冰动作是指自左脚冰刀离开冰面起，到左腿摆动后重新着冰的动作。具体来说，要掌握以下几个方面的动作要领。

1）右腿蹬冰基本与直道右腿蹬冰动作相同。

2）左腿蹬冰结束，右腿即刻蹬冰。左腿蹬冰结束时，右腿沿着弯道切线方向滑行开始蹬冰，并逐渐滑离雪线，此时身体重心却沿着另一切线方向移动（冰刀与重心运动方向不同），随右腿滑离雪线，腿部应弯曲（压膝、踝）。当左腿摆收到与蹬冰腿成交叉部位时，蹬冰腿应积极展髋、展膝，向侧蹬冰。

3）整个身体成一线保持向左倾斜平移姿势（两肩、臀部与冰面平行），冰刀以内刃咬住冰面，沿切线方向滑行并沿弯道半径向侧蹬冰。

4）利用冰刀内刃中部，加速完成侧蹬动作。

（7）左腿摆腿动作。左腿摆腿动作是指自左腿结束蹬冰冰刀蹬离冰面开始，到左腿冰刀着冰的动作。具体来说，要掌握以下几个方面的动作要领。

1）借助蹬冰结束时的反弹力和重力在股内收肌作用下摆收左腿。

2）刀跟抬起，刀尖向下，冰刀几乎垂直于冰面，屈膝、屈髋完成提刀动作。

3）以膝盖领先大腿带动，沿身体重心移动方向加速摆收。

4）在摆腿过程中，大腿做向上抬送动作，使刀尖由朝下变为与冰面平行动作。

（8）双支撑右腿蹬冰动作。双支撑右腿蹬冰动作是指自左脚冰刀着冰起，到右腿蹬冰结束冰刀离冰的动作。具体来说，要掌握以下几个方面的动作要领。

1）展腿达到最高速，右腿快速展直完成蹬冰动作。

2）保持两肩、臀部与冰面平行移动，随蹬冰腿加速伸展，使蹬冰角达到最小角度。

3）蹬冰时，右脚冰刀内刃牢牢地咬住冰面，避免在蹬冰结束阶段出现滑脱现象。

4）采用新式冰刀技术时，当蹬冰结束时，重心移至冰刀前半部，使踝关节跖屈，充分伸直蹬冰腿。

（9）左脚冰刀着冰动作。左脚冰刀着冰动作是指自左脚冰刀的外刃着冰起，到左脚冰刀完全承接体重右腿蹬冰结束冰刀离冰的动作。具体来说，要掌握以下几个方面的动作要领。

1）左腿前送到位。要做到展膝屈踝，将刀尖抬起。

2）左脚冰刀以外刃、冰刀的后部先着冰。

3）沿着弯道标记的切线方向着冰，以便向贴近弯道标记滑进，以延长蹬冰距离。

4）着冰动作要做到前冲、迅速，并与快速结束蹬冰动作配合同步协调。

4．终点冲刺技术

终点冲刺是全程滑跑的一部分。在全程滑跑的最后阶段，运动员应努力保持合理的滑跑技术，竭尽全力滑完全程，并以合理有效的冲刺技术触及终点线，完成冲刺。具体来说，要掌握以下几个方面的动作要领。

（1）保持正确的滑跑动作和已取得的滑跑速度，注重向侧蹬冰质量。同时，采用双摆臂加快蹬冰节奏。

（2）以“箭步送刀”的方法结束用冰刀触及终点线的最后冲刺动作。

（三）花样滑冰运动方法指导

通常情况下，可以将花样滑冰技术分为单人花样滑冰技术、双人花样滑冰技术、冰上舞蹈技术三个类型。这里重点对单人花样滑冰的技术方法加以分析和阐述。

1．基本滑行技术

花样滑冰运动的基本滑行技术主要有以下方面。

（1）冰上站立。两脚稍分开，与肩同宽，平稳站立，冰刀与冰面保持垂直，两膝微屈，上体保持正直（稍前倾），重心落在支撑脚上，两臂在体侧前伸开，自然控制身体平衡，目视前方。

（2）单足蹬冰、单足向前滑行。准备姿势与双足滑行相同，在蹬冰结束后要保持重心不变和单足向前滑行姿势，蹬冰足放在滑足后，保持身体重心平稳，换脚时，浮足要接近滑足，两臂在两侧自然伸展。

（3）双足向后滑行。双足成内八字形站在冰面上，足尖靠近，足跟分开，身体重心在冰刀前半部，双膝微屈。开始时双足同时用内刃向后蹬冰。双足间的距离同肩宽时，将双足跟向内收紧，形成双足平行向后滑，同时两膝逐渐伸直，靠拢后再次蹬冰，如此反复进行。

（4）前外刃弧线滑行。以左足内刃蹬冰，用右足外刃滑出为例，身体向右侧圆弧内倾斜转体，右臂在前，左臂在后，滑足膝部逐渐伸直。换足时右足用内刃蹬冰，左足用外刃着冰，滑出前外弧线。滑膝的伸屈要和两臂及浮足的移动协调一致。

（5）前内刃弧线滑行。以右足滑前内弧线、左足内刃蹬冰为例，右足用内刃向前滑出，身体重心向左倾斜，转体，右臂在前、左臂在后，面向滑行方向，右膝微曲，左足蹬冰后沿滑线靠近滑足前移，逐渐伸直，滑足膝部逐渐伸直，换足时右足用内刃蹬冰，左足用内刃滑出。

（6）后外刃弧线滑行。双足平行站立，两肩和臂平放，面向滑行的方向，用右足后内刃蹬冰。两臂动作协调配合，右臂用力向后滑行方向摆动，左臂在前。右足蹬冰后迅速放在滑足前，左足做后外刃弧线滑行，当滑行到弧线一半时头向圆内，上体随着向外转动，浮足靠近滑足移向滑线前，上体姿势不变。然后再做右后外弧线滑行。

（7）后内刃弧线滑行。双足平放在冰面上，背向滑行方向，两臂伸向身体两侧，用右足蹬冰。左后内刃做弧线滑行，右臂在前，左臂向滑行方向用力摆动，右足蹬冰后迅速放在滑线后，滑至弧线的一半时，浮足向滑足靠近，上体均匀缓慢地向圆内转动，浮足伸向滑线前，上体保持姿势不变。换足继续滑行，方法同上，方向相反。

（8）急停。在滑冰项目中，急停能够使在练习时受伤的情况得到有效避免，除此之外，还能够在表演节目的段落和结束时，有效增强表演的效果。通常情况下，急停的形式主要有以下两种。

1）双足向前内刃急停：在向前滑行时，突然将足尖靠近，足跟分开，身体重心后移，两腿微屈，双膝靠近，形成用双足冰刀内刃向前刮冰的急停动作。

2）单足前外刃急停：在向前滑行时，突然用右或左足前外刃做横向刮冰急停动作，身体稍向后倾，另一足离开冰面。

2. 基本旋转技术

在花样滑冰中，旋转动作是重要技术内容之一。一般情况下，大多数人习惯于向左的逆时针方向旋转，也有少数人能掌握左右两个方向的旋转。这里主要对逆时针方向的旋转加以分析和阐述。

（1）双足旋转。双足旋转是由两只脚支撑冰面的旋转动作，它是旋转动作中难度较小的一种。双足旋转又可以分为两种形式，具体如下。

1）双足直立旋转：原地直立，双足分开与肩同宽，左臂在前右臂在后，双膝微屈。旋转开始时，左臂带动左肩用力向左后摆动，右臂带动右肩用力向前摆动，双膝同时迅速伸直，使整个直立的身体形成一个旋转的轴心和两个相反的转动力，此时便形成了左后内刃、右前内刃的双足直立旋转。在旋转开始的前几圈，两臂呈对称侧平举姿势，以控制身体平衡和转动轴心。此后可收回两臂于胸前，以缩小旋转半径，加快旋转速度。在旋转结束时，伸开双臂，减缓旋转速度，用右后外刃或左前外刃弧线滑出。

2）双足直立交叉旋转：从双足直立旋转开始，在起转后，左足经右足前方，顺旋转方向滑至右足前外侧，形成双腿和双足交叉姿势，用右后外刃和左前内刃成对称的双足交叉旋转姿势，足尖靠近足跟分开。其他要求同双足直立旋转。

（2）单足旋转。单足旋转是由一只脚在冰面上旋转的动作。具体来说，又可以将这一旋转技术分为以下三种类型。

1）单足直立旋转：先滑一右后内弧线，浮足在后远离滑足，右臂在后左臂在前，起转前右足用力蹬冰，将身体重心移向左足，左足滑前外刀齿制动，成后内刃转动，右足伸直摆到右前方，开始两臂侧举，待重心稳定后，两臂和浮足再靠拢身体加快转速，身体重心始终保持在冰刀的前三分之一处，结束时两肩臂侧举、左脚蹬冰、右脚用后外刃滑出。

2）单足直立快速旋转：在旋转时将右足收回，沿左腿前外侧由膝部向下滑动，使两脚形成交叉状，缩小旋转半径，加大旋转速度。

3）单足直立反旋转：在完成右前内、右后外3字转体后，立即用右后外刃在原地做旋转动作，两臂动作呈侧平举姿势，左浮足在左前外侧，在旋转重心稳定后，收回两臂和浮足，加快旋转速度。也可将左足和左腿交叉放在右腿滑足前外侧。结束时以右后外刃或左前外刃弧线滑行。

（3）跳接旋转。跳接旋转是将跳跃动作与旋转动作结合为一体的旋转动作。具体来说，又可以将这一旋转技术分为以下两种类型。

1）跳接蹲踞旋转：开始时，用左前外刃起跳，上体保持直立，当用刀齿制动起跳时，滑腿膝部弯曲，两臂由左右前方同时向上摆动，右腿经侧后方向前摆动，左腿在空中形成蹲踞姿势，当身体向下落时，应尽快将左足向下伸直，用刀齿触冰，然后再过渡到左后内刃上，此时右腿顺势向旋转方向自然摆动，左腿迅速下蹲，两臂收至胸前，形成蹲踞旋转。结束动作同其他旋转动作。

2）跳接反蹲踞旋转：开始时，同跳接旋转技术基本相同。起跳后，右腿在侧后方摆动向前，并尽快弯曲成蹲踞姿势，同时左腿迅速向前外侧伸展，两臂向前外方向自然伸展，保持身体平稳，身体下落时，迅速将右腿向下伸直，用刀齿触冰后下蹲，左腿向旋转方向摆动，两臂收至胸前，形成右后外刃反蹲踞旋转动作。结束动作同其他旋转动作。

3. 基本跳跃技术

跳跃技术动作是滑冰中很重要的技术动作。起跳方式分为单足刃起跳和点冰跳两大类，主要的跳跃动作有华尔兹跳、阿克谢尔跳、鲁卜跳、沙霍夫跳、点冰鲁卜跳、菲力普跳等。不同跳跃技术难度不同，同一跳跃也因在空中转体周数不同而有所差别，周数越多，难度也越高。但不管是哪一种跳跃技术，都包括以下几个技术环节

（1）准备：这一阶段是从滑腿屈曲开始到起跳前为止，包括从运用滑行技术来增加速度的助滑到起跳前缓冲。跳跃的准备阶段是为增加起跳的效果做好充分准备，主要技术有滑腿屈伸与四肢预摆的配合。

（2）起跳：由身体重心从最低点开始到滑足即将离冰结束，包括四肢下摆、上摆、滑足蹬直制动和预转的技术配合。

（3）空中动作：由冰刀离开冰面开始到冰刀触冰结束，包括收回四肢（加速转）、展四肢（减速转）、转体技术及其配合。

（4）落冰：由落冰足触到冰面开始到身体重心降至最低点为止，包括深屈滑腿和展四肢的技术。

二 冰球

（一）冰球概述

冰球运动是以冰刀、冰球杆和冰球为工具，在冰上进行的一种相互对抗的集体性竞赛活动。据记载，早在二三百年以前，世界上的一些国家和地区，如荷兰、俄罗斯、中国及北美、北欧等地就有不同形式的在冰上打“冰球”的游戏。而现代冰球运动起源于加拿大，距今已有一百余年的历史。

（二）冰球运动方法指导

冰球运动方法主要包括滑行技术，运球技术，传、接球技术，射门技术，抢截技术，跪挡技

术，守门员技术几个方面，具体如下。

1. 滑行技术

冰球运动最基本和最常用的技术，就是滑行技术。具体来说，其主要包括：直线向前滑行，直线倒滑，正滑转弯滑行，倒滑转弯滑行，单脚的内外刃转弯，正滑、倒滑压步，起跑，急停，转体，跳跃等具体技术。

2. 运球技术

运球技术是冰球运动中基本和常用的技术，主要包括拨球、推球、拉杆过人及倒滑运球等。这一技术往往在过人前的反向拉球假动作及传球和射门假动作，以及快速运球时用推球动作以加快速度时较为适用。

3. 传、接球技术

传、接球是完成进攻战术配合的主要手段，只有快速、准确和熟练的传接球，才能有效地完成各种进攻战术的配合。通常，传、接球技术的优劣是衡量一支球队技术水平高低的重要标志之一。

传球技术包括正拍传球、反拍传球、弹传、传腾空球和挑传球等。接球技术包括正拍接球、反拍接球、冰刀接球和杆柄接球等。

4. 射门技术

在一场比赛中，一般射门为 30 ～ 40 次，多的可达 70 次以上，而只有快速且准确的射门才有可能得分。因此，射门技术是重点技术，是决定比赛胜负的关键。

射门技术包括正手拉射、反拍推射、弹射、击射、挑射和垫射。

5. 抢截技术

通常情况下，可以将抢截技术分为两种类型：一种是用杆抢截，其主要包括戳球、勾球、挑杆抢球和压杆抢球。另一种是合理冲撞，又可以将其进一步分为肩部冲撞、胸部冲撞、臀部冲撞和向界墙挤贴。

6. 跪挡技术

跪挡往往在防守和抢截时较为适用，通常可以将其分为单腿跪挡和双腿跪挡两种具体形式。

7. 守门员技术

守门员是队内最重要的队员，在一支冰球队中前锋队员作为两翼去摧城拔寨，中锋队员作为全队的灵魂来组织进攻，而守门员则作为全队的后盾以确保球门不失。

对于一名守门员来说，较强的自信心和意志力，较好的灵敏性和反应能力，以及较强的爆发力都是必备的重要素质。除此之外，以下防守技术的十大动作也是不能忽视的。

（1）用球拍挡球：用球拍的不同位置挡住并控制住来球并传出。

（2）抓球：当球射到膝部以上时可用抓手抓球。

（3）挡球：对射到门拍一侧的高球可使用挡手防守。

（4）全分腿挡球：两腿在冰上迅速分开，以阻挡射到远处的下角球。

（5）分腿挡球：一腿跪下，另一腿伸出，用于防守底角球。

（6）双腿侧躺挡球：多用于对付晃门和远侧冰面球。

（7）蝶式跪挡：多用于对付晃门和冰面球。

（8）侧踢球：对付侧面的快速低射球，可用护腿踢球。

（9）刀挡球：冰刀挡球多用于防守射底角球的快速动作。

（10）戳球：在门前混战的情况下，守门员可迅速果断地用球拍戳球完成防守动作。

第三节 雪上项目

一 滑雪

（一）滑雪概述

手持滑雪杖、足踏滑雪板在雪面上滑行的运动，就是所谓的滑雪运动，其关键要素是“立”“板”“雪”“滑”。滑雪运动在许多国家是冬季中最受欢迎的休闲和竞技项目。

滑雪运动，特别是现代竞技滑雪发展至今，项目不断增多，领域不断扩展。目前，世界比赛正规的大项目有高山滑雪、北欧滑雪（越野滑雪、跳台滑雪）、自由式滑雪、冬季两项滑雪、雪上滑板滑雪等，各大项又分成众多小项。纯竞技滑雪具有竞争性、专项性的特点；休闲滑雪则是以娱乐、健身为目的，男女老幼均可参与的雪上运动。

1. 越野滑雪

越野滑雪是从北欧发源而来的，因此，也往往被称为北欧滑雪。越野滑雪是在低山丘陵地带的（平地、下坡、上坡各约占 1/3）长距离滑行，安全系数高，健身效果显著，参与性广泛。

2. 高山滑雪

高山滑雪是在北欧的阿尔卑斯地区发源而来的，因此，也往往被称为阿尔卑斯滑雪。高山滑雪是在越野滑雪基础上逐步形成的。高山滑雪具有惊险、优美、自如、动感强、魅力大的特点，所以被视为滑雪运动的精华和象征，是休闲滑雪的首选和主体项目。

（二）越野滑雪运动方法指导

越野滑雪的运动方法，主要包括蹬冰式滑行、单蹬式滑行、登坡滑行、转弯滑行以及滑降几个方面，具体如下。

1. 蹬冰式滑行

蹬冰式滑行是指运动员在平地或缓下坡地段，两腿按速度滑冰方法蹬动与滑进，双手虽持杖但不使用，只是配合腿部动作而摆动，或将两杖夹在腋下而不摆动。一般地，运动员一腿蹬动后，身体重心必须移到滑行腿板上，使之延长自由滑进距离。上体放松前倾成弧形，以减少空气阻力；膝关节尽量弯曲，增加蹬动时间，小腿与地面夹角以 70° ～ 80° 为宜；注意蹬动方向应与雪板纵轴垂直，出板角度应尽量缩小。蹬冰式滑行适合在平地及缓坡，当滑行速度达到 7.5 ～ 8 m/s 时运用。

通常情况下，可以将蹬冰式滑行具体分为两种类型，一种是一步一撑蹬冰式滑行，另一种是两步一撑蹬冰式滑行。

（1）一步一撑蹬冰式滑行。

1）双杖推撑的同时，右脚蹬动并移重心至左板。

2）左脚向前滑进，右脚蹬动后向左板靠拢。

3）自由滑进的左脚再蹬动，同时开始撑杖。

（2）两步一撑蹬冰式滑行。

1）右板向前滑进并利用内刃进行有效的蹬动，接着将重心移到左侧板上并承担体重向前滑行，同时两侧杖推撑，但左侧杖的推撑力要大于右侧杖。

2）连续若干次后，调换至另一侧开始，如此反复。

2. 单蹬式滑行

单蹬式滑行的动作要领主要有以下几方面。

（1）用右腿雪板内刃向侧用力蹬动，两杖同时向后推撑。

（2）蹬动结束后，重心移向左侧板并承担体重向前滑进，与此同时，双杖前摆。

（3）左板向前滑进一段距离后，重心向右倾，右板着地后，准备再一次蹬动，两杖前摆插地。

（4）右脚准备再一次蹬动，两杖插入板尖两侧。

3. 登坡滑行

具体来说，登坡滑行的形式主要有以下两种。

（1）两步一撑蹬冰式滑行登坡。

1）上坡时步频不需要明显加快，由于膝关节弯曲度大，登行效果也好。

2）两杖用力不同，滑行板侧用力较大。插杖也不对称。

3）随着坡度的增大，两步一撑第一步滑行距离较短，往往只起到过渡作用。

（2）交替蹬撑滑行登坡。蹬动及撑杖的配合与“两步一撑蹬冰式滑行”一样，只是两脚的蹬动与滑行方向不同。动作节奏和每步滑行距离应随坡度变化而变化。滑行条件好时，每步的滑行距离应稍长些。

4. 转弯滑行

在转弯滑行时，要掌握一定的动作要领，具体如下。

（1）身体向弯道圆心侧倾倒。

（2）内侧板沿弯道切线方向滑进，并时刻调整方向，勿远离圆心。

（3）外侧板应按弯道的法线方向向外侧蹬动，同时需要加快频率，以便与内侧板相配合，变换转动方向。

5. 滑降

自由技术滑行的滑降技术方法与传统技术的滑降技术方法相同但因越野滑雪板的宽度与高山板不同，雪鞋后跟部也不固定在板上，速度快时不易控制，容易失去平衡，所以必要时要先控制速度，从而使失去平衡的情况得到有效避免。

（三）高山滑雪运动方法指导

高山滑雪运动方法主要包括两个方面，一方面是滑降技术，另一方面是转弯技术。

1. 滑降技术

高山滑雪的滑降技术是指从高处向低处滑下的技术。从板形上可将滑降分为三种主要类型，即直滑降、犁式滑降、斜滑降。每一种类型都有其各自的特点，具体如下。

（1）直滑降。直滑降是指双板平行，面对垂直落下线直线下滑的技术。通过直滑降的练习主要应掌握基本滑行姿势，体会速度、滑行感觉及重心位置，提高对不同坡度的适应能力及对雪板的控制能力。直滑降的技术重点是用腿部的屈伸来调节并保持正确的滑行姿势。

双板平行稍分开，体重均匀地放在两腿上，两脚全脚用力。上体稍前倾，髋、膝、踝关节稍屈，呈稳定的稍蹲姿势，保持随时可以进行腿部屈伸状态。两臂自然垂放两侧，肘稍屈以协助保持平衡，肩部应始终处于放松状态。目视前方，观察场地及前方情况，防止低头看雪板。

（2）犁式滑降。犁式滑降是雪板呈八字形从山上直线滑下的技术动作。双膝稍屈并略有内扣，重心在两板中间，两脚跟同时向外展，推开板尾，使雪板成八字形。眼睛向前看，上体稍前倾，上体、双臂及肩部放松，两手握杖自然置体侧，杖尖朝后方撑地滑行。

（3）斜滑降。斜滑降是指在斜滑坡上不是沿着垂直落下线下滑，而是用直线斜着滑过坡的技术。斜对山下站立，肩、髋稍向山下侧转形成外向姿势。上体稍向山下侧倾而膝部向山上侧倾，用双板山上侧刃刻住雪面。在下滑过程中，时刻把握从山上向下踩住雪板的感觉，上侧板比下侧板向前一些，双板应平行；保持上述姿势并注意两肩的连线、髋的连线和两膝的连线与坡面几乎平行。身体姿势变化与用刃是协调一致的，共同控制用刃强弱及速度，两臂自然放松，目视前方 8 ～ 10 米处。

2. 转弯技术

高山滑雪的转弯技术是指改变方向的滑行技术。通常情况下，可以将转弯技术大致分为四种类型，即犁式转弯、双板平行转弯、蹬跨式转弯和跳跃转弯每一种类型都有其各自的特点和动作要领。

（1）犁式转弯。在犁式滑降姿势的基础上将体重逐渐向一侧板上移动，保持雪板外形不变，进行自然转弯。单侧腿加力伸蹬时，保持八字形不变，自然形成转弯。立刃转弯也同样如此。无论是移体重、单腿加力伸蹬还是单板加强立刃的转弯都必须注意雪板外形，身体姿势不改变。

（2）双板平行转弯。保持一定的速度进入转弯的准备阶段，提重心、移体重。体重向转弯内侧移、一板内刃、一板外刃蹬雪，滑入垂直落下线。继续向前屈膝、屈踝体重移动结束后点杖开始，外、内板的体重比例为 7 ∶ 3。上一个转弯的动作结束阶段和下一个转弯的点杖，踝关节应有蹬实踏实的感觉，身体处于直立状态。利用蹬踏的反作用力与向内倾倒，向斜上方提起体重。再次滑入向垂直落下线的方向，此时应有骑自行车或摩托车时体重在转弯的内侧、轮胎（雪板）牢牢地抓住地面的感觉。

（3）蹬跨式转弯。在双板滑进的基础上弧内侧（右）板稍抬起并跨出，注意左板向弧外蹬出、右板跨出、左板蹬出应同时进行。外侧板（左）强有力地用刃刻、蹬雪为右板增大了向新的转弯方向的推进力，右腿主要承担体重。左侧板蹬板结束，重心升高，收板向左侧倾倒。然后双板平行进入新的回转弧。

（4）跳跃转弯。借助雪包或自身力量跳起，在空中改变雪板方向或变刃后着地。雪板蹬出，加大转动速度，注意保持重心位置及落地缓冲。适时跳跃转弯。起跳、空中动作的进行及调节、落地缓冲、继续滑进等动作应有机和连贯。

二 雪上滑板

（一）雪上滑板概述

雪上滑板运动 20 世纪中叶起源于美国。雪上滑板通常可以分为两种类型，即高山滑板和自由式滑板。高山滑板是计时项目，自由式滑板则由裁判根据运动员的技巧和表演的难度水平来评分。冬奥会滑板滑雪项目一般设四个小项。男子项目设有平行大回转和雪上技巧两个小项，女子项目设有平行大回转和雪上技巧两个小项。

滑道技巧的场地为“U”形滑道，长 120 米，宽 15 米，深 35 米，平均坡度 18°，滑板稍软，较宽，靴底较厚。比赛时运动员在“U”形滑道内边滑行边利用滑道做各种旋转和跳跃动作。裁判员根据完成的动作难度和效果评分。主要动作有跃起抓板、跃起非抓板、倒立、跃起倒立、旋转等。

（二）雪上滑板运动方法指导

一般来说，雪上滑板运动方法主要包括横滑，注视、转弯、滑行两个方面，具体如下。

1. 横滑

横滑，是初学滑板所要学的重要入门课程。滑板滑雪跟滑雪板一样，也是有钢边用于控制速度、转弯及刹车。选择一处整理过的缓坡，尝试性地站起来。假如没有任何控制，脚上的滑板会依惯性原理开始直直地向下移动。如果屁股坐地就压住脚跟边的钢边撑起；若是向前跪倒，则用脚尖边的钢边撑起来。体会钢边对雪地的动作，慢慢地逐渐平衡，千万别蹲着，要站起来，这是成功的第一步。

在雪上滑板的动作里，几乎每一个动作都可分为“脚踵边”（面向山谷）和“脚趾边”（背向山谷）。练习动作时，脚踵和脚趾两边都要练习，否则练习转弯时，可能会造成动作不顺畅的问题。

在刚刚学会雪地上滑板的初期，往往会出现滑板无法保持横向的情况，这时候，可以利用前脚拉、后脚推的方式，努力把滑板摆成横向。开始下滑时，利用钢边控制速度。膝盖保持弯曲，如此可以有效地操控滑板，更重要的是能降低重心保持平衡。钢边压得多，速度就慢；想要速度快一点，压边的力量就放小一点。交互练习脚踵和脚尖的压边动作。

在熟悉横滑动作后，就要进行“Z”字形滑降（又称“落叶飘”）的练习；这个像落叶漂流的动作，对于初学者是十分安全而有用的，能够不用转弯又可以安全地下滑，可说是一举两得。和滑雪一样，眼光随着移动的方向望去。想要做一个右移的动作，随着目光的右移，同时也将身体重量移至右脚，左侧移动作相同。滑板自一方移至另一方的“Z”字，称为“交换站姿”，也有人称为“飞骑”。这个动作利用倒压边的动作，来控制速度与方向，多多练习对正式学习转弯动作十分有帮助。

2. 注视、转弯、滑行

要想做一个漂亮的转弯，需要具备的前提条件有两个：一个是正确的站姿，另一个就是基本滑行法——横滑。转弯时身体是随着滑板而移动的。以左脚在前、右脚在后为例（面向右侧），当准备以脚跟压边左转时，首先要两眼注视左方，肩膀及身体转为面向下方，滑板将向山谷方前行。大部分人在无法接受速度感时，重心都是会向后。和滑雪理论一样，雪上滑板时重心后坐者会摔跤。要保持原来的姿势，缓缓地逐渐将力量压住脚跟。两眼注视着将转弯的方向，再将部分重心移至前脚，使雪板后端顺势推出去。动作要领就是要平顺。如上述动作，在完成转弯后，放松压住的钢边，注视转向另一方向，准备下一个转弯动作。以脚尖压边转弯，其原理也是相同的。

雪上滑板的转弯动作，同样也需要上下动作。一直压着滑板，是不可能做好转弯的。若是转弯动作练习多时仍不顺畅，建议重新回到横滑、“Z”字形滑降的基础练习。

第九章 游泳运动

第一节 游泳运动的概述

游泳是凭借人自身的动作和水的相互作用力，在水里进行运动的一种体育项目，也是人们生活和劳动中的实用技能，同时，又是军事上必备的重要技能。

游泳能充分利用日光、空气和水等自然条件进行身体锻炼。经常参加游泳活动，能匀称地发达肌肉，增强耐寒能力，提高心肺功能，促进新陈代谢，培养勇敢顽强的意志品质，因而游泳深受广大青少年的喜爱。

游泳的起源很早，远古时代，人类在布满江、河、湖、海的环境中生活，不可避免地要和水发生关系，为了生存，在与大自然斗争中学会了游泳。

我国最早的游泳史料散见于先秦典籍中，如《庄子·秋水》："夫水行不避蛟龙者，渔夫之勇也。"说明当时渔夫已掌握了较高的游泳技能。到唐宋时，游泳已成为一种体育活动，当时有水嬉、弄潮等方式。

现代竞技游泳始于 19 世纪，1896 年第一届奥运会男子游泳已被列为竞赛项目，1912 年第五届奥运会女子游泳也被列为正式比赛项目。现在奥运会竞技游泳有 30 个单项，国际泳联承认世界纪录的有 33 个游泳单项。项目之多，影响之大，仅次于田径。

历年来，我国游泳运动员不畏强手，勇攀高峰，为祖国争得了荣誉。从 1953 年吴传玉在第一届国际友谊运动会获男子 100 米仰泳冠军后，1957 － 1960 年间，戚烈云、穆祥雄、莫国雄先后 5 次打破男子 100 米蛙泳世界纪录。进入 20 世纪 80 年代，改革开放政策为游泳运动腾飞创造了良好的外部环境，使我国游泳水平有了明显提高，特别是女子游泳运动成绩，保持了持续上升和飞速发展的局面。

2011 年 7 月 31 日，第 14 届国际泳联世界锦标赛游泳比赛进入到最后一天的争夺，在男子 1 500 米自由泳决赛中，孙杨以 14 分 34 秒 14 夺冠，并打破这个项目保持了 10 年之久的世界纪录，这是中国男泳首次登顶奥运项目，同时孙杨也成为中国男泳第一位双冠王。

2012 年 7 月 29 日，中国奥运代表团再添一金，孙杨创造了中国游泳的一个历史性时刻。他在 400 米自由泳决赛中，以 3 分 40 秒 14 的成绩打破奥运会纪录并力压上届冠军朴泰桓，以优异的成绩拿下中国游泳队首金同时也获得了中国游泳男队历史上第一枚奥运金牌。

2012 年 8 月 4 日，中国选手孙杨在 2012 年伦敦奥运会男子 1 500 米自由泳决赛中，以 14 分 31 秒 02 的成绩获得冠军，并打破世界纪录。

游泳项目一般可分为竞技游泳、实用游泳、花样游泳和潜泳四大类。游泳分类如图 9–1 所示。

本书根据教学实际需要，仅选用蛙泳和爬泳（自由泳）。

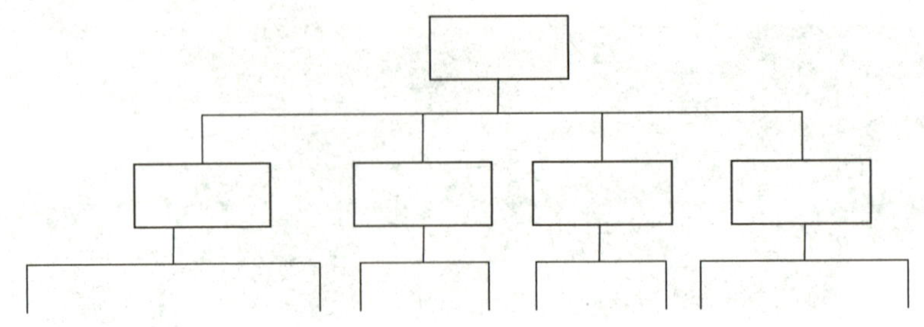

图 9-1

第二节　游泳运动的基本技术

一　蛙泳技术

蛙泳因俯卧在水面上，划水和蹬腿酷似青蛙在水中游进，所以称为蛙泳。蛙泳的身体姿势比较平稳，水的支撑面积大，动作省力，呼吸方便，能持久，适应于长时间、远距离游泳，如图 9-2 所示。

（一）动作结构与技术要点

1. 身体姿势

蛙泳时身体水平地俯卧在水面上，两臂向前伸直并拢。头略低，水齐前额，脸下部浸入水中。稍收腹，微塌腰，身体纵轴与前进方向约成 5 度～ 10 度，保持身体的流线形，如图 9-2（a）所示。

2. 腿部动作

腿部动作是推动身体前进的主要动力，可分为收腿、翻脚、蹬水、滑行四个不可分割的动作阶段。

（1）收腿：收腿是接滑行开始的，腿由于本身的重量而开始下沉，这时两腿稍内旋，使脚跟分开，小腿和脚尽量靠近臀部，膝关节随腿的下沉向前边收边分。收腿结束时，大腿和躯干之间成 130 度～ 140 度，如图 9-2（f）（g）所示。要求收腿路线要短，阻力要小，又要为蹬水创造有利条件。

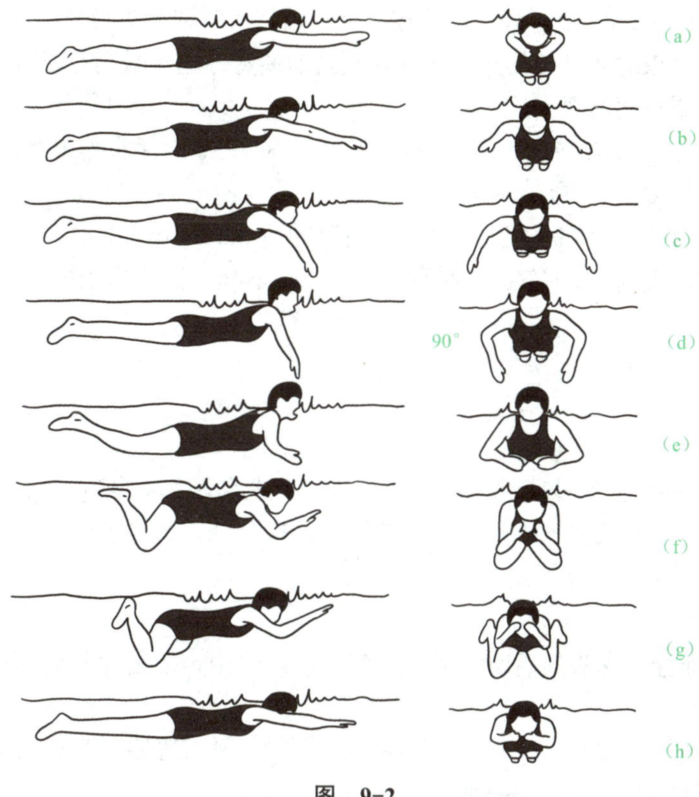

图 9-2

（2）翻脚：翻脚是收腿的继续、蹬水的开始。随着收腿的结束，两脚继续向臀部收紧，大腿内旋使膝内压的同时，小腿向外翻，脚尖也同时向两侧外翻，使脚掌内侧正对蹬水方向，如图 9-3 所示。

（3）蹬水：蹬水是由翻脚后由髋部发力，带动膝、踝相继伸直，以大腿、小腿内侧和脚掌向后作急速有力的蹬夹动作，如图 9-2（g）（h）所示。在蹬夹过程中，当两腿逐渐并拢时略向下压，以形成最后鞭打动作。

（4）滑行：蹬水结束身体借助惯性力向前滑行，两腿（包括脚尖）并拢向后伸直，臀肌、大腿股四头肌和腓肠肌稍紧张，身体成水平姿势，为收腿做好准备，如图 9-2（h）所示。

3. 臂部动作

蛙泳臂部动作可分为抓水、划水、收手和伸臂四个不可分割的动作阶段。

（1）抓水：紧接滑行，肩保持前伸，两臂内旋，使两臂和掌心转向外斜下方屈腕，两手分开向侧斜下方压水，如图 9-2（a）（b）所示。当手掌和前臂感到有压力时，就开始划水。

（2）划水：紧接抓水就开始加速划水，划水的方向是向侧、下、后、内方。划水时肘部保持较高的部位，前臂和上臂屈的角度在整个划水过程中是不断变化的，划水主要阶段肘关节弯曲度接近 90°，如图 9-2（c）（d）所示。

（3）收手：收手是划水的继续，能产生上升力和前进力。两臂向里、向上快速收到下颌的下前方，掌心由后转向内。肘低于手，上臂不超过两肩的延长线，尽量把臂收在身体的投影之中，使其发挥划水造成的推进惯性作用，减少水对伸臂时的阻力，如图 9-2（d）（e）（f）所示。

（4）伸臂：紧接收手，继续推肘伸臂。掌心转向下，两臂放松，先伸肩后伸肘，两臂先向前上再向前伸，身体保持流线形，伸臂结束时，两臂恢复滑行姿势，如图 9-2（f）（g）（h）所示。

4. 臂、腿和呼吸的配合技术

蛙泳的呼吸和手臂划水动作是紧密配合的，一般采用一个动作周期呼吸一次。呼吸方法分为

“早呼吸”和“晚呼吸”两种。“早呼吸”是在两臂开始划水时即抬头吸气，划完臂低头呼气。“晚呼吸”是在划水几乎结束时才开始抬头，两臂划到胸前使身体达到最高点时吸气，继而随伸臂低头闭气，当两臂开始外划时逐渐呼气。

初学者用“早呼吸”较有利，因两臂划水时有较大的支撑面使头露出水面进行吸气。

臂、腿和呼吸的完整配合，可采用蹬腿结束后，两臂前伸和两腿伸直并拢滑行，再开始手臂的抓水动作，此时抬头吸气。当收手的同时收腿，伸臂中做蹬腿动作。

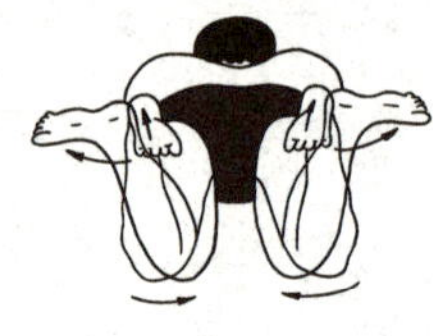
图 9-3

（二）练习方法

1. 熟悉水性

（1）水中行走和游戏。

1）转圈：分成内外两圈，各圈手拉手，两圈反方向走或跑动旋转，听信号后，又各自反方向旋转。

2）撒网：先由一人或二人当“渔夫”，其余的四散分开，被“渔夫”抓（拍）到的人，则拉手结网，直至全部“捕获”为止。

（2）浸水和呼吸。

1）浸水：手扶池槽，深吸气后闭气下蹲，将头浸入水中，停留片刻后起立，在水中换气，如图 9-4 所示。

2）睁眼：手扶池槽，或双人扶肩，吸气后闭气下蹲，呼气睁眼看自己或同伴吐出的水泡，呼完气后起立。如此反复练习，如图 9-5 所示。

图 9-4

图 9-5

（3）浮体。

1）抱膝浮体：站立深呼吸后，下蹲低头，抱膝团身，闭气放松，使身体自然漂浮起来。然后松开双手，使双脚下垂，双手前伸向下轻压水，抬头站起，如图 9-6 所示。

2）漂浮展体：抱膝浮体后，臂、腿伸直成俯卧姿势，站立方法同上，如图 9-7 所示。

（4）蹬边滑行。

背向池壁，肩浸水中，左臂前平举，右臂拉住池壁。右脚蹬住池壁，左脚屈膝站立，深吸气低头，收左脚成两腿屈膝，臀部靠近池壁，右臂前冲。同时头浸入水中，两脚蹬池壁向前滑行，如图 9-8 所示。

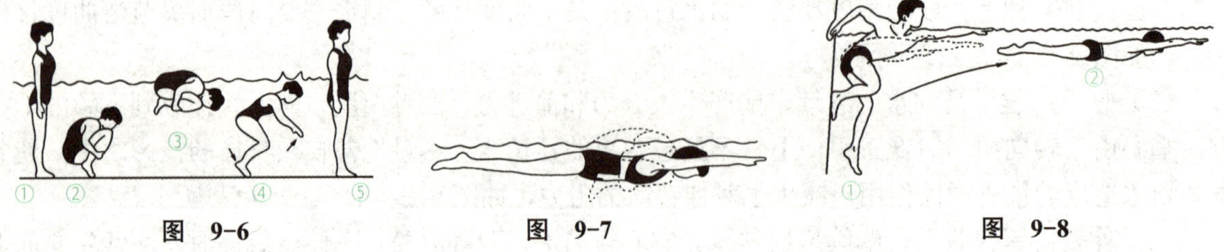

图 9-6　图 9-7　图 9-8

2. 腿部动作练习

（1）陆上模仿练习。

1）坐姿蹬水：坐在池边或凳上，上体稍后仰，两手后撑，做收腿、翻脚、蹬夹、停的动作，如图 9–9 所示。

2）卧姿蹬水：俯卧在凳上，做同上练习，如图 9–10 所示。

（2）水中练习。

1）手扶池槽仰卧和俯卧做腿部动作，如图 9–11 所示。

2）手扶池槽仰卧和俯卧姿势，由同伴抓其脚，帮助体会翻脚、蹬腿动作，如图 9–12 所示。

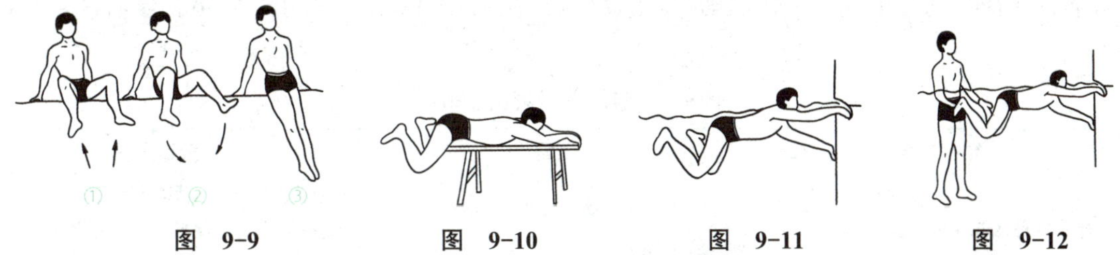

图 9–9　图 9–10　图 9–11　图 9–12

3）蹬池壁滑行做腿部动作。

4）手扶打水板做腿部动作。

3. 臂和呼吸配合练习

（1）陆上模仿练习。站立姿势，上体低头前倾，两臂前伸，做抓水、划水、收手伸臂动作。划水时抬头吸气，伸臂时低头呼气，体会臂部动作与呼吸的配合。

（2）水中练习。

1）两脚开立站在齐胸深的水里，上体前倾，两臂前伸，做臂部动作。划水时不要用力，主要体会划水路线和收手的动作，如图 9–13 所示。

2）同上练习，配合呼吸，臂划下时抬头吸气，收手时低头闭气，臂前伸时吐气。借助划水前进力，两脚可在水中向前走动。

3）双人练习，练习者俯卧水面上，同伴站在练习者两腿之间，抱住练习者的腰部或大腿，做臂部动作和呼吸配合练习。

4. 臂、腿和呼吸的完整配合练习

（1）陆上模仿练习。

1）原地站立，两臂上举并拢伸直，按口令做。两臂划水分向两侧，两臂划水时收手，与此同时以单腿站立，另一腿做收腿动作，收腿结束时立即翻脚；臂向上将伸直时，翻脚的一腿向下做弧形蹬夹动作，还原成预备姿势，如图 9–14 所示。

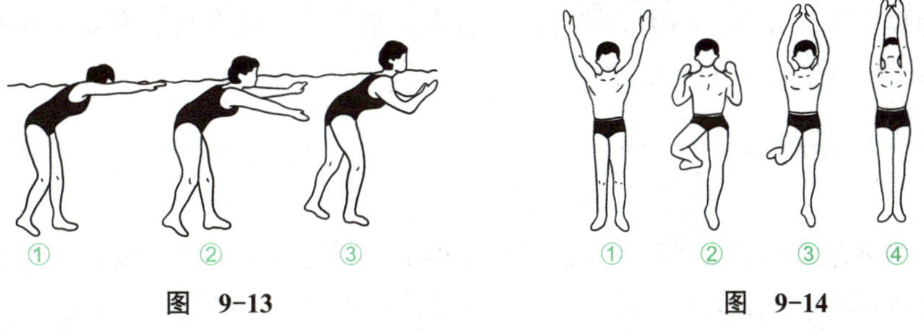

图 9–13　图 9–14

2）同上练习，配合抬头呼吸动作。

（2）水中练习。

1）臂与腿的分解配合练习。在蹬壁滑行中，先做一次划臂动作，再做一次腿的收、翻、蹬夹动作。手臂和腿交替进行，以建立臂先腿后的技术概念。

2）在上述练习基础上，逐步过渡到连贯的配合练习，练习时可闭气进行。

3）在上述练习基础上，加之抬头呼吸的动作，呼吸次数可由腿和臂配合两次、呼吸一次，过渡到腿和臂配合一次、呼吸一次的完整练习。

（三）练习提示

蛙泳技术动作结构比较复杂，动作内部循环的节奏性强，一旦突破呼吸关，就可以游较长距离。初学者往往会同时出现几个错误动作，教练应抓住主要错误给予矫正。蛙泳初学者注意事项见表 9–1。

表 9–1　蛙泳初学者注意事项

	常见错误	原因	矫正方法
身体位置	游进时身体起伏太大	抬头吸气时太高、太猛，吸气时间长，划臂蹬水偏下	抬头吸气时，嘴露出水面即可；吸气结束低头时，保持在较高的位置；蹬水方向要向后
	臀部下沉	抬头太高，仅收小腿不收大腿	吸气结束后低头；收腹时两膝往前收
腿	收蹬腿时，脚的部位低	头和上体太高；大腿收得太多，小腿收得太少，没有积极靠近臀部	低头提臀，身体平卧，腰背保持适当紧张；积极收小腿，少收大腿
	收蹬腿时臀部上下起伏	收腿时速度太快，大腿并在一起收；收腿时收腹提臀，蹬腿时挺腹	头肩保持平稳；强调边收边分慢收腿；腰背肌肉保持适度紧张
	蹬腿时未翻脚	收腿时两膝分得太宽；收腿动作太快，急于蹬腿	分别在陆上和水中做收、翻、蹬动作，强调翻好再蹬
	收腿太快	动作节奏未掌握好	收腿时放松慢收
臂	手臂伸出的同时手划水	急于抬头吸气	要求水中吐气要慢
	两臂划水过宽	直臂浅划水，收手太晚	要求做屈臂小划
	两臂划水路线太长，超过肩延长线	急于用力划水推动身体前进；抬头太晚	要求屈臂小划；分手时配合吸气
动作配合	伸臂蹬腿同时进行	蹬腿太早，臂、腿配合概念不明确	陆上站立做臂、腿配合模仿练习
	蹬腿同时划臂，连续伸、蹬	配合节奏紊乱，急于划臂	采用多蹬少划的分解练习，强调蹬水后两臂并拢滑行
	吸不到气	动作紧张，未在水中吐气	采用划两次臂、抬头吸一次气的配合；强调吸气前要在水中先吐气

二、爬泳技术

爬泳通称为自由泳，其动作结构比较合理、省力、阻力小，是当前速度最快的一种游泳姿势，所以，目前自由泳比赛中，都用爬泳技术。

（一）动作结构与技术要点

1. 身体姿势

爬泳时身体俯卧在水面成流线形，背部和臀部的肌肉保持适当的紧张度，在游进中保持头部平稳，躯干围绕身体纵轴有节奏地自然转动 35 度～ 45 度，如图 9–15 所示。

2. 腿部动作

爬泳腿部动作虽有一定的推进力，但主要起平衡作用，保持身体的稳定和协调双臂做有力地划水。要求两腿自然并拢，脚稍内旋，踝关节放松，以髋关节为轴，由大腿带动小腿和脚掌，两腿交替做鞭打动作，两脚尖上下最大幅度约 30 ～ 40 厘米，膝关节最大屈度约 160 度，如图 9–16 所示。

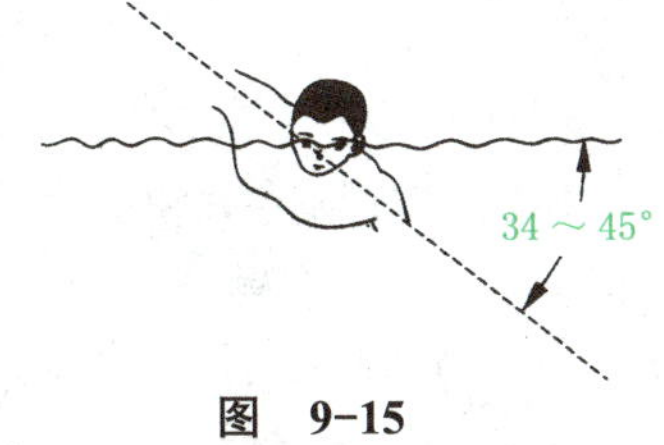

图　9-15

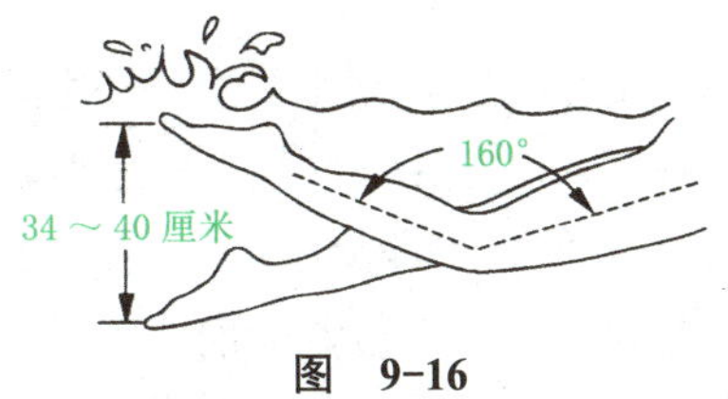

图　9-16

3．臂部动作

爬泳的臂部动作是推动身体前进的主要动力。其一个周期分为入水、抱水、划水、出水和空中移臂五个不可分割的阶段。

（1）入水：完成空中移臂后，手在控制下自然放松入水。手的入水点一般在身体纵轴和肩关节的前方延长线之间。入水时手指自然伸直并拢，臂内旋使肘关节抬高处于最高点，掌心斜向外下方，使手指首先触水，然后是小臂，最后是大臂自然插入水中。

（2）抱水：臂入水后，在积极向下方插入的过程中，手掌从向斜外下方转向斜内后方并开始屈腕、屈肘，肘高于手，以便能迅速过渡到较好的划水位置。抱水结束，手掌已经接近垂直于水，肘关节屈至 150 度左右，整个手臂像抱着一个大圆球似的为划水做准备。

（3）划水：划水是发挥最大推进作用的主要阶段，其动作过程可分为拉水和推水两个部分。紧接抱水阶段进入拉水，这时要保持抬肘，并使大臂内旋。同时继续屈肘，使手的动作迅速赶上身体的前进速度，能使划水动作造成合理的动作方向和路线。同时，也使主要肌肉群在良好的工作条件下进入推水动作。拉水至肩的垂直平面后，即进入推水部分，这时肘的屈度约 100 度。大臂要保持内旋姿势，带动小臂，用力向后推水。同时，使肩部后移，以加长有效的划水路线。向后推水有一个从屈臂到伸臂的加速过程，手掌从内向外、从下向上的动作路线加速划至大腿旁。整个划水动作，手的轨迹始于肩前，继而到腹下，最后到大腿旁，呈 S 形，如图 9-17 所示。

（4）出水：划水结束时，掌心转向大腿，出水时小指向上，手臂放松，微屈肘。由上臂带动，肘部向外上方提拉带前臂和手出水面，掌心转向后上方。出水动作必须迅速而不停顿，同时应该柔和、放松。

（5）空中移臂：紧接出水不停顿地进入空中移臂，移臂时，肘高于手，由肘带动前臂和手向上、向前移动准备入水，动作应放松、连贯，如图 9-18 所示。

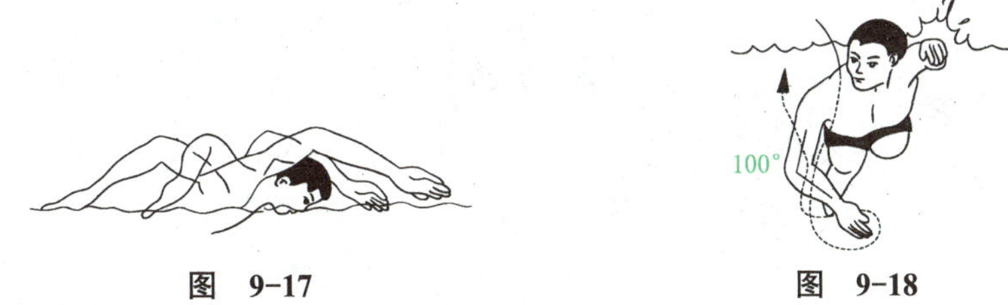

图　9-17　　图　9-18

爬泳中必须注意两臂配合。爬泳时两臂划水发生的交叉位置有前交叉、中交叉和后交叉三种类型。前交叉是指一臂入水时，另一臂已前摆至肩前方与水平面成 30 度左右，如图 9-19（a）所示。前交叉有利于初学者掌握爬泳动作和呼吸。中交叉是指一臂入水时，另一臂处在向内划水阶段与水平面成 90 度，如图 9-19（b）所示。后交叉是指一臂入水时，另一臂划至腹下，手与水平面成 150 度左右，如图 9-19（c）所示。

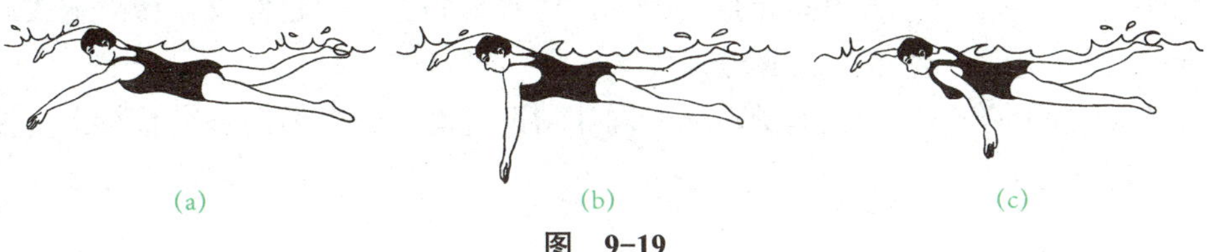

图　9-19

4. 臂、腿和呼吸的配合技术

爬泳时，一般是在两臂各划水一次的过程中进行一次呼吸，以向右边吸气为例，右手入水后，嘴和鼻开始慢慢呼气，如图 9–20（a）所示。右臂划水至肩下，开始向右侧转头和增大呼气量，如图 9–20（d）所示。右臂推水即将结束，则用力呼气，如图 9–20（f）所示。右臂出水时，张嘴吸气，如图 9–20（g）所示，至空中移臂的前半部为止，并开始转头还原，如图 9–20（h）所示。然后，直至臂入水结束，有一个短暂的闭气过程，脸部转向前下。头部稳定时，右臂入水，再开始下一慢慢呼气的过程，如图 9–20（a）所示。

爬泳的呼吸与臂、腿配合，初学者一般都采用“6 ∶ 2 ∶ 1”的方法，即呼吸 1 次，臂划 2 次，腿打 6 次，这种配合方法易保持平衡和协调掌握爬泳技术。

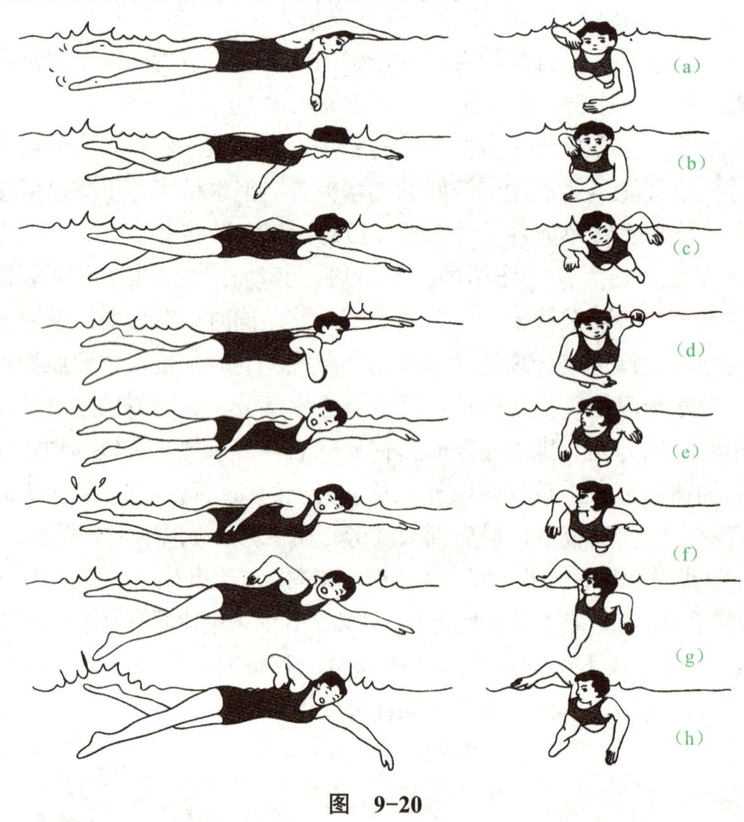

图 9–20

（二）练习方法

1. 腿部动作练习

（1）陆地模仿练习。

1）坐姿打水：坐在池边或地上，两手后撑，两腿伸直，腿内旋使脚尖相对，脚跟分开成八字。两腿放松，以髋为轴，大腿带动小腿，上下交替打水，如图 9–21 所示。

2）卧姿打水：俯卧在凳上，做两腿上下交替打水，要求同上，如图 9–22 所示。

（2）水中练习。

1）俯卧打水：手握池槽，或由同伴托其腹部，成水平姿势，两腿伸直，做直腿或屈腿打水，如图 9–23 所示。

2）仰卧打水：仰卧姿势，手握池槽，或由同伴帮助托其背部，做两腿交替打水，注意膝盖不要露出水面，如图 9–24 所示。

图 9-21

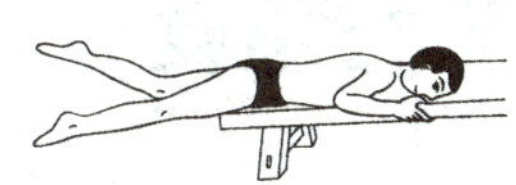
图 9-22

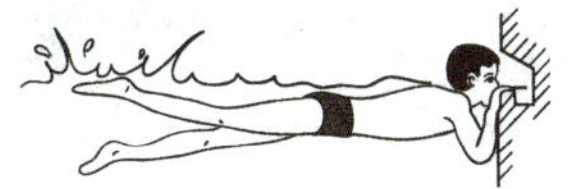
图 9-23

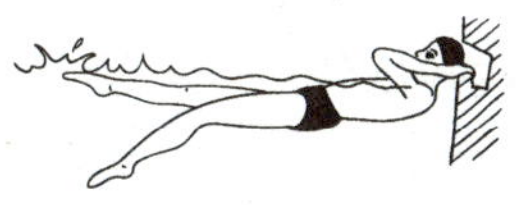
图 9-24

3）滑行打水：练习时要求闭气，两臂伸直并拢，头夹于两臂之间。

4）扶板打水：练习时两臂伸直，放松扶板，肩浸水中，手不要用力压板，呼吸自然。

2. 手臂与呼吸配合练习

（1）陆上模仿练习。

1）原地两脚开立，上体前屈，做臂划水的模仿练习，如图 9-25 所示。

2）同上练习，结合呼吸配合。

（2）水中练习。

1）站立水中，上体前倾，肩浸入水，做臂划水，边做边走，同时转头呼吸，如图 9-26 所示。

2）腿夹打水板，蹬边滑行后，做两臂划水，结合转头呼吸。

图 9-25

图 9-26

3. 手臂、腿和呼吸的配合练习

1）站立水中，上体前倾做划臂与呼吸配合的练习，借助用力划水向前移动，然后蹬离池底，两腿打水形成完整配合。

2）蹬边滑行打水漂浮 5 ～ 10 米，做爬泳臂划水与呼吸配合练习。

（三）练习提示

爬泳技术不像蛙泳那样有间歇阶段，而且呼吸时还必须向侧转头，因而初学者往往显得忙乱而且紧张。应着重于动作配合，注意动作的放松。常见的错误与矫正方法，见表 9-2。

表 9-2　爬泳初学者注意事项

	常见错误	原因	矫正方法
腿	大腿不动，屈膝过大，小腿打水	打腿动作概念不清楚	要求用大腿带动小腿，先用直腿打水矫正
	屈髋打水	躯干未充分展开	水中体会，成水平俯卧姿势，要求打水时大腿上摆
臂	臂入水后向下压水，划水时抹水	直臂入水，沉肘划水	陆上做划臂模仿练习，要求从入水到划水注意屈臂高肘，掌心对水向后划
	手沿纵轴外侧划水，划水路线短	直臂划水，推水不够	要求屈臂划水，划水结束时以手触及大腿后提肘带动臂前移
	划水结束时身体下沉，手出水困难	划水结束时掌心向上	划水结束时以掌心推水，同时利用惯性用提肘带动臂前移
呼吸	抬头吸气	对吸气绕纵轴转动概念不明确，怕喝水	水中原地做向侧转头的呼吸练习，要求转头吸气时以下颊触同侧肩
	吸不进气	没掌握水中基本的呼吸技术	先在水中原地练水中呼气与水上吸气
	配合不协调，游不远	动作过分紧张，游得少	强调打腿划臂都要放松，放松慢游，注意技术，逐步加长游距

第三节　游泳卫生与急救

一 游泳卫生知识

（1）在江河湖泊游泳前，应了解水域的情况，选择水底平坦，无淤泥、碎石、水草、桩柱，无急流漩涡、水质无污染的水域，并应结伴进行，以便相互照顾，防止发生意外事故。

（2）空腹或饭后一小时之内不宜游泳。空腹时游泳，由于血糖浓度降低，反应迟钝，四肢乏力，容易引起“低血糖”症。饭后游泳不仅加重心脏负担，影响消化系统的功能，而且容易发生呕吐、食物呛进呼吸道甚至溺水等事故。

（3）凡患有精神病、心脏病、肝炎、皮肤病、中耳炎、癫痫、肺结核、红眼病及其他传染病患者和酗酒者不能下水游泳。女生月经期间也不宜游泳。

（4）下水前必须做好充分准备活动，并且可用水冲淋身体，以防止温度骤变而引起机体不适。游泳时如遇雷雨，应停止游泳并迅速上岸，切不可在大树底下躲避或更衣。

二 急救

（一）自我保护和自救

初学者由于误入深水区或漩涡等其他险区，因心慌造成呛水现象时，首先要保持镇定，放松漂游，力争自如呼吸。如在漩涡中，要保持平卧姿势，逆漩涡方向游出险区或向人呼救；由于准备活动不充分，天气较冷，常常容易引起大腿、小腿或脚掌等部位痉挛，消除方法是使身体仰浮水面。用痉挛腿对侧的手，拉住痉挛腿的脚趾，用力向身体方向扳拉，另一手压痉挛腿膝盖，使小腿伸直。大腿痉挛，可用两手用力抱住小腿贴近大腿，反复振压直至解脱。如发生严重身体痉挛，应向人呼救。

（二）水中救护

实施救护时尽可能使用救生圈、竹竿、木板等器材进行间接救护，如在没有任何救生器材情况下，必须实施徒手的直接救护。救护者要沉着、冷静，入水前应迅速观察周围环境，辨别水流方向、水面宽窄，选择入水地点。对熟悉的水域或游泳池可跳入水，但对不熟悉的水域应脚先入水，以最快速度接近溺者，采用抬头爬泳或蛙泳，以便观察溺水者的情况。当游到离溺水者 3 ～ 5 米处，深吸气潜入水中，从溺水者背后进行拖带。如游到溺者前面时，为防止被溺者抓住，可在水下扶住其髋部，将其转为背向自己，然后进行拖带。

拖带时必须让溺者口鼻露出水面，一手拉(拖)溺水者，另一手划水，两腿做蛙泳或侧泳动作，将溺者拖运上岸。若被溺水者抓住或抱住时，应设法解脱，可深吸气做翻滚动作，将溺者压没水中，溺者为了向上呼气容易松手。

（三）岸上急救

溺水者被救上岸后，首先检查其呼吸和心跳，如心跳未停者，应立即清理呼吸道，将口打开，进行倒水，如呼吸和心跳已停者，切不可因倒水延误抢救时间，应立即进行口对口人工呼吸与胸外心脏按压。

（1）口对口人工呼吸：先将溺水者移至空气新鲜的地方，解开领口和胸腹部衣服，但不能受凉，同时取出口、鼻中异物，拉出舌头，以保证呼吸道畅通。然后使溺者仰卧，救护者两手在耳垂下托住溺者的下颚骨，使头部尽量后仰，使下颚尖部、颈前部与胸前部几乎保持同一水平线上，使呼吸道畅通。然后救护者一手托住溺者的下颌，另一手捏紧他的鼻孔，救护者深吸气后紧合溺水者之口向内吹气。然后松开鼻孔，如此反复进行。吹气应保持规律，均匀地每分钟作 15 次左右，不得漏气，如有效时可见胸部起伏。

（2）胸外心脏按压：发现溺水者呼吸和心跳均已停止，应立即同时做人工呼吸和胸外心脏按压。救护者立或跪在溺水者的胸侧，两手相叠，用掌根部置于溺水者胸骨的 1/3 处（偏下）心窝的上方，手指放松，手臂伸直，上体前倾，掌根用力下压，使胸骨下端下陷 3 ～ 4 厘米，两手松压（掌根不离位）使胸骨下端恢复原位。下压时要慢，放松时要快，一压一松反复进行，节律为每分钟 60 ～ 80 次。胸外心脏按压与口对口人工呼吸同时进行，如单人操作，其比例为 15 ∶ 2，双人操作其次数的比例为 4 ∶ 1。救护者必须持续进行抢救或送医院继续抢救。

第四节　游泳竞赛规则简介

一　奥运会游泳比赛项目设置

1. 男子（17 项）

男子项目分为 50 米、100 米、200 米、400 米、1500 米自由泳；100 米、200 米仰泳；100 米、200 米蛙泳；100 米、200 米蝶泳；200 米、400 米个人混合泳；4×100 米、4×200 米自由泳接力，4×100 米混合泳接力；10 千米马拉松（马拉松项目是北京奥运会新增设项目）。

2. 女子（17 项）

女子项目分为 50 米、100 米、200 米、400 米、800 米自由泳；100 米、200 米仰泳；100 米、200 米蛙泳；100 米、200 米蝶泳；200 米、400 米个人混合泳；4×100 米、4×200 米自由泳接力、4×100 米混合泳接力；10 千米马拉松（马拉松项目是北京奥运会新增设项目）。

二　各项泳姿的比赛规则

1. 自由泳

（1）自由泳比赛中可采用任何泳式。

（2）转身和到达终点时，可用身体任何部分触池壁。

2. 仰泳

（1）运动员面对出发端，两手抓住握手器，两脚（包括脚趾）应处于水面下，禁止蹬在水槽内、水槽上或用脚趾钩住水槽边。

（2）出发和转身后，运动员应蹬离池壁，并在整个游进过程中呈仰卧姿势。除做转身动作外，运动员必须始终仰卧。仰卧姿势允许身体做转动动作，但必须保持与水平面小于 90 度的仰卧姿势。头部位置不受此限。

（3）在整个游进过程中，运动员身体的某部分必须露出水面。在转身过程中，允许运动员完全潜入水中。但在出发和每次转身后，运动员潜泳距离不得超过 15 米，在 15 米前运动员的头必须露出水面。

（4）在转身过程中，运动员肩的转动超过垂直面后，可进行一次连续单臂划水或双臂同时划水动作，并在该动作结束前开始滚翻。一旦改变仰卧姿势，就不允许做与连续转身动作无关的打水或划水动作。运动员必须呈仰卧姿势蹬离池壁。转身时运动员身体的某部分必须触壁。

（5）运动员在到达终点时，必须以仰卧姿势触壁。

注：“除在做转身动作外”应理解为“只有在完成连贯的转身动作过程中才可以改变仰卧姿势”。

3．蛙泳

（1）出发和每次转身后，从第一次手臂动作开始，身体应保持俯卧姿势，两肩应与水面平行。

（2）两臂和两腿的所有动作都应同时、在同一水面上进行，不得有交替动作。

（3）两手应同时在水面、水下或水上由胸前伸出，并在水面或水下向后划水。除最后一个动作外，在手臂的完整动作中，两肘不得露出水面。除出发和每次转身后的第一次划水动作外，两手向后划水不得超过臂线。

（4）在蹬腿过程中，两脚必须做外翻动作，不允许做剪夹、上下交替打水或向下的海豚式打水动作。只要不做向下的海豚式打腿动作，允许两脚露出水面。

（5）在每次转身和到达终点时，两手应在水面、水上或水下同时触壁，触壁前两肩应与水面平行。在触壁前的最后一次向后划水动作结束后，头可以潜入水中，但在触壁前的一个完整或不完整的配合动作中，头应部分地露出水面。

（6）在每个以一次划臂和一次蹬腿顺序完成的完整动作周期内，运动员头的某一部分应露出水面。只有在出发和每次转身后，运动员可在全身没入水中时，做一次手臂充分的向后划至腿部的动作和一次蹬腿动作。但在第二次划臂至最宽点并在两手向内划水前，头必须露出水面。

4．蝶泳

（1）从出发和每次转身后的第一次手臂动作开始，至下一个转身或到达终点止，两臂均应与水面平行。任何时候都不允许转成仰卧姿势。

（2）两臂必须在水面上同时向前摆动，并同时在水下向后划水。

（3）两脚的动作必须同时进行，允许两腿和两脚在垂直面上同时做上下打水动作。两腿或两脚可不在同一水平面上，但不允许有交替动作。

（4）在每次转身和到达终点时，两手应在水面、水上或水下同时触壁。

（5）在出发和每次转身后，允许运动员在水下做一次或多次打水动作和一次划水动作，这次划水动作必须使身体升到水面。

5．混合泳

（1）个人混合泳比赛时泳姿的顺序：蝶泳——仰泳——蛙泳——自由泳。

（2）混合泳接力比赛时泳姿的顺序：仰泳——蛙泳——蝶泳——自由泳。

（3）混合泳中的自由泳是指除仰泳、蛙泳及蝶泳以外的任何游泳形式。

第十章 时尚健身运动

第一节 啦啦操

一 啦啦操运动概述

（一）啦啦操的概念

啦啦操，通常称为“啦啦队运动”“啦啦舞”或“场间活动操”。它是一项集竞技性、艺术性、观赏性和娱乐性为一体的运动项目，是有着广泛群众性的体育与艺术相结合的身体活动，被誉为最具广泛性和深入人心的群众性芭蕾艺术。

（二）啦啦操的分类

依据展示场，啦啦操分为场地啦啦操和看台啦啦操。依据动作技术的类别，场地啦啦操分为舞蹈啦啦操和技巧啦啦操；依据队员是否手持轻器械，看台啦啦操分为徒手看台啦啦操和轻器械看台啦啦操。

啦啦操是在音乐的伴奏下，通过运动员完成高超的啦啦队特殊运动技巧，并结合各种舞蹈动作，集中体现青春活力、健康、积极向上的团队精神，并追求最高团队荣誉感的一项体育运动。

舞蹈啦啦操是指以舞蹈动作为主，以展示各种舞蹈技巧和元素并可结合道具的团队运动项目。舞蹈啦啦操又分为爵士、街舞、花球三类。

技巧啦啦操是指以翻腾、托举、抛接、金字塔组合、舞蹈动作、过渡连接及口号等形式为基本内容的团队运动项目。

（三）啦啦操的起源与发展

啦啦操原名 Cheer Leading。其中的“Cheer”，有振奋精神，提振士气的意思。啦啦操来源于美国早期部落社会的仪式。为激励外出打仗或打猎的战士们，他们通常会举行一种仪式，仪式中有族人用欢呼、手舞足蹈的表演来鼓励战士，希望他们能凯旋。

啦啦操是体育运动中的一个新兴项目，发展于美国，遍布美国的 NBA、橄榄球、棒球、游泳、田径、摔跤等比赛现场，至今已经有 100 多年的历史。19 世纪 70 年代，第一个啦啦队俱乐部在普林斯顿大学成立。1898 年，明尼苏达大学的学生约翰尼 · 坎贝尔在一次橄榄球比赛中站在最前面指挥大家一起喊口号，成为第一位啦啦队队长，也标志着啦啦队活动的正式诞生。

1998 年，国际啦啦队联合会在日本东京成立。2001 年 11 月，日本东京举办了首届世界啦啦队锦标赛，国际上正式将啦啦操确立为世界级竞技运动。目前世界啦啦队锦标赛每两年举办一届。

2001年4月，我国颁布实施了第一部《中国学生啦啦操竞赛评分规则（第一版）》；2001年9月，中国学生健美操艺术体操协会主办了首届中国大学生啦啦操大赛，建立了中国啦啦操运动的先河；2006年6月，国际全明星啦啦队协会（IASCA）聘请徐中秋、邱建钢、赵媛媛、方娅担任IASCA成员，并负责组建国际全明星啦啦队协会中国总部。

由于这项运动特别富有激情，充满阳光，特别凝聚团队精神，同时也特别适合成长中的学生参与，因此很快受到大学生、中学生和小学生的追捧，越来越多的学校开始重视啦啦操运动，并把它作为一种校园文化来建设，用它来释放和减排学生的学习压力，进行成长期的心理和生理辅导，增强体质，收到了很好的效果。

二 啦啦操运动特征

（一）团队精神

团队精神是啦啦操运动的核心所在，也是其与其他运动项目相比最为独特的标志。在啦啦操的演绎过程中，团队精神通过口号呼喊、动作协同、难度挑战、队形变换以及运动员间的相互支持与协作表现出来。这种精神不仅营造了一种互信互助的组织氛围，激发了运动员的斗志，还极大地增强了团队的凝聚力。啦啦操运动既要求团队在动作执行上达到高度的一致性，又鼓励运动员个人能力的充分展现，使得每位队员都能在团队的不同位置上发挥不可或缺的作用，共同形成一种同舟共济、共享成果的集体主义精神。

这种团队精神涵盖了多个方面，包括团队整体的运动素质、表演时的激情投入、坚定的自信心、感染观众的能力、引领风潮的号召力以及队员间的默契配合等。在思政课程的框架下，啦啦操所展现的团队精神与顽强拼搏的理念相得益彰。其丰富多彩的手势象征着团结一心、力量汇聚、胜利在望、自信满满、个性张扬以及勇往直前的深层含义，为思政教育注入了新的活力与内涵。

（二）技术特征

啦啦操的技术特征体现在所有肢体动作的发力方式上，即通过短暂加速、制动定位来实现啦啦操特有的力度感，动作完成干净利落，具有清晰的开始和结束感。在运动过程中重心稳定，移动平稳，身体控制精准，位置准确。

三 啦啦操的基本技巧

（一）啦啦操的基本手形

啦啦操中的手形有多种，是从芭蕾舞、现代舞、迪斯科、武术中吸收和发展的。手形是手臂动作的延伸和表现，运用得好，会使啦啦操动作更加丰富多彩，生动活泼，更具有感染力。啦啦操的基本手型有以下几种（见图10-1）。

（1）并拢式：五指伸直，相互并拢。大拇指微屈，指关节贴于食指旁。

（2）分开式：五指用力伸直，充分张开。

（3）芭蕾手势：五指微屈，后三指并拢、稍内收，拇指内扣。

（4）拳式：握拳，拇指在外，指关节弯曲，紧贴于食指和中指。

（5）立掌式：五指伸直，手掌用力上翘。

（6）西班牙舞手势：五指用力，小指、无名指、中指自掌指关节处依次屈，拇指稍内扣。

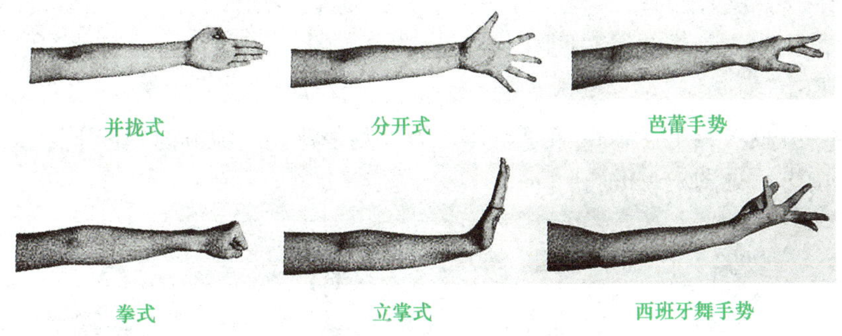

图 10-1 啦啦操基本手型

（二）啦啦操的基本手位

上 M，下 M，后 M，平举 W，高举 V，倒 V，大 T，斜线，短 T，前 X，高 X，低 X，曲臂 X，后 X，上 A，下 A，加油，前 H，上 H，下 H，小 H，曲臂 H，L，倒 L，K，侧 K，R，O，弓箭，小弓箭，高冲拳，侧下冲拳，斜下冲拳，斜上冲拳，短剑，侧上冲拳。

四 啦啦操基本教学

1. 拍手

两手臂胸前击掌，双手位置略低于脸。拍手时应注意稳、准、狠，集体练习时节奏应高度一致（见图 10-2a）。

2. 高 V 字动作

手臂侧上举（略前倾）呈 V 字，手臂伸直用力，注意手腕平直是手臂的延长线（见图 10-2b）。

3. 倒 V 字动作

同高 V 字动作，但方向向下（见图 10-2c）。

4. T 字动作

两臂侧平举（略前倾），手臂伸直、手腕平直，大拇指向前（见图 10-2d）。

5. 断 T 字动作

由 T 字动作屈时，大小手臂在一个水平面上（见图 10-2e）。

6. 冲举动作

只手臂上举（小拇指向前），伸直并靠向头，另一只手臂放于腰间（见图 10-2f）。

7. 短剑动作

大臂贴紧身体，小臂竖直屈时，注意手臂及手腕要平直（见图 10-2g）。

8. 上 I 动作

两只手臂上举（小拇指向前），伸直并靠向头，手腕平直（见图 10-2h）。

9. 前 H 动作

两手臂前举，保持手腕的平直，拳心向下，拳面向前。注意两手警应朝正前方不能有夹角（见图 10-2i）。

10. 正 L 动作、反 L 动作

一个冲举动作，半个 T 字动作，开口朝左为正 L 动作，反之则为反 L 动作（见图 10-2i）。

11. 左斜线动作、右斜线动作

一个手臂是高 V 字动作的一部分，另一个手臂是倒 V 字动作的部分。举起右臂、放下左臂为右斜线动作，反之则为左斜线动作（见图 10–2k）。

12. K 字动作

腿为侧弓步，弓腿一侧手臂做高 V 字动作，另一侧手臂朝屈腿方向做斜下冲拳，与身体组成 K 字，注意脸朝向前方，见图 10–2l）。

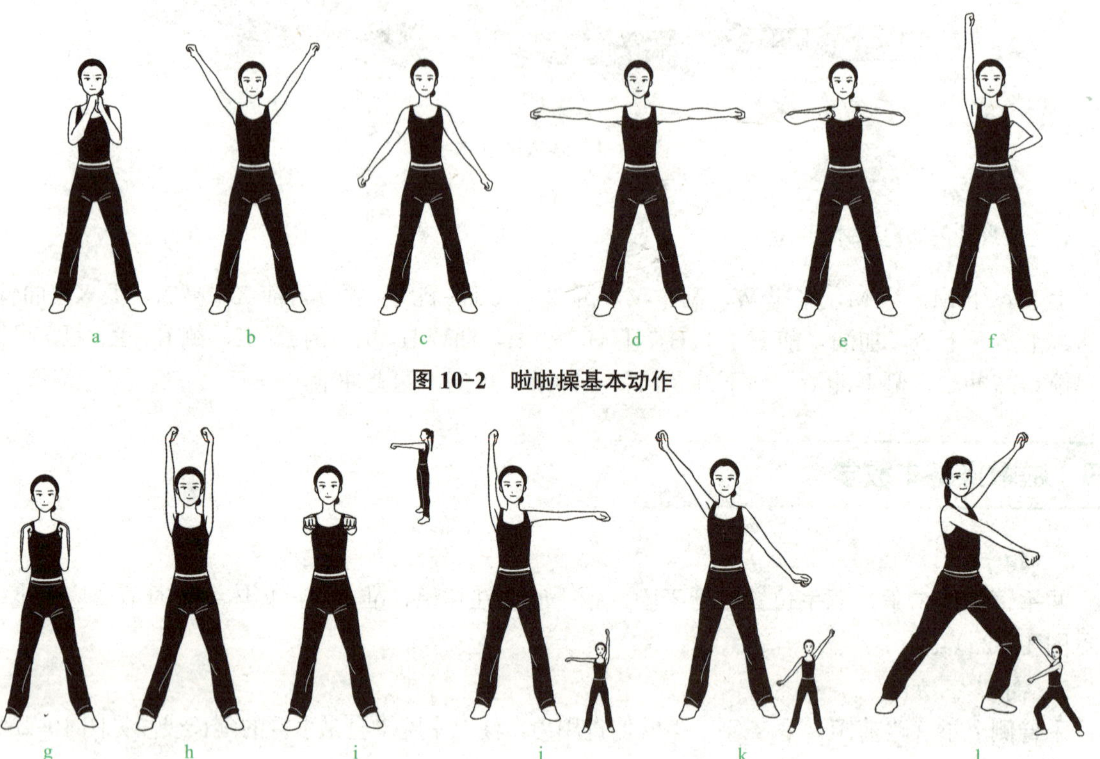

图 10–2　啦啦操基本动作

图 10–2　啦啦操基本动作（续）

五　啦啦操竞赛评分规则简介

（一）竞赛场地与设备

竞赛场地通常为长方形，尺寸可根据参赛队伍数量和观众视线调整，一般不小于 14 米 ×14 米。

场地表面应平整，周边设有安全区域。音响设备、灯光效果及背景布置需符合赛事要求，以营造良好的比赛氛围。

（二）参赛队伍与着装

参赛队伍由多名队员组成，队员需穿着统一的啦啦操服装，包括上衣、短裙 / 短裤、袜子及鞋子，颜色鲜艳，富有团队特色。

服装上可印有队伍名称、标志及赞助商信息。

禁止佩戴尖锐或易脱落的饰品。

（三）评分标准与流程

技术难度：根据动作的复杂度、协调性、力量与速度等综合评分。
艺术表现力：包括音乐选择、舞蹈编排、表情管理、团队协作等方面。
完成质量：动作的准确性、同步性、空间利用及创新性。
裁判评分：由多名专业裁判根据上述标准独立评分，最终得分取平均值。

（四）常见扣分点与违规行为

动作失误：如摔倒、动作不完整、节奏错乱等。
服装违规：服装不统一、佩戴违规饰品等。
行为不当：不尊重裁判、对手或观众，以及任何违反比赛精神的行为。

第二节　健美操

健美操是一项在音乐伴奏下进行的、以身体练习为基本手段、以有氧运动为基础，达到增进健康、塑造形体和娱乐目的的新兴体育运动项目。它通常采用徒手或轻器械进行练习，在氧供应充足的情况下，以人体有氧系统提供能量。它是体操、舞蹈、音乐三者有机结合的产物，是一种持续一定时间的、中低强度的全身性运动，主要锻炼练习者的心肺功能，是有氧耐力素质的基础。健美操不仅突出动作的“健”和“力”的特点，而且强调“美”，将人体语言艺术和体育美学融为一体，极具观赏性。

健美操现已成为具有独立竞赛体系的体育运动项目，在运动形式、动作技术特征以及竞赛组织方法等方面有着自身的特点。

健美操传入我国是在20世纪80年代初，深受大学生的喜爱，并且在高校和社会上普及开来。

一　健美操运动概述及分类

（一）健美操概述

健美操（aerobics）是在音乐伴奏下，以身体练习为基本手段，以有氧运动为基础，从而达到增进健康、塑造形体和娱乐身心的一项体育运动。它体现了人体在力量性、柔韧性、协调性、节奏感、审美及表现力等诸多方面的综合能力。

健美操运动在音乐伴奏下集健身、娱乐于一体，同时也吸收了很多其他运动项目的健身特性，普及性、趣味性极强。健美操不仅突出动作“健”和“力”的特点，而且更强调“美”，将人体语言艺术和体育美学融为一体，因而成为一个极具观赏性的体育运动项目，在运动形式、动作技术特点以及竞赛组织等方面有其鲜明的特点。随着现代物质文明的提高，人们的健康观念不断增强，健美操运动在我国越来越受到欢迎，已成为人们现代文明生活不可或缺的组成部分。

（二）健美操运动的分类

健美操运动与其他众多体育项目一样，由大众健身、娱乐开始兴起，逐步引入表演和竞赛。按照不同的目的和任务，健美操运动可分为健身健美操、竞技健美操和表演健美操三大类。

1. 健身健美操

健身健美操（通常称为大众健美操），通常用于健身房和健身课程。健身健美操的动作简单，实用性强，音乐速度可以控制，且为了保证一定的运动负荷和锻炼的全面性，动作多有重复并均以对称形式出现。

健身健美操按练习形式可以分为徒手健美操、器械健美操和特殊场地健美操三大类，见表 10–1。

表 10–1 健身健美操的分类

徒手健美操	器械健美操	特殊场地健美操
有氧健美操	有氧踏板操	水中健美操
拉丁健美操	轻型杠铃操	功率自行车
搏击健美操	有氧哑铃操	固定器械健美操
健身街舞	健身球操	
瑜伽健身术	橡皮筋操	

2. 竞技健美操

竞技健美操是运动员在音乐伴奏下，通过难度动作的完美完成，以展示运动员连续表演高强度动作能力的一种运动项目。竞技健美操以成套动作为表现形式，必须展示连续的动作组合。竞技健美操的主要目的就是竞赛，因此在动作的设计上更加多样化，并严格避免重复动作和对称性动作。

竞技健美操可按比赛的规模、项目、参赛年龄进行不同的分类。

3. 表演健美操

表演健美操是根据所参加的表演的目的预先设计、创编和排练的成套健美操，人数不限，时间不等。表演健美操注重表演的效果，所以对音乐效果、动作设计、队形变化、表演者的动作质量及表现力等要求较高。其中，表演健美操更强调表演者的表现力。表现力是表演者将编者思想、刚柔相济的肢体语言、音乐的情绪和节奏还有同伴之间的默契配合融为一体的一种综合运用能力。这种综合的表现能力可达到烘托气氛、感染观众、增加表演效果的目的。

二 健身健美操运动的功能

（一）健美操的特点

1. 艺术性

健康与美是健美操的主要特性之一。健美操是建立在人体活动基础上对健康、力量和美丽的追求，具有很强的艺术性因素。健美操讲究动作协调、流畅、有弹性，既注重外在美的锻炼，又强调内在美的塑造。练习者不仅锻炼了身体，而且从中获得美的享受，提高审美意识和艺术修养。健美操展现出的健美体魄、高超技术、流畅编排等，都充分体现健美的艺术性。

2. 节奏性

健美操运动除了练习本身的功效性、动作的时代感外，还通过现代音乐给人们带来了活力，充分体现了其强烈的节奏性特点。健美操音乐的节奏强劲有力，有优美的旋律，可以烘托气氛，激发人们参与体育活动的热情。健美操的动作与音乐的强烈节奏性使健美操练习更具有感染力，使其比赛和表演更具有观赏性。

3. 力度性

健美操以力度为基础，通过一系列连续复杂的动作，展现出力量、力度、弹力和活力的综合效果。这种运动通过人体的动作和身体语言来传递和表达内心情感和信息，充分展示了人类健康的魅力、美的神韵以及坚韧的意志力。健美操的展示需要练习者具备优秀的身体素质、充沛的体能以及完成高难度动作的能力。通过连续的动作组合，练习者可以展现出柔韧性和力量，同时还需要具备完美的高难度动作技巧。这不仅要求练习者经过长期的科学训练，还需要其具备坚韧不拔的毅力和坚持不懈的精神。

4. 大众性

健美操以其生动活泼、轻松自如的运动形式深受大众欢迎，其练习形式丰富多样，节奏有快有慢，动作难易程度、运动量和运动强度因人而异，适合于不同层次的人群，且不受场地、环境、气候等条件的影响。

（二）健美操的锻炼价值

健身健美操深受群众的喜爱，不仅仅是因为它是一种时尚的健身方式，更重要的是人们在长期的锻炼中感受到了它的益处，这也正是健身健美操发展迅速的主要原因。

1. 增强体质

体质即机体的素质，健身性健美操对人体运动系统、消化系统、呼吸系统、心血管系统、神经系统的功能的改善有着积极的作用。

（1）增强运动系统的功能。坚持健身健美操的锻炼可以加强新陈代谢，改善血液循环，使骨密度增厚，使关节周围肌腱和韧带增粗，同时还能使肌肉力量增强。

（2）改善消化系统功能。健身健美操的一些腰腹动作（如转、屈、绕环等）和髋部动作（如顶胯、提髋、绕鼓等），都会牵扯到肠胃等消化器官，使消化功能得到改进，并有利于人体对营养物质的吸收和利用。

（3）提高呼吸系统的机能水平。健身健美操供能方式以有氧代谢为主，在运动过程中，练习者最大限度地摄入氧气，利用氧气燃烧体内的脂肪以提供能量。为了吸入更多的氧气，练习者的呼吸深度加大，肺通气量增加，肺部的容积增大，呼吸肌从中得到锻炼，呼吸系统的机能水平也得到了提高。

（4）促进心血管系统机能的提高。坚持健身健美操的锻炼，心肌纤维增粗，收缩力增强，故每搏输出量增加，提高了心脏的储备力量，还能使动脉血管的中膜增厚，弹性纤维增多，血管壁的运血功能加强。

（5）对神经系统的良好影响。健身健美操是在中枢神经系统的支配调节下进行的，在动感十足的音乐伴奏下，动作的类型、力度、进度、方向、路线不断变化，促使练习者集中注意力、快速反应，反过来又提高了神经系统的灵活性和均衡性。

2. 提高身体素质

身体素质包括速度、力量、耐力、柔韧性和协调性，健身健美操对提高身体素质的这几个方面起着积极的作用。

（1）加快速度。在进行各种健身健美操运动时，都有音乐的伴奏，在这种条件下，就要求练习者伴随着声音信号的快节奏做出协调一致的快速动作。因此，健身健美操可以提高动作速度的水平。

（2）增强力量。健身健美操的动作特点是：快速的肌肉力量、延缓的肌肉力量、瞬间的肌肉控制力量有机地结合在一起，充分地体现了动作力度的强弱。因此，经常参加健身健美操的锻炼，可以提高动作力度。

（3）增长耐力。健身健美操持续运动的时间较长，这就要求机体具备长时间运动能力。健美操多选择曲调欢快、节奏强劲的音乐作为伴奏音乐，这是因为这样的音乐能使中枢神经系统处于兴奋状态，从而使运动神经元的工作能力保持在一定的水平上，延缓了人体疲劳的出现，无形之中提高了耐力水平。

（4）提高柔韧性。健身健美操要求动作规范，动作幅度大，即将肢体运动到规定的位置，使肌肉处于充分拉伸或收缩的状态，从而提高肌肉、肌腱和韧带的弹性。

（5）促进协调性。进行健身健美操运动时，上肢和下肢同步活动，躯干和下肢同步活动，既可全面地锻炼身体，又促进了身体协调性的逐渐提高。

3. 塑造形体

良好的身体姿态是形成一个人气质风度的重要因素。进行健美操练习的姿态要求与我们日常生活中良好姿态的要求基本一致。因此，长期的健美操练习有益于肌肉、骨骼关节的匀称与和谐发展，有利于改善不良的身体姿态，形成优美的体姿。

参加健身健美操锻炼还可以消除体内和体表的多余脂肪，塑造健美的体型。如通过集体力量练习，可使骨骼粗壮、肌肉维度增大，从而弥补先天的体形缺陷，使人体变得匀称健美。

4. 缓解精神压力

健身健美操配有强劲动感的音乐吸引人们的注意力，并调动机体随着音乐的节拍运动起来，使人们全身心地投入到舒展大方的运动中。这种方式可以排遣人们内心的不良情绪，缓解精神压力。

三 健身性健美操基本动作

健身性健美操基本动作包括基本手型、头颈动作、肩部动作、上肢动作、下肢动作、躯干动作。

（一）基本手型

健美操手型主要包括掌和拳两种。

1. 掌

（1）分掌：五指用力分开，手腕保持一定的紧张程度（见图 10–3）。

（2）合掌：五指并拢伸直（见图 10–4）。

2. 拳

五指弯曲握紧，大拇指压在食指弯曲部位（见图 10–5）。

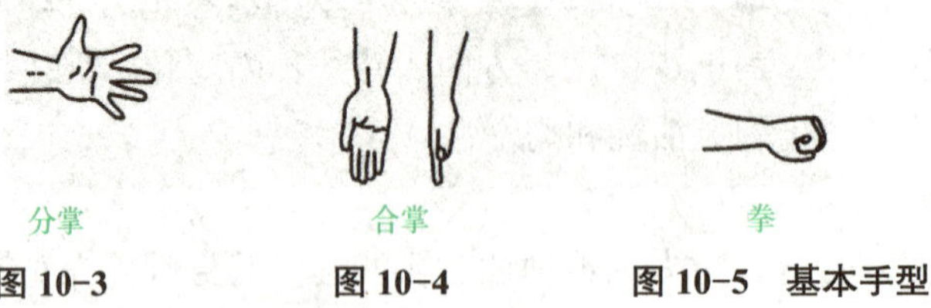

图 10–3　　图 10–4　　图 10–5　基本手型

（二）头颈动作

头颈动作由屈、转、绕组成（见图 10–6）。

（1）屈指头颈关节角度的弯曲，包括前屈、后屈、左屈、右屈。

（2）转指头颈部绕身体垂直轴的转动，包括左转、右转。

（3）绕指头以颈为轴心的圆形运动，包括左绕环、右绕环。

动作要求：做头颈运动时，动作应缓慢，移动的方向要准确，颈部肌肉充分伸展，身体保持正直姿势。

（三）上肢动作

肩部动作由提肩、沉肩、绕肩、肩绕环动作组成（见图 10–7）。

（1）提肩指肩胛骨做向上的运动，包括单肩提、双肩同时提和双肩依次提。

（2）沉肩指肩胛骨做向下的运动，包括单肩沉、双肩同时沉和双肩依次沉。

（3）绕肩指以肩关节为轴做小于 360° 的弧形运动，包括单肩向前、后绕，双肩同时和依次向前、后绕。

（4）肩绕环指以肩关节为轴做 360° 及 360° 以上的圆形运动，包括单肩向前、后绕环，双肩同时和依次向前、后绕环。

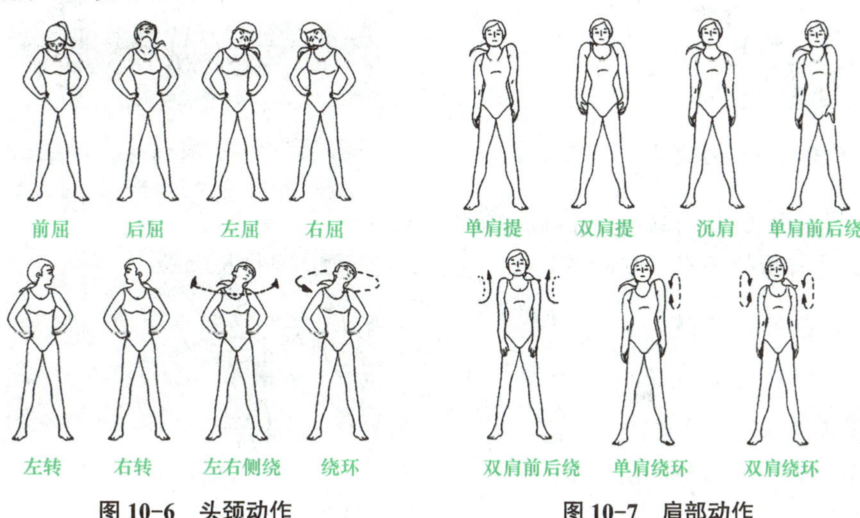

图 10–6　头颈动作　　图 10–7　肩部动作

（四）手臂动作

手臂动作由举、屈、绕、绕环、振、旋等动作组成。

（1）举：指以肩为轴，臂的活动范围不超过 180° 而停止在某一部位的动作，包括单臂和双臂的前、后、侧、侧上、侧下上举等（见图 10–8）。

（2）屈：指肘关节产生一定的弯屈角度，包括胸前屈、胸前平屈、肩侧屈、肩上侧屈、肩下侧屈、肩上前屈、腰间屈、头后屈（见图 10–9）。

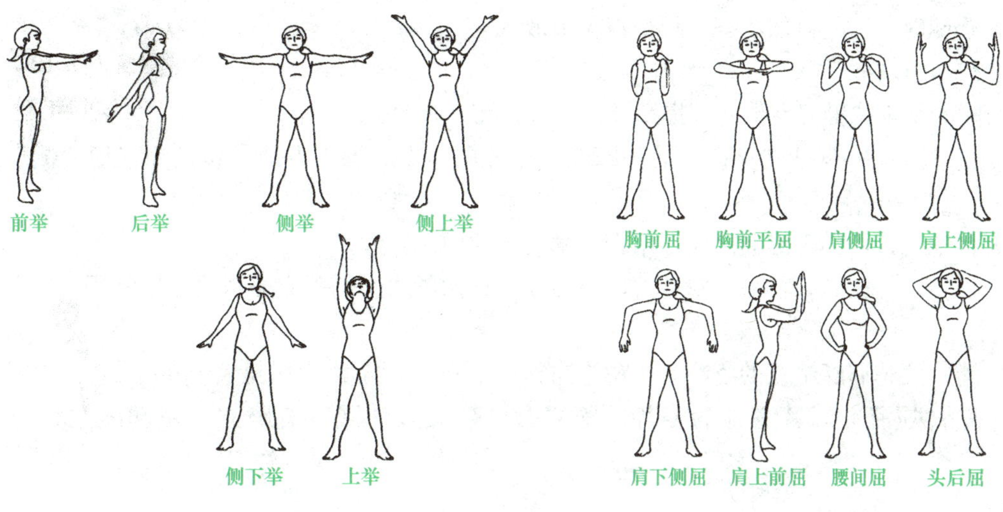

图 10–8　手臂动作（举）　　图 10–9　手臂动作（屈）

（3）绕：指双臂或单臂向内、外、前、后做180°以上、360°以下弧形运动。

（4）绕环：指以肩关节为轴，双臂或单臂向内外或前后的绕环（见图10–10）。

（5）振：指以肩为轴，臂用力摆至最大幅度，包括侧举后振、上举后振、下摆后振（见图10–11）。

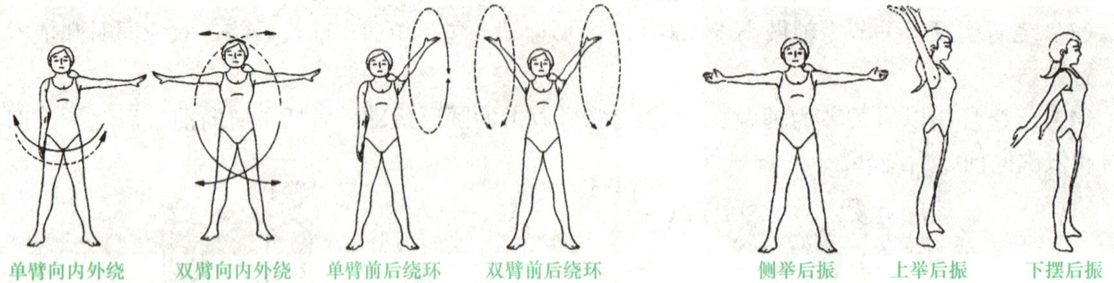

图10–10　手臂动作（绕环）　　**图10–11　手臂动作（振）**

（6）旋：指以肩或肘为轴做臂旋内或臂旋外动作（见图10–12）。

动作要求：上体保持正直，位置要准确，幅度要大，力达身体最远端。

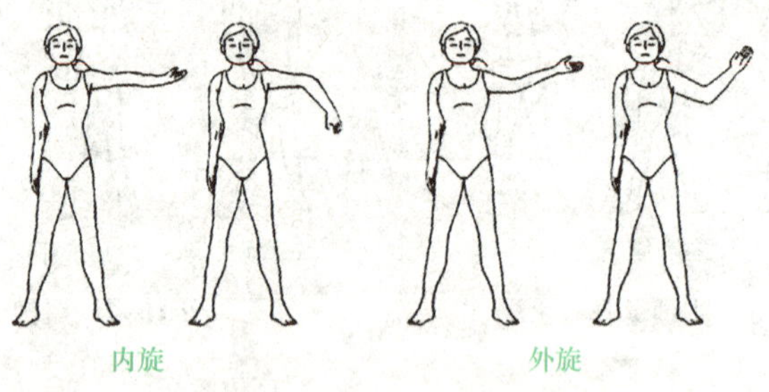

图10–12　手臂动作（旋）

（五）下肢动作

1．脚的姿态

下肢动作完成的质量直接受脚的姿态影响，所以在完成健美操时应注意以下两个方面。

（1）脚离开地面做一定短暂停留动作时，均要求绷紧脚尖。

（2）踢腿时，脚呈自然状态，距小腿关节放松。

2．脚与腿的基本位置

脚与腿的基本位置有点地立、提踵立、弓步、蹲、跪等。

（1）点地立：一脚站立支撑，另一脚向各个方向伸直，脚尖点地，包括前点地、侧点地、后点地。

（2）提踵立：两脚跟提起离地，用脚前掌支撑地面。

（3）弓步：一腿屈膝，另一腿伸直，身体重心在两脚之间的站立姿势。一般常用的有前弓步和侧弓步。

（4）蹲：两腿屈膝站立的姿势。半蹲为屈腿小于90°，全蹲为屈腿大于90°。

（5）跪：屈膝并以膝着地的姿势，跪立时，髋关节伸展，有跪立、单腿跪立、跪坐、跪撑等。

（六）腿的基本动作

（1）屈伸膝关节由直到屈，再由屈到直的动作。动作做法包括同时屈伸、依次屈伸、移动屈伸。

（2）抬腿一腿站立，另一腿屈膝向上抬起的动作，有向前高抬腿、向侧高抬腿、屈膝高抬腿、吸腿等。

（3）踢腿一脚站立，另一腿做加速有力的摆动动作，有向前踢腿、侧踢腿、后踢腿。

（七）脚的基本动作

健美操的基本步伐是组成动作组合的最小元素，都是以距小腿关节、膝关节和髋关节的弹动为基本技术的（见图 10–13）。根据完成形式的不同，所有的步伐可分为无冲击力动作、低冲击力动作和高冲击力动作三大类。

1. 无冲击力步法分类

弹动、半蹲、侧弓步、前弓步、提踵。

2. 低冲击力步法分类

（1）踏步类：踏步、走步、一字步、V 字步、漫步。

（2）点地类：脚尖点地、脚跟点地、脚尖侧点地、脚尖后点地。

（3）迈步类：并步、迈步点地、迈步屈腿、迈步吸腿、迈步弹腿、侧交叉步。

（4）单腿抬起类：吸腿、踢腿、弹腿、后屈腿。

3. 高冲击力步法分类

（1）迈步起跳类：并步跳、迈步吸腿跳、迈步后屈腿跳。

（2）双脚起跳类：并腿纵跳、分腿半蹲跳、开合跳、并腿滑雪跳、弓步跳。

（3）单腿起跳类：吸腿跳、后屈腿跳、弹踢腿跳、摆腿跳。

（4）后踢腿跑类：后踢腿跑、侧并小跳 (小马跳)。

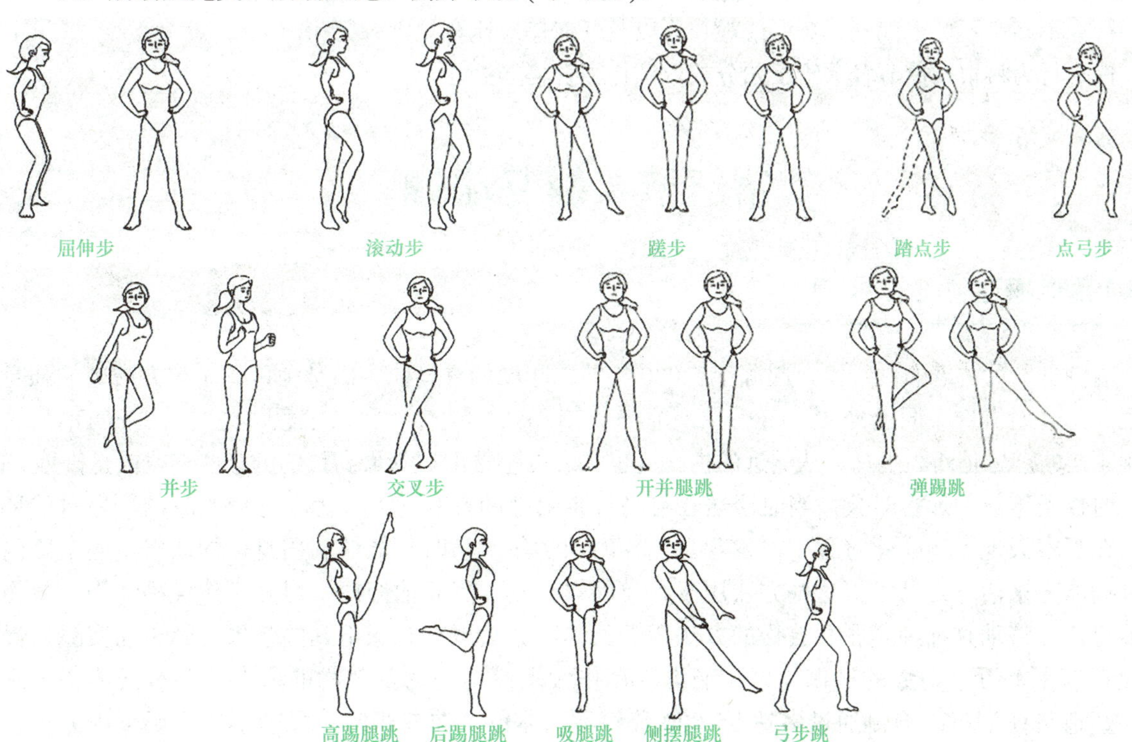

图 10–13 基本步伐

四 健美操规则简介

（一）比赛场地与设施

比赛场地为长方形，尺寸一般为 12 米 ×12 米，表面应平整且具有一定的弹性，以减少运动员受伤的风险。

场地四周设有安全边界，确保运动员在完成动作时不会超出场地范围。

（二）参赛人员与着装

参赛人员包括个人或团队，需穿着符合规定的健美操服装，包括紧身衣、短裤或连体服，颜色鲜艳，能够展现运动员的体型和动作美感。

服装上可印有队伍名称或个人标识，但不得影响动作完成。

（三）比赛内容与评分

成套动作：包括热身、主体动作、过渡与连接、高潮及结束部分，要求动作连贯、节奏明快、富有创意。

难度动作：根据动作的复杂度和完成质量评分，包括跳跃、旋转、平衡等。

艺术表现力：包括音乐选择、舞蹈编排、表情管理、团队协作及整体视觉效果。

裁判评分：由多名专业裁判根据动作完成度、难度、艺术表现力等方面独立评分，最终得分取平均值。

（四）违规行为与处罚

动作违规：如未完成规定动作、动作不标准、节奏错乱等。

服装违规：服装不符合规定、佩戴违规饰品等。

行为不当：不尊重裁判、对手或观众，以及任何违反比赛规则的行为。

违规行为将根据情节轻重给予扣分或取消比赛资格等处罚。

第三节 健身瑜伽

一 瑜伽概述

瑜伽是一种古老的健身术，起源于 5 000 年前古印度的喜马拉雅山脉地区，是东方古老的强身术之一。“瑜伽”一词由梵文“yug”音译而来，有一致、结合、联系之意，英文为“YOGA”。瑜伽原初的意思是驾驭牛马，从遥远的古代起也代表设想帮助达到最高目的的某些实践或是修炼。

约数千年前的远古时代，当时聚居在喜马拉雅山脉的雅利安人，为了适应当时的严酷自然环境，在观察天地万物变化过程中，发现自然界的动物在生病时，能够利用身体的动作，刺激体内的抗病能力来治疗自己，而这些方法用于人类同样有效，因此他们便学习和模仿各种动物、植物的姿势，并将动物种种紧张和放松的方法用于人体，竟然也有意想不到的效果。经长期实践，慢慢便形成了上万个姿势的瑜伽体位。瑜伽的动作大多模仿动物及植物的形态来调节身体各个腺体，塑造身体姿态。瑜伽通过多达 84 000 余种不同体位，伸展肌肉，雕塑形体，调节内分泌；

并通过休息术和语音冥想，放松神经，缓解压力，改善睡眠，延缓衰老，清晰思维。它结合了力量、柔韧、平衡、放松和意识，来达到身心和谐的统一境界。它是一种集健美、强身、修心、养性于一体的运动项目，是人类在最原始的自然状态下创造的一种身心双修的运动项目。

二 瑜伽体位法概述

瑜伽可分为智瑜伽、业瑜伽、信仰瑜伽、哈他瑜伽、王瑜伽和昆达利尼瑜伽等六大类。

瑜伽是印度六大哲学体系之一。从广义上讲瑜伽是哲学。从狭义上讲，瑜伽是一种精神和肉体结合的运动。瑜伽通过拉、伸、挤、拧等姿势，帮助人们调理内脏，伸展筋骨，加强人体机能。练瑜伽能够使每一个细小关节、脊椎、肌肉、韧带和血管处于一个平衡的状态。

瑜伽体位法是一个古老而易于掌握的方法，能提高人们生理、心理、情感和精神方面的能力，是一种达到身体、心灵与精神和谐统一的运动形式。通常应用的瑜伽练习姿势共有 84 式，多采用动物姿势造型（如蝗虫、猫、鹿等）。瑜伽术首先的目的是训练保持这些姿势中的任何一种，并维持一定的时间，这是一件不容易做到的事。瑜伽术能改善循环，刺激腹腔内脏功能，强壮体魄，其最终目的是自我控制呼吸和冥思。冥思的目的是使人脱离其所处的环境，避免情绪和感觉的影响，良好的训练结果可使人处于一种“平和、领悟、安详”的状态。

瑜伽的修行可以分为 8 个阶段，也叫八支分法，即约束、戒律、姿势和体位、调息、控制感官、内省、冥想、三昧（即心神超脱的境界）。所有这些，都是为了调整锻炼身心各方面的机能，使之协调有序、均衡健康。

三 瑜伽呼吸法概述

瑜伽呼吸法，是指有意识延长吸气、屏气、呼气的时间。不同的呼吸方法能够有效地按摩内脏，刺激各生理腺体良性地分泌，激活脉轮的潜在力量，更好地清理洁净身体。相反，如果呼吸有了问题，身体的循环系统、消化系统、排泄系统都会受影响，大量毒素会蓄积在身体各部分，而成为致病之源。瑜伽倡导的呼吸是动用整个肺进行呼吸，通过吸入充足氧气供给身体，促进血液循环，将氧气送至身体的各部。

瑜伽的呼吸法有三种，即腹式呼吸、胸式呼吸、完全式呼吸。腹式呼吸，以肺的底部进行呼吸，感觉只是腹部在鼓动，胸部相对不动。胸式呼吸，以肺的中上部分进行呼吸，感觉是胸部在张缩鼓动，腹部相对不动。完全呼吸，即肺的上、中、下三部分都参与呼吸的运动。腹部、胸部乃至感觉全身都在起伏张缩。

瑜伽练习时的呼吸模式：双唇闭合，鼻孔吸气（深而长的吸气）—悬息（屏气）—鼻孔呼气（缓慢而深长的呼气）。

四 瑜伽练习前的准备

1. 衣着

练习瑜伽姿势时应穿着宽松柔软的衣服，以棉麻质地为佳，必须保证透气和练习时肢体不受拘束。鞋子必须脱掉，袜子最好也脱掉（天冷时脚部须注意保暖），手表、眼镜、腰带以及其他饰物都应摘下。

2. 场地

练习瑜伽时要选择安静、清洁、空气新鲜的地方，尽量离开房间而选择露天的自然地。在房间中练习时，要注意保持空气的流通，这对于调息练习尤为重要，养成经常开窗透风的习惯。练习瑜伽时，可以在旁边摆放绿色植物。地上需要铺上松软的毯子，柔软度控制在能够保持站立，千万不能让脚下打滑。

3．时间

一般来说，人们都是利用早晨、中午、黄昏或睡前来练习瑜伽的。其实，只要保证空腹的状态，一天中的任何时间都可以练习。换句话说，饭后（3 小时之内）是不宜练习瑜伽姿势的。在真正的瑜伽行者看来，清晨 4—6 点才是练习瑜伽的最佳时刻，因为此时周围万籁俱寂，大气最为纯净，肠胃活动基本停止，大脑尚未活跃起来，容易进入瑜伽的深层练习状态。

4．沐浴

沐浴前 20 分钟内不要练习瑜伽，因为瑜伽练习会使身体感觉变得极其敏锐，此时若给予忽热忽冷的刺激，反而会伤害身体，消耗身体内储存的能量。沐浴后 20 分钟内也不宜练习瑜伽，因为沐浴后血液循环加快，筋肉变软，如果马上练习瑜伽，不仅容易使身体受伤，而且会导致血压升高，加重心脏负担。心脏病、高血压、甲亢等疾病患者尤其要注意这一点。

五 瑜伽练习的注意事项

（1）对练习者的饮食没有特别规定。可以将胃的一半装食物，1/4 存水，其余 1/4 保持空缺，即吃得不要太饱，以免感到沉重和懒散。练瑜伽前后 1 小时内不要用餐，饭后 2 小时内尽量避免练习。

（2）手术后半年和女性生理期不宜练高难度动作。

（3）高血压、哮喘病患者和孕妇只可以做简单动作。

（4）以赤脚为好，穿着宽松、舒适，以便身体能自由活动。

（5）不宜在过硬的地板或太软的床上进行练习，练习时应在地上铺一块垫子。

（6）如果在保持某一姿势时，感到体力不支或发生痉挛，应立即收功，加以按摩。

（7）宜在安宁、通风良好的房间内练习。室内空气要新鲜，可以自由吸入氧气。也可以在室外练习，但环境要舒适，如花园。不要在大风、寒冷或不洁的、有烟味的空气中练习。不要在靠近家具、火炉或妨碍练习的任何场所练习，尤其是做头手倒立动作时，以免发生意外。不要在电风扇下练习。

（8）做练习时，睁着眼睛或闭着眼睛都可以，把注意力集中在体内所产生的感觉上。

（9）可能的话，排除大小便，减轻负担。

（10）量力而行，不可逞强；动作缓慢，不可骤然用力，不要刻意追求“标准”。当伸展到自己能承受的最大程度时，就是做正确了。暖身很重要，最好先做一些瑜伽暖身动作，如在开始锻炼之前，步行 5 分钟，或者爬楼梯，让全身充分活动开。不要一开始就做高难度的动作，以免造成运动伤害。循序渐进，避免身体受到伤害。练习时，心情尽量放松，可容许身体一点点酸痛，但不要过度用力或勉强做动作。

（11）练习时不要大笑或说话，要专注地呼吸。保持有规律、较深沉的呼吸，这有助于身体放松。

（12）最好能每天练习，做完一个完整瑜伽动作后，记得躺下来“摊尸”式大休息。

（13）做每个姿势时，坚持 5 次完整的呼吸时间，保证吸气和呼气的长度相等。做这一系列动作时，都用一条腿先做，然后再换另一条腿，弯曲然后放松，深深地呼吸。如果条件允许，也可以重复练习。

（14）要想把平衡做得更容易，可以在地板上找一个点（大约在前面 3 ～ 4 脚的地方），眼睛放松，集中注意力在那个点上，保持平衡姿势并且深深地呼吸。

（15）每个星期保证锻炼 3 ～ 4 次。尽管许多动作看起来简单，但有一些动作，特别是平衡动作，对一个初学者来说还是不容易的，因此不要害怕这些动作，坚持锻炼。

六 初级阶段瑜伽体位法

（一）山式

双脚并拢站立，双脚脚跟和大脚趾相互触碰，如腰部僵硬或损伤的人，可以分开双脚与肩宽，蹈骨接触地面，伸展所有脚趾平放于地，双手自然放于体侧。膝部绷直，膝盖向上提升，收缩臀部，提拉大腿后部肌肉。收腹，挺胸，脊椎向上伸展，颈部挺直，下颌微微内收，放松眉心，头顶向上，双肩远离颈椎，下沉双肩，双手自然放于体侧保持 2 ～ 6 次呼吸。山式如图 10–14 所示。

（二）风吹树式

双脚稍分开站立，双手自然垂于体侧，收臀部。吸气时，左臂高举过头，掌心朝内。呼气时，身体由腰部向右弯，躯干沿左臂和手指向远延伸保持 2 ～ 6 次呼吸，吸气时，回到直立的位置。呼气时，手臂回落体侧，换边重复同样的动作。重复做 2 ～ 3 次。风吹树式如图 10–15 所示。

（三）树式

左腿站立，右腿自膝盖处弯曲，右脚底板踩于左大腿内侧，左腿和整个身体绷紧伸直。吸气，双手从身体两侧向头部举起，到达头顶上方，双手合十，目视前方，全身处于紧张状态，正常呼吸。保持这姿势 2 ～ 6 次呼吸，呼气，两臂经体侧回落。右脚轻轻抬起放回地面，恢复到原来的预备姿势，做两次呼吸调整，然后换腿做。树式如图 10–16 所示。

（四）直角式

身体直立，双臂自然地放松在身体两侧，可以让双脚并拢，也可以根据自己的实际情况将双脚打开一点距离，但不要太大。吸气，将双臂从身体两侧慢慢地抬起，然后十指交叉，也可以让两个食指并拢做出完美印的手势。吐气，将上体慢慢地向前弯曲，尽可能与地面平行，双臂要尽可能地放在头部的两边夹紧耳朵，保持这个姿势 2 ～ 6 次呼吸。吸气，将身体慢慢地直立起来。吐气，将双臂放松下来，然后彻底地放松双肩。直角式如图 10–17 所示。

（五）上体前屈式

山式站立，手自然垂于身体两侧，吸气。呼气，同时向前弯曲身体，注意弯曲要从腰椎底部开始，而不是弯腰。在下降的过程中，脊柱要保持延展，打开下至耻骨上至颈椎的空间。所有的前屈动作均为拉伸脊柱，尽力把动作做到位。尽可能地用手掌或者指尖轻触双脚前方的地面，或者用手掌从后面握住脚踝，如果做不到，那就交叉前臂，手握肘部。脚后跟尽可能地向下压，臀部尽可能向上提，大腿顶部轻轻向内转。胸部呼吸，缓慢循环吸气，呼气。每一次吸气都轻轻抬起并拉伸脊柱，每一次呼气都向前更充分地弯曲和下沉上身，头部自然下垂，尽量靠近腿部，颈椎保持自然延展。保持这个姿势 1 分钟以上。站起时，不要弯曲脊柱。首先把手放回臀部，一定要注意上身不要蜷曲，然后向骨盆方向用力按尾骨，吸气，同时上身慢慢抬起，这个过程中上身一直保持挺直状态，不能蜷曲。上体前屈式如图 10–18 所示。

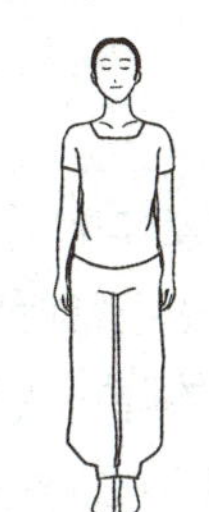
图 10–14 山式

图 10–15 风吹树式

图 10–16 树式

图 10–17 直角式

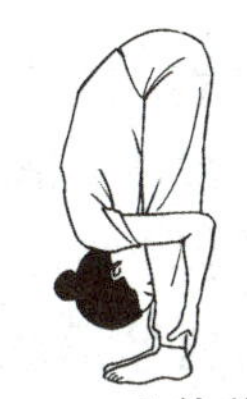
图 10–18 上体前屈式

（六）站立后弯式

保证双脚稳固地站在垫子上，髋关节摆正朝向正前方，上半身自然挺胸站立。双手在胸前为祈祷式，随吸气慢慢将手臂伸展向上至头顶上方，直到大臂可以贴到耳朵。呼气，将髋关节慢慢向前推送，手臂带动上半身向后弯腰，直到上半身弯到自己合适的程度，然后保持 2 次呼吸。吸气，手臂带动上体向前收回到站立体位，呼气，双手回落体侧。站立后弯式如图 10–19 所示。

（七）三角伸展式

山式站立，双脚并拢，目视前方。吸气，双脚打开略大于两倍肩宽，使双脚在同一直线上，同时双臂打开至侧平举，掌心朝下，肩膀放松。上半身挺直，臀部夹紧，感觉脊椎往上延伸，右脚外展 90° 左脚稍内扣，髋部朝向正前方。

呼气，腰部带动上半身向右侧平移侧倒，延长呼气，继续向右向下侧身，手臂保持在一条直线上，转头，眼睛看向上方手指尖的方向，静止保持 2 ～ 6 次呼吸。吸气，手臂引领身体，腰部发力拉动上体回到正中，右脚转回。呼气，双臂放回体侧，双脚收回至山式站立。调整两次呼吸，换另一侧练习。三角伸层式如图 10–20 所示。

（八）站立脊柱扭转式

挺直身子站立，两腿分开略比肩宽。吸气，双臂从两侧举起，与地面平行，伸展双臂。呼气，将躯体向右侧尽可能扭转，直到极限处，右手搭左肩，左手经体后绕过尽力触摸右胯，眼睛看向右后方，保持这个姿势 2 ～ 6 次呼吸。吸气，将身体转向正前方，双臂还原至侧平举。呼气，两手自然回落于身体两侧。换边重复同样的动作。站立脊柱扭转式如图 10–21 所示。

（九）简坐式

坐在垫子上，双腿伸直。弯曲右小腿，把右小腿放在左大腿下，屈起左小腿，把左小腿放在右大腿下。双手自然放松，放于双膝，掌心朝下或使用各种瑜伽手印，头、颈、躯干保持在一条直线上，保持 2 ～ 6 次呼吸。简坐式如图 10–22 所示。

图 10–19　站立后弯式

图 10–20　三角伸展式

图 10–21　站立脊柱扭转式

图 10–22　简坐式

图 10–23　蹲式

七　提高阶段瑜伽体位法

（一）蹲式

站立，双脚分开一肩半宽，脚尖尽量往两侧八字分开，两手心朝上，相交两臂轻松地在体前下垂。吸气，保持上半身挺拔。呼气，屈膝坐下去慢慢地将身躯降低。降低 30 厘米左右后，保持正常呼吸稍停留。再次吸气时，有控制地伸直双腿，恢复挺身直立的姿势。这样几次后，还可以把身体降得更低一些，直到两小腿垂直于地面，两大腿和地面平行，仍然保持背部挺拔，不要向前倾斜，如图 10–23 所示。

（二）幻椅式

站姿，双脚并拢，挺直上半身，手臂垂放于体侧。吸气，双臂经体前向上伸展，手臂内侧贴着耳朵。掌心相对，手臂向上延展。呼气，弯曲双膝，臀部向后、向下放低，仿佛坐在一张椅子上，尽量使大腿平行于地面。挺胸，挺直脊柱，静止保持 2 ～ 6 次呼吸，均匀呼吸。幻椅式如图 10–24 所示。

（三）舞蹈式

山式站立，双腿并拢，目视前方。找一个焦点，可以盯着视线水平的方向或者地面。把身体重量转移到一只腿上，弯曲另一条腿的膝盖，脚向后抬起，用相同一边的手抓住脚踝。吸气，另一手臂经前向上举起，大臂贴耳朵，掌心向前，带动身体延展向上。呼气，抓脚踝的一侧手臂用力牵拉带动大腿慢慢抬高，异侧手臂慢慢放低带动上半身与地面平行，静止，保持 2 次以上呼吸；吸气，身体恢复至中间；呼气，手臂放回体侧，身体还原。换另一侧练习。舞蹈式如图 10–25 所示。

（四）双角二式

站立，两手放体旁，保持脊背挺立。吸气，双脚分开一倍肩宽，两手于背后十指交叉。挺胸，手臂伸直。呼气，上身自腰部向前弯曲，继续向下弯曲，头部尽量靠向两腿之间，双臂尽量向前、向下并试图靠近地面。保持 3 ～ 5 次深呼吸，吸气，缓慢起身，依次是头、颈、肩、胸、背、腰，回到站立姿势，均匀呼吸，放松。双角二式如图 10–26 所示。

（五）战士式

按基本三角式站立，右脚尖指向右前方，左脚尖转向右方大约 30°（刚开始也可以 15°，熟练后可以慢慢调整角度），屈右膝（脚尖和小腿成 90°，小腿和大腿成 90°），做成右弓步，上身躯干转向右方。吸气，两手慢慢从旁上举，两手举至头顶上方，双手合十，保持双臂伸直。呼气，抬头，眼望指尖，自然呼吸 3 ～ 6 次。吸气，脸朝前，眼看前方，伸直右膝盖。呼气，两手分开，自然放于体侧。换另一侧做同样练习。战士式如图 10–27 所示。

（六）半莲花坐

两腿向前伸直。左腿弯曲，将左脚放在右侧大腿根部上。弯曲右腿，右脚顶在左大腿内侧（可交换双腿上下位置）。半莲花坐如图 10–28 所示。

图 10–24 幻椅式

图 10–25 舞蹈式

图 10–26 双角二式

图 10–27 战士式

图 10–28 半莲花坐

第三篇 户外休闲体育

第十一章 休闲体育运动

第一节 轮 滑

一 轮滑运动的起源与发展

轮滑运动在我国常被人们称为“滑旱冰”。这项运动是荷兰运动员发明的。在天然冰融化后，不能再继续滑冰时，他将木线轴安在皮鞋底下，试图在平坦地面上滑行。他的试验成功后，引起了人们的兴趣。

到18世纪60年代，曾出现过两轮溜冰（前后），但难以控制滑行。真正的四轮溜冰是由纽约人詹姆士·普利姆普顿于1863年发明的，因此说轮滑运动是由溜冰过渡来的。开始，为了能在冰上稳定地滑行，就在每只鞋上镶上四只小冰刀，这样既稳定又安全。春天来临，冰雪融化后，就用四只小轮子代替四只小冰刀，也就是在一个可移动的底座上镶上两对小轮子，这样近代的四轮溜冰就诞生了。

1866年詹姆士开办了第一个溜冰场，从此四轮溜冰运动迅速地传到欧洲各国。1884年美国人理查森和雷蒙德发明了滚珠轴承，这对改进四轮溜冰技术起了极大的作用。

1875—1937年，滑冰运动对四轮溜冰影响较大。四轮溜冰运动在发展中，逐渐演化为花样溜冰、速度溜冰和冰球三种不同形式的运动项目。1937年，在美国出现了第一个速度溜冰的比赛规则。1939年制定了花样溜冰规则，从此开始了真正的四轮溜冰比赛。

在20世纪30年代初，轮滑运动传入我国，但多年来只在沿海一带大城市开展。1980年，中国轮滑协会成立，并加入国际轮滑联合会。从此我国轮滑运动进入了一个蓬勃发展的新时期，目前我国大部分城市都修建有轮滑场或室内轮滑厅，数以万计的人参加这项运动。每年都有全国性的轮滑比赛，同时我国也派队参加亚洲轮滑锦标赛和世界单项赛事。我国的轮滑运动技术水平飞速提高，目前居亚洲上游水平。

二 基本知识

1. 参加轮滑运动对身体的影响

轮滑不仅是妙趣横生、令人着迷的运动项目，而且还是一种很好的交通工具。在水泥地面、油漆马路上均可滑行。滑速可快可慢，滑行可直可弯、可快可停，十分灵活自如。用轮滑来上街办事、访亲会友、旅游观光、上班下班等都十分方便。

轮滑又有特殊的灵活性，在一块很小的地面上，就可进行高难度的技巧与艺术表演。

轮滑球运动是轮滑与打球相结合的集体对抗性运动，在高速滑跑中实现战术配合，完成进攻与防守，比赛紧张、激烈、瞬息万变、扣人心弦。

参加轮滑运动对身体有很多有价值的影响。速度轮滑长时间巨大的身体负荷、花样轮滑高度的平衡力和技艺、轮滑球激烈的对抗性等，都对人体提出了很高的要求。经常从事轮滑运动的锻炼，可不断提高健康水平。

轮滑运动能改善和提高机体中枢神经系统的功能，提高呼吸系统、消化系统、血液循环系统等的功能。轮滑运动还能全面、协调地发展速度、力量、耐力、灵敏、柔韧等身体素质，使人头脑机智、反应灵敏、体魄强壮、精力充沛，对于青少年还有促进身体正常发育的良好作用。

2. 比赛项目

（1）比赛包括速度溜旱冰、花样溜旱冰、旱冰球三个项目。速度比赛分男女两组进行，男子组有500米单人赛、500米双人对抗赛、5 000米、10 000米和20 000米5个项目，女子组有500米单人赛、500米双人对抗赛、3 000米、5 000米和10 000米5个项目。每个队员都必须参加5个项目的比赛。

（2）花样比赛分男子单人滑、女子单人滑、双人滑（混双）三个组进行比赛，各设有规定动作、自选动作和冰上舞蹈。花样评分标准为六分制，裁判有10人，评分时去掉一个最高分，去掉一个最低分，取平均值作为最后得分。评分的标准主要看运动员所做动作的准确性、难度和造型。

三 轮滑的基本技术

（一）站立

1. “丁”字站立法

前脚跟卡住后脚的弓处，两脚成“丁”字形。上体稍前倾，两膝微屈，重心稍偏于后脚上（见图11–1）。

2. “八”字站立法

两脚跟靠紧，两脚尖自然分开，上体稍前倾，两膝微屈，两臂自然下垂于体侧，重心落在两脚中间（见图11–2）。

3. 平行站立法

两脚平行分开，大约与肩同宽，两脚尖稍内扣，膝部稍屈，上体稍前倾，重心落在两脚尖中间（见图11–3）。

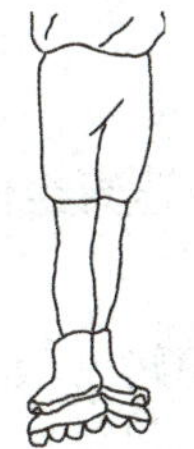

图11–1 “丁”字站立法

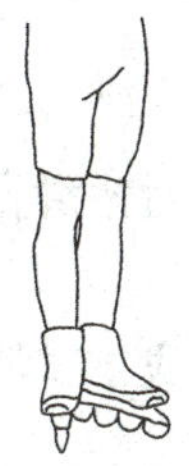

图11–2 “八”字站立法

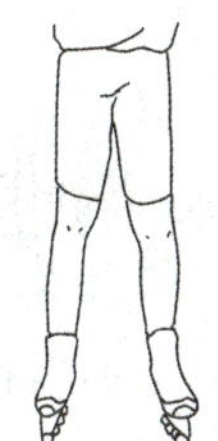

图11–3 平行站立法

（二）踏步

踏步主要是掌握用一只脚支撑身体和保持重心移动时的身体平衡。在踏步时，身体成站立姿势，上体微向前倾，大腿用力向上抬起，小腿在空中自然放松，身体重心在支撑腿上，脚腕用力控制滑轮的滚动，保持身体平衡，两腿交换做踏步。开始练习时踏步的频率不宜过快，随着熟练程度的提高逐渐加快频率。

（三）行走

两脚成“八”字形，重心随腿的向上抬起而向前移动，落地时，支撑脚要稳，目视前方，臂自然摆动，上体稍前倾。

（四）滑行

1. 单蹬双滑

单蹬双滑是指单脚蹬地，双脚向前滑行的一种滑行方法。练习时左脚在前成“丁”字步站立，膝部弯曲，以右脚内侧轮向身体侧后方蹬地，左脚尖外撇向前滑出，此时重心随之移至左脚，同时右脚自然收至左脚旁成双足着地向前滑行。然后，左右脚交替蹬地进行练习。

2. 交替单蹬单滑

交替单蹬单滑是指两脚交替蹬地，两脚交替单足向前滑行的一种滑行方法。左脚在前，成“丁”字步站立，以右脚内侧轮向身体的侧后方蹬地，左腿屈膝向前滑出，重心逐渐移至左腿成单足支撑滑行。然后，再以左脚内侧轮蹬地形成右脚单足支撑向前滑行，重复交替进行。

3. 前滑压步转弯

前滑压步转弯左转弯时，右脚内侧轮蹬地，左脚以外侧轮着地并向前滑出，滑行一段后，右脚内侧轮蹬地向前超越左脚在左前侧落地滑出，此时重心移至右脚内侧轮上。同时左脚用外轮在右后侧蹬地，蹬后前移至左前侧，支撑滑行。右转弯与左转弯动作相同，方向相反。

4. 葫芦形后滑

葫芦形后滑两脚稍稍分开，平行站立，开始脚尖稍向内，两腿弯曲，用两脚内刃向前蹬地，同时两脚跟向两边分开，向后外滑至两脚稍宽于肩时，两脚跟内收靠拢，恢复至开始姿势。随后重复上述滑行动作，两脚一开一合向后滑行。

5. 蛇形后滑

蛇形后滑两脚成内“八”字，用右脚内刃蹬地，身体重心移向左侧，成左脚向后滑行。右腿在体前伸直，随即右脚放在左脚内侧，恢复开始的姿势。然后再用左脚蹬地，身体重心移向右侧，成右脚向后滑行。左腿在体前伸直，随即左脚放在右脚的内侧。然后依次重复上述动作。

（五）停止的方法

1. 正中切法

重心放低，双脚平行，把有制动器的那一脚向前推出，脚尖微向上，让制动器摩擦地面而逐步停止。

2. 转弯减速法

转弯减速法，即利用做惯性转弯的动作来消耗滑行的速度惯性，逐渐减速直至停止。

3. “丁”字停止法

单脚向前滑行时，浮足在滑行脚的后跟处成“丁”字形放好，使浮足的轮子横向与地面摩擦，减缓滑行，直至停止。

4．侧向停止法

在向前滑行时，两脚和上体同时做顺时针（或逆时针）方向急转90°，上体向前进的反方向倾斜，两腿弯曲，使滑轮横向摩擦而急停。这是一种难度较高的方法，初学者慎用。

四 安全注意事项

在轮滑运动的教学与训练中，为防止和避免一些意外事故发生，应注意以下几方面。

（1）练习前，应做好准备活动，尤其是手腕和下肢各关节及韧带。

（2）初学者上场练习时，应着运动服或长裤长袖衣服，戴上手套。否则摔倒时易出现膝部、肘部和手的外伤。

（3）初学者上场练习时必须采取正确的练习姿势。为了提高轮滑速度，在轮滑鞋轮子的安装上后轮较为靠前，很容易向后摔倒。因此，必须注意上体前倾和小腿的前伸。切不可在滑行中身体伸展后仰。

（4）初学者练习时应及早地学会摔倒时的自我保护方法。在向前摔倒时应避免单臂前伸支撑；向后摔倒时应避免上体伸展抬头，要立即收腹低头，重点保护头部；向侧方摔倒时，两臂紧贴身体向侧方滚动。

（5）每次练习前师生应注意检查场地。如有砂石、木屑、碎纸、烟头、冰棍杆等杂物时要及时清除干净。如果冰场有裂缝或破损，要及时修补，否则快速滑行中很容易绊倒导致摔伤。

（6）每次上场练习前要严格地检查轮滑鞋是否合乎练习要求。如有轴承损坏、底板螺丝松动、轮轴螺丝松动或脱落、鞋底撕裂等，都要及时修理，修理妥善之后再上场练习。否则滑行中出现故障，很容易摔伤。

（7）在练习场上应严禁随意追逐、打闹、横穿跑道等。在速滑跑道上严禁顺时针方向滑跑，也不能几人拉手、搭肩、拥抱等。

（8）在轮滑场上要自觉地保持地面的清洁，严禁扔果皮、烟头、冰棍杆、碎纸、绳头、空瓶子等杂物。

（9）场地附近应备有常用外伤药品，一旦有外伤事故发生应及时处理。如有骨折、脑震荡等严重伤害出现时，应及时护送去医院治疗。

第二节 花样跳绳

一 跳绳概述

跳绳是一项传统体育活动，历史悠久。早在宋代高承的《事物纪原》中，就有跳百索的记载。跳百索在明清时已盛行，如《宛署杂记》中说：“（正月）十六日，儿以一绳长丈许，两儿对牵，飞摆不定……群儿乘其动时轮跳其上，以能过者为胜。否则为索所绊，听掌绳者绳击以罚。”

到了近代，跳绳运动有了长足的发展。首先表现在绳子的制作上，原来跳绳用的绳子都是草绳或者麻绳，不仅质地粗糙，而且笨重，而现在用的绳子在制作材料上有了很大的进步，更加轻便，而且在短绳的两端加上手柄，更有利于摇绳。绳子多采用鲜艳、明朗的色调，更加人性化。喜爱这一运动的人越来越多，人们为了更好地对这个项目进行组织和推广，先后成立了世界跳绳联盟、欧洲跳绳总会等。

经常练习跳绳，既能增强四肢的肌肉力量，又能提高身体的协调性，对青少年的骨骼生长和身体发育有良好的促进作用，还能全面提高身体素质。

二 花样跳绳基本技术

（一）单摇跳

摇绳一回环，跳跃一次，叫单摇跳。单摇跳分前摇跳和后摇跳，是最基本、最简单的跳绳技术。

1. 单摇双脚跳

（1）前单摇双脚跳。双手持绳两端，绳在背后，向上、向前摇绳，摇绳时应以肘关节为轴，用前臂与腕部力量进行，并与双脚跳跃动作协调配合，在绳将到脚下时，双脚跳起越过绳用前脚掌落地，如此连续跳跃。

（2）后单摇双脚跳。将绳放在体前，双手由前向后摇绳回环，两脚同时跳起让绳从体后向前通过。除摇绳方向相反，其他动作同前单摇双脚跳。

2. 单摇双脚交换跳

（1）前摇两脚交换跳。由体后向前摇绳一回环，两脚交替单脚跳起，即原地跑步跳绳，也可以向前方做跳绳跑。原地两脚交换跳时，小脚屈膝上抬，不要后摆，两脚依次蹬地并交替放松休息。

（2）后摇两脚交换跳。后摇两脚交换跳则是由前向后摇绳做两脚交换练习。

单摇双脚交换跳的特点是跳得不高，跳得快，跳的时间比较持久。前后单摇双脚交换快速跳绳常用于个人定时计数比赛。

（3）两臂体前交叉摇绳跳。在向前摇绳至体前方向下落的过程中，两臂在体前顺势交叉摇绳，脚跳过绳后，绳摇至头上时，两臂向左右分开，摇跳一次，这样一摇一交叉摇绳跳。另一种方法是在臂交叉后不立即分开，在两臂前交叉的姿势中继续摇绳跳若干次，再分开跳几次之后再进行交叉。同样也可以在向后摇绳过程中，用以上方法进行臂体前交叉摇绳跳。对于脚下的跳跃动作，既可以采用双脚跳，也可以采用单脚交换跳的方式练习。此方法常用于花样定时计数或定数计时比赛。

（二）双摇跳

双摇跳又叫两摇跳，也叫双飞跳。技术动作为身体跳起时，加快摇绳速度，使摇绳在脚下通过两次。

1. 双摇双脚跳

前双摇双脚跳是各种双摇跳的基础技术。学习双摇跳可先做几个单摇跳，使摇绳回环有了初速度，再突然加快摇绳，双脚同时高跳起，每跳起一次摇绳两回环。

双摇双脚跳技术的关键在摇绳与跳跃的配合，高速快摇有利于完成动作。初练双摇跳，可以稍收腹并屈腿，有利于增加滞空时间，使跳绳能顺利通过脚下两次，掌握技术后可以连续做双摇跳练习。快速摇绳使绳有打地声，这样便于控制起跳时机和节奏。

2. 双摇单脚跳

双摇单脚跳与双摇双脚跳的方法基本相同，只是单脚跳起通过摇绳两回环。在掌握了双摇双脚跳以后方可做双摇单脚跳练习。

3．两脚交替双摇跳

开始可以以单脚单摇或两脚交替单摇跳作为初速度，而后快摇两周绳，跳一次，完成两脚交替双摇跳。两脚交替双摇跳比单脚双摇跳难学，但比单脚双摇跳跳得持久。练习时，可先练单脚双摇跳，后练两脚交替双摇跳。

4．编花双摇跳

（1）活编花双摇跳。在双摇跳中，双脚蹬地跳起一次，绳摇两次，第 1 摇是普通摇法，第 2 摇是两臂在胸腹前交叉摇绳，这种方法容易学会，因第 1 摇较容易，第 2 摇时绳已有了较快的初速度，两臂在胸前一交叉，手腕稍用力就可以了。用绳应比普通双摇跳的绳长些。反编花双摇跳比正编花双摇跳难，且费力。在双摇跳中（双脚、单脚、两脚交替），也可以在第 1 摇时，两臂就在胸腹前交叉摇绳，第 2 摇再用普通摇法。这种第 1 摇就交叉臂的编花双摇跳比第 2 摇交叉臂的编花双摇跳难。因此，应先学第 1 种较容易的编花双摇跳。

（2）固定编花双摇跳。两臂交叉（编花）在胸前连续摇绳的跳绳方法，称固定编花双摇跳。

（三）带人跳

带人跳绳是集体跳绳的一种。它是指一人摇绳跳带一人，这种跳绳称为双人跳绳。带人跳绳也可一人带多人齐跳或轮流跳，或两人各摇跳一条短绳带别人跳，二人合摇一条短绳带人跳等。

1．一人带一人跳

一人带一人跳是带人跳绳的基础，也是快速跳绳比赛中的一个项目。带人者持绳，与被带者相对站立。带人者摇绳，绳到脚下，二人齐跳起，连续摇绳。一般都是大个带小个跳，或同等个带跳，也有小个带大个跳的。带人跳所用的绳子可适当放长一些。这种方法虽然简单，但两人需要密切配合，协调动作，并且要求摇绳速度均匀。注意同伴上绳的时机。

带人者自己做单摇跳，被带者在绳外随同带人者的节奏一起跳。二人互相观摩和体会起跳的时机，待两人逐步形成同一节奏、协调动作以后，开始练习带人跳。一人带一人跳绳时，二人稍靠近为好，被带者也可用手轻扶摇绳者的腰部，这样容易做到同时起跳，便于协同配合。

2．一人带多人齐跳

在一人带一人跳的基础上，练习一人前、后各带一人跳，逐步练习带三人或多人齐跳。一人带多人跳绳时，带人者最好是跳绳技术熟练的高个，把绳子放长些，两臂用力摇绳，摇绳速度要均匀，摇绳者站在中间，被带者贴近摇绳者，并分别站在他的前后。可由一人发令，发出“预备—起”的口号一齐跳。被带者要注意力集中，注意摇绳者的动作，待绳摇到脚下时，及时起跳。如果带人者的摇绳技术稍差，可先自己摇跳，等把绳摇起以后，被带的人上绳，与摇绳者齐跳，但这要求被带者有上绳的技术。上绳方法是摇绳人刚跳过绳，被带者乘绳摇至摇绳者身后的时机，跑到摇绳人身前，绳摇转到脚下时，与摇绳人齐跳。

第十二章 户外运动

第一节　攀岩运动

一 攀岩运动简介

（一）概述

攀岩运动是一项在天然岩壁或人工岩壁上进行的向上攀爬的极限运动，集健身、娱乐、竞技于一体，被誉为“峭壁上的芭蕾”。其起源可追溯至18世纪的欧洲，最初是登山者为征服险峻地形而发展出的技术。20世纪中叶，攀岩逐渐从登山运动中独立出来，成为一项独立的体育项目。随着装备技术的进步和国际赛事的推动，攀岩运动在全球范围内迅速普及，并于2016年正式成为奥运会比赛项目，2024年巴黎奥运会进一步将速度攀岩独立设项，推动其竞技化发展。

（二）历史发展脉络

1. 萌芽期（18世纪—20世纪初）

攀岩技术作为登山辅助手段，主要用于阿尔卑斯山脉等高海拔地区的攀登。

2. 独立期（20世纪中叶）

法国人发明人工岩壁，使攀岩脱离自然环境限制，形成独立运动体系。1985年意大利“SportRoccia”赛事开创竞技攀岩先河。

3. 全球化期（20世纪90年代至今）

国际攀岩联合会（IFSC）成立后，构建起世界杯、世锦赛、奥运资格赛等完整赛事体系。截至2025年，全球攀岩爱好者超2 500万，覆盖150个国家和地区。

（三）运动价值解析

1. 生理层面

攀岩需调动全身90%以上肌肉群，每小时可消耗500千～900千卡热量，对提升心肺功能、增强核心力量具有显著效果。

2. 心理层面

在垂直空间中克服恐惧、制定策略的过程，能有效培养专注力、抗压能力和问题解决能力。成都攀岩爱好者何晓明在泰国甲米进行结组攀登时，通过精准规划每段路线，最终完成百米高空挑战，实现自我突破。

3. 社会价值

作为城市新兴运动场景，攀岩馆成为年轻人社交新空间。成都“丘山攀岩馆”自2024年开业以来，已发展会员超千人，日均客流量稳定在百人以上。

二 攀岩运动技术装备

攀岩运动的技术装备是保障攀登者安全和顺利完成攀爬的重要物质基础，每一件装备都有其独特的功能和作用，攀登者必须正确选择和使用这些装备。

（一）个人防护装备

1. 攀岩鞋

攀岩鞋是攀岩运动中非常关键的装备之一，它的设计目的是为了让攀登者能够更好地抓住岩点。攀岩鞋的鞋底通常采用特殊的橡胶材料，具有很强的摩擦力，能够增加脚部与岩点之间的附着力。鞋型方面，攀岩鞋通常比较紧凑，能够紧密包裹脚部，减少脚部的晃动，提高攀登的稳定性。根据攀岩的类型和难度，攀岩鞋也有不同的款式，比如抱石鞋通常比较柔软，适合进行精细的脚部动作；而难度攀岩鞋则相对较硬，能够提供更好的支撑。

2. 头盔

头盔的主要作用是保护攀登者的头部免受掉落的岩石、器械或其他物体的伤害。在自然岩壁攀岩中，头盔尤为重要，因为岩壁上可能会有松动的石块掉落。头盔通常采用高强度的材料制成，具有良好的抗冲击性能。在佩戴头盔时，要确保头盔能够紧密贴合头部，并且系带要系紧，以防止头盔在坠落时脱落。

3. 安全带

安全带是保护攀登者安全的重要装备，它能够将攀登者与保护绳连接起来，在攀登者坠落时起到缓冲和保护的作用。安全带主要由腰带、腿带和装备环组成。腰带和腿带需要紧密贴合攀登者的身体，以确保在坠落时能够均匀地分散冲击力。装备环则用于携带攀岩所需的各种器械，如快挂、岩钉等。在选择安全带时，要根据攀登者的体型和攀岩类型进行选择，确保安全带的尺寸合适且具有足够的强度。

（二）绳索系统

1. 保护绳

保护绳是攀岩运动中用于保护攀登者的重要绳索，它需要具备高强度、高弹性和耐磨损等特点。保护绳通常由尼龙等材料制成，分为主绳和辅绳。主绳是承担主要拉力的绳索，用于连接攀登者和保护点；辅绳则用于辅助保护，如设置保护点、连接器械等。在使用保护绳时，要注意检查绳索的状况，避免绳索出现磨损、断裂等情况。

2. 岩钉和快挂

岩钉是用于在岩壁上设置保护点的器械，它通常由钢材制成，能够打入岩壁中，为攀登者提供一个稳定的固定点。快挂则是用于连接保护绳和岩钉的器械，它由两个挂钩组成，能够快速地将保护绳与岩钉连接起来，方便攀登者进行攀爬。在使用岩钉和快挂时，要确保它们的安装牢固，以保证保护点的安全性。

（三）环境适应装备

1. 镁粉袋

镁粉袋用于盛放镁粉，攀登者在攀爬过程中，手心会出汗，影响手部与岩点之间的摩擦力。镁粉能够吸收手心的汗水，保持手部干燥，增加摩擦力，从而让攀登者能够更好地抓住岩点。镁粉袋通常挂在安全带上，方便攀登者随时取用镁粉。

2. 攀岩背包

攀岩背包用于装载攀岩装备，如绳索、快挂、保护器、攀岩鞋等。好的攀岩背包应具备合理的分隔设计，能够避免装备之间相互刮擦，同时具有舒适的背负系统，减轻攀岩者在携带装备时的负担。

三 攀岩运动保护技术

攀岩运动保护技术是确保攀岩者安全的核心体系，涵盖固定保护、行进保护与自我保护三大类别，通过科学操作与装备协同实现坠落冲击力的有效控制。

（一）固定保护技术

是攀岩中最基础且关键的技术，包括上方保护、下方保护和交替固定保护。

1. 上方保护

上方保护将保护支点置于攀登者上方，保护者不断收绳，使攀登者胸前不留余绳，适用于后攀者或室内攀岩，坠落时冲击力较小。

2. 下方保护

下方保护将保护支点置于攀登者下方，先锋攀登者需在上升过程中不断将保护绳挂入途中安全支点，适用于野外攀岩和国际比赛。

3. 交替固定保护

交替固定保护多用于登山和野外多人攀岩比赛，结组内同时只能有一个人攀登，其他人停止攀登进行保护，依次反复进行。

（二）行进保护技术

行进保护技术适用于行进中无需专人保护的场景，团队间需要相互配合，实现应急防护。保护者要根据攀登者的攀爬进度和状态，及时调整保护绳的长度和张力。攀登者在攀爬过程中，也要与保护者保持沟通，及时告知自己的情况。同伴保护不仅能够提高攀登的安全性，还能增强同伴之间的信任和默契。

（三）自我保护技术

自我保护技术是攀岩者应对突发状况的最后防线。攀登者一旦失误，需尽量采取各种自我保护动作，如抬高腿部、收紧臂部，在与岩壁接触时进行缓冲处理。在挂锁期间，应观察脚步位置，将绳子设定在双腿之间，避免脚步被绳子或扁带挂住。

四 攀登技术

（一）基础攀登技术

1. 三点固定法

作为攀岩最基础的技术原则，三点固定法要求攀登者始终保持三个支点（两脚一手或两手一脚）与岩壁接触，通过重心转移实现稳定移动。例如，在垂直岩壁上，攀登者会先将一只脚踩稳支点，再移动另一只脚，同时调整手臂位置，确保任何时候都有三个点支撑身体。这种技术能有效减少体力消耗，提升攀爬效率。

2. 手脚协同技术

手脚协同是攀岩的核心技巧。脚部作为主要承重部位，需通过“正蹬”“侧踩”“钩挂”等动作适应不同支点。例如，在狭窄裂缝中，攀登者会使用“脚跟钩挂”技术，将脚跟卡入裂缝，配合手臂力量完成上升。手臂则通过“抓”“握”“推”“拉”等动作辅助平衡，如利用“推压”技术将手掌平贴岩壁，通过反作用力推动身体向上。

3. 重心转移技术

高效的重心转移能显著降低攀爬难度。攀登者需根据岩壁角度和支点位置，通过髋关节和膝关节的灵活调整，将重心从一侧支点平滑过渡到另一侧。例如，在横渡岩壁时，攀登者会采用“侧身倾离”姿势，将重心偏向一侧，利用脚部反作用力完成横向移动。

（二）进阶攀登技术

1. 动态动作技术

动态攀登适用于远距离支点或角度突变的岩壁。其核心在于“预张－爆发－制动”三阶段，通过手臂预拉蓄力，腿部蹬伸产生爆发力，最后用手臂或腿部快速制动。例如，在完成“交叉手”动作时，攀登者会先移动重心至目标支点一侧，再通过动态跳跃抓握另一侧支点，避免因静态移动导致脱手。

2. 裂缝攀登技术

裂缝攀登需根据裂缝宽度选择不同技巧，具体如下：

（1）手指裂缝（＜2 cm）。采用“指力锁”技术，通过手指关节卡入裂缝形成支撑。

（2）手裂（2～5 cm）。使用“手叠手”或“手塞”技术，将手掌平贴裂缝内壁。

（3）宽裂缝（＞10 cm）。运用“鸡翅膀”技术，将手臂外展抵住裂缝两侧，配合腿部“青蛙腿”姿势保持稳定。

3. 屋檐攀登技术

屋檐路段需结合“摆荡”与“抛掷”技术，具体如下：

（1）摆荡技术。通过腿部蹬伸产生离心力，使身体向目标方向摆动。

（2）抛掷技术。在摆荡至最高点时，突然放松手臂，利用惯性完成支点抓握。例如，在完成5米屋檐路线时，攀登者需通过“摆荡－抛掷”组合动作，将原本需要3次尝试的支点一次性抓握成功。

（三）专项攀登技术

1. 速度攀登技术

速度攀岩以“快、准、稳”为核心，需通过标准化动作减少时间损耗，具体需做到以下几点：

（1）固定路线记忆。专业选手可闭眼完成15米标准速度路线。

（2）动态预判。在接触支点前0.5秒完成动作规划。

（3）呼吸控制。采用“4-4 节奏呼吸”（4 秒吸气 -4 秒呼气）维持心率稳定。

2. 传统攀登技术

传统攀登强调“自给自足”与“最小化冲击”，需掌握以下几点：

（1）岩塞放置。根据裂缝宽度选择合适型号，确保岩塞与岩壁呈 90° 夹角。

（2）快挂预挂。在攀登前将快挂预先挂入中间保护点，减少坠落风险。

（3）绳索管理。通过“S 型绕绳法”避免绳索缠绕，提升保护效率。

3. 干攀技术

干攀结合攀岩与冰攀技巧，需使用冰镐与冰爪，具体需做到以下几点：

（1）镐击技术。以 45° 角将冰镐刺入岩缝，配合手腕旋转增强固定效果。

（2）重心分配。在冰镐与脚部支点间形成“三角稳定区”。

（3）动态切换。通过“镐—脚—镐”快速交替，实现连续上升。

第二节　定向越野

一　定向越野简介

（一）概念和分类

定向运动 (orienteering) 是指运动员借助定向地图和指北针，按组织者规定的顺序方式，自我选择行进路线并到访地图上所标示的地面检查点，以通过全程检查点，用时较短者或在规定时间找到检查点得分较多者为胜的一种体育运动。

定向运动分类：

1. 接力定向 (relay orienteering)

接力定向是团体之间的定向越野比赛项目之一。在接力比赛中，比赛的路线分成若干段 (国际比赛通常为四段)，每名选手完成其中的一段，各段参赛选手的成绩相加为该队团体总成绩。

2. 夜间定向 (night orienteering)

夜间定向是定向运动的一种高难度的比赛形式。由于是在视度不良的夜间进行，不仅增加了比赛的难度，同时对观众和选手自己增加了吸引力和刺激性。夜间定向已被列入国际定联的正式比赛项目。

3. 记分定向 (score orienteering)

记分定向通常以个人方式进行。它是在比赛区域内预先设置好许多检查点，并根据地形的难易程度、距离远近、点的位置的相互关系不同而赋予每个检查点以不同分值。选手必须在规定时间内自行寻找若干或全部检查点，以积分最高者为优胜。

定向运动通常在野外森林进行，也可在城市的近郊、公园和较大的校园等各种地形进行。其比赛的成败全在于个人的识图用图、野外定向和奔跑能力的强弱，因此适于各种年龄、性别的人参加。为增加比赛的乐趣，也可以在判定比赛成绩的方法上有所区别，如个人跑计团体成绩或个人跑计个人与团体成绩等。

（二）定向运动的益处

1. 个人参与定向运动的益处

定向运动是一项非常健康的智慧型体育项目，是智力与体力并重的运动。它不仅能强健体魄，而且能培养人独立思考，独立解决所遇到困难的能力及体力和智力受到压力下做出迅速反应，果断决定的能力。

定向运动技巧容易掌握，无论男女，不分老幼，只要喜欢郊野活动，是3岁至80岁都可以参加的运动。

2. 学校定开展向运动的益处

由于定向运动是融健身性、知识性、趣味性和国防教育性于一体的一项体力与智力并重的体育项目，非常适合在、中、小学各级各类学校开展，经常参与参加定向运动不仅能强健体魄，还能让学生在轻松愉快的游玩过程中增长识图、用图知识，同时对培养学生独立性、意志品质、自信心等非智力因素还具有独特作用。当前，在学校大力开展定向运动主要有以下意义：

（1）促进学生耐力发展。随着现代化的飞速发展，生活节奏不断加快，现代社会对人体抗疲劳能力提出了更高的要求。然而，作为提高耐力的有效手段——长跑运动，由于其枯燥无味的特点、很难吸引广大学生的积极参与。

定向运动所特有的趣味性使学生乐于坚持长时间的耐力锻炼，穿梭于空气清新的丛林、山地、溪流、湖泊等自然风光之间，角逐着体力、较量着智力，学生在不断地判断地形和选择路线中，快乐地接受野外生存训练，不知不觉中锻炼了耐力，也提高了意志力。

（2）拓展学校体育内容和空间。定向运动这种新兴体育项目非常有利于增进学生的身心健康。它不用太多投资，只要绘制定向地图和很少的器材，就可以充分利用校园、公园、郊外田野、森林等现有地形条件，有效地拓展学校体育课程的内容和空间，扩大学生体育活动空间。

（3）培养学生的心理品质。定向运动参与性非常好，当学生独立处理比赛中所发生的各种问题，寻找到一个一个点标时，当学生克服重重困难胜利到达终点时，会有非常强烈的成功的感觉，对培养学生顽强的意志力沉着冷静、坚忍不拔和自信等心理品质有良好的作用。

（三）器材设备及使用

（1）定向地图（由组织者提供）。地图是定向越野最重要的器材之一，它的质量好坏直接影响到运动员比赛的成绩和关系到比赛是否公正。

（2）定向计时设备、打卡器（由组织者提供）。随着科技的进步高科技技术在体育领域的应用，定向活动已很少使用老式的打孔器材，取而代之的是便捷的电子设备。电子设备使得整个活动过程变得简洁流畅，带给参加者不只是户外运动的乐趣，也享受了高科技设备带来的愉悦，提升了活动本身的层次。新的定向运动规则要求全国性比赛和正式比赛必须使用电子器材，如果没有电子器材不具备电子器材的使用经验就会失去参与承接大型比赛的机会。

打卡器：为了证实运动员通过了比赛中各个检查点，运动员必须在到达的每一个检查点（点标））时，使用打卡器打卡，以此证明其确实到达此点（如图12-1和图12-2所示）。

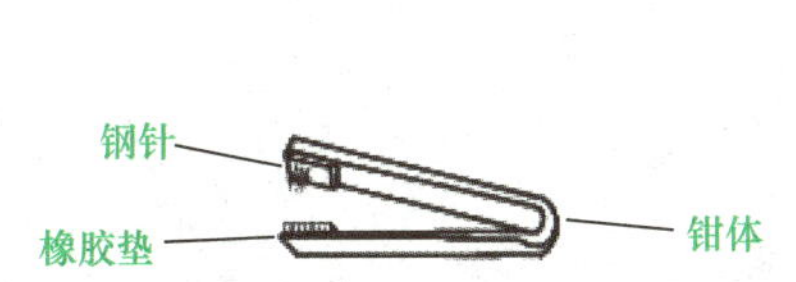

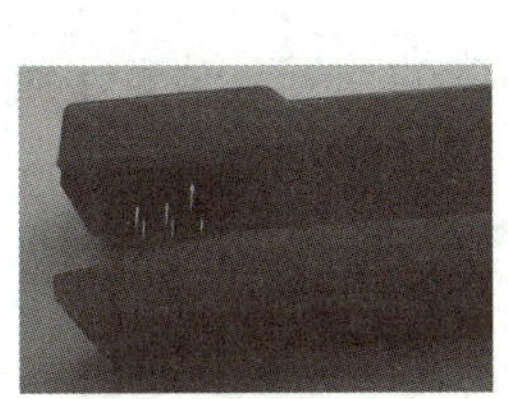

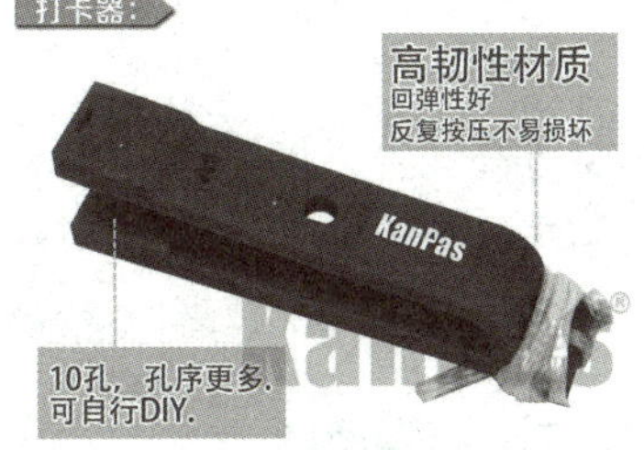

图12-1　钳式打卡器

（3）点标旗。运动员根据定向地图所提供的信息，利用指北针快速定向，在实际地形中寻找一个橘黄色和白色相间的点标旗，该点标旗的位置准确放置在地图所标示的地点圆圈的中心点。点标旗式样如图 12-3 所示。

图 12-2　电子打卡计时系统

图 12-3　点标旗

悬挂点标旗的方法有两种：有桩式和无桩式。悬挂高度一般从标志旗上端计算，距地面 80 ～ 120 厘米。

（4）运动员服装。定向越野比赛对运动员的服装都没有特殊的要求。要求服装应选择轻便、舒适，易于活动者为佳。服装过紧或太厚均不适合野外跋涉。通常，运动员对服装的选择应该是：

（5）衣裤紧身而又不至于影响呼吸与运动，为防止树枝刮伤和害虫侵袭，最好穿用面料结实的长袖衣和长裤。

（6）鞋轻便、柔软而又结实，为便于上下陡坡、踩光滑的树叶或走泥泞地，鞋底的花纹最好是高凸深凹的。以防止在野外的泥道或沙地上滑倒。

（7）护腿采用有弹性面料及泡沫材料制成，保护定向比赛奔跑过程中，小腿不被树枝等碰伤和保护腿被蛇、虫咬伤。

（8）号码布：号码布一般不超过 24 厘米 ×20 厘米，号码数字的高不小于 12 厘米，字迹要清晰，字体要端正。正规的比赛还要求将号码布佩戴于前胸及后背两处。

二　地图基本知识

地形是地貌和地物的总称。

地貌是指地面高低起伏的状态。如山地、平坦地、谷地等。当然也包括一些附属于它的地物，如小丘、土崖、冲沟等。

地物是指地面上的固定物体。如居民地、道路、江河、森林等。

（一）认识等高线

等高线是由地面上高程相等的各点连接而成的曲线，如图 12-4 所示。

小提示：

从等高线上，可以看出不同地形高度的差异，清楚了解：哪里有山，哪里有坑谷，山脊以及地形的陡缓。

等高线越多，山越高，等高线越密集，地形越陡。

（二）识别地图

1. 认识不同形态的山

为了区别凹地与山顶，山顶的等高线呈小的闭合环圈。表示凹地的环圈都要加绘示坡线。示坡线是指示斜坡降落方向的棕色短线，它与等高线垂直相交，与等高线不相接的一端指向下坡方向，如图 12-5 所示。

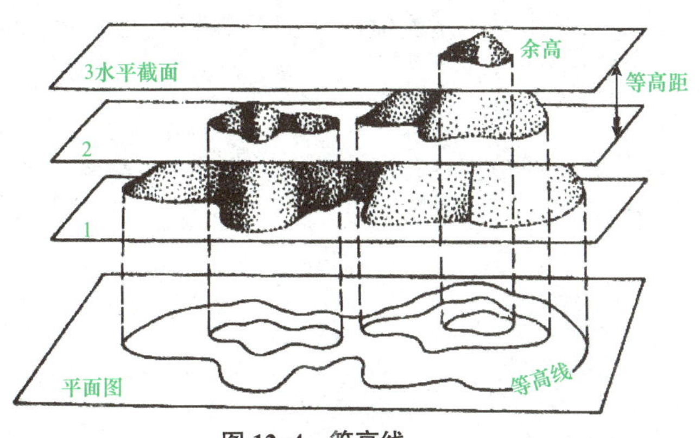
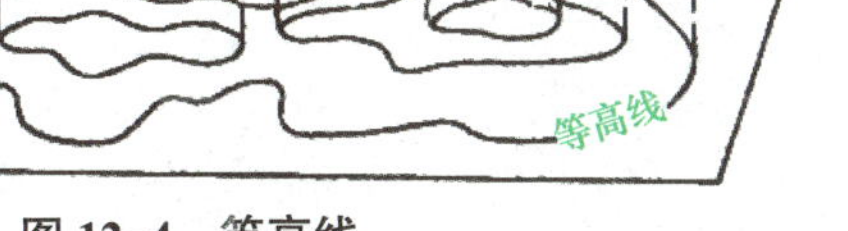

图 12-4 等高线

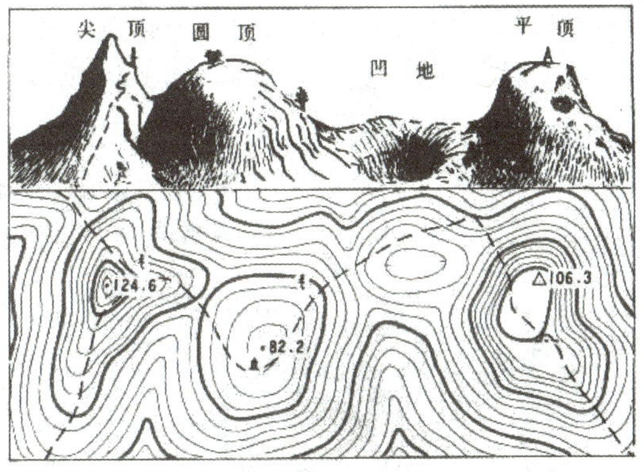

图 12-5 看等高线识山

2. 山背与山谷

山背，是从山顶到山脚的凸起部分，很像动物的脊背。下雨时，雨水落在山背上向两边分流，所以最高凸起的棱线又叫分水线。

山谷，是相邻山背、山脊之间的低凹部分，由于山谷是聚水的地方，所以最低凹入部分的底线叫合水线。

3. 鞍部，鞍部

鞍部是相连两山顶间的凹下部分，形如马鞍状。

4. 认识山脊

山脊是由数个山顶、山背、鞍部相连所形成的凸棱部分。山脊的最高棱线叫山脊线。

三 定向地图

定向运动竞赛地图一般由方向指示标识、比例尺、符号和颜色、图例注记和检查点符号说明表等要素组成。

1. 方向指示标识

阅读地图，首先要辨别图上方向。地平面上有东、南、西、北四个基本方向，如果地图没有方向指示标识，通常默认“上北下南，左西右东”的图上方向。定向地图是用磁北方向线和指向箭头指示地图方向。

2. 比例尺

比例尺是地图上最重要的参数之一。要想学会识别、使用越野图，首先应懂得地图比例尺。地图上某线段长与相应的实地水平投影长度之比，叫地图比例尺，它确定了地图与实地地面缩小的倍数。

地图比例尺主要有以下三种表示方式：

A 数字式，如 1 ∶ 10 000 或 1 ∶ 1 万；

B 文字式，如图上 1 厘米等于实地 100 米，或一万分之一；

C 图解式，如图 12-6 所示。

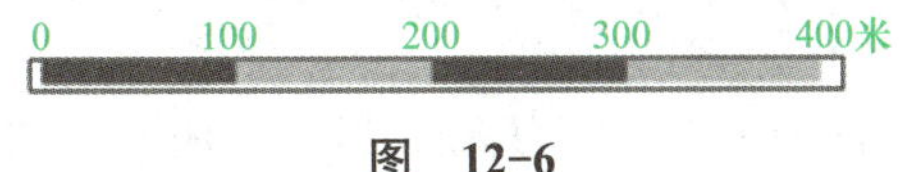

图 12-6

3. 符号与颜色

为使不同国籍的定向爱好者都能容易阅读和理解定向地图，国际定向联合会统一规定了定向地图的符号和颜色，具体分为地貌符号、岩石与石块符号、水系与淤泥地符号、植被符号、人工地物符号、比赛路线与技术符号和检查点说明表等，如图 12-7 所示。

4. 检查点说明符号

一般情况下，运动员主要是根据地图所提供的信息寻找检查点。《检查点说明符号》以统一的表格方式和符号具体说明一条路线，如图 12-8 所示。

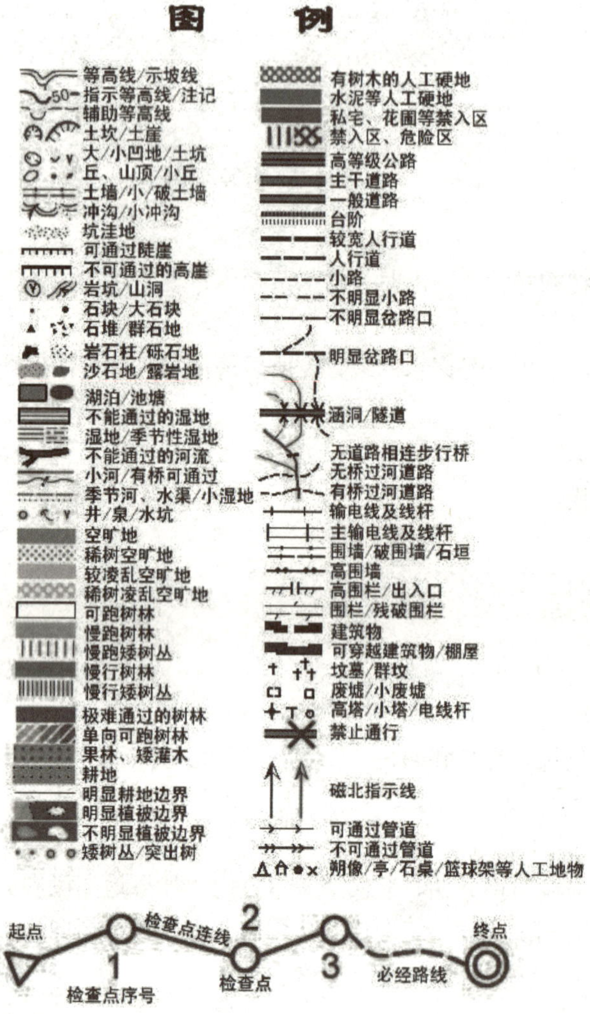

图　例

等高线/示坡线
指示等高线/注记
辅助等高线
土坎/土崖
大/小凹地/土坑
丘、山顶/小丘
土墙/小/破土墙
冲沟/小冲沟
坑洼地
可通过陡崖
不可通过的高崖
岩坑/山洞
石块/大石块
石堆/群石地
岩石柱/砾石地
沙石地/露岩地
湖泊/池塘
不能通过的湿地
湿地/季节性湿地
不能通过的河流
小河/有桥可通过
季节河、水渠/小湿地
井/泉/水坑
空旷地
稀树空旷地
较凌乱空旷地
稀树凌乱空旷地
可跑树林
慢跑树林
慢跑矮树丛
慢行树林
慢行矮树丛
极难通过的树林
单向可跑树林
果林、矮灌木
耕地
明显耕地边界
明显植被边界
不明显植被边界
矮树丛/突出树

有树木的人工硬地
水泥等人工硬地
私宅、花圃等禁入区
禁入区、危险区
高等级公路
主干道路
一般道路
台阶
较宽人行道
人行道
小路
不明显小路
不明显岔路口
明显岔路口
涵洞/隧道
无道路相连步行桥
无桥过河道路
有桥过河道路
输电线及线杆
主输电线及线杆
围墙/破围墙/石垣
高围墙
高围栏/出入口
围栏/残破围栏
建筑物
可穿越建筑物/棚屋
坟墓/群坟
废墟/小废墟
高塔/小塔/电线杆
禁止通行
磁北指示线
可通过管道
不可通过管道
朔像/亭/石桌/篮球架等人工地物

起点　检查点连线　2　终点
1　检查点序号　检查点　3　必经路线

图　12-7

组别　路线长度　总爬高量
H21-E　12.300　270
1　32
2　36
3　44　3×5
4　49　2×2
5　54　9×6
6　61　3.0
7　63
10　70
350
A 检查点序号
B 检查点代号
C 哪个地形
D 检查点地形
E 地形外观细节
F 地物的尺寸
G 点标位置
H 其它重要情况
3.(44)，小洼地，深的，3×5米，西侧
5.(54)东面的林间空地，丛生的，9×6米，西北部，有饮料站
最后一个检查点到终点距离 300 米，岔路口有标志指引

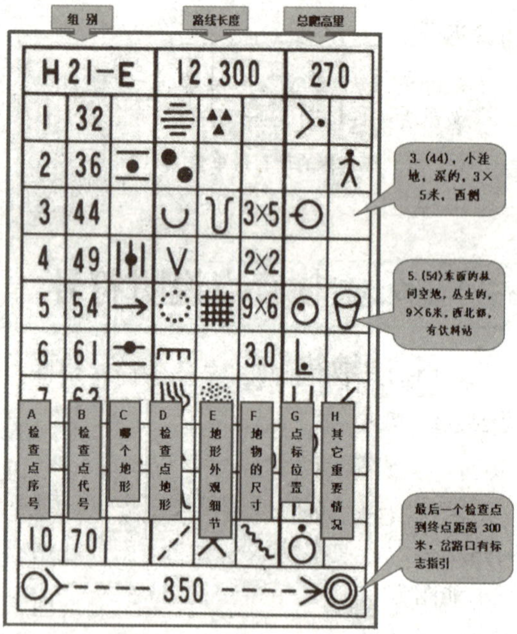

图 12-8　检查点说明符号

四　定向越野技巧

（一）如何标定地图

在定向运动中，必须首先标定地图，即保持地图方位与实地方位一致。标定地图方位（给地图正确定向）是最重要的定向技能。

1. 利用指北针标定

先使指北针的红色箭头朝向地图上方，并使箭头与定向地图上的指北线重合（或平行），然后转动地图，使磁针北端对正磁北方向，地图即已标定，如图 12-9 所示。

2. 利用直长地物标定

利用直长地物（如道路、土垣、沟渠、高压线等）标定地图，首先应在图上找到这段直长地物，对照两侧地形，使图与现地各地形点的关系位置概略相符，然后转动地图，使图上的直长地物与现地的直长地物方向一致，地图即已标定，如图 12-10 所示。

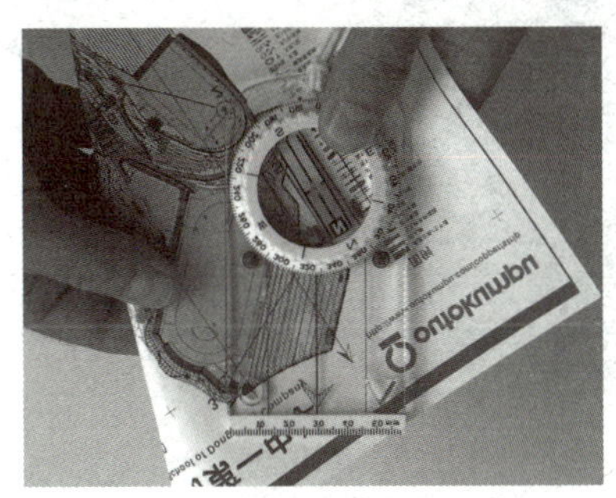

图　12-9

图　12-10

3. 利用明显地物地貌标定地图

从地图上找到本人位于明显地形点的位置（即自己所在的站立点）时，可以利用明显地形点标定地图。方法是：先选择一个图上与现地都有的远方明显地形点（目标），然后转动地图，使图上的站立点至目标的连线与现地的站立点至目标的连线相重合，此时地图即已标定。

小提示：图地对照。

图地对照，就是要通过仔细的观察，使图上和现地的各种地物、地貌一一“对号入座”，相互对应。

图地对照地形的顺序一般是：先对照大而明显的地形，后对照一般地形；由近及远，由左至右；由点及线，由线及面；逐段分片，有规律地进行对照。

（二）如何确定站立点

1. 直接确定

当自己所处位置是在明显地形点上时，只要从图上找出该地形点，站立点即可确定。

明显地形点的地物主要有以下几种：

——单个的地物（如房屋、水塔、凉亭、小桥等）；

——现状地物的拐弯点、交叉点（呈“十”字形）、交汇点（呈“丁”字形）和端点；

——面状地物的中心或者有特征的边缘。

明显地形点的地貌主要有以下几种：

——山地、鞍部、洼地；

——特殊的地貌形态：陡崖、冲沟等；

——谷地的拐弯、交叉和交汇点；

——山脊、山背线上的转折点、坡度变换点。

2. 利用综合分析确定

利用位置关系法确定站立点主要是依据两个要素，一是站立点至明显点的方向，二是站立点至明显点的距离。在地形起伏明显的地方，还可以结合高差情况进行判定。

（三）如何确定前进方向

定向运动每次出发时（包括途中每一段落出发），首先必须判明出发点的图上位置、明确前进方向和目标点。然后标定地图选准前进方向，向目标点进发，如图 12-11 所示。

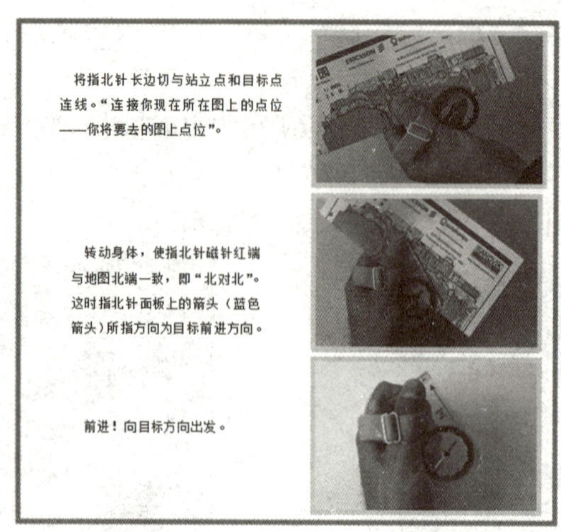

图 12-11

（四）选择路线应遵循的原则

1. 有路不越野

选择路线的原则应尽量选择沿道路行进，原因如下：

（1）在道路上容易确定站立点，使运动员更具信心；

（2）地面相对光滑、平坦，有利于提高奔跑速度。

2. 走高不走低原则

定向比赛中 如果不得不越野，当目标点在半山腰，周围又没有明显地貌地物时，应选择从山顶向下寻找的方法。这就是人们常说的"从上到下法"。

3. 提前绕行原则

阅读地图时要注意通观全局提前绕，特别是检查点之间有大的障碍，不易穿越时。不能等抵近障碍再作折线绕行，而应该全面分析地貌地形，提前选择好最佳迂回运动路线，如图 12-12 所示。

（五）如何保持正确行进方向

在选择了最佳路线后，前进过程中还要采取相应的方法，才能确保正确行进方向，安全准确到达目的地。

1. 拇指辅行法

在定向运动中常用拇指压住图上本人目前站立点的位置，把拿图手的拇指想象为自己（缩小到图中了的自己），当向前运动时，拇指也在图上作相应移动。此种方法叫拇指法。拇指法主要是帮助运动员随时明确自己在图上的位置，如图 12-13 所示。

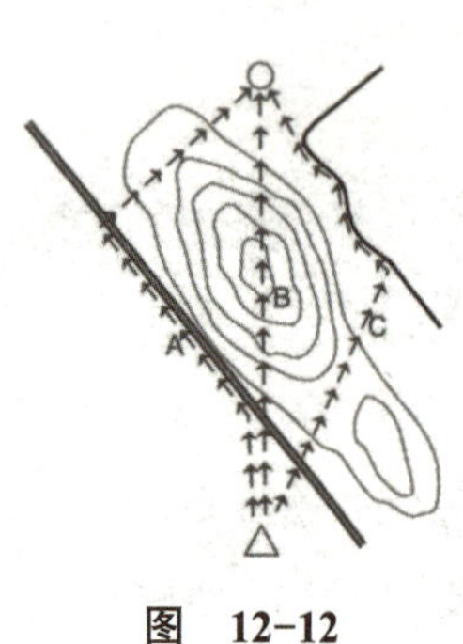

图 12-12

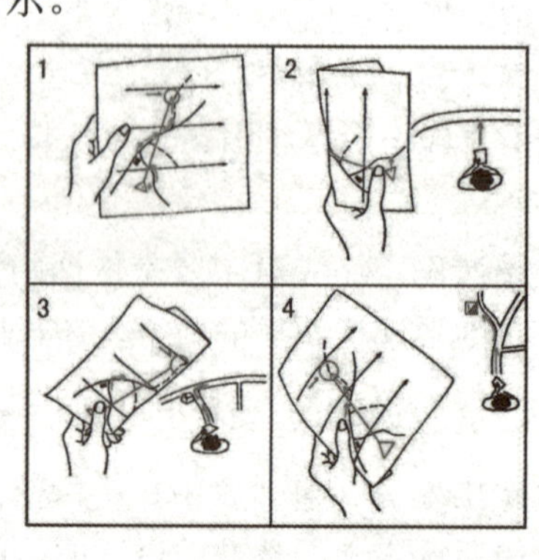

图 12-13

图中所示的过程：

（1）明确站立点、路线、到达地；

（2）转动地图，使地图标定，并将拇指贴近站立点一侧（先上大路）；

（3）到大路后转动地图，移动拇指（沿大路跑，看到路旁小屋后向右转）；

（4）再转动地图，移动拇指（沿大路跑，经过右侧路口后在下一路口左拐，可直达检查点）。

2. “扶手”法

“扶手”是把实地中的线形地形，如各种道路、输电线、地类界、溪流、面状底物的边界等地物地貌，比喻为上下楼梯时的扶手。作为行进的“引导”，利用“扶手”引领较为容易和安全地到达目的地。

3. 记忆法

一般要按行进的顺序，分段地记住路线的方向、距离、经过的地形点、两侧的辅助（参照）物，即“人在地上跑，心在图上移”。这样可以减少途中跑时读图的时间，提高运动成绩。

小提示：迷失方向怎么办？

当在现地找不到目标，同时又无法确定站立点时，就是迷失了方向。解决方法如下：

（1）沿道路行进时。标定地图，对照地形，判明是从哪里开始发生的错误以及偏差有多大，然后根据情况另选迂回的道路前进。如果错得不多，可返回原路再行进（返回法）。

（2）越野行进时。应尽早停止行进，标定地图后确定站立点，然后尽量取捷径插到原来的正确路线上去，不得已时再返回原路。

（3）在山林地中行进时。

1）如果确定不了站立点，又不能返回原路，就要在图上看一看，迷失地区附近是否有较大型或较突出的明显地形（最好是线状的），如果有，就要果断地放弃原行进方向向它靠拢，并利用它确定站立点。

2）在山林中行进，最忌讳在尚未查明差错程度和正确的行进方向都不清楚的情况下，匆忙而轻易地取“捷径”斜插，这样很可能造成在原地兜圈了。

如果在山林地中迷失了方向，甚至连“总的正确方向”都无法确定，那么就需要使用指北针确定方向，或采取“登高”的方法确定方向。

五 组织定向比赛

定向路线设计是组织定向比赛最重要的环节之一，路线设计的好坏直接影响到比赛目的的实现和任务的完成。

1. 设计定向运动路线需要考虑的一般原则

（1）路线设计要体现定向运动的特点，使“定向”因素和“奔跑”因素保持平衡，不能使定向运动仅仅成为越野赛跑。

（2）路线设计要具备体育比赛的公正、公平性。排除路线当中的“侥幸”因素，路线中要设置足够数量的“定向”问题，使“定向”技能在比赛中占主导，以至能够真正考察出运动员定向运动技能掌握的程度。

（3）路线设计时要注意避开危险地段，预防伤害事故发生。同时也要注意环保，尽可能减少对野外自然环境的破坏。

（4）为非竞赛型参加者设计定向路线时，要充分体现定向运动的趣味性、娱乐性和锻炼性，为参加者提供享受野外乐趣、锻炼身体和满足心理刺激的机会。

2. 定向比赛路线的基本形式

（1）定向比赛路线的构成：一条定向运动路线一般由一个起点、若干个检查点和一个终点构成。

（2）定向路线构成的形式，如图 12–14 所示。

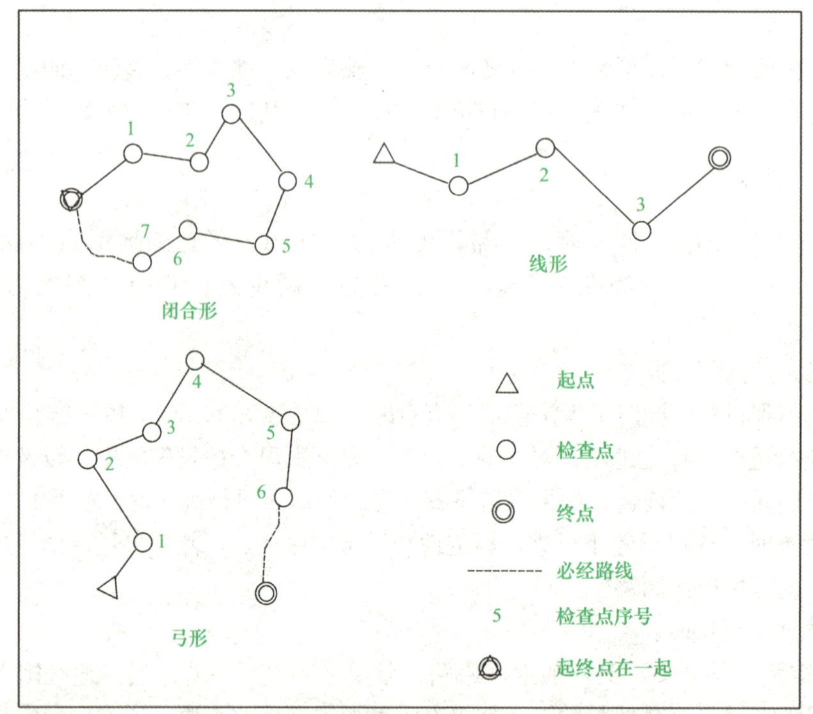

图 12–14

3. 定向比赛场地设置

（1）定向比赛起点设置（如图 12–15 所示）。

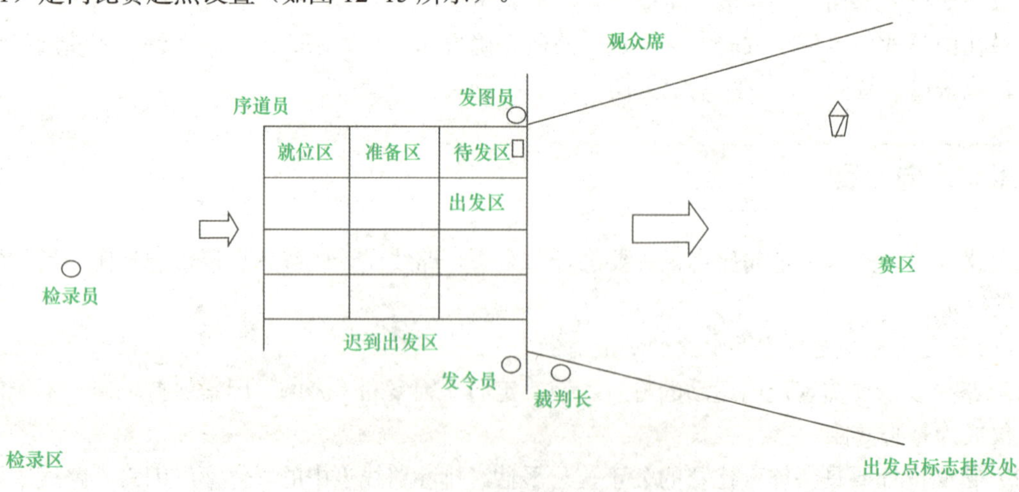

图 12–15 定向比赛起点示意图

（2）终点示意图。终点与起点可设在同一场地内，也可单独设置。最后一个检查点到终点的路段尽可能开阔，方便观众观看比赛和裁判人员工作。终点设置如图 12–16 所示。

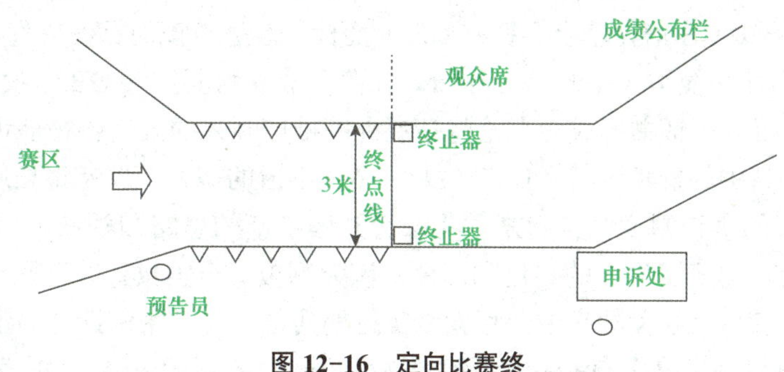

图 12-16 定向比赛终

第三节 拓展训练

一 拓展训练的起源与发展

（一）拓展训练的起源

拓展培训在国外称之为体验式培训，源于西方英文 Outword-Bound，原意为一艘小船，在暴风雨来临之前离开平静的港湾，驶向波涛汹涌的大海，去迎接更大风雨的挑战。

第二次世界大战期间，当时德军潜艇频繁攻击盟军补给运输船队，致使盟军船只下沉，船员纷纷落水。由于海水冰冷，且远离陆地，所以造成了大量的水手牺牲。后来人们发现许多海难都会有极少数人能够活下来，令人惊奇的是活下来的并不是那些年轻力壮的水手，而是船上年纪相对较长的水手。一些心理学家和军事专家通过研究得出结论：当灾难来临的时候，决定你生存最关键的因素不是你的体能，而是你的心理素质及意志。年长的水手有着丰富的生活阅历及处世经验，沉着冷静分析当时所处的环境，怀着坚定的生存信念，最终摆脱了死亡厄运。而年轻的水手们，当灾难来临的时候，精神的沮丧和不知所措会导致人的生理防线全面崩溃，造成体力的急剧下降，最终的结果是死亡。1942 年德国人库尔特哈恩和他的好友英国人劳伦斯霍尔特在陆地上建立了第一所拓展训练学校——阿伯德威海上训练学校，并以 Outward Bound 作为其注册商标。学校除了训练海军的体能外，主要通过一些情景模拟的科目对海军的生存能力、作战意志及团队合作能力进行训练。当时这所学校对战争的兵员保障起到了非常积极的作用。

阿伯德威海上训练学校就是体验式培训的一个雏形。

（二）拓展训练的发展

第二次世界大战结束后，这所学校的功能随之退化，但是却得到了一些组织行为专家的重视。他们从这所学校的培训模式中得到启发后，认为：随着社会的进步，当人们进入工业化社会，在面对快节奏的工作氛围和复杂的人际关系时，经常会遭遇到落海水手般的境遇，往往会情绪焦躁、精神压抑。更为严重的是，很多人因承受不了这些压力而做出一些极端的行为。于是在英国逐渐出现了一种叫作 Outward-Bound 的管理培训，这种训练利用户外活动的形式，打破了传统的训练模式，它并不灌输某种知识或训练某种技巧，而是设定一个特殊的环境，让人直接参与整个学习过程，在参与的同时，去完成一种体验，进行自我反思，获得感悟。

由于拓展培训新颖的培训形式和良好的培训效果，它很快就风靡了整个欧洲的教育培训领域。1946 年，Outward Bound 信托基金会在英国成立，目的是推广 Outward Bound（OB）理念，并筹集资金创办新的OB学校。OB信托基金会拥有OB的商标，掌握着该商标使用许可证的发放。

1962年美国人乔什·曼纳（Josh L. Miner）在美国成立科罗拉多OB学校，并于1963年正式从OB信托基金会获得许可证书，成为真正将拓展训练推广开来的人。将拓展训练在学校教育中推广开来的是美国一所高中的校长皮赫（J. Pieh）。经过不懈的努力，皮赫将拓展训练的方法应用于学校教育中，与现存的学校制度结合起来，为教育开辟了新的思路和领域。1974年，拓展训练实践活动的大纲出台后，得到了世人的瞩目和好评，该大纲被“全美教育普及网络（NDN）”评选为优秀教育大纲之一。随后，在美国高中课程大纲实行期间，一直沿用该计划的学校达到90%。1964年1月9日，在美国起草了组成OB法人组织的文件。经过不断的发展，OB学校已经遍及全球五大洲，30个国家和地区共成立了50余所由Outward-Bound统一命名的拓展训练学校。在亚洲，新加坡最早建立了OB学校，此后中国香港地区及日本、韩国先后引进这种体验式教育的课程模式。如今在这些拓展训练学校已经成为一个国际训练组织，它的总部设在加拿大的渥太华。国际拓展组织有一个共同的使命宣言，即激发自尊、帮助他人、服务社会、放眼未来。

拓展训练于1995年走进中国，经过十几年的发展，已经逐渐为人们所接受。如今拓展训练已进入国家机关、外资企业和其他现代化企业、各类学校的日常培训课程，成为孩子们假期的选择之一，也是喜爱挑战的人们在闲暇时间挑战自我、锻炼自我、展示自我的重要形式。

现代企业面临的竞争和压力，对从业者提出了很高的要求，除了具备良好的业务素质和明确的职业规范外，还需要特别健康的心理素质，坚强的意志，敢于进取、冒险、创新的精神，良好的人际关系，团队意识及组织协调能力，而这些都需要在实践或强化培训中培养。拓展训练符合完善人格、提高素质和回归自然的要求，因此成千上万的人竞相追逐，成为素质教育的新时尚。

一项运动最初都是由大众娱乐、游戏开始，继而发展为成熟的运动项目，拓展训练也在走这条道路。拓展训练如今正在成为人们的竞赛项目之一。拓展运动作为一项新兴的时尚体育运动，由“拓展培训”发展演变而来，是指利用自然地形地貌或人工修建的体育专属设施开展的以团队、双人和个人为单位的竞速、竞距、计数和具有对抗性质的系列运动。

中国登山协会自2004年开始在开发拓展运动方面做了大量工作，针对拓展培训具有鲜明运动元素的特点，初步确定了全国比赛项目，制定了相应的竞赛规则，并于2006年举办了全国首届拓展运动展示大会。

拓展运动多在公园、空地、山野、水面等自然地域开展，有很大的可塑性，深受广大群众的喜爱，便于开展和普及。拓展竞赛要求运动员不但要有很强的团队合作能力和意识，而且要具备登山、攀岩的技巧和体能，还要熟练掌握登山器材的使用。

近年来，随着我国社会经济发展，群众体育力度加大，许多高校、俱乐部等都热衷开展此项运动，推动了拓展运动的开展。2010年7月底在吉林省吉林市北大湖举办的首届全国户外拓展大赛有28支代表队、近200名运动员参赛，是国内首次组织开展的规模最大的一次全国性拓展运动赛事。

二 拓展训练的理论基础

拓展训练实践技术是活动能够顺利开展的重要环节，除此之外，理论知识具有同样重要作用。无论在课程设计、实施和评估中，都会运用到相关学科的知识，注入管理学、教育学、统计评价等方面的理论。同时，这些知识对于拓展训练本身的理论构建与研究也同样重要。正是相关学科成熟的知识体系在拓展训练中的大胆运用，使拓展训练本身显得更加充实，这也为拓展训练的发展起到了极其重要的作用。同时，相关学科也以拓展训练为学习载体，将其理论变得更加丰富、直观、易懂、有趣，使学习者有更多的机会在暗含其理论的活动项目中体验与感悟，在活动后巩固那些终生难忘的知识。下面简单地就几个相关理论对拓展训练的帮助做些简单的介绍。

（一）成人教育学理论

拓展训练的一个重要的理论来源是成人教育学。由于参加拓展训练的学员大多是成年人，组织这种培训需要考虑成年人学习的特点和规律。成人学习主要有以下特征。

（1）成人的行为在很大程度上依据来自内部和外部的压力而变化，因此成人可以不断地从自己的生活经历中学习。

（2）成人的认知结构（或对事物的看法）对其自身的学习有很大的影响，这种认知结构主要来自他们过去的经验以及他们自己对所获的总结。成人的学习效果来自他们对问题的理解和分析，而这种理解和分析离不开他们自己的生活经历、工作经验和已获得的知识水平。

（3）成人需要在一个安全的、被接纳的、具有支持的环境中学习。他们过去获得的经验需要被认可，并能够在学习的过程中得以充分利用。

（4）成人学习的目的往往是解决当前的问题，满足自己的需要。因此，成人喜欢看到自己的工作成果，需要教师不断地对自己学习的进步进行监督，提供反馈。

（5）与儿童相比，成人学习更具特异性，个体之间的学习习惯和学习方式具有较大的差异。

上述成人学习的特点决定了组织成人学习的一些基本原则，这些原则在拓展训练中应该充分考虑。

（1）学员自己是最丰富的学习资源，应该在培训中加以充分利用。

（2）学习应该与学员的实际生活和工作相联系，新的知识应该与他们的已有知识相关。

（3）学习不能强迫，只能引导。

（4）学员自己应该积极参与到学习的设计和实施中。

（5）提倡做中学，自己动手，在实践中感悟和体悟。

（6）鼓励培训者和学习者一起学习。

（7）营造一个轻松、愉快的环境，使学员在没有防御心理下学习。

（8）鼓励成功，多表扬，少批评。

（二）经验学习圈

拓展训练的起源、原则和哲学，都是基于经验教育的基础。经验学习圈理论认为在个人成长的过程中，要想产生学习或行为上的改变，需强调直接性体验。所有的改变均需要某种形式的经验作为来源，而经验学习者应尽可能接近此来源基础。这种知识的转移过程，比其他形式的学习更有价值。因此，经验学习通常要求学习者具备解决问题的能力和好奇探究的态度。它通常被定义为在实践中学习和反思，是一种积极主动而非被动的过程，要求学习者具备自发性动机，并对学习本身负责。

经验学习圈是拓展训练的主要基础理论架构，也是经验教育的主要学习模式。拓展训练的经验学习圈主要由既独立又密切关联的五个环节组成，五个环节如下：①体验。此乃过程的开端。参加者投入一项活动，并以观察、表达和行动的形式进行。这种初始的体验是整个过程的基础。②分享。有了体验以后，很重要的就是参加者要与其他体验过或观察过相同活动的人分享他们的感受或观察结果。③交流。分享个人的感受只是第一步。循环的关键部分则是把这些分享的东西结合起来，与其他参加者探讨、交流以及投射自己的内在生活模式。④整合。按逻辑的程序，下一步是要从经历中总结出原则或归纳提取出精华，并用某种方式去整合，以帮助参加者进一步定义和认清体验中得出的成果。⑤应用。最后一步是策划如何将这些体验应用在工作及生活中，而应用本身也成为一种体验，有了新的体验，循环又开始了，因此参加者可以不断进步。

（三）自发性（选择性）挑战

自发性挑战是拓展训练的中心思想之一，意指所有学员在活动过程中，有权利选择参与活动的程度。如果个人因为正当理由而感到不舒服，或不确定是否参与某项活动，则可以选择不加入活动在旁观察。但这并不表示个人可借着自发性挑战的理由，在活动中消失或离开团队，团队尊重个人对活动的参与程度低，而个人也应以正面积极的态度增加团队的经验价值，即使是扮演一个不活跃的角色，但仍与团队共同出席，这才是自发性挑战的原意。

（四）全方位价值契约

全方位价值契约是拓展训练中最有价值、最重要的观念之一。该学说是基于下列信念：团队中的每位学员与团队本身均有价值，这些价值进而结合为团队的行为指导方针。因此，全方位价值契约乃是以团队学员的共同努力，发掘正面积极价值的一种过程。它通常表现在鼓励、目标设定、团队讨论、宽容精神以及冲突处理上。全方位价值契约促使团队肯定下列四种价值：自我、他人、学习团队和学习的经历 / 机会。因此，在成为拓展训练的学员时，每个人均须同意承认团队所制定的价值契约。

（五）学习转移理论

拓展训练真正的价值或效能，主要根基于学员在活动中所学到的经验，能否有效地应用到未来的工作和生活中，这一效果可称之为转移或学习转移。拓展训练学习转移理论主要有三种，可用以解释为何在拓展训练中的经验，可以转移至日常生活中的学习和成长中，即特定性转移、非特定性转移和隐喻性转移。

1. 特定性转移

当学习者将初始的学习经验转移，应用到与其相类似的情境当中，心理学家称此现象为特定性转移，它也可以说是习惯的延伸和联系。

2. 非特定性转移

如果学习者并不是以技巧基础，而是将原先的知识经验转变成普遍化的概念，运用到另一新的学习环境，比如学员在背摔的活动中，学习到如何“给”和“取”的关系，彼此相互支持，培养信任感。当学员面对生活中的环境时，就能将上述的美好经验实际应用在同伴或同事间，发展信任的互动关系，建立高效能的团队。

3. 隐喻性转移

隐喻性转移同样也需要学习者将某一情境中的学习经验普遍化至另一情境中，但在这一理论中，被转移的原意并非结构上相同或共通的，而是相似的、类似的或隐喻的。例如，两人在做双人天梯时，学习到彼此动作要如何协调、有默契，目的一致的重要性，但做天梯的经验不是和实际的生活经验完全一致，而是相类似，因而将经验转移、应用到企业团队的分工合作上。

决定是否为隐喻性转移的主要因素，是介于隐喻性情境和真实情境结构相同的程度，如果学习者相似的程度高，那就是彼此互为隐喻性经验。

运用学习转移理论，最常犯的错误之一就是缺乏学习转移计划。要有效地发挥其效用，就必须有计划地评估和规划。而且不只是选择合适的理论，还需选择能增强转移的技术和活动。此种技术有很多种，如何选择，必须根据此种技术是否具备能够转移特定计划目标的能力，以及根据规划者所采用的转移理论而决定。在拓展训练中能运用的学习转移技巧如下。

（1）在课程 / 方案 / 学习活动实际实施之前，先规划转移的条件。有些步骤可以增加在拓展训练中的学习转移，如参与者先确认、发展和建立改变意愿的承诺，学员对自我的学习经验设定目标，为学员写下和设定合适的学习目标，使学员设下的目标能够创造学习转移的坚定承诺，基于学员的能力而设定适当的活动。

（2）创造和未来学习环境可能发生的要素相似的环境，如此才有可能达到正向的学习转移。

（3）当学员还在系列项目的进程中，就要提供学员练习学习转移的机会，因为此时是最佳的学习时机，能够得到团队学员最及时和强烈的支持和反馈。

（4）促使学习的结果是自然发生的，不要人为地干预。教练太多的介入，以及用外在动机作为诱因，会降低其学习转移的效果。内在动机会让学员更愿意承担学习责任。

（5）提供学员有效的方法能够内化自己的学习经验。常用的是透过自我察觉和省思，并将之用口语表达出来，可增加转移的效果。另外还有使用隐喻或是独处的方法，来协助学员认定他将在未来如何运用这些经验。

（6）邀请过去有过成功经验的学员来参加拓展训练，借助良好的学习典范，来让学员有所预想和期待。

（7）邀请对学员而言有重要意义的他人，一起参与活动，如重要的朋友、父母、咨询员、社工人员、老师等，都是很好的增加转移效果的方法。

（8）尽可能让学员承担更多的责任，如此可以激发学员的动机，而且能激励其在未来的经验中运用以前的知识。

（9）强化有助于实现学习转移的效果。常用的学习转移技巧的有进化、分享讨论和催化等。在活动进行的过程中，尽可能地分享、讨论、回顾，而不只是在活动结束前才进行。

（10）提供学员能持续追随的经验，帮助学习转移。当学员开始将其经验转移时，要追随活动（如持续性的沟通、对学习的决定、过程的选择和反馈）的出现，将会增强其转移的能力。

通过以上的描述，可知拓展训练经过有效的规划与安排，可以将在活动过程中所得到的经验，经由学习转移理论运用到未来的学习与工作中。加上经验学习阶段的操作、讨论和反馈，可将活动情境中的体会、启发，运用到真实生活的世界，发挥体验学习的效用。

三 拓展训练项目

（一）高空项目

1. 高空断桥

（1）项目介绍。高空断桥是一个以个人挑战为主的项目，它属于高空类心理冲击的项目，整个过程须独立完成。“断桥一小步，人生一大步”浓缩了这个活动的精华。

（2）目标。

1）培养克服恐惧、勇于面对困难的态度。

2）学习认识自我、挑战自我、战胜自我的方法。

3）学习自我说服与自我激励，认识鼓励他人与获取鼓励的重要性。

4）培养团队面对困难时的互助精神和团队意识。

5）学习分析风险和化解风险的能力。

（3）场地器材。

1）组合训练架或专项训练架，高 7 ～ 12 米（从避免身体伤害角度考虑，有时候越低越危险）。

2）直径 10.5 毫米的动力绳 2 条，连接后下垂。一根与桥上人员齐膝长，供拓展教师使用；另一根至腰，用于桥上保护学员。静力绳一根，与训练架高度相等或略长，用于攀爬保护的上升器引绳。

3）D 形锁或 O 形锁 4 把，用于连接在两条平行的钢索上（有安全滑轮装置可省），主锁 4 把。

4）上升器 2 把（拓展教师可用主锁与 80 厘米长的扁带代替）。

5）至少准备 3 条坐式安全带，3 顶安全帽。

6）40 厘米应急绷带 1 条，雨天大毛巾 1 块。

7）足球护腿板 2 副。

（4）组织过程。

1）所有学员必须学会头盔、安全带、止坠器与主锁的使用方法，掌握护腿板的使用方法。

2）连接好安全装备，接受全体队友的队训激励后，沿立柱爬上高空的断桥桥面，换好连接保护装备后沿板走到桥板的板头，两臂侧平举，然后大声地问队友：“准备好了吗？”当听到“准备好了”的回答之后，自己大声喊“1、2、3”，同时跨步跳到桥板另一端。单脚起跳，单脚落地，然后按同样的要求再跳回来。

3）在桥面上不允许助跑，跳跃时最好两手不抓保护绳，确实紧张时可以一只手轻扶绳子以维持身体平衡，但不允许紧拽保护绳。完成后换连接保护装备，沿立柱慢慢爬下，落地时避免下跳。

4）完成后休息片刻，解下安全带并开始帮助队友穿戴头盔与安全带，随后加入加油的队伍。

（5）分享回顾。

1）按照“成功取向原则”对所有完成挑战任务的学员给予鼓励。

2）鼓励每一名同学都讲讲自己的感受并给予肯定，注意鼓励完成不够出色的同学。

3）按照学员的分享要点，对已出现的理念或学员并未讲清的部分给予补充。

4）从团队学习与团队发展角度，讲讲顺序、榜样以及激励。

5）对比在地上跨越的感觉和在高空上跨越的感觉，学员的心态有什么变化？

6）当学员想要放弃时，是靠什么说服自己完成项目的？

7）在激励面前，有人喜欢队友们的鼓励，以达到外在激励的作用，有人喜欢让自己处于相对安静的情况下，自己激励自己，没有对错之分，但合适的激励是需要支持的，假如你一个人参加这种活动，你会怎样做？

8）人生一步一步前进的途中难免会出现困难和意外，用什么心态去面对？

9）“断桥一小步，人生一大步”，讲一讲身边人面对“困难”时，渡过难关的故事。

2. 垂直天梯

（1）项目介绍。垂直天梯也叫巨人梯，这是一个以 2 人共同挑战和团队配合相结合的项目。项目具有一定的难度和心理冲击力，相对需要消耗较大的体力。想要获得新高，就需要互相帮助，既要有甘为人梯的精神，也要做到吃水不忘打井人。

（2）目的。

1）全力以赴、合理分工、互相鼓励、充满信心、克服心理障碍是实现目标的保障。

2）培养学员相互协作、不离不弃的共同体意识。

3）体会团队内部人员合理搭配对实现整体目标的价值。

4）了解阶段性目标对于实现最终目标的重要意义。

5）学会共同探索、总结经验与彼此传授经验对提高整体工作效率的重要性。

6）珍惜别人的帮助，懂得感恩是能够继续前进的无形助力。

（3）场地器材。

1）室外：组合训练架或专项训练架。

2）长度不少于25米的直径10.5毫米的动力绳2条。

3）40厘米扁带（绳套）6条，上保护点4条，下保护点2条。

4）D形锁或O形锁4把，用于上保护点，主锁6把。

5）坐式安全带4条，头盔4顶。

6）保护学员用的手套6副。

（4）组织过程。

1）所有学员学会头盔、安全带和主锁的使用方法。

2）保护组一同学习“五步收绳保护法”并要求主保护演示，每组有两位副保护。如果采用下方保护，要求保护者站在主绳左侧，右手在8字环后。

3）连接好安全装备，接受队训激励后，按照要求2或3人一组，向上攀登，到达课上要求的目标即宣告任务完成。

4）在攀登过程中，可以利用的只能是横木和队友的身体以及团队的智慧。

5）保护者在不影响攀爬者活动的情况下适当收紧保护绳，但不得将绳绷紧。

（5）分享回顾。

1）对所有学员完成挑战任务给予鼓励。

2）鼓励每一名同学都讲一讲自己的感受并给予肯定。

3）分组与搭档和完成任务之间的关系，相互合作的重要性，有些时候是一个人无法完成的，要正视这种事实的存在。

4）对最先挑战的学员的选择与他们的努力给予肯定，第一组学员总结的经验对于随后挑战的学员有重要的价值与影响，成功在于成功模式的不断复制与改善。

5）不同人爬上去时的先后顺序与技巧分析，信心和鼓励对完成挑战的影响。

6）阶段性目标对于实现最终目标的重要意义。

7）珍惜别人的帮助，懂得感恩是能够继续前进的无形助力。

8）经过艰苦努力登上高峰时的成就感。

9）有时候互相帮助是基于共同利益，有时是彼此的需要，有时候又会是什么呢？

3．空中单杠

（1）项目介绍。空中单杠是一个以个人挑战为主的项目，它属于高心理冲击的跳跃类项目，整个过程需独立完成。机会就在眼前，经过努力纵身一跃抓向它，不管是否抓住都无怨无悔。

（2）目的。

1）培养学员克服恐惧、勇于挑战的信心并在其中激发潜能。

2）学习用积极的心态去争取和获得机会。

3）增强团队精神，面对困难时互相鼓励，互相帮助。

4）学会目标管理与自我说服。

（3）场地器材。

1）能够满足人员开展活动及保护需求的场地和海绵垫，8～12米高的专项训练架。

2）25米长、直径10.5毫米动力绳两根。

3）丝扣铁锁4把，钢索4把。

4）长的绳套2条，手套4双。

5）8字环或ATC两个，最好使用8字环。

6）安全头盔2顶，全身式安全带和半身式安全带各2套。

（4）组织过程。

1）学习安全带的使用方法，了解主绳、锁具与头盔等安全设备的使用方法。

全身式安全带：在拓展训练的高空项目中最常使用，主要用于跳跃类项目。

半身式安全带：一般分为“短裤式”和“裹尿布式”，由于腿环和腰环所需大小不同，可分为全可调和半可调式的。培训师必须在开展活动前向学员演示使用方法，并要求将腰带系在髂骨以上。

胸式安全带：可以和坐式安全带结合使用，不得单独使用。

2）全体学习“五步收绳保护法”，并要求主保护演示，每组有两位副保护。

3）学员穿戴好保护装备，接受队友激励。由地面通过立柱扶手爬到顶端，通过自己的努力，站到立柱顶端的圆台上，站稳后两手侧平举并大声地问自己的队友和保护员：“准备好了吗？”听到“准备好了”的回答之后，自己大声喊“1、2、3”，同时奋力跃出，双手虎口抓向单杠，完成之后松开双手，在保护绳的保护下慢慢回到地面。

（5）分享回顾。

1）对所有学员完成挑战任务给予鼓励。

2）鼓励每一名同学都讲一讲自己的感受并给予肯定，注意完成不够出色的同学与完成出色的学员，可以联系生活实际谈体会。

3）按照学员的分享要点，对相对模糊的理念或学员并未讲清的部分给予补充和提炼。

4）从团队学习与团队发展角度，讲讲顺序、榜样以及激励。

5）挑战前后的心理有什么变化？整个挑战活动中最困难或最害怕的是什么时候？为什么？

6）机会的出现往往伴随着风险，等到没有风险时也许就错失了机会，你怎么看待这个问题？

7）分享“冰山理论”，分析关于人的潜能问题，包括可激发出的显性潜能和隐性潜能。在海面上的冰其实只是冰山的一角，更大的冰山其实在海面以下。我们的能力也是如此，平时看到的和用到的大多是显性能力，而我们还有更多没有被发现的潜在能力，这些能力通过激发可以表现出来，为我们在需要时提供帮助。潜能包括易于激发和难以激发两种，平常生活中只要能够激发出那些易于激发的潜能的就可以超越自我，但在生死关头需要激发各种潜能。

8）在生活中，要积极向上，当有机会出现时，尽力去争取，只要我们努力过，不论成功与否，至少无怨无悔。

（二）中低空项目

1. 解手链

（1）项目介绍。通过设置一个看似无法解决的难题，让团队学员通过有序的沟通和尝试来解决，从而体会团队内部沟通与合作的重要。

（2）目标。感受聆听在沟通中的作用，体验团队合作的重要性。

（3）场地。无障碍的平地。

（4）组织过程。

1）教练让每组学员肩并肩、手拉手围成一个向心圆圈。

2）所有学员放开手，然后双手体前交叉，双手分别与左侧和右侧的学员互握。

3）要求学员在手不断开的情况下变回原来“肩并肩、手拉手”的状态。

（5）分享回顾。

1）当你有思路时，能否及时让同伴们正确地了解你实际的想法？

2）当你感觉别人的思路不正确提出反对意见时，有没有顾虑？顾虑是什么？

3）如果在规定时间内完成任务，这个游戏给你最大的启发是什么？如果没有完成，你觉得影响你们团队的最大障碍有哪些？

2．撕纸

（1）项目介绍。通过对单向沟通与双向沟通导致不同结果的比较，让学员体会最佳沟通效果的产生过程。

（2）目标。学员理解最佳的沟通形式依赖于沟通双方的彼此了解。

（3）器材。废纸或旧报纸。

（4）组织过程。第一步：①教练给每位学员发一张纸。②发出指令：闭眼→不许提问→把纸对折→再对折→再对折→把右上角撕下来→转 180°→把左上角撕下来→睁开眼睛，把纸打开。

第二步：教练请一位学员上来，重复上述指令，唯一的区别是这次学员可以提问。

（5）分享回顾。

1）第一步结束后，问为什么大家的纸会出现不同的形态。

2）第二步结束后，问大家会不会还会出现不同的结果及原因。

3．越障

（1）项目概述。这个项目的名字叫越障，是一个需要团队协作进行挑战的项目，这个活动需要较强的动手能力和判断力，也需要一定的勇气、服从和奉献精神。

（2）场地器材。

1）一块足够大的自然地面，场地避免坚硬的凸起物与尖锐物体，安置或利用可以挂网的直立物挂高 2.5 米，宽 6 米的绳编大网一张。

2）长 4 米左右，直径约 10 厘米的长竹竿 3 根。

3）长 2 米左右，直径约 6 厘米的短竹竿 1 根。

4）6 米左右长绳一条，2.5 米短绳 3 根。

5）手套 14 副。

（3）学习目的。

1）培养团队决策能力，并将决策与执行顺利转化的能力。

2）体验“从做中学”，提高团队学习能力。

3）提高团队的协作能力和成员间的关爱习惯。

4）绩效评估在活动中的产生与方法。

（4）组织过程。

1）这个项目叫“越障”，这是一个以团队协作为主的挑战项目。

2）在活动开始前将身上多余的硬物与不用的物品放到一个指定的地方，然后做适量的热身活动。

3）在 40 分钟内试用所提供的器材，让所有学员以及提供的器材从网的一侧到达另一侧。

4）活动中任何人、任何物体不得触网，否则返回起始点重新开始。

5）为了大家的安全，在活动中要戴上手套，器材应轻拿轻放、不要耍玩、用完清点。

6）学员都必须服从指挥，1 米以上高度禁止跳跃。

（5）分享回顾。

1）对活动中全体学员的努力给予认可和鼓励。

2）每个学员都对完成的任务进行回顾，做出相应的简短评价，并谈谈自己当时的内心感受。

3）对活动中决策的形成进行回顾，争取结合生活中身边类似的情形与大家分享。

4）队长在活动中的领导能力表现，如何授权与如何总结成败的经验教训对不同活动的帮助。

5）学员可对其他人的表现进行评价，尤其是对那些表现好的学员要多一些鼓励。

6）活动绩效评估的产生与方法，包括安全性、实用性和经济性，总结规律并能够传承和使用。

（三）地面项目

1．击鼓颠球

（1）项目介绍。这个项目的名称叫击鼓颠球，也叫鼓上飞球，这是一个以团队挑战为主的项目，挑战我们团结协作的能力。

（2）目标。

1）培养全体学员取长补短、团结协作完成共同目标的能力。

2）培养学员不怕挫折、不断进取、争创佳绩的意识。

3）感受互相鼓励对完成任务的积极作用。

（3）场地器材。

1）平整空旷场地 1 块，拴有 14 根 3 米细绳的大鼓 1 面。

2）排球或同类用球 1 个。

（4）组织过程。

1）这个项目的名字叫击鼓颠球，这是一个团队配合的项目，要求我们在保证安全的情况下，尽可能多地创造更多的颠球纪录。

2）每人牵拉一根鼓上的绳子，如果人多绳少可以轮流替换，如果人少绳多可以让某些学员牵拉两根。

3）颠球时学员必须握住绳头 30 厘米以内的地方，绳头有把手的只能握住把手。

4）颠球开始后，鼓不得落地，球飞离鼓面后，不得将鼓摔落在地上，放下要慢。

5）每组学员的最低纪录不应少于 N 个，数量视鼓面的大小而定，一般 100 个为佳。

6）球颠起的高度不低于鼓面 20 厘米，否则此球不计数或从头计数。

7）颠球过程中注意安全，拓展教师叫停时必须停止，因场地原因停止的，可以根据情况决定是否累加。

（5）分享回顾。

1）通过团队学员的协作，体验目标管理。

2）民主的讨论之后如何形成决策的，是否每一个人都了解决策的结果，这对于执行有何帮助？

3）如果在短时间内无法制定出方案，懂得先做后说比纸上谈兵要重要得多。

4）和预料的结果不同时如何调整与应对是很重要的。

5）现在是一个以结果论成败的时代，我们关注过程，但也注重结果。

2．有轨电车

（1）项目介绍。这个项目的名称叫有轨电车，这是一个以团队挑战为主的项目，挑战我们协调一致、团结合作的能力。

（2）目标。

1）培养学员获取胜利的信心和勇于向前的精神。

2）了解协作的一致性与指挥方式的作用。

3）理解个人、小团队、大团队的相互关系。

（3）场地器材。

户外空场地 1 块，电车 1 套。

（4）组织过程。

1）这个项目的名字叫有轨电车，这是一个团队挑战的项目。

2）学员按照电车上绳的数量站在电车上，听到发令后让电车开动起来。

3）活动过程中要保持步调一致，否则请尽快调整，如果调整不及时出现摔倒的情况，手要扔掉绳子，同时大声地叫停告知同伴。

4）不要把绳子缠绕在手上，失衡后脚要向两侧踏，不要向中间。

（5）分享回顾。

1）对所有人齐心协力完成项目给予肯定和鼓励。

2）对活动中存在的问题进行简单的回顾，尤其是那些起到关键作用的学员。

3）完成任务的方法需要所有人共同协商，就此和队友们分享自己的感受。

4）经验是在不断地尝试与失败中总结出来的，强调积极的尝试对完成任务的重要作用。

5）统一的指挥对完成任务的重要作用，指挥者和领导者的异同是什么？

6）团结就是力量。

3. 盲人方阵

（1）项目介绍。这个项目的名称叫盲人方阵，也叫黑夜协作，这是一个以团队挑战为主的项目。

（2）目的。

1）培养团队成员的沟通意识，提高沟通技巧和决策能力。

2）感受特殊情境下完成任务的合作方式。

3）了解团队领导人的领导风格对完成任务的影响和重要作用。

4）培养学员科学的思维方式和对知识的运用能力。

5）使学员理解角色定位及尽职尽责地完成本职工作的重要性。

6）理解“失与得”的辩证关系。

（3）场地器材。

1）边长不小于 25 米的平整开阔场地一块。

2）长 3 米、5 米、15 米左右，粗 1 ～ 1.5 厘米的绳子各一根，并预先打结揉乱。

3）眼罩 14 只或与学员人数相等。

（4）组织过程。

1）为了真实地表现情境，所有的人现在戴上一个眼罩，为了使我们的活动有价值，所以必须确认完全不能看到亮光。

2）现在向大家介绍任务，在学员附近不超过 5 米的范围内有一堆（捆）绳子，在宣布开始后把它找到，并在 40 分钟内把它围成一个最大的正方形。组好后，所有人相对均匀地分布在这个正方形的四条边上。

3）学员所做的这个正方形是一件价格极高的产品，其他许多队伍也做了同样的正方形，要和他们一起竞标，并以足够的理由证明产品的优势。

4）整个活动中任何人不得摘去眼罩，戴上眼罩后应将双手放置身前，不得背手行走，严禁蹲坐在地上。

5）在确认提前完成任务后，将绳踩在脚下，并通知拓展教师，得到准许后才可以按照拓展教师的要求摘下眼罩。

（5）分享回顾。

1）对学员完成任务给予肯定或鼓励（慎用赞美之词）。学员回顾完成情况，由于比较激动，拓展教师要帮助协调发言顺序，争取让每个学员有发言机会。

2）学员回顾完成正方形的方法，怎样确认正方形四边长相等、四角为直角、对角线相等，他们是怎样操作的。模糊的变量来量边长是不可取的办法，比如拉成四边形用脚步量，相对来说用手臂量的理念已比较接近，只有用定量来衡量是相对精确的方法，如对折。联系生活比如评优评奖，用业绩判断还是用“感觉”判断更有说服力。

3）学员摘去眼罩后会觉得眼前的“方阵”没有之前感觉得那么大，这与心理学中人在相对不安的情况下更希望靠近一样，这可以和生活中许多情况相联系。

4）怎样用不擅长的沟通方式表达或接收信息，如有些人在活动中提出正确的方法却没人注意，自己也就不再表达了。

5）民主讨论与决策，个体决策与群体决策，可以简单介绍群体决策所做的试验方法。

6）合理分工，4～6人梳理绳子、组方阵足矣，其他人想办法制定方案、确定检测方法。

7）领导（队长）合理授权给“专家”，并维护“专家的领导”，确保任务完成。

8）暂时的放弃是一种勇气，也是为了长久的利益，可以引入“缺勤理论”，有把握者可以联系至“下岗政策”。

9）拥有的知识只有运用才能转化成有用的能力，如确认四边形的方法，知识很简单，但在完成任务中有时就想不到。

10）可以让学员复述拓展教师布置的任务，并让大家介绍自己的产品优势，在现有的条件下自己做的是最好的。

11）对当时出现的其他情况进行应变分析与联系，如在四角的人是否能够始终握住绳角位置不松手，坚守自己的岗位等。

第四篇 传统体育

第十三章 武术运动

第一节 太极拳

一 太极拳的起源

太极拳是一种温和、轻盈、内敛的武术形式。太极拳强调阴阳平衡，能疏通经络、强身健体，预防和治疗多种疾病。不仅如此，太极拳还能提升人的内在修养，塑造健全的人格，陶冶情操。正因为这些独特的益处，太极拳深受广大人民的喜爱。

太极拳起源于清朝初期，早期有“长拳”“绵拳”“十三势”“软手”等称谓。直到清朝乾隆年间，山西人王宗岳所著的《太极拳论》才正式确定了太极拳的名称。“太极”一词来源于《周易·系辞》，意为至高、至极、绝对、唯一。关于太极拳的创始人和起源，存在多种说法，但目前多数拳家认为太极拳与武当有关，由张三丰所创。现今各种太极拳流派大多源于陈式太极拳。

二十四式简化太极拳是1955年由原国家体育委员会创编的一种简化太极拳版本。它在杨式太极拳的基础上进行了演化，更便于初学者学习。该拳法的特点主要表现在动作的舒展、大方、缓慢和连贯性上，每一个动作都要求圆滑流畅。练习时需要全神贯注，以意识引导动作，保持上下肢的协调一致，周身协调，虚实分明。同时，重心要稳定，动作轻缓而不失力量，呼吸自然且速度均匀。整体动作连绵不断，一气呵成，使练习者能够更好地体验和领悟太极拳的内在精髓。

二 二十四式简化太极拳动作名称

二十四式简化太极拳动作内容选自传统杨式太极拳，动作柔和均匀，姿势中正平稳。本套动作集中了太极拳的主要结构和技术内容，易学易懂，全套共8组24个姿势动作，练习时间为4～6分钟。

第一组：① 起势；② 左右野马分鬃；③ 白鹤亮翅。

第二组：④ 左右搂膝拗步；⑤ 手挥琵琶；⑥ 左右倒卷肱。

第三组：⑦ 左揽雀尾；⑧ 右揽雀尾。

第四组：⑨ 单鞭。⑩ 云手；⑪ 单鞭；⑫ 高探马。

第五组：⑬ 右蹬脚；⑭ 双峰贯耳；⑮ 转身左蹬脚。

第六组：⑯ 左下势独立；⑰ 右下势独立。

第七组：⑱ 左右穿梭；⑲ 海底针；⑳ 闪通臂。

第八组：㉑ 转身搬拦捶；㉒ 如封似闭；㉓ 十字手；㉔ 收势。

三 二十四式简化太极拳图解与说明

（一）起势

起势是二十四式太极拳的重要组成部分。太极拳要求以意导动，用意而不用力，这要求练习者在练习时要全神贯注。起势之前，练习者要让自己的心神安定下来，将注意力集中到自己的身体上，把意念贯注在动作当中，用自己的意念带动自己的动作。

要点，如图 13-1 所示：

（1）预备势。头颈正直，下颌微向下收，立正姿势开始，左脚向左移动，与肩同宽，身体重心落于两腿中间，双膝微屈。

（2）起势。两肩下沉，两肘渐垂，手指自然微屈，收臂。两臂起落和双膝起蹲应平稳协调。

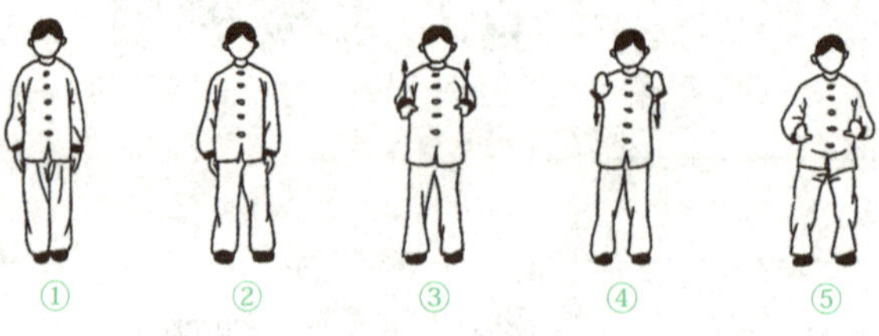

图 13-1　起势

（二）左右野马分鬃

要点：端正身形，两臂分开时保持弧形，以腰为轴转身，弓步动作与分手速度平稳协调，前脚脚跟着地，脚掌慢慢踏实，呈前弓后箭姿态，如图 13-2 所示。

图 13-2　野马分鬃

（三）白鹤亮翅

要点：胸部挺直，两臂上下保持半圆形，左膝微屈，身体重心后移，右手上提，左手下压，动作保持协调一致，如图 13-3 所示。

图 13-3 白鹤亮翅

（四）左右搂膝拗步

要点：前手推出时，沉肩垂肘，坐腕舒掌，并与松腰、弓腿动作协调一致，保持身姿端正，如图 13-4 所示。

图 13-4 搂膝拗步

（五）手挥琵琶

要点：右脚跟进时，前脚掌先着地，然后全脚踏实，身体重心后移，左手上起、右手回收动作协调，身体要平稳自然，沉肩垂肘，胸部放松，如图 13-5 所示。

图 13-5 手挥琵琶

（六）左右倒卷肱

要点：右腿后撤，右脚掌着地，同时右肱从前向下、向后、向上翻转，左手从右掌上向前伸至快要伸直时后指略向下，掌心向右。注意转动时以腰带臂，眼由看左掌转向看右，身体重心由左转换为右腿。反之亦然，如图 13-6 所示。

图 13-6 倒卷肱

（七）左揽雀尾

要点：绷出时，两臂前后均保持弧形，分手、松腰、弓腿 3 个动作必须协调一致；下捋时上体挺直，收臀，两臂下捋须随腰旋转，仍走弧线，左脚全脚掌着地；向前挤时上体要正直，并与松腰、弓腿动作一致；向前按时两手须走曲线，手部高与肩平，两肘微屈，如图 13-7 所示。

图 13-7　左揽雀尾

（八）右揽雀尾

要点：与左揽雀尾动作相同，方向相反即可。

（九）单鞭

要点：上体保持正直、松腰，完成姿势时两肩下沉，右肘稍下垂，左肘与左膝上下相对，左手向外翻掌推出时，要随转体边翻边均匀推出，过渡动作上下协调，如图 13-8 所示。

图 13-8　单鞭

（十）云手

要点：两脚平行向左移动，开步与并步时脚轻提轻落，脚前掌内侧先着地；整体平均、平稳、连贯，以腰为轴，上体正直；两掌云转时，上掌指不高于眉，下掌指不低于裆，匀速翻掌，如图 13-9 所示。

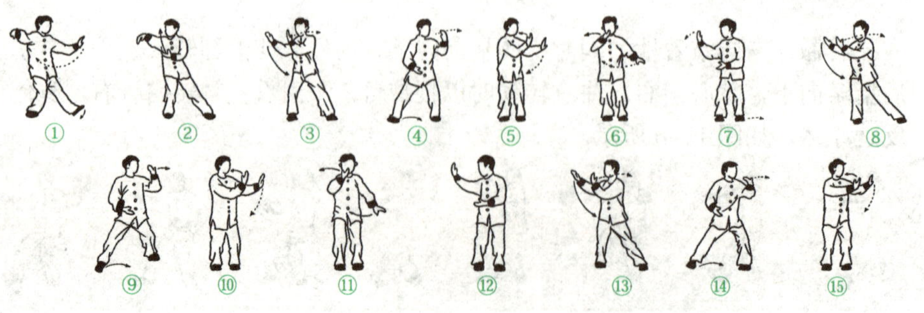

图 13-9　云手

（十一）单鞭

动作如图 9-10 所示。

（十二）高探马

要点：匀速收手和推手，如图 13-11 所示。

图 13-10 单鞭

图 13-11 高探马

（十三）右蹬脚

要点：身形端正，两手分开时腕部与肩部齐平，蹬脚时左腿微微弯屈，右脚尖回勾，劲用在脚跟，分手与蹬腿动作要协调一致，右臂与右腿上下相对，如图 13-12 所示。

图 13-12 右蹬脚

（十四）双峰贯耳

要点：完成姿势时，头颈要正直，松腰，松胯，两拳松握，沉肩垂肘，两臂均保持弧形，弓步与身体方向和右蹬脚方向相同，如图 13-13 所示。

图 13-13 双峰贯耳

（十五）转身左蹬脚

要点：与“右蹬脚”相同，只是左、右方向相反，左蹬脚方向与右蹬脚方向成 180°，如图 13-14 所示。

图 13-14 转身左蹬脚

（十六）左下势独立

要点：右腿全蹲时，上体挺直，左腿伸直时，左脚尖须向内扣，两脚掌着地，成独立势时，上体正直，独立腿微屈，右腿提起时脚尖自然下垂，如图 13-15 所示。

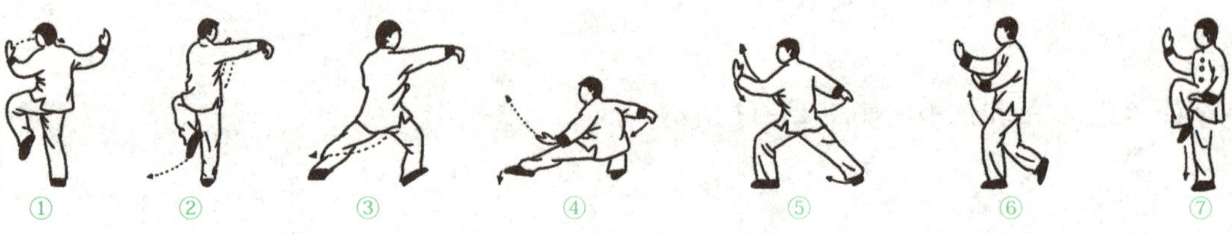

图 13-15　左下势独立

（十七）右下势独立

要点：右脚尖触地后，身体微向左转，动作方向与“左下势独立”相反，如图 13-16 所示。

图 13-16　右下势独立

（十八）左右穿梭

要点：完成姿势时面向斜前方，一手上举一手前推，与弓腿送腰动作上下协调一致，上体挺直，防止引肩上耸，如图 13-17 所示。

图 13-17　左右穿梭

（十九）海底针

要点：身体要先向右转，再向左转，完成姿势，双腿微屈，挺胸抬头收臂，如图 13-18 所示。

（二十）闪通臂

要点：完成姿势时上体自然正直，松腰，松胯，左臂前伸微屈，背部肌肉要伸展，推掌、举掌和弓腿成弓步时，动作要协调一致，弓步时两脚尖稍内扣，两脚跟横间距离 10 厘米内，如图 13-19 所示。

图 13-18　海底针　　图 13-19　闪通臂

（二十一）转身搬拦捶

要点：向右后转身，拍按左右掌，再搬右拳，重心前移，右拳向右划弧，顺势左腿上步，左手由外向内拦时，落左脚成弓步，左手回撤，右拳向前打出，如图 13-20 所示。

图 13-20 转身搬拦捶

（二十二）如封似闭

要点：身体后坐时，挺直，收臀，两臂随身体回收时，肩、肘略向外松开，微屈收回，成弓步两手推出时与肩同宽，如图 13-21 所示。

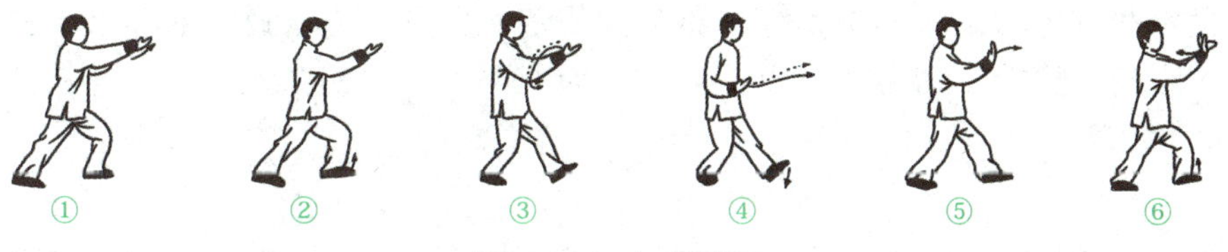

图 13-21 如封似闭

（二十三）十字手

要点：两手分开与合抱时，上体挺直，站起后，身体要自然正直，头微向上顶，下颌稍向后收，两臂环抱时须圆满舒适，沉肩垂肘，如图 9-22 所示。

（二十四）收势

要点：两手左右分开下落时，要注意全身放松，同时气也徐徐下沉（呼气略加长），呼吸平稳后，把左脚收到右脚旁，至此，整套动作完成，如图 9-23 所示。

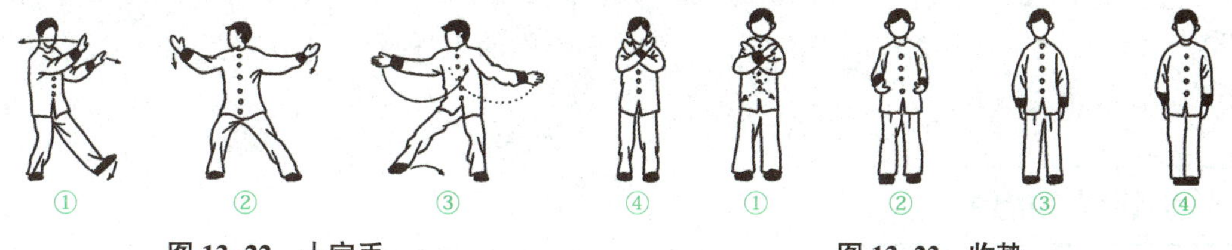

图 13-22 十字手　　**图 13-23 收势**

第二节 初级长拳第三路

一 初级长拳简介

初级长拳第三路编创于 1957 年，本套初级长拳的套路编排合理，由简而繁，由易到难，有利于循序渐进地进行练习。全套除了预备式和结束动作，分为 4 段，来回练习 4 趟，每段 8 个动作，合计36个动作。套路内容充实，包括拳、掌、勾3种手型，弓、马、虚、仆、歇5种步型；手法有冲、劈、抡、砸、栽等拳法，推、挑、穿、摆、亮等掌法，盘、顶等肘法；腿法有弹、踹、踢、拍等，还有跳跃和平衡等动作。

二 长拳的文化内涵及套路打法

长拳是我国的一项较为传统的武术健身项目，在其发展及流传的过程中，得到了广大人民的喜欢和政府部门的支持。新中国成立后，原国家体委把群众中流传广泛的查、华、炮、洪、弹腿、少林等拳种，根据其风格特点，综合整理创编了长拳。长拳是以套路为主的拳术，既适合基础武术训练，又适合进行竞赛和技术水平的提高。这类拳术的共同特点是：姿势舒展、动作灵活、快速有力、节奏鲜明，并多起伏转折、蹿蹦跳跃、跌扑滚翻等动作和技术。

长拳的练习方法是按照一定的套路来进行的。长拳类套路是中华武术套路运动的基础，既适合各类武术的基础训练，又适合武术的各类竞赛，是我国重点推广和普及的武术项目之一。长拳套路有单练套路和对练套路。其中单练套路分为规定套路和自选套路。长拳套路技术以姿势、方法、身法、眼法、精神、劲力、呼吸、节奏等为八要素，以四击八法十二型为套路变化运动之法。

1．四击

四击，是指武术中的踢、打、摔、拿4种技击法则。这4种法则各有各的具体内容与运动方法。踢，泛指蹬、踹、弹、点、缠、摆、扫、挂等；打，是指冲、撞、挤、靠、崩、劈、挑、砸、撑、搂、拦、勾、抄等；摔的内容有绷、揣、滑、倒、爬、拿、捣、勾等；拿的内容有刁、拿、锁、扣、封、闭、错、截等。

2．八法

八法，是指手、眼、身法、步、精神、气、力、功。即指手要快捷；眼要明快、锐利；身要灵活；步要稳固；精神要充沛、饱满；气需要气沉丹田，提、托、聚、沉运用顺其自然；力要顺达；功要纯青。功是指力量、速度、耐力、灵敏等身体素质和运动的各种技巧。

3．十二型

十二型，是指长拳运动时表现出的动势、静势、起势、落势、立势、站势、转势、折势、轻势、重势、缓势、快势等12种动静之势。以自然事物中的12种形象来比喻这12种动静之势，以此来要求动作技术之气势。

三 长拳的锻炼价值

长拳锻炼对于人们的身体是有一定好处的。经常从事长拳锻炼，能增强体质，提高身体素质，增强内脏器官的功能。长拳中的各种手法、步法、腿法和身法，动作幅度大，牵动关节多，使肌肉、韧带拉长并富有弹性，柔韧性大大提高；套路中许多踢打摔拿、窜蹦跳跃和跌扑滚翻等动作，可很好地发展灵敏性、速度、力量等身体素质，提高弹跳力和协调性；一套长拳几十个动作要在很短的时间里完成，动作又多起伏转折，节奏多变，强度和运动量很大，可有效地提高循环系统、呼吸系统和消化系统的机能；要求每一动作都能做到“手、眼、身法、步、精神、气、力、功”八法协调，对神经系统有良好的影响，使支配各肌肉群活动的运动中枢和内脏器官活动的植物神经系统能很好地配合工作；运动节奏的变化，可增强中枢神经系统快速转换的能力和兴奋与抑制交替过程的灵活性。

四 长拳的动作名称

预备势：①虚步亮掌；②并步对拳。

第一段：①弓步冲拳；②弹腿冲拳；③马步冲拳；④弓步冲拳；⑤弹腿冲拳；⑥大跃步前穿；⑦弓步击掌；⑧马步架掌。

第二段：①虚步栽拳；②提膝穿掌；③仆步穿掌；④虚步挑掌；⑤马步击掌；⑥叉步双摆掌；⑦弓步击掌；⑧转身踢腿马步盘肘。

第三段：①歇步抡砸拳；②仆步亮掌；③弓步劈拳；④换跳步弓步冲拳；⑤马步冲拳；⑥弓步下冲拳；⑦叉步亮掌侧踹腿；⑧虚步挑拳。

第四段：①弓步顶肘；②转身左拍脚；③右拍脚；④腾空飞脚；⑤歇步下冲拳；⑥仆步抡劈拳；⑦提膝挑掌；⑧提膝劈掌弓步冲拳。

结束动作：①虚步亮掌；②并步对拳；③还原。

五 长拳技术动作及图解

（一）预备式

动作纲领：两脚开立，两臂垂于体侧，五指并拢贴靠腿外侧，平视前方。

动作要点：头要正，颌微收，挺胸，塌腰，收腹。

1. 虚步亮掌

虚步亮掌动作纲领，如图 13-24 所示。

（1）右脚向左后方撤步成左弓步，右掌向右、向上、向前划弧，掌心朝上；左臂屈肘，左掌提至腰侧，掌心朝上。

（2）右腿微屈，重心后移，左掌经胸前从右臂上向前穿出伸直；右臂屈肘，右掌收至腰侧，掌心朝上。

（3）重心继续后移，左脚稍向右移，脚尖点地，成左虚步。左臂内旋向左、向后划弧成勾手，勾尖朝上；右手继续向后、向右、向前上划弧，屈肘抖腕，在头前上方成亮掌（即横掌），掌心向前，掌指向左，目视左方。

动作要点：3 个动作必须连贯。成虚步时，重心落于右腿，右大腿与地面平行。左腿微屈，脚尖点地。

2. 并步对拳

并步对拳动作纲领，如图 13-25 所示。

（1）右腿蹬直，左腿提膝，脚尖里扣，上肢姿势不变。

（2）左脚向前落步，重心前移。左臂屈肘，左勾手变掌经左肋前伸；右臂外旋向前下落于左掌右侧，两掌同高，掌心均向上。

（3）右脚向前上一步，两臂下垂后摆。

（4）左脚向右脚并步，两臂向外向上经胸前屈肘下按，两掌变拳，拳心向下，停于小腹前，目视左方。

动作要点：并步后挺胸、塌腰。对拳、并步、转头要同时完成。

图 13-24　虚步亮掌

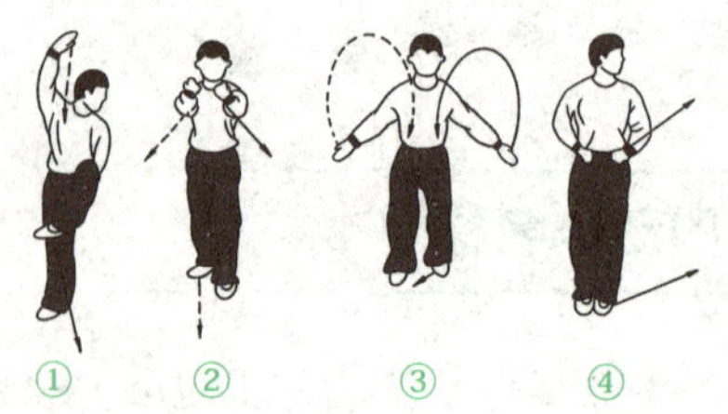

图 13-25　并步对拳

（二）第一段

1. 弓步冲拳

弓步冲拳动作纲领，如图 13-26 所示。

（1）左脚向左上一步，脚尖向斜前方；右腿微屈，成半马步。左臂向上向左格打，拳眼向后，拳与肩同高；右拳收至腰侧，拳心向上。

（2）右腿蹬直成左弓步。左拳收至腰侧，拳心向上；右拳向前冲出，高度与肩膀平齐，拳眼向上。

动作要点：成弓步时，右腿充分蹬直，脚跟不要离地。冲拳时，尽量转腰顺肩。

2. 弹腿冲拳

弹腿冲拳动作纲领，如图 13-27 所示。

重心前移至左腿，右腿屈膝提起，脚面绷直，猛力向前弹出伸直，高与腰平。右拳收至腰侧，左拳向前冲出。

动作要点：支撑腿可微屈，弹出的腿要有爆发力，力点达于脚尖。

3. 马步冲拳

马步冲拳动作纲领，如图 13-28 所示。

图 13-26　弓步冲拳

图 13-27　弹腿冲拳

图 13-28　马步冲拳

右脚向前落步。脚尖里扣，上体左转 90°。左拳收至腰侧，两腿下蹲成马步；右拳向前冲出。目视右拳。

动作要点：成马步时，大腿要平，两腿平行，脚跟外蹬，挺胸、塌腰。

4. 弓步冲拳

弓步冲拳动作纲领，如图 13-29 所示。

（1）上体向右转 90°，右脚尖外撇向斜前方，成半马步。右臂屈肘向右格打，拳眼向后。

（2）左腿蹬直成右弓步。右拳收至腰侧，左拳向前冲出。

动作要点：与本段的弓步冲拳相同，左右相反。

5. 弹腿冲拳

弹腿冲拳动作纲领，如图 13-30 所示。重心前移至右脚，左腿屈膝提起，脚面绷直，猛力向前弹出伸直，高与腰平。左拳收至腰侧，右拳向前冲出。目视前方。

动作要点：与本段的弹腿冲拳相同。

6. 大跃步前穿

大跃步前穿动作纲领，如图 13-31 所示。

图 13-29 弓步冲拳

图 13-30 弹腿冲拳

图 13-31 大跃步前穿

（1）左腿屈膝，右拳变掌内旋，以手背向下挂至左膝外侧，上体前倾，目视右手。

（2）左脚向前落步，两腿微屈。右掌继续向后挂，左拳变掌，向后向下伸直，目视右掌。

（3）右腿屈膝向前提起，左腿立即猛力蹬地向前跃出。两掌向前向上划弧摆起，目视左掌。

（4）右腿落地全蹲，左腿随即落地向前铲出成仆步。右掌变拳抱于腰侧，左掌由上向右向下划弧成立掌，停于右胸前，目视左脚。

动作要点：跃步要远，落地要轻，落地后立即接着做下一个动作。

7. 弓步击掌

弓步击掌动作纲领，如图 13-32 所示。

右腿猛力蹬直成左弓步，左掌经左脚面向后划弧至身后成勾手，左臂伸直，勾尖向上；右拳由腰侧变掌向前推出，掌指向上，掌外侧向前，目视右掌。

动作要点：左脚猛力蹬直成弓步，勾手，推掌动作要一致。

8. 马步架掌

马步架掌动作纲领，如图 13-33 所示。

图 13-32 弓步击掌

图 13-33 马步架掌

（1）重心移至两腿中间，左脚脚尖里扣成马步，上体右转。右臂向左侧平摆，稍屈肘；同时左勾手变掌由后经左腰侧从右臂内向前上穿出，掌心均朝上，目视左手。

（2）右掌立于左胸前，左臂向左上屈肘抖腕亮掌于头部左上方，掌心向前，目向右转视。

动作要点：马步同前。

（三）第二段

1. 虚步栽拳

虚步栽拳动作纲领，如图 13-34 所示。

（1）右脚蹬地，屈膝提起，左腿伸直，以前脚掌为轴向右后转体 180°。右掌由左胸前向下经右腿外侧向后划弧成勾；左臂随体转动并外旋，使掌心朝右，目视右手。

（2）右脚向右落地，重心移至右腿上，下蹲成左虚步。左掌变拳下落于左膝上，拳眼向里，拳心向后；右勾手变拳，屈肘向上架于头右上方，拳心向前，目视左方。

动作要点：虚步要挺胸，立腰，右脚实，左脚虚，虚实要分明。

2. 提膝穿掌

提膝穿掌动作纲领，如图 13-35 所示。

（1）右腿稍伸直。右拳变掌收至腰侧、掌心向上；左拳变掌由下向左向上划弧盖压于头上方，掌心向前。

（2）右腿蹬直，左腿屈膝提起，脚尖内扣。右掌从腰侧经左臂内向右前上方穿出，掌心向上；左掌收至右胸前成立掌，目视右掌，提膝穿掌。

动作要点：支撑腿与右臂充分伸直。

3. 仆步穿掌

仆步穿掌动作纲领，如图 13-36 所示。右腿全蹲，左腿向左后方铲出成左仆步。右臂不动，左掌由右胸前向下经左腿内侧，向左脚面穿出，目随左掌转视。

动作要点：前手低，后手高，两臂伸直，上体向左侧前倾。

4. 虚步挑掌

虚步挑掌动作纲领，如图 13-37 所示。

（1）右腿蹬直，重心前移至左腿，成左弓步。右掌稍下降，左掌随重心前移向前挑起。

（2）右脚向左前方上步，左腿半蹲，成右虚步。身体随上步左转 180°。在右脚上步的同时，左掌由前向上向后划弧成立掌，右掌由后方向前上挑起成立掌，指尖与眼平。目视右掌。

动作要点：上步要快，虚步要稳。

图 13-34 虚步栽拳

图 13-35 提膝穿掌

图 13-36 仆步穿掌

图 13-37 虚步挑掌

5. 马步击掌

马步击掌动作纲领，如图 13-38 所示。

（1）右脚踏实，脚尖外撇，重心稍升高并右移，左掌变拳收至腰侧；右掌俯掌向外掳手。

（2）左脚向前上一步，以右脚为轴向右后转体 180°，两腿下蹲成马步。左掌从右臂上成立掌向左侧击出；右掌变拳收至腰侧，目视左掌。

动作要点：右手做掳手时，先使臂内旋、腕伸直，手掌向下向外转，接着臂外旋，掌心经下向上翻转，同时握成拳，收马步和击掌动作要同时进行。

6. 叉步双摆掌

叉步双摆掌动作纲领，如图 13-39 所示。

（1）重心稍右移，同时两掌向下向右摆，掌指均向上，目视右掌。

（2）右脚向左腿后插步，前脚掌着地。两臂继续由右向上向左摆，停于身体左侧，均成立掌，右掌停于左肘窝处，目随双掌转视。

动作要点：两臂要划立圆，幅度要大，摆掌与后插步配合一致。

7. 弓步击掌

弓步击掌动作纲领，如图 13-40 所示。

图 13-38 马步击掌

图 13-39 叉步双摆掌

图 13-40 弓步击掌

（1）两腿不动，左掌收至腰侧，掌心向上；右掌向上向右划弧，掌心向下。

（2）左腿后撤一步，成右弓步，右掌向下、向后伸直摆动，成勾手，勾尖向上；左掌成立掌向前推出，目视左掌。

动作要点：撤步成弓步与勾手、推掌要同时完成。

8. 转身踢腿马步盘肘

转身踢腿马步盘肘动作纲领，如图 13-41 所示。

图 13-41　转身踢腿马步盘肘

（1）两脚以前脚掌为轴向左后转体 180°，在转体的同时，左臂向上向前划半立圆，右臂向下向后划半立圆。

（2）上动不停，两脚不动，右臂由后向上向前划半立圆，左臂由前向下向后划半立圆。

（3）上动不停，右臂向下成反臂勾手，勾尖向上；左臂向上成亮掌，掌心向上方。右腿伸直，脚尖勾起，向额前踢。

（4）右脚向前落地，脚尖里扣。右手不动，左臂屈肘下落至胸前，左掌心向下。目视左掌。

（5）上体左转 90°，两腿下蹲成马步。同时左掌向前向左平掳变拳收至腰侧，右勾手变拳。右臂伸直，由体后向右向前平摆，至体前时屈肘，肘尖向前，高与肩平，拳心向下，目视肘尖。

动作要点：两臂抡动时要划立圆，动作连贯，盘肘时要快速有力，右肩前顺。

（四）第三段

1. 歇步抡砸拳

歇步抡砸拳动作纲领，如图 13-42 所示。

（1）重心稍升高，右脚尖外撇。右臂由胸前向上向右抡直；左拳向下向左，使臂抡直。目视右拳。

（2）上动不停，两脚以前脚掌为轴，向右后转体 180°。右臂向下向后抡摆，左臂向上向前随身体转动。

（3）紧接上动，两腿全蹲成歇步。左臂随身体下蹲向下平砸，拳心向上，臂部微屈；右臂伸直向上举起，目视左拳。

动作要点：抡臂动作要连贯完成，划成立圆。歇步要两腿交叉全蹲，左腿大、小腿靠紧，臀部贴于左小腿外侧，膝关节在右小腿外侧，脚跟提起，右脚尖外撇，全脚掌着地。

2. 仆步亮掌

仆步亮掌动作纲领，如图 13-43 所示。

图 13-42　歇步抡砸拳　　**图 13-43　仆步亮掌**

（1）左脚由右腿后抽出前上一步，左腿蹬直，右腿半蹲，成右弓步。上体微向右转。左拳收至腰侧，右拳变掌向下经胸前向右横击掌，目视右掌。

（2）右脚蹬地屈膝提起，上体右转。左拳变掌从右掌上向前穿出，掌心向上；右掌平收至左肘下。

（3）右脚向右落步，屈膝蹲，左腿伸直，成仆步。左掌向下向后划弧成勾手，勾尖向上；右掌向右向上划弧微屈，抖腕成亮掌，掌心向前。头随右手转动，至亮掌时，目视左方。

动作要点：仆步时，左腿充分伸直，脚尖里扣，右腿全蹲，两脚脚掌全部着地。上体挺胸、塌腰，稍左转。

3. 弓步劈拳

弓步劈拳动作纲领，如图 13-44 所示。

（1）右腿蹬地立起，左腿收回并向左前方上步。右掌变拳收至腰侧，左勾手变掌向下向前向上经胸前向左做掳手。

（2）右腿经左腿前方左绕上步，左腿蹬直成右弓步。左手向左平掳后再向前挥摆，虎口朝前。

（3）在左手平掳的同时，右掌向后平摆，然后再向前向上做抡劈拳，拳高与耳平，拳心向上，左掌外旋接扶右前臂，目视右拳。

动作要点：左右脚上步稍带弧形。

4. 换跳步弓步冲拳

换跳步弓步冲拳动作纲领，如图 13-45 所示。

（1）重心后移，右脚稍向后移动。右拳变掌，臂内旋，以掌背向下划弧挂至右膝内侧；左掌背贴靠右肘外侧，掌指向前，目视右掌。

图 13-44　弓步劈拳　　图 13-45　换跳步弓步冲拳

（2）右腿自然上抬，上体稍向左扭转。右掌挂至体左侧，左掌伸向右腋下，目随右掌转视。

（3）右脚以全脚掌用力向下震跺，与此同时，左脚急速离地抬起。右手由左向上向前掳盖而后变拳收至腰侧；左掌伸直向下向上向前屈肘下按，掌心向下。上体右转，目视左掌。

（4）左脚向前落步，右腿蹬直成左弓步。右拳向前冲出，拳高与肩平；左掌藏于右腋下，掌背贴靠腋窝，目视右拳。

动作要点：换跳步动作要连贯、协调。震脚时腿要弯曲，全脚掌着地。左脚离地不要高。

5. 马步冲拳

马步冲拳动作纲领，如图 13-46 所示。上体右转 90°，重心移至两腿中间，成马步。右拳收至腰侧，左掌变拳向左冲出，拳眼向上，目视左拳。

动作要点：重心要平稳，马步要低平，冲拳要有寸劲。

6. 弓步下冲拳

弓步下冲拳动作纲领，如图 13-47 所示。右腿蹬直，左腿弯曲，上体稍向左转，成左弓步。左拳变掌向下经体前向上架于头左上方，掌心向上，右拳自腰侧向左前斜下方冲出，目视右拳。

动作要点：蹬右腿转体，挺胸塌腰，力发于腰，力达拳面。

7. 叉步亮掌侧踹腿

叉步亮掌侧踹腿动作纲领，如图 13-48 所示。

图 13-46　马步冲

图 13-47　弓步下冲拳

图 13-48　叉步亮掌侧踹腿

（1）上体稍右转。左掌由头上下落于右手腕上，右拳变掌，两手交叉成十字，目视双手。

（2）右脚蹬地并向左腿后插步，以前脚掌着地。左掌由体前向下向后划弧成勾手，勾尖向上；右掌向前向右向上划弧抖腕亮掌，掌心向前，目视左侧。

（3）重心移至右腿，左腿屈膝提起，向左上方猛力蹬出。上肢姿势不变，目视左侧。

动作要点：插步时上体稍向右倾斜，腿、臂的动作要一致。侧踹高度不能低于腰，大腿内旋，着力点在脚跟。

8. 虚步挑拳

虚步挑拳动作纲领，如图 13-49 所示。

（1）左脚在左侧落地。右掌变拳稍后移，左勾手变拳由体后向左上挑，拳背向上。

（2）上体左转 180°，微含胸前俯。左拳继续向前向上划弧上挑，右拳向下向前划弧挂至右膝外侧，同时右膝提起，目视右拳。

（3）右脚向左前方上步，脚尖点地，重心落于左脚，左腿下蹲成右虚步。左拳向后划弧收至腰侧，拳心向上；右拳向前屈臂挑出，拳眼斜向上，拳与肩同高，目视右拳。

动作要点：虚步与上肢动作要一致。

（五）第四段

1. 弓步顶肘

弓步顶肘动作纲领，如图 13-50 所示。

图 13-49　虚步挑拳

图 13-50　弓步顶肘

（1）重心升高，右脚踏实。右臂内旋向下直臂划弧以拳背下挂至右膝内侧，左拳不变。目视前下方。

（2）左腿蹬直，右腿屈膝上抬。左拳变掌，右拳不变，两臂向前向上划弧摆起，目视右拳。

（3）左脚蹬地起跳，身体腾空，两臂继续划弧至头上方。

（4）右脚先落地，右腿屈膝，左脚向前落步，以前脚掌着地。同时两臂向右向下屈肘停于胸前，右拳变掌，左掌变拳。右掌心贴靠左拳面。

（5）左脚向左上步屈膝，右腿蹬直成左弓步，右掌推左拳，以左肘尖向左顶出，高与肩平。目视前方。

动作要点：交换步时不要过高，但要快，两臂抡摆时要成圆弧。

2. 转身左拍脚

转身左拍脚动作纲领，如图 13-51 所示。

（1）以两脚前脚掌为轴向右后转体 180°。随着转体，右臂向上向前向下划弧抡摆，同时左拳变掌向下向后向前上抡摆。

（2）左腿伸直向前上踢起，脚面绷平，左掌变拳收至腰侧，右掌由体后向上向前拍击左脚。

动作要点：右掌拍脚时手掌稍横过来，拍脚要准确响亮。

3. 右拍脚

右拍脚动作纲领，如图 13-52 所示。

（1）左脚向前落地。左拳变掌向下向后摆，右掌变拳收至腰侧。

（2）右腿伸直向前上踢起，脚面绷平。左拳变掌由后向上向前拍击右脚面。

动作要点：与本段的转身左拍脚相同。

图 13-51　转身左拍脚

图 13-52　右拍脚

4. 腾空飞脚

腾空飞脚动作纲领，如图 13-53 所示。

（1）右脚落地。

（2）左脚向前摆起，右脚猛力蹬地跳起，左腿屈膝继续前上摆。同时右拳变掌向前向上摆起，左掌先上摆而后下降拍击右掌背。

（3）右腿继续上摆，脚面绷平。右手拍击右脚面，左掌由体前向后上举。

动作要点：蹬地要向上，不要太向前冲，左膝尽量上提。击响要在腾空时完成，右臂伸直成水平。

5. 歇步下冲拳

歇步下冲拳动作纲领，如图 9-54 所示。

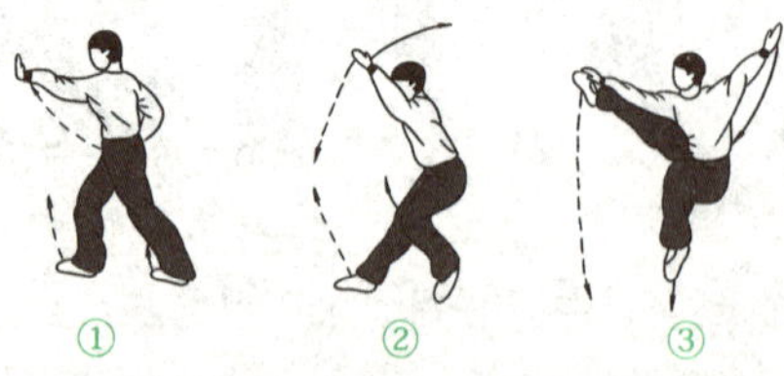

图 13-53　腾空飞脚

图 13-54　歇步下冲拳

（1）左、右脚相继落地，左掌变拳收至腰侧。

（2）身体右转 90°，两腿全蹲成歇步。右掌抓握、外旋变拳收至腰侧；左拳由腰侧向前下方冲出，拳心向下。目视左拳。

动作要点：右掌抓握动作要快速，歇步与左冲拳的动作要一致。

6. 仆步抡劈拳

仆步抡劈拳动作纲领，如图 13-55 所示。

（1）重心升高，右臂由腰侧向体后伸直，左臂随身体重心升高向上摆起。

（2）以右脚前脚掌为轴，左腿屈膝提起，上体左转 270°。左拳由前向后下划立圆一周；右拳由后向上向前划立圆一周。

（3）左腿向后落一步，屈膝全蹲，右腿伸直，脚尖里扣成右仆步。右拳由上向下抡劈，拳眼向上；左拳后上举，拳眼向上。目视右拳。

动作要点：抡臂时一定要划立圆。

7. 提膝挑掌

提膝挑掌动作纲领，如图 13-56 所示。

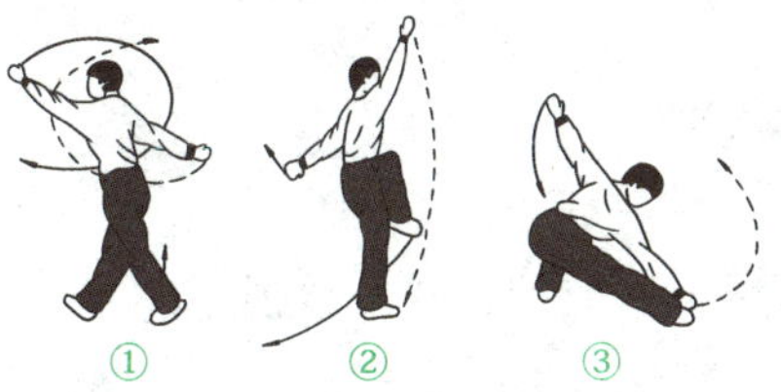

图 13-55 仆步抡劈拳

图 13-56 提膝挑掌

（1）重心前移成右弓步，同时右拳变掌由下向上抡摆，左拳变掌稍下落，右掌心向左，左掌心向右。

（2）左、右臂在垂直面上由前向后各划立圆一周。右臂伸直停于头上，掌心向左，掌指向上；左臂伸直停于身后成反勾手。同时右腿屈膝提起，左腿挺膝伸直独立。目视前方。

动作要点：抡臂时要划立圆。

8. 提膝劈掌弓步冲拳

提膝劈掌弓步冲拳动作纲领，如图 13-57 所示。

（1）下肢不动。右掌由上向下猛劈伸直，停于右小腿内侧，用力点在小指一侧；左勾手变掌，屈臂向前停于右上臂内侧，掌心向右。目视右掌。

（2）右脚向右后落地，身体右转 90°。同时左掌变拳收至腰侧，右臂内旋向右划弧做劈掌。

（3）上动不停，左腿蹬直成右弓步。右手抓握变拳收至腰侧，左拳由腰侧向左前方冲出。目视左拳。

动作要点：左搂手动作要快，右弓步与左冲拳的动作要一致。

（六）结束动作

1. 虚步亮掌

虚步亮掌动作纲领，如图 13-58 所示。

图 13-57 提膝劈掌弓步冲拳

图 13-58 虚步亮掌

（1）右脚扣于左膝后，两拳变掌，两臂右上左下屈肘交叉于体左前，目视右掌。

（2）右脚向右后落步，重心后移，右腿半蹲，上体稍右转。同时右掌向上向右向下划弧停于左腋下，左掌向左向上划弧停于右臂上与左胸前，两掌心左下右上。目视左掌。

（3）左脚尖稍向右移，右腿下蹲成左虚步。左臂伸直向左、向后划弧成勾手；右臂伸直向下向右向上划弧抖腕亮掌，掌心向前。目视左方。

动作要点：动作协调，虚步低稳。

2．并步对拳

并步对拳动作纲领，如图 13–59 所示。

（1）左腿后撤一步，同时两掌从两腰侧向前穿出伸直，掌心向上。

（2）右腿后撤一步，同时两臂分别向体后下摆。

（3）左脚后退半步向右脚并拢。两臂由后向上经体前屈臂下按，两掌变拳，停于腹前，拳心向下，拳面相对。目视左方。

动作要点：与预备动作相同，松肩，精神饱满。

3．还原

还原动作纲领，如图 13–60 所示。两臂自然下垂成预备式，目视正前方。

图 13–59　并步对拳

图 13–60　还原

第十四章 健身气功

第一节 易筋经

一 易筋经概述

易筋经源自我国古代导引术，历史悠久。据考证，导引是由原始社会的“巫舞”发展而来的，到春秋战国时期已为养生家所必习。易筋经是一种内外兼练的医疗保健养生功法，据传为梁武帝（502—549 年）时代印度高僧达摩所创。但多数学者认为，易筋经是明朝天启四年（1624 年）紫凝道人在集医、释、道流行的养生导引术，汉代东方朔的洗髓伐毛健身法，宋代八段锦的健身理论等基础上编辑而成的。宋元以前，易筋经在少林寺众僧之中即有流传，自明清以来逐步流向民间，广为人知，在流传的过程中又演变出不同的易筋经流派。易筋经注重内外兼修，强调动静结合，“练内名洗髓，练外名易筋”。动者外动以易筋强骨，静者内静以攻心纳意。易筋经集内外兼修之长，静中求动（气）、动中求静（意），精练勤思，可达防治疾病、延年益寿的效果。

二 基本手型

（1）握固，大拇指抵掐无名指根节，其余四指屈拢收于掌心，如图 14-1 所示。

（2）柳叶掌，五指伸直，并拢，如图 14-2 所示。

（3）荷叶掌，五指伸直，张开，如图 14-3 所示。

（4）龙爪，五指伸直、分开，拇指、食指、无名指、小指内收，如图 14-4 所示。

（5）虎爪，五指分开，虎口撑圆，第一、二指关节弯曲内扣，如图 14-5 所示。

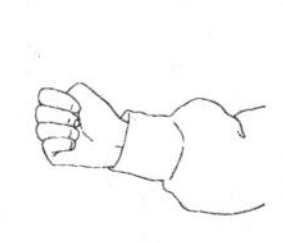

图 14-1

图 14-2

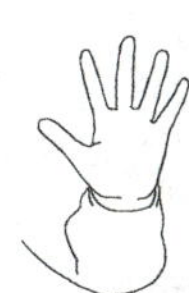

图 14-3

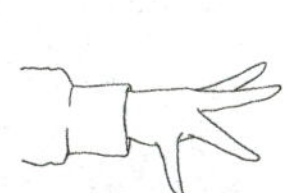

图 14-4

图 14-5

三 基本步行

（6）弓步，两腿前后分开一大步，横向之间保持一定宽度，前腿屈膝前弓，大腿斜向地面，膝与脚尖上下相对，脚尖微内扣，后腿自然伸直，脚跟蹬地，脚尖微内扣，全脚掌着地，如图 14-6

所示。

（7）丁步，两脚左右分开，间距 10 ～ 20 厘米。两腿屈膝下蹲，前腿脚跟提起，脚尖着地，虚点地面，置于后脚足弓处，后腿全脚掌着地踏实，如图 14-7 所示。

（8）马步，开步站立，两脚间距约为本人脚长的 2 ～ 3 倍，屈膝半蹲，大腿略高于水平，如图 14-8 所示。

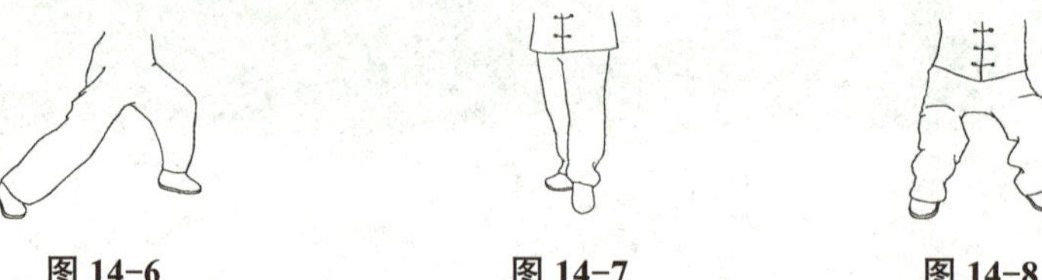

图 14-6　　图 14-7　　图 14-8

四　动作说明

（一）预备势

两脚并拢站立，两手自然垂于体侧，下颌微收，百会虚领，唇齿合拢，舌自然平贴于上腭，目视前方，如图 14-9 所示。

动作要点：全身放松，身体中正，呼吸自然，目光内含，心平气和。

健身作用：宁静心神，调整呼吸，内安五脏，端正身形。

（二）第一式：韦驮献杵第一势

动作一：左脚向左侧开半步，约与肩同宽，两膝微屈，成开立姿势，两手自然垂于体侧，如图 10-10 所示。

动作二：两臂自体侧向前抬至前平举，掌心相对，指尖向前，如图 14-11 所示。

动作三、四：两臂屈肘，自然回收，指尖向斜前上方约 30°，两掌合于胸前，掌根与膻中穴同高，虚腋，目视前下方，动作稍停，如图 14-12 所示。

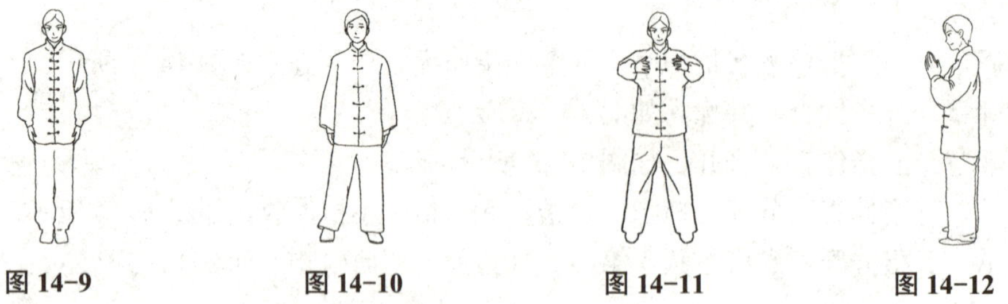

图 14-9　　图 14-10　　图 14-11　　图 14-12

动作要点：

（1）松肩虚腋。

（2）两掌合于胸前，应稍停片刻，以达气定神敛之功效。

健身作用：

（1）古人云："神住气自回。"通过神敛和两掌相合的动作，可起到气定神敛、均衡身体左右气机的作用。

（2）可改善神经、体液调节功能，有助于血液循环，消除疲劳。

（3）文献口诀：立身期正直，气定神皆敛，环拱平当胸，心澄貌亦恭。

（三）第二式：韦驮献杵第二势

动作一：接上式。两肘抬起，两掌伸平，手指相对，掌心向下，掌臂约与肩呈水平，如图14-13所示。

动作二：两掌向前伸展，掌心向下，指尖向前，如图14-14所示。

动作三：两臂向左右分开至侧平举，掌心向下，指尖向外，如图14-15所示。

动作四：五指自然并拢，坐腕立掌，目视前下方，如图14-16所示。

动作要点：

（1）两掌外撑，力在掌根。

（2）坐腕立掌时，脚趾抓地。

（3）自然呼吸，气定神敛。

健身作用：

（1）通过伸展上肢和立掌外撑的动作导引，起到疏通上肢等经络的作用，并具有调练心、肺之气，改善呼吸功能及气血运行的作用。

（2）可提高肩、臂的肌肉力量，有助于改善肩关节的活动功能。

（3）文献口诀：足趾拄地两手平开，心平气静目瞪口呆。

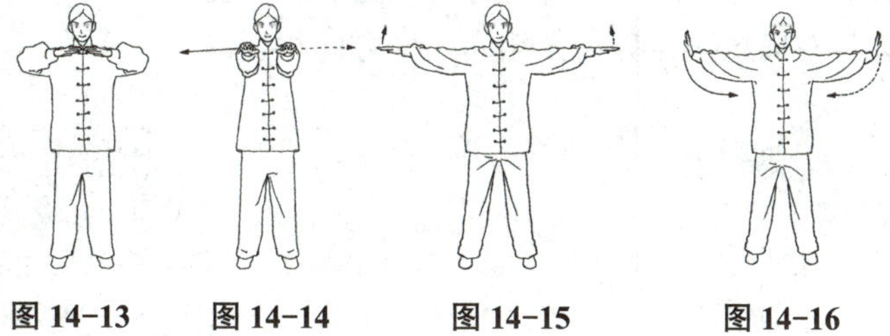

图14-13　图14-14　图14-15　图14-16

（四）第三式 韦驮献杵第三势

动作一：接上式。松腕，同时两臂向前平举内收至胸前平屈，掌心向下，掌与胸相距约一拳，目视前下方，如图14-17所示。

动作二：两掌同时内旋，翻掌至耳垂下，掌心向上，虎口相对，两肘外展，约与肩平，如图14-18所示。

动作三：身体重心前移至前脚掌支撑，提踵，同时，两掌上托至头顶，掌心向上，展肩伸肘，微收下颌，舌抵上腭，咬紧牙关，如图14-19所示。

动作四：静立片刻。

动作要点：

（1）两掌上托时，前脚掌支撑，力达四肢，下沉上托，脊柱竖直同时身体重心稍前移。

（2）年老或体弱者可自行调整两脚提踵的高度。

（3）上托时，意想通过“天门”观注两掌，目视前下方，自然呼吸。

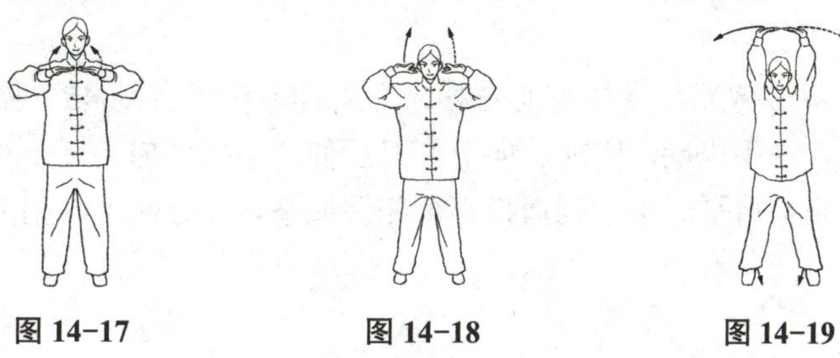

图14-17　图14-18　图14-19

健身作用：

（1）通过上肢撑举和下肢提踵的动作导引，可调理上、中、下三焦之气，并且将三焦及手足三阴五脏之气全部发动。

（2）可改善肩关节活动功能及提高上下肢的肌肉力量，促进全身血液循环。

（3）文献口诀：掌托天门目上观，力周髋胁浑如植，舌可生津将腭抵，两拳缓缓收回处，足尖著地立身端，咬紧牙关不放宽，鼻能调息觉心安，用力还将挟重看。

（五）第四式：摘星换斗势（左摘星换斗势，右摘星换斗势）

（1）左摘星换斗势。

动作一：接上式。两脚跟缓缓落地，同时，两手握拳，拳心向外，两臂下落至侧上举，如图 10-20 所示。随后两拳缓缓伸开变掌，掌心斜向下，全身放松，目视前下方，如图 14-21 所示。身体左转，屈膝。同时，右臂上举经体前下摆至左髋关节外侧“摘星”，右掌自然张开；左臂经体侧下摆至体后，左手背轻贴命门。目视右掌，如图 14-22 ～图 14-24 所示。

动作二：直膝，身体转正。同时，右手经体前向额上摆至头顶右上方，松腕，肘微屈，掌心向下，手指向左，中指尖垂直于肩髃穴；左手背轻贴命门，意注命门右臂上摆时眼随手走，定势后目视掌心，如图 10-25 所示。静立片刻，然后两臂向体侧自然伸展。

（2）右摘星换斗势与左摘星换斗势动作相同，惟方向相反。

图 14-20　图 14-21　图 14-22　图 14-23　图 14-24　图 14-25

动作要点：

（1）转身以腰带肩，以肩带臂。

（2）目视掌心，意注命门，自然呼吸。

（3）颈、肩病患者，动作幅度的大小可灵活掌握。

健身作用：

（1）通过本势阳掌转阴掌（掌心向下）的动作导引，目视掌心意存腰间命门，将发动的真气收敛，下沉入腰间两肾及命门，可达到壮腰健肾、延缓衰老的功效。

（2）可增强颈、肩、腰等部位的活动功能。

（3）文献口诀：只手擎天掌覆头，更从掌内注双眸，鼻端吸气频调息，用力收回左右眸。

（六）第五式：倒拽九牛尾势（右倒拽九牛尾势，左倒拽九牛尾势）

（1）右倒拽九牛尾势。

动作一：接上式。双膝微屈，身体重心右移，左脚向左侧后方约 45° 撤步。右脚跟内转，右腿屈膝成右弓步。同时，左手内旋，向前、向下划弧后伸，小指到拇指逐个相握成拳，拳心向上；右手向前上方划弧，伸至与肩平时小指到拇指逐个相握成拳，拳心向上，稍高于肩。目视右拳，如图 14-26 所示。

动作二：身体重心后移，左膝微屈；腰稍右转，以腰带肩，以肩带臂；右臂外旋，左臂内旋，屈肘内收；目视右拳，如图 14–27 所示。

动作三：身体重心前移，屈膝成弓步，腰稍左转，以腰带肩以肩带臂，两臂放松前后伸展目视右拳，如图 14–28 所示。

重复二至三动作 3 遍。

动作四：身体重心前移至右脚，左脚收回，右脚尖转正，成开立姿势。同时，两臂自然垂于体侧，目视前下方，如图 14–29 所示。

（2）左倒拽九牛尾势左倒拽九牛尾势与右倒拽九牛尾势动作、次数相同，惟方向相反，如图 14–30 ～图 14–32 所示。

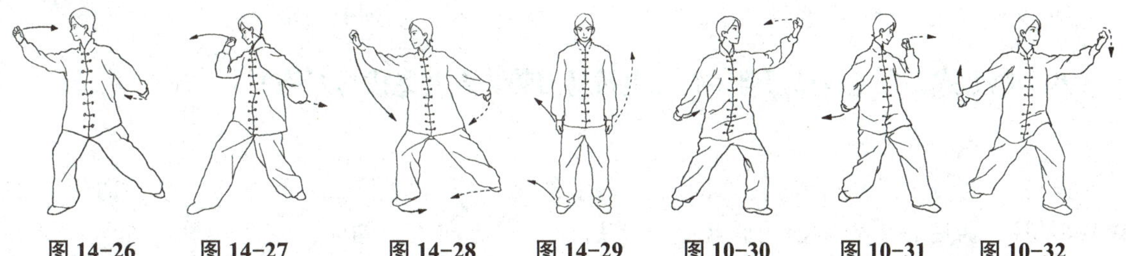

图 14–26　图 14–27　图 14–28　图 14–29　图 10–30　图 10–31　图 10–32

动作要点：

（1）以腰带肩，以肩带臂，力贯双膀。

（2）腹部放松，目视拳心。

（3）前后拉伸，松紧适宜，并与腰的旋转紧密配合。

（4）后退步时，注意掌握重心，身体平稳。

健身作用：

（1）通过腰的扭动，带动肩胛活动，可刺激背部夹脊、肺俞、心俞等穴，达到疏通夹脊和调练心肺之作用。

（2）通过四肢上下协调活动，可改善软组织血液循环，提高四肢肌肉力量及活动功能。

（3）文献口诀：两髋后伸前屈，小腹运气空松，用力在于两膀，观拳须注双瞳。

（七）第六式：出爪亮翅势

动作一：接上式。身体重心移至左脚，右脚收回，成开立姿势；同时，右臂外旋，左臂内旋，摆至侧平举，两掌心向前，环抱至体前，随之两臂内收，两手变柳叶掌立于云门穴前，掌心相对，指尖向上；目视前下方，如图 14–33 ～图 14–35 所示。

动作二：展肩扩胸，然后松肩，两臂缓缓前伸，并逐渐转掌心向前，成荷叶掌，指尖向上，瞪目，如图 14–36 所示。

动作三：松腕，屈肘，收臂，立柳叶掌于云门穴，目视前下方，如图 14–37 和图 14–38 所示。

重复二至三动作 3~7 遍。

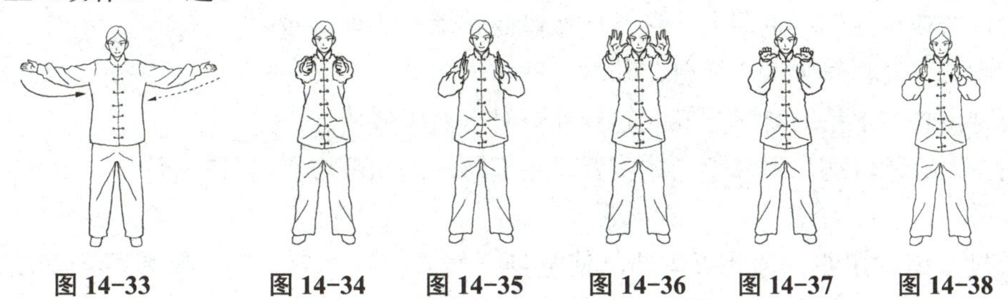

图 14–33　图 14–34　图 14–35　图 14–36　图 14–37　图 14–38

动作要点：

（1）出掌时身体正直，瞪眼怒目，同时两掌运用内劲前伸，先轻如推窗，后重如排山，收掌时如海水还潮。

（2）注意出掌时为荷叶掌，收掌于云门穴时为柳叶掌。

健身作用：

（1）中医认为“肺主气，司呼吸”。通过伸臂推掌、屈臂收掌、展肩扩胸的动作导引，可反复启闭云门、中府等穴，促进自然之清气与人体之真气在胸中交汇融合达到改善呼吸功能及全身气血运行的作用。

（2）可提高胸背部及上肢肌肉力量。

（3）文献口诀：挺身兼怒目，用力收回处，推手向当前，功须七次全。

（八）第七式：九鬼拔马刀势（右九鬼拔马刀势，左九鬼拔马刀势）

（1）右九鬼拔马刀势。

动作一：接上式。躯干右转。同时，右手外旋，掌心向上；左手内旋，掌心向下，如图14-39所示。随后右手由胸前内收经右腋下后伸，掌心向外；同时，左手由胸前伸至前上方，掌心向外，如图14-40所示。躯干稍左转；同时，右手经体侧向前上摆至头前上方后屈肘，由后向左绕头半周，掌心掩耳；左手经体左侧下摆至左后，屈肘，手背贴于脊柱，掌心向后，指尖向上；头右转，右手中指按压耳廓，手掌扶按玉枕；目随右手动，定势后视左后方，如图14-41～图14-42所示。

动作二：身体右转，展臂扩胸；目视右上方，动作稍停，如图14-43所示。

动作三：屈膝；同时，上体左转，右臂内收，含胸；左手沿脊柱尽量上推；目视右脚跟，动作稍停，如图14-44所示。

重复二至三动作3遍。

动作四：直膝，身体转正；右手向上经头顶上方向下至侧平举，同时，左手经体侧向上至侧平举，两掌心向下；目视前下方，如图14-45所示。

（2）左九鬼拔马刀势与右九鬼拔马刀势动作、次数相同，惟方向相反，如图14-46～图14-47所示。

图14-39

图14-40

图14-41

图14-42

图14-43

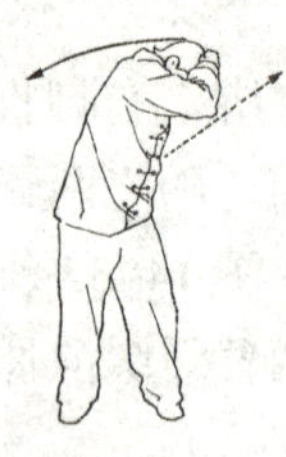
图14-44

图14-45

图14-46

图14-47

动作要点：

（1）动作对拔拉伸，尽量用力；身体自然弯曲转动，协调一致。

（2）扩胸展臂时自然吸气，松肩合臂时自然呼气。

（3）两臂内合、上抬时自然呼气，起身展臂时自然吸气。

（4）高血压、颈椎病患者和年老体弱者，头部转动的角度应小，且轻缓。

健身作用：

（1）通过身体的扭曲、伸展等运动，使全身真气开、合、启、闭，脾胃得到摩动，肾得以强健，并具有疏通玉枕关、夹脊关等要穴的作用。

（2）可提高颈肩部、腰背部肌肉力量，有助于改善人体各关节的活动功能。

（3）文献口诀：侧首弯肱，抱顶及颈，自头收回，弗嫌力猛，左右相轮，身直气静。

（九）第八式：三盘落地势

左脚向左侧开步：两脚距离约宽于肩，脚尖向前，目视前下方，如图 14-48 所示。

动作一：屈膝下蹲，同时，沉肩、坠肘，两掌逐渐用力下按至约与环跳穴同高，两肘微屈，掌心向下，指尖向外，目视前下方，如图 14-49 所示。同时，口吐“嗨”音，音吐尽时，舌尖向前轻抵上下牙之间，终止吐音。

动作二：翻转掌心向上，肘微屈，上托至侧平举；同时，缓缓起身直立；目视前方，如图 14-50 和图 14-51 所示。

重复一至二动作 3 遍。第一遍微蹲，如图 14-52 所示；第二遍半蹲，如图 14-53 所示；第三遍全蹲，如图 14-54 所示。

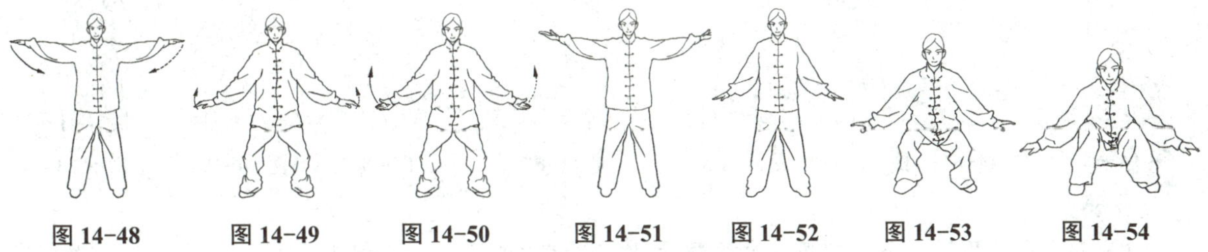

图 14-48　图 14-49　图 14-50　图 14-51　图 14-52　图 14-53　图 14-54

动作要点：

（1）下蹲时，松腰、裹臀，两掌如负重物；起身时，两掌如托千斤重物。

（2）下蹲依次加大幅度。年老和体弱者下蹲深度可灵活掌握，年轻体健者可半蹲或全蹲。

（3）下蹲与起身时，上体始终保持正直，不应前俯或后仰。

（4）吐“嗨”音时，口微张，上唇着力压龈交穴，下唇松，不着力于承浆穴，音从喉部发出。

（5）瞪眼闭口时，舌抵上腭，身体中正安舒。

健身作用：

（1）通过下肢的屈伸活动，配合口吐“嗨”音，使体内真气在胸腹间相应地降、升，达到心肾相交、水火既济。

（2）可增强腰腹及下肢力量，起到壮丹田之气、强腰固肾的作用。

（3）文献口诀：上腭坚撑舌，张眸意注牙，足开蹲似踞，手按猛如拿，两掌翻齐起，千斤重有加，瞪睛兼闭口，起立足无斜。

（十）第九式：青龙探爪势（左青龙探爪势，右青龙探爪势）

（1）左青龙探爪势。

动作一：接上式。左脚收回半步，约与肩同宽，如图 14-55 所示。两手握固，两臂屈肘内收至腰间，拳轮贴于章门穴，拳心向上，目视前下方，如图 14-56 所示。然后右拳变掌，右臂伸直，经下向右侧外展，略低于肩，掌心向上，目随手动，如图 14-57、图 14-58 所示。

动作二：右臂屈肘、屈腕，右掌变“龙爪”，指尖向左，经下颌向身体左侧水平伸出，目随手动，躯干随之向左转约 90°，目视右掌指所指方向，如图 14-59 和图 14-60 所示。

动作三：“右爪”变掌，随之身体左前屈，掌心向下按至左脚外侧目视下方，如图 14-61、图 14-62 所示。躯干由左前屈转至右前屈，并带动右手经左膝或左脚前划弧至右膝或右脚外侧手臂外旋，掌心向前，握固，目随手动视下方，如图 14-63、图 14-64 所示。

动作四：上体抬起，直立；右拳随上体抬起收于章门穴，拳心向上；目视前下方，如图 14-65 所示。

（2）右青龙探爪势与左青龙探爪势动作相同，惟方向相反，如图 14-66 ～图 14-70 所示。

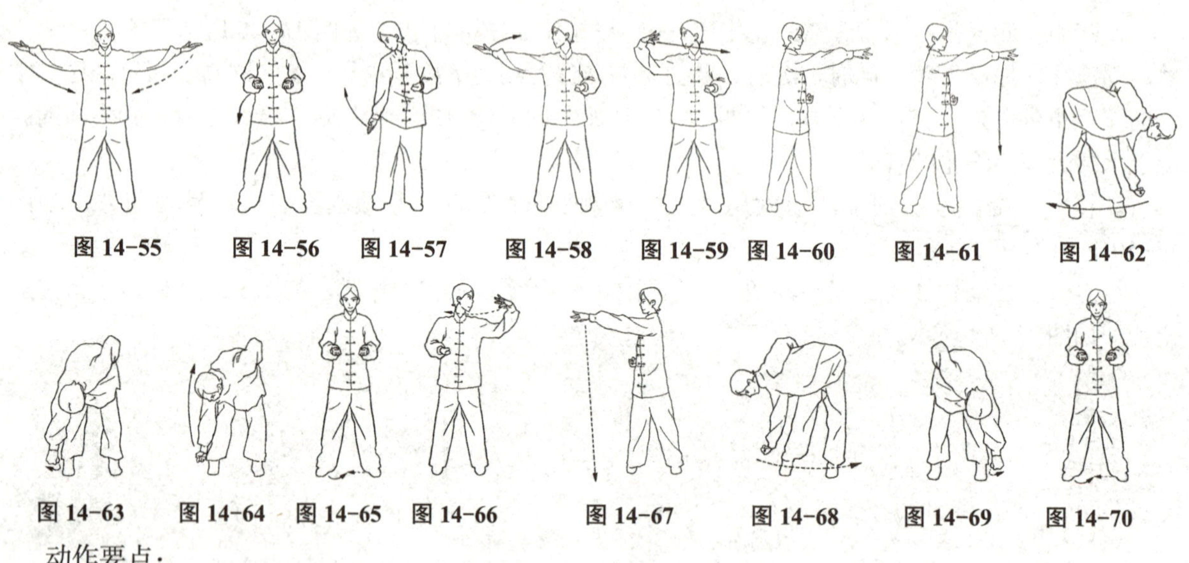

图 14-55　图 14-56　图 14-57　图 14-58　图 14-59　图 14-60　图 14-61　图 14-62

图 14-63　图 14-64　图 14-65　图 14-66　图 14-67　图 14-68　图 14-69　图 14-70

动作要点：

（1）伸臂探“爪”，下按划弧，力注肩背动作自然、协调，一气呵成。

（2）目随“爪”走，意存“爪”心。

（3）年老和体弱者前俯下按或划弧时可根据自身状况调整幅度。

（1）中医认为“两胁属肝”“肝藏血，肾藏精”，二者同源。通过转身、左右探爪及身体前屈，可使两胁交替松紧开合，达到疏肝理气、调畅情志的功效。

（2）可改善腰部及下肢肌肉的活动功能。

（3）文献口诀：青龙探爪，左从右出，修士效之，掌平气实，力周肩背，围收过膝，两目注平，息调心谧。

（十一）第十式：卧虎扑食势（左卧虎扑食势，右卧虎扑食势）

（1）左卧虎扑食势。

动作一：接上式。右脚尖内扣约 45°，左脚收至右脚内侧成丁步；同时，身体左转约 90°；两手握固于腰间章门穴不变；目随转体视左前方，如图 14-71 所示。

动作二：左脚向前迈一大步，成左弓步；同时，两拳提至肩部云门穴，并内旋变“虎爪”，向前扑按，如虎扑食，肘稍屈；目视前方，如图 14-72 所示。

动作三：躯干由腰到胸逐节屈伸，重心随之前后适度移动；同时，两手随躯干屈伸向下、向后向上、向前绕环一周如图 14-73 ～图 14-75 所示。随后上体下俯，两“爪”下按，十指着地；后腿屈膝，脚趾着地；前脚跟稍抬起；随后塌腰、挺胸、抬头、瞪目；动作稍停，目视前上方，如图 14-76 所示。年老体弱者可俯身，两“爪”向前下按至左膝前两侧，顺势逐步塌腰、挺胸、抬头、瞪目。动作稍停。

动作四：起身，双手握固收于腰间章门穴；身体重心后移，左脚尖内扣约 135°；身体重心左移同时，身体右转 180°，右脚收至左脚内侧成丁步，如图 14-77 所示。

（2）右卧虎扑食势。右卧虎扑食势与左卧虎扑食势动作相同，惟方向相反如图 14-78 至图 14-79 所示。

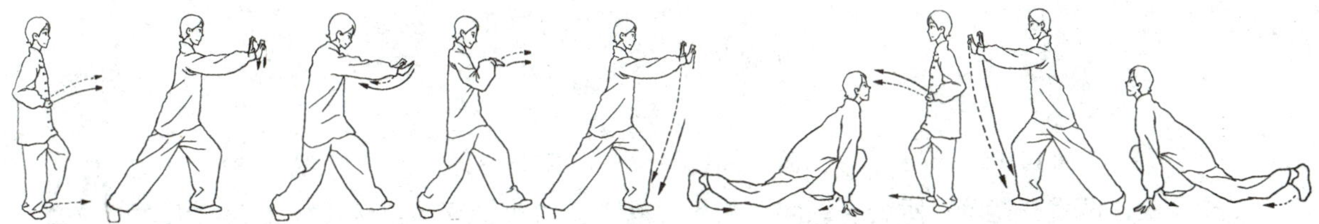

图 14-71 图 14-72 图 14-73 图 14-74 图 14-75 图 14-76 图 14-77 图 14-78 图 14-79

动作要点：

（1）用躯干的蛹动带动双手前扑绕环。

（2）抬头、瞪目时，力达指尖，腰背部成反弓形。

（3）年老和体弱者可根据自身状况调整动作幅度。

健身作用：

（1）中医认为“任脉！为阴脉之海”，统领全身阴经之气。通过虎扑之势，身体的后仰，胸腹的伸展，可使任脉得以疏伸及调养，同时可以调和手足三阴之气。

（2）改善腰腿肌肉活动功能，起到强健腰腿的作用。

（3）文献口诀：两足分蹲身似倾，屈伸左右髋相更，昂头胸做探前势，偃背腰还似砥平，鼻息调元均出入，指尖著地赖支撑，降龙伏虎神仙事，学得真形也卫生。

（十二）第十一式：打躬势

动作一：接上式。起身，身体重心后移，随之身体转正；右脚尖内扣，脚尖向前，左脚收回，成开立姿势；同时两手随身体左转放松，外旋，掌心向前外展至侧平举后，两臂屈肘，两掌掩耳十指扶按枕部，指尖相对，以两手食指弹拨中指击打枕部 7 次（即鸣天鼓）；目视前下方，如图 14-80 和图 14-81 所示。

动作二：身体前俯由头经颈椎、胸椎、腰椎、骶椎，由上向下逐节缓缓牵引前屈，两腿伸直；目视脚尖，停留片刻，如图 14-82 所示。

动作三：由骶椎至腰椎、胸椎颈椎、头，由下向上依次缓缓逐节伸直后成直立；同时两掌掩耳，十指扶按枕部，指尖相对；目视前下方，如图 14-83 所示。

重复二至三动作 3 遍，逐渐加大身体前屈幅度并稍停。第一遍前屈小于 90°，第二遍前屈约 90°，第三遍前屈大于 90°，年老体弱者可分别前屈约 30°，约 45°，约 90°。

动作要点：

（1）体前屈时，直膝，两肘外展。

（2）体前屈时，脊柱自颈向前拔伸卷曲如勾；后展时，从尾椎向上逐节伸展。

（3）年老和体弱者可根据自身状况调整前屈的幅度。

健身作用：

（1）中医认为“督脉为阳脉之海”，总督一身阳经之气。通过头、颈、胸、腰、髋椎逐节牵引屈、伸，背部的督脉得到充分锻炼，可使全身经气发动，阳气充足，身体强健。

（2）可改善腰背及下肢的活动功能，强健腰腿。

（3）“鸣天鼓”有醒脑、聪耳、消除大脑疲劳功效。

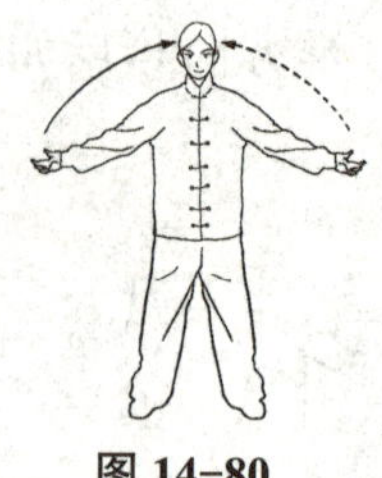
图 14-80

图 14-81

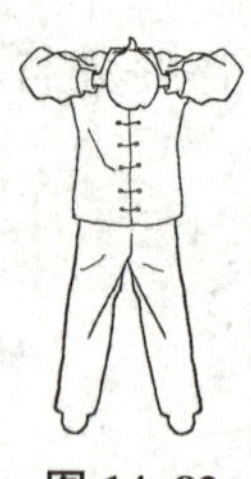
图 14-82

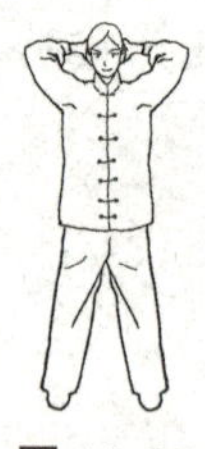
图 14-83

文献口诀：两手齐持脑；垂腰至膝间；头惟探胯下；口更啮牙关；舌尖还抵腭；力在肘双弯；掩耳聪教塞；调元气自闲。

（十三）第十二式：掉尾势

接上式。起身直立后，两手猛然拔离开双耳（即拔耳），如图 14-84 所示。手臂自然前伸，十指交叉相握，掌心向内如图 14-85 至图 14-86 所示。屈肘，翻掌前伸，掌心向外，如图 14-87 所示。然后屈肘，转掌心向下内收于胸前；身体前屈，塌腰、抬头，两手交叉缓缓下按；目视前方，如图 14-88、图 14-89 所示。年老和体弱者身体前屈，抬头，两掌缓缓下按可至膝前。

动作一：头向左后转，同时，臀向左前扭动；目视尾闾，如图 14-90 所示。

动作二：两手交叉不动，放松还原至体前屈，如图 14-91 所示。

动作三：头向右后转，同时，臀向右前扭动；目视尾闾，如图 14-92 所示。

动作四：两手交叉不动，放松还原至体前屈，如图 14-93 所示。

重复一至四动作 3 遍。

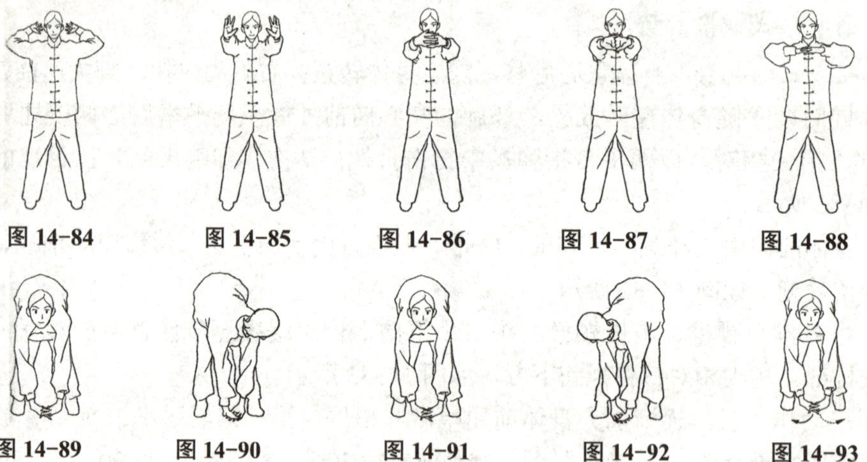
图 14-84　图 14-85　图 14-86　图 14-87　图 14-88
图 14-89　图 14-90　图 14-91　图 14-92　图 14-93

动作要点：

（1）转头扭臀时，头与臀部做相向运动。

（2）高血压、颈椎病患者和年老体弱者，头部动作应小而轻缓。另外，应根据自身情况调整身体前屈和臀部扭动的幅度和次数。

（3）配合动作，自然呼吸，意识专一。

健身作用：

（1）通过体前屈及抬头、掉尾的左右屈伸运动，可使任、督二脉及全身气脉在此前各势动作锻炼的基础上得以调和，练功后全身舒适、轻松。

（2）可强化腰背肌肉力量的锻炼，有助于改善脊柱各关节和肌肉的活动功能。

（3）文献口诀：膝直膀伸，推手至地，瞪目昂头，凝神一志。

（十四）收势

动作一：接上式。两手松开，两臂外旋；上体缓缓直立；同时，两臂伸直外展成侧平举，掌心向上，随后两臂上举，肘微屈，掌心向下；目视前下方，如图 14–94 ～图 14–96 所示。

动作二：松肩，屈肘，两臂内收，两掌经头、面、胸前下引至腹部，掌心向下；目视前下方，如图 14–97 所示。

重复一至二动作 3 遍。

两臂放松还原，自然垂于体侧；左脚收回，并拢站立；舌抵上腭；目视前方，如图 14–98 所示。

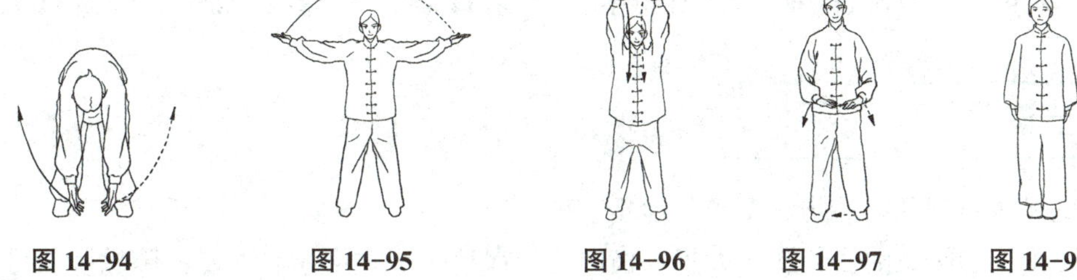

图 14–94　图 14–95　图 14–96　图 14–97　图 14–98

动作要点：

（1）第一、二次双手下引至腹部以后，意念继续下引，经涌泉穴入地。最后一次则意念随双手下引至腹部稍停。

（2）下引时，两臂匀速缓缓下行。

健身作用：

（1）通过上肢的上抱下引动作，可引气回归于丹田。

（2）起到调节放松全身肌肉、关节的作用。

第二节　五禽戏

一　五禽戏概述

五禽戏起源于我国远古时代，最初是为了治疗关节不利的“重腿”之症而创编的“舞”。后来华佗根据五禽的动作和神态编创了五禽戏，具有“利导”作用。五禽戏发展至今形成了不少流派，每个流派都有着各不相同的风格和特点。五禽戏的动作编排按照《三国志 • 华佗传》的记载顺序为虎、鹿、熊、猿、鸟，动作简便易学，符合习练者运动的规律。

五禽戏的动作素材来源于传统，汲取精华，加以提炼、改进，体现时代特征和科学健身理念。五禽戏的动作仿效虎之威猛、鹿之安舒、熊之沉稳、猿之灵巧、鸟之轻捷，力求蕴含“五禽”的神韵，意气相随，内外合一。

二　基本手型

五禽戏的基本手型包括虎爪、鹿角、熊掌、猿钩、鸟翅，以及一个气功中最经典的手型——握固。

（1）“虎爪”，五指张开，虎口撑圆，第一、二指关节弯曲内扣，如图 10–99 所示。

（2）“鹿角”，拇指伸直外张，食指、小指伸直，中指、无名指弯曲内扣，如图 10–100 所示。

（3）“熊掌”，拇指压在食指指端上，其余四指并拢弯曲，虎口撑圆，如图 14-101 所示。

（4）“猿钩”，五指指腹捏拢，屈腕，如图 14-102 所示。

（5）“鸟翅”，五指伸直，拇指、食指、小指向上翘起，无名指、中指并拢向下，如图 14-103 所示。

（6）“握固”，拇指抵掐无名指根节内侧，其余四指屈拢收于掌心，如图 14-104 所示。

图 14-99

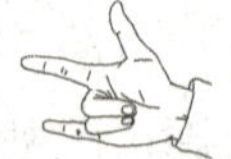
图 14-100

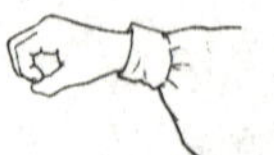
图 14-101

图 14-102

图 14-103

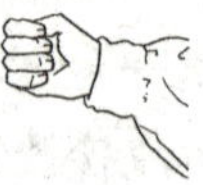
图 14-104

三 基本步型

五禽戏的基本步型共有弓步、丁步和虚步三种。

（1）“弓步”，两腿前后分开一大步，横向之间保持一定宽度，右（左）腿屈膝前弓，大腿斜向地面，膝与脚尖上下相对脚尖微内扣，左（右）腿自然伸直，脚跟蹬地，脚尖稍内扣，全脚掌着地，如图 14-105 所示。

（2）“虚步”，右（左）脚向前迈出，脚跟着地，脚尖上翘，膝微屈左（右）腿屈膝下蹲，全脚掌着地，脚尖斜向前方，臀部与脚跟上下相对，身体重心落于左（右）腿，如图 14-106 所示。

（3）“丁步”，两脚左右分开，间距 10～20 厘米；两腿屈膝下蹲，左（右）脚脚跟提起，脚尖着地，虚点地面，置于右（左）脚脚弓处，右（左）腿全脚掌着地踏实，如图 14-107 所示。

四 平衡

五禽戏的基本动作中还有平衡，这是五禽戏功法一个显著的特点。五禽戏中的平衡动作分为两种，一种是提膝平衡，一种是后举腿平衡。

（1）“提膝平衡”，左（右）腿直立站稳，上体正直；右（左 ）腿在体前屈膝上提小腿自然下垂，脚尖向下，如图 14-108 所示。

（2）“后举腿平衡”，右（左）腿蹬直站稳，左（ 右）腿伸直，向体后举起，脚面绷平脚尖向下，如图 14-109 所示。

在平衡动作中，练习者的一条腿成为全身的重心和着力点的所在地，另一条腿处于悬空的状态。这就很好地锻炼了练习者的平衡感，为五禽戏的演练打下了良好的基础。

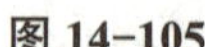
图 14-105

图 14-106

图 14-107

图 14-108

图 14-109

五 动作说明

（一）预备势——起势调息

（1）两脚并拢，自然伸直，两手自然垂于体侧，胸腹放松，头项正直，下颌微收，舌抵上腭；目视前方，如图 14-110 所示。

（2）左脚向左平开一步，稍宽于肩，两膝微屈，松静站立，调息数次，意守丹田，如图 14-111 所示。

（3）肘微屈，两臂在体前向上、向前平托，与胸同高，如图 14-112 所示。

（4）两肘下垂外展，两掌向内翻转，并缓慢下按于腹前，目视前方。将（3）和（4）动作重复两遍后，两手自然垂于体侧，如图 14-113 所示。

动作要点：

（1）两臂上提下按，意在两掌劳宫穴，劳宫穴在掌中央，第二、三掌骨之间；握拳，中指尖所点处，动作柔和、均匀、连贯。

（2）动作也可配合呼吸，两臂上提时吸气，下按时呼气。

健身作用：

（1）排除杂念，诱导入静，调和气息，宁心安神。

（2）吐故纳新，升清降浊，调理气机。

（二）第一戏——虎戏

五禽戏中的“虎戏”正是师法老虎而来。“虎戏”分为“虎举”和“虎扑”两式。它最大的特点就在于要体现老虎的威猛。

第一式：“虎举”，是指练习者要模仿老虎立起身躯时的样子。它可以分解为三个动作。

（1）接上式，两手掌心向下，十指撑开，再弯曲成虎爪状，目视两掌，如图 14-114 所示。

（2）两手外旋，由小指先弯曲，其余四指依次弯曲握拳，两拳沿体前缓慢上提。至肩前时，十指撑开，举至头上方再弯曲成虎爪状，目视两掌，如图 14-115 所示。

（3）两掌外旋握拳，拳心相对，目视两拳。两拳下拉至肩前时，变掌下按。沿体前下落至腹前，十指撑开，掌心向下，目视两掌，如图 14-116 所示。

（4）（1）至（3）动作重复三遍后，两手自然垂于体侧，目视前方，如图 14-117 所示。

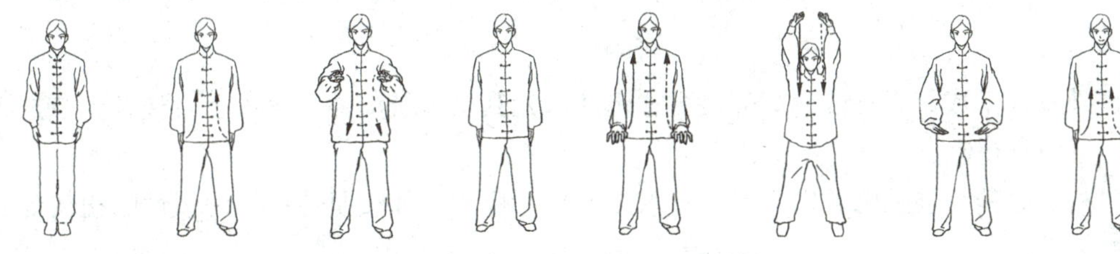

图 14-110　图 14-111　图 14-112　图 14-113　图 14-114　图 14-115　图 14-116　图 14-117

动作要点：

（1）十指撑开，弯曲成“虎爪”和外旋据拳，三个环节均要贯注劲力。

（2）两掌向上如托举重物，提胸收腹，充分拔长躯体；两掌下落如拉双环，含胸松腹气沉丹田。

（3）眼随手动。

（4）动作可配合呼吸，两掌上举时吸气，下落时呼气。

健身作用：

（1）两掌举起，吸入清气；两掌下按，呼出浊气。一升一降，疏通三焦气机，调理三焦功能。

（2）手成“虎爪”，变拳，可增强握力，改善上肢远端关节的血液循环。

第二式：“虎扑”，是指练习者要模仿老虎向前方扑食的动作。与“虎举”不同，“虎扑”是左右对称型的动作，因此它的具体动作也是分左式和右式的。下面的动作说明是以左式动作为标准的。

（1）接上式。两手握空拳，沿身体两侧上提至肩前上方，如图 14-118 所示。

（2）两手向上、向前划弧，十指弯曲成“虎爪”，掌心向下；同时上体前俯，挺胸塌腰；目视前方，如图 14-119 所示。

（3）两腿屈膝下蹲，收腹含胸；同时，两手向下划弧至两膝侧，掌心向下；目视前下方，如图 14-120 所示。随后，两腿伸膝，送挺腹，后仰；同时，两掌握空拳，沿体侧向上提至胸侧；目视前上方，如图 14-121 所示。

（4）左腿屈膝提起，两手上举，如图 14-122 所示。左脚向前迈出一步，脚跟着地，右腿屈膝下蹲，成左虚步；同时上体前倾，两拳变“虎爪”向前、向下扑至膝前两侧，掌心向下；目视前下方，如图 14-123 所示。随后上体抬起，左脚收回，开步站立，两掌向身体侧前方举起，与胸同高，掌心向上，目视前方，如图 14-124 所示。两手自然下落于体侧，目视前方，如图 14-125 所示。

（5）以上动作重复一遍，惟左右相反。

动作要点：

（1）上体前俯，两手尽力向前伸，而臀部向后引，充分伸展脊柱。

（2）屈膝下蹲，收腹含胸，要与伸膝、送挺腹、后仰动作过程连贯，使脊柱形成由折叠到展开的蠕动，两掌下按上提要与之配合协调。

（3）虚步下扑时，速度可加快，先柔后刚，配合快速深呼气，气由丹田发出，以气催力，力达指尖，表现出虎的威猛。

（4）中老年习练者和体弱者，可根据情况适当减小动作幅度。

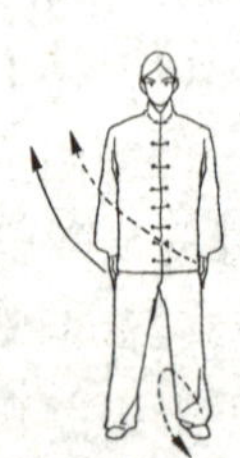

图 14-118　图 14-119　图 14-120　图 14-121　图 14-122　图 14-123　图 14-124　图 14-125

健身作用：

（1）虎扑动作形成了脊柱的前后伸展折叠运动，尤其是引腰前伸，增加了脊柱各关节的柔韧性和伸展度，可使脊柱保持正常的生理弧度。

（2）脊柱运动能增强腰部肌肉力量，对常见的腰部疾病，如腰肌劳损、习惯性腰扭伤等症有防治作用。

（3）督脉行于背部正中，任脉行于腹部正中。脊柱的前后伸展折叠，牵动任、督两脉，起到调理阴阳、疏通经络、活跃气血的作用。

（三）第二戏——鹿戏

鹿喜挺身眺望，好角抵，运转尾闾，善奔走通任、督两脉。习练“鹿戏”时，动作要轻盈舒展，神态要安闲雅静，意想自己置身于群鹿中，在山坡草原上自由快乐地活动。

第三式：“鹿抵”，就是模仿鹿用鹿角抵住某些动物或人类时的动作。它是标准的左右对称型招式。

（1）接上式。两腿微屈，身体重心移至右腿，左脚经右脚内侧向左前方迈步，脚跟着地；同时，身体稍右转；两掌握空拳，向右侧摆起，拳心向下，高与肩平；目随手动，视右拳，如图 14-126 所示。

（2）身体重心前移，左腿屈膝，脚尖外展踏实，右腿伸直蹬实，同时，身体左转，两掌成“鹿角”，向上、向左、向后划弧，掌心向外，指尖朝后，左臂弯曲外展平伸，肘抵靠左腰侧，右臂举至头前，向左后方伸抵掌心向外，指尖朝后。目视右脚跟。随后，身体右转，左脚收回，开步站立，同时两手向上、向右、向下划弧，两掌握空拳下落于体前，目视前下方，如图 14-127 ～图 14-129 所示。

（3）（1）与（2）动作重复一遍，惟左右相反。

动作要点：

(1)腰部侧屈拧转，侧屈的一侧腰部要压紧，另一侧腰部则借助上举手臂后伸，得到充分牵拉。

（2）后脚脚跟要蹬实，固定下肢位置，加大腰、腹部的拧转幅度，运转尾闾。

（3）动作可配合呼吸，两掌向上划弧摆动时吸气，向后伸抵时呼气。

健身作用：

（1）腰部的侧屈拧转，使整个脊椎充分旋转，可增强腰部的肌肉力量，也可防治腰部的脂肪沉积。

（2）目视后脚脚跟，加大腰部在拧转时的侧屈程度，可防治腰椎小关节紊乱等症。

（3）中医认为，“腰为肾之府”。尾闾运转，可起到强腰补肾强筋健骨的功效。

第四式：鹿奔，是指模仿鹿奔跑时的动作和神态。它也是标准的左右对称型动作。

（1）接上式，左脚向前跨步，屈膝，右腿伸直成左弓步，同时两手握空拳，向上、向前划弧至体前，屈腕，高与肩平，与肩同宽，拳心向下，目视前方，如图 14-130 所示。

（2）身体重心后移左膝伸直，全脚掌着地；右腿屈膝，低头，弓背，收腹；同时，两臂内旋，两掌前伸，掌背相对，拳变“鹿角”，如图 14-131 所示。

（3）身体重心前移，上体抬起；右腿伸直，左腿屈膝，成左弓步；松肩沉肘，两臂外旋，“鹿角”变空拳，高与肩平，拳心向下；目视前方，如图 14-132 所示。

（4）左脚收回，开步直立，两拳变掌，图 14-133 所示。两掌回落于体侧，目视前方，如图 14-134 所示。

（5）同动作（1）至动作（4），惟左右相反。

（6）重复（1）至（5）动作一遍后，两掌向身体侧前方举起，与胸同高，掌心向上，目视前方。屈肘，两掌内合下按，自然垂于体侧，目视前方。

动作要点：

（1）提腿前跨要有弧度，落步轻灵，体现鹿的安舒神态。

（2）身体后坐时，两臂前伸，胸部内含，背部形成“横弓”状头前伸，背后拱，腹收缩，臀内敛，形成“竖弓”状，使腰、背部得到充分伸展和拔长。

（3）动作可配合呼吸。身体后坐时，配合吸气。重心前移时，配合呼气。

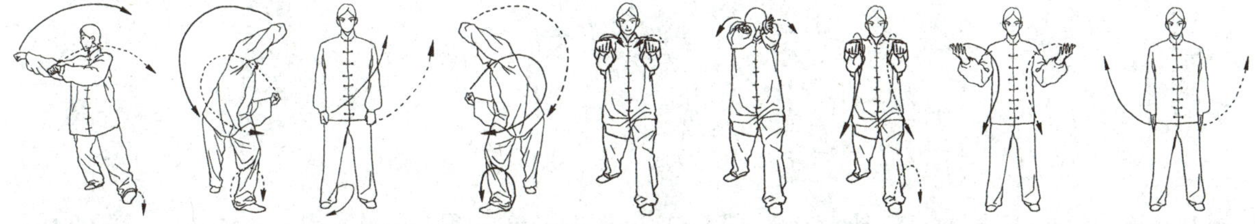

图 14-126　图 14-127　图 14-128　图 14-129　图 14-130　图 14-131　图 14-132　图 14-133　图 14-134

健身作用：

（1）两臂内旋前伸，肩、背部肌肉得到牵拉，对颈肩综合症、肩关节周围炎等症有防治作用；躯干弓背收腹，能矫正脊柱畸形，增强腰、背部肌肉力量。

（2）向前落步时，气充丹田。身体重心后坐时，气运命门，加强了人的先天与后天之气的交流。尤其是重心后坐，整条脊柱后弯，内夹尾闾，后凸命门，打开大椎，意在疏通督脉经气，具有振奋全身阳气的作用。

（四）第三戏——熊戏

“熊戏”要表现出熊憨厚沉稳、松静自然的神态。运势外阴内阳，外动内静，外刚内柔，以意领气，气沉丹田，行步外观笨重拖沓，其实笨中生灵蕴含内劲，沉稳之中显灵敏。

第五式：“熊运”，就是要模仿熊摇动双臂时的动作和姿势。“熊运”是标准的左右对称。

（1）接上式。两掌握空拳成“熊掌”，拳眼相对，垂于下腹部，目视两拳，如图 14–135 所示。

（2）以腰、腹为轴，上体做顺时针摇晃，同时，两拳随之沿右肋部、上腹部、左肋部、下腹部划圆，目随上体摇晃环视，如图 14–136 ～图 14–139 所示。

（3）重复动作（1）和（2），惟左右相反。做完最后动作，两拳变掌下落，自然垂于体侧，目视前方，如图 14–140 所示。

动作要点：

（1）两掌划圆应随腰、腹部的摇晃而被动牵动，要协调自然。

（2）两掌划圆是外导，腰、腹摇晃为内引，意念内气在腹部丹田运行。

（3）动作可配合呼吸，身体上提时吸气，身体前俯时呼气。

健身作用：

（1）活动腰部关节和肌肉，可防治腰肌劳损及软组织损伤。

（2）腰、腹转动，两掌划圆，引导内气运行，可加强脾、胃的运化功能。

（3）运用腰、腹摇晃，对消化器官进行体内按摩，可防治消化不良、腹胀纳呆、便秘腹泻等症。

第六式：“熊晃”，就是要模仿熊晃动时的动作和姿势。“熊晃”是标准的左右对称。

（1）接上式。身体重心右移，左上提，牵动左脚离地，再微屈左膝；两掌握空拳成“熊掌”，目视左前方，如图 14–141 所示。

（2）身体重心前移；左脚向左前方落地，全脚掌踏实，脚尖朝前，右腿伸直；身体右转，左臂内旋前靠，左拳摆至左膝前上方，拳心朝左；右拳摆至体后，拳心朝后；目视左前方。

（3）身体左转，重心后坐；右腿屈膝，左腿伸直；拧腰晃肩，带动两臂前后弧形摆动；右拳摆至左膝前上方，拳心朝右；左拳摆至体后，拳心朝后；目视左前方，如图 14–142 所示。

（4）身体右转，重心前移；左腿屈膝，右腿伸直；同时，左臂内旋前靠，左拳摆至左膝前上方，拳心朝左；右拳摆至体后，拳心朝后；目视左前方，如图 14–143 所示。

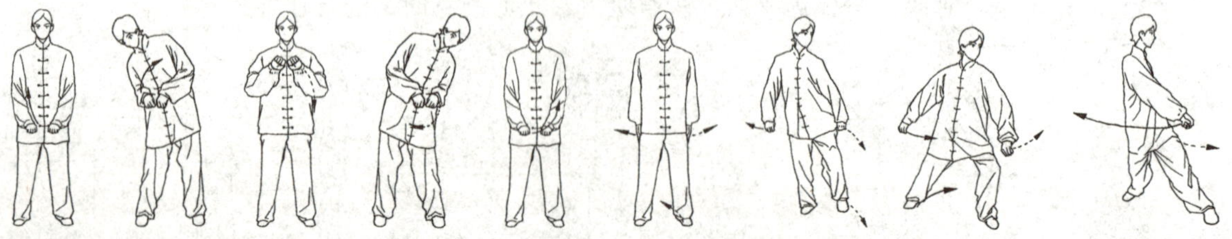

图 14–135 图 14–136 图 14–137 图 14–138 图 14–139 图 14–140 图 14–141 图 14–142 图 14–143

（5）重复以上动作，惟左右相反。

动作要点：

（1）用腰侧肌群收缩来牵动大腿上提，按提髓、起腿屈膝的先后顺序提腿。

（2）两脚前移，横向间距稍宽于肩，随身体重心前移全脚掌踏实，使震动感传至髋关节处，体现熊步的沉稳厚实。

健身作用：

（1）身体左右晃动，意在两胁，调理肝脾。

（2）提髋行走，加上落步的微震，有助于防治老年人下肢无力、关节损伤、膝痛等症。

（3）可增强髋关节周围肌肉的力量，提高平衡能力。

（五）第四戏——猿戏

猿生性好动，机智灵敏以跳，拆枝攀树，永不疲倦。习练“猿戏”时，外练肢体的轻灵敏捷，欲动则如疾风闪电，迅敏机警；内练精神的宁静，欲静则似静月凌空，万籁无声，从而达到“外动内静”“动静结合”的境界。

第七式：猿提，就是指练习者模仿猿向上提东西的动作。“猿提”以左右对称型动作著称。

（1）接上式。两掌在体前，手指伸直分开，再屈腕撮拢捏紧成“猿钩”，如图 14–144 和图 14–145 所示。

（2）两掌上提至胸，两肩上耸，收腹提肛；同时，脚跟提起，头向左转；目随头动，视身体左侧。头转正，两肩下沉，松腹落肛，脚跟着地;“猿钩”变掌，掌心向下；目视前方，如图 14–146 所示。

（4）两掌沿体前下按落于体侧，目视前方，如图 14–147 所示。

（5）重复以上动作，惟左右相反。

动作要点：

（1）掌指撮拢变钩，速度稍快。

（2）按耸肩、收腹、提肛、脚跟离地、转头的顺序，上提重心。耸肩、缩胸、屈肘、提腕要充分。

（3）动作可配合提肛呼吸。两掌上提吸气时，用意提起会阴部；下按呼气时，放下会阴部。

健身作用：

（1）“猿钩”的快速变化，意在增强神经—肌肉反应的灵敏性。

（2）两掌上提时，缩项，耸肩，团胸吸气，挤压胸腔和颈部血管；两掌下按时，伸颈，沉肩，松腹，扩大胸腔体积，可增强呼吸，按摩心脏，改善脑部供血。

（3）提踵直立，可增强腿部力量，提高平衡能力。

第八式：猿摘，是指要模仿猿摘东西时的姿势和神态。“猿摘”也是左右对称型招式。

（1）接上式。左脚向左后方退步，脚尖点地，右腿屈膝，重心落于右腿；同时，左臂屈肘，左掌成“猿钩”收至左腰侧；右掌向右前方自然摆起，掌心向下，如图 14–148 所示。

（2）身体重心后移，左脚踏实，屈膝下蹲，右脚收至左脚内侧，脚尖点地，成右丁步；同时，右掌向下经腹前向左上方划弧至头左侧，掌心对太阳穴；目先随右掌动，再转头注视右前上方，如图 14–149 所示。

（3）右掌内旋，掌心向下，沿体侧下按至左髋侧，目视右掌，如图 14–150 所示。右脚向右前方迈出一大步，左腿蹬伸，身体重心前移；右腿伸直，左脚脚尖点地；同时，右掌经体前向右上方划弧，举至右上侧变“猿钩”，稍高于肩；左掌向前、向上伸举，屈腕撮钩，成采摘势；目视左掌，如图 14–151 所示。

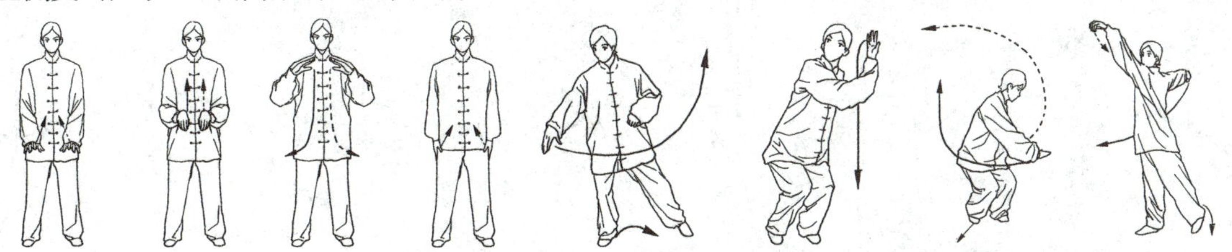

图 14–144 图 14–145 图 14–146 图 14–147 图 14–148 图 14–149 图 14–150 图 14–151

（4）身体重心后移，左掌由“猿钩”变为“握固”；右手变掌自然回落于体前，虎口朝前，如图 10-152 所示。随后，左腿屈膝下蹲，右脚收至左脚内侧，脚尖点地，成右丁步；同时，左臂屈肘收至左耳旁，掌指分开，掌心向上，成托桃状；右掌经体前向左划弧至左肘下捧托，目视左掌，如图 10-153 所示。

（5）重复以上动作，惟左右相反。

（6）左脚向左横开一步，两腿直立；同时，两手自然垂于体侧，如图 10-154 所示。两掌向身体侧前方举起，与胸同高，掌心向上；目视前方。屈肘，两掌内合下按，自然垂于体侧，目视前方，如图 10-155 所示。

动作要点：

（1）眼要随上肢动作变化左顾右盼，表现出猿猴眼神的灵敏。

（2）屈膝下蹲时，全身呈收缩状。蹬腿迈步，向上采摘，肢体要充分展开。采摘时变“猿钩”，手指撮拢快而敏捷，变握固后，成托桃状时，掌指要及时分开。

（3）动作以神似为主，重在体会其意境，不可太夸张。

健身作用：

（1）以眼领首的左顾右盼，有利于颈部运动促进脑部的血液循环。

（2）通过模拟猿猴在采摘桃果时的动作，锻炼了身体的神经系统和肢体运动的协调性，可减轻大脑神经系统的紧张度，对精神忧郁、神经紧张等症有防治作用。

（六）第五戏——鸟戏

在五禽戏所有动作中，“鸟戏”是最“名不副实”的招式了，其他四戏从名称上就可以看出模仿的动物是谁，而“鸟戏”却看不出来。其实，“鸟戏”是取材于仙鹤的形态的。自古以来，仙鹤身上都弥漫着一股仙风道骨的味道。在我国古代的神话中，仙鹤常常是神仙的坐骑。而“鸟戏”模仿的正是仙鹤的那一种轻盈和飘逸，它可以分为“鸟伸”和“鸟飞”两式。

第九式：“鸟伸”，是指要模仿仙鹤伸展身体时的动作和神态。“鸟伸”是典型的左右对称型招式。

（1）接上式。两腿微屈下蹲，两掌在腹前相叠，如图 14-156 所示。

（2）两掌向上举至头前上方，掌心向下，指尖向前，身体微前倾，提肩，缩项，挺胸，塌腰，目视前下方，如图 14-157 所示。

（3）两腿微屈下蹲；同时，两掌相叠下按至腹前；目视两掌，如图 14-158 所示。

（4）身体重心右移；右腿蹬直，左腿伸直向后抬起；同时，两掌左右分开，掌成“鸟翅”，向体侧后方摆起，掌心向上；抬头，伸颈，挺胸，塌腰；目视前方，如图 14-159 所示。

（5）重复以上动作，惟左右相反。

（6）完成以上动作后，左脚下落，两脚开步站立，两手自然垂于体侧，目视前方，如图 14-160 所示。

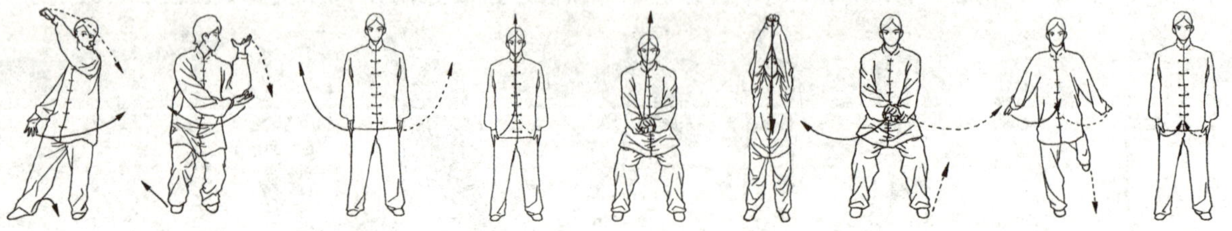

图 14-152　图 14-153　图 14-154　图 14-155　图 14-156　图 14-157　图 14-158　图 14-159　图 14-160

动作要点：

（1）两掌在体前相叠，上下位置可任选以舒适自然为宜。

（2）注意动作的松紧变化。掌上举时颈、肩、臀部紧缩；下落时，两腿微屈，颈肩、臀部松沉。

（3）两臂后摆时，身体向上拔伸，并形成向后反弓状。

健身作用：

（1）两掌上举吸气，扩大胸腔，两手下按，气沉丹田，呼出浊气，可加强肺的吐故纳新功能，增加肺活量，改善慢性支气管炎肺气肿等病的症状。

（2）两掌上举，作用于大椎和尾闾，督脉得到牵动；两掌后摆，身体成反弓状，任脉得到拉伸。这种松紧交替的练习方法，可增强疏通任、督两脉经气的作用。

第十式："鸟飞"。与"鸟伸"相比，"鸟飞"更具有动态性和灵动性。所谓"鸟飞"，就是模仿仙鹤飞翔时的动作和神态。同"鸟伸"类似，"鸟飞"也是左右对称型的招式。

（1）接上式。两腿微屈；两掌成"鸟翅"合于腹前，掌心相对；目视前下方，如图 14-161 所示。

（2）右腿伸直独立，左腿屈膝提起，小腿自然下垂，脚尖朝下；同时，两掌成展翅状，在体侧平举向上，稍高于肩，掌心向下；目视前方，如图 14-162 所示。

（3）左脚下落在右脚旁，脚尖着地，两腿微屈；同时，两掌合于腹前，掌心相对；目视前下方，如图 14-163 所示。

（4）右腿伸直独立，左腿屈膝提起，小腿自然下垂，脚尖朝下；同时，两掌经体侧，向上举至头顶上方，掌背相对，指尖向上；目视前方，如图 14-164 所示。

（5）左脚下落在右脚旁，全脚掌着地，两腿微屈；同时两掌合于腹前，掌心相对；目视前下方，如图 14-165 所示。

（6）重复以上动作，惟左右相反。

（7）以上动作完成后，两掌向身体侧前方举起，与胸同高掌心向上；目视前方。屈肘，两掌内合下按，自然垂于体侧；目视前方，如图 14-166 所示。

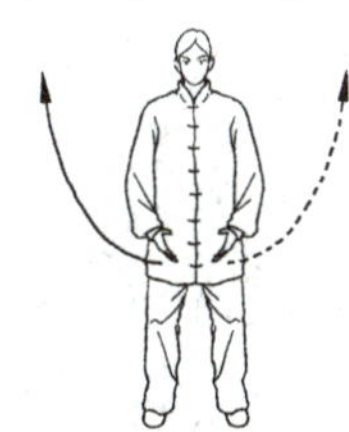
图 14-161

图 14-162

图 14-163

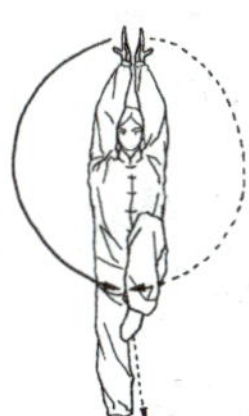
图 14-164

图 14-165

图 14-166

动作要点：

（1）两臂侧举，动作舒展，幅度要大，尽量展开胸部两侧；两臂下落内合，尽量挤压胸部两侧。

（2）手脚变化配合协调，同起同落。

（3）动作可配合呼吸，两掌上提时吸气，下落时呼气。

健身作用：

（1）两臂的上下运动可改变胸腔容积，若配合呼吸运动可起到按摩心肺作用，增强血氧交换能力。

（2）拇指、食指的上翘紧绷，意在刺激手太阴肺经，加强肺经经气的流通，提高心肺功能。

（3）提膝独立，可提高人体平衡能力。

（七）收势——引气归元

收势和预备势是相对的，是正式功法招式结束后对练功者身体的一个调节的过程。五禽戏的预备势和收势都很有意思，都和呼吸相关。预备势叫作“起势调息”，收势叫作“引气归元”。“引气归元”就是使气息渐渐平和，要将练功过程中得到的内外之气导引归入丹田。它和“起势调息”一吸一收，是“天人合一”精神的绝佳体现。

（1）两掌经体侧上举至头顶上方，掌心向下，如图 14–167 所示。

（2）两掌指尖相对，沿体前缓慢下按至腹前，目视前方，如图 14–168 所示。

（3）以上动作重复两遍。

（4）两手缓慢在体前划平弧，掌心相对，高与脐平，目视前方，如图 14–169 所示。

（5）两手在腹前合拢，虎口交叉，叠掌眼微闭静养，调匀呼吸意守丹田，如图 14–170 所示。

（6）数分钟后，两眼慢慢睁开，两手合掌，在胸前搓擦至热，如图 14–171 所示。

（7）掌贴面部，上、下擦摩，浴面 3~5 遍，如图 10–172 所示。

（8）两掌向后沿头顶耳后、胸前下落，自然垂于体侧，目视前方，如图 14–173 所示。

（9）左脚提起向右脚并拢，前脚掌先着地，随之全脚踏实，恢复成预备势，目视前方，如图 14–174 所示。

动作要点：

（1）两掌由上向下按时，身体各部位要随之放松，直达脚底涌泉穴。

（2）两掌腹前划平弧动作，衔接要自然、圆活，有向前收拢物体之势，意将气息合抱引入丹田。

健身作用：

（1）引气归元就是使气息逐渐平和，意将练功时所得体内、外之气导引归入丹田，起到和气血、通经脉、理脏腑的功效。

（2）通过搓手、浴面，恢复常态，收功。

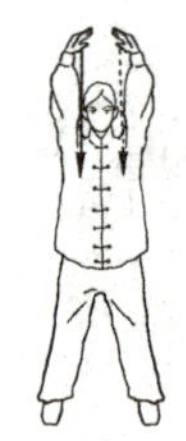

图 14–167

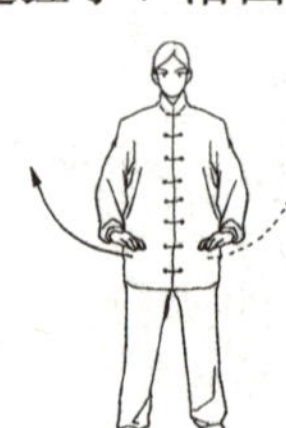

图 14–168

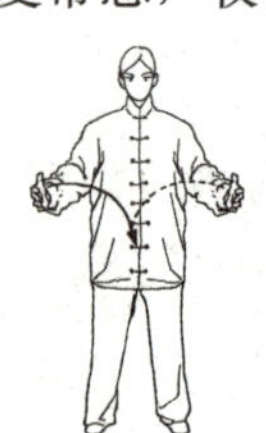

图 14–169

图 14–170

图 14–171

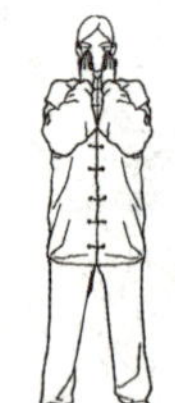

图 14–172

图 14–173

图 14–174

第三节　六字诀

一　六字诀概述

六字诀是一种以六个汉字为基础的养生方法，它通过特定的呼吸练习来强化人体内部器官的功能，进而提高身体抵抗疾病的能力。与传统的养生方法不同，六字诀强调调动人体内部的潜能，以达到防病抗衰的效果。许多古代文献都有关于六字诀的记载和论述，如《吕氏春秋》中就有关于用导引呼吸治病的论述。六字诀的实践者可以通过反复练习六个汉字的发音，配合呼吸练习，来达到锻炼身体和内心的效果。

二 动作说明

（一）预备势

（1）两脚平行站立，约与肩同宽，两膝微屈；头正颈直，下颌微收，竖脊含胸；两臂自然下垂，周身中正；唇齿合拢，舌尖放平，轻贴上腭；目视前下方。

动作要点：

（1）鼻吸鼻呼，自然呼吸。

（2）面带微笑，思想安静，全身放松。

健身作用：

（1）可使习练者身体放松，心平气和，渐入练功状态，并且具有沟通任、督二脉，利于全身气血运行的作用。

（2）可起到集中注意力，养气安神，消除疲劳及内心焦虑的作用。

（二）起势

（1）接上式。屈肘，两掌十指相对，掌心向上，缓缓上托至胸前，约与两乳同高目视前方，如图 14-175 ～图 14-177 所示。

（2）两掌内翻，掌心向下，缓缓下按，至肚脐前，目视前下方，如图 14-178 和图 14-179 所示。

（3）微屈膝下蹲，身体后坐；同时，两掌内旋外翻，缓缓向前拨出，至两臂成圆，如图 14-180 所示。

（4）两掌外旋内翻，掌心向内，如图 14-181 所示。起身，两掌缓缓收拢至肚脐前，虎口交叉相握轻覆肚脐；静养片刻，自然呼吸；目视前下方，如图 14-182 所示。

图 14-175

图 14-176

图 14-177

图 14-178

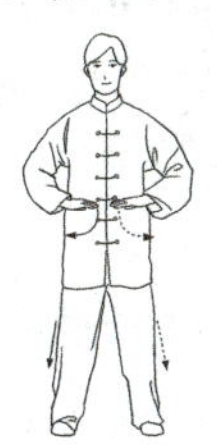
图 14-179

图 14-180

图 14-181

图 14-182

动作要点：（1）鼻吸鼻呼。

（2）两掌上托时吸气，下按、向前拨出时呼气，收拢时吸气。

健身作用：

（1）通过两掌托、按、拨、拢及下肢的节律性屈伸，同时配合呼吸，外导内行，可以协调人体“内气”的升、降、开、合，并且有促进全身气血畅旺的作用，同时也为以下各式的习练做好准备。

（2）腰膝关节柔和的节律运动，有利于改善和增强中老年人的腰膝关节功能。

（三）第一式：嘘字诀

（1）接上式。两手松开，掌心向上，小指轻贴腰际，向后收到腰间，目视前下方，如图10-183所示。两脚不动，身体左转90°，如图14-184所示。同时，右掌由腰间缓缓向左侧穿出，约与肩同高，并配合口吐“嘘”字音两目渐渐圆睁，目视右掌伸出方向，如图14-185所示。

（2）右掌沿原路收回腰间，同时身体转回正前方，目视前下方，如图14-186所示。

（3）身体右转90°，如图14-187所示。同时，左掌由腰间缓缓向右侧穿出，约与肩同高，并吐出“嘘”字音，两目渐圆睁，目视左掌伸出方向，如图14-188所示。

（4）左掌沿原路收回腰间，同时，身体转回正前方，目视前下方，如图14-189所示。

（5）如此左右穿掌各3遍。本式共吐“嘘”字音6次，如图14-190所示。

图14-183

图14-184

图14-185

图14-186

图14-187

图14-188

图14-189

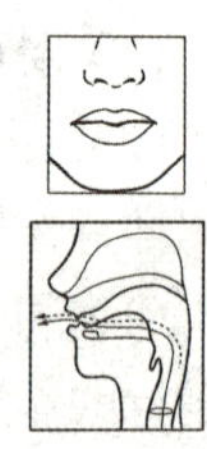
图14-190

动作要点：

（1）“嘘”字吐气法：“嘘”字属牙音。发音吐气时，嘴角后引，槽牙上下平对，中留缝隙，槽牙与舌边亦有空隙。发声吐气时，气从槽牙间、舌两边的空隙中呼出体外。

（2）穿掌时口吐“嘘”字音，收掌时鼻吸气，动作与呼吸应协调一致。

健身作用：

（1）中医认为，“嘘”字诀与肝相应。口吐“嘘”字具有泄出肝之浊气、调理肝脏功能的作用。同时，配合两目圆睁，还可起到疏肝明目的功效。

（2）掌心向上从腰间向对侧穿出，一左一右，交替练习，外导内行，使肝气升发，气血调和。

（3）身体的左右旋转，使腰部及腹内的组织器官得到锻炼，不仅能提高中老年人的腰膝及消化功能，而且还能使人体的带脉得到疏通与调节，全身气机得以顺利升降。

（四）第二式：呵字诀

（1）接上式。吸气，同时两掌小指轻贴腰际微上提，指尖朝向斜下方，目视前下方，如图14-191所示。屈膝下蹲，同时，两掌缓缓向前下约45°方向插出，两臂微屈；目视两掌，如图14-192所示。

（2）微微屈肘收臂，两掌小指一侧相靠，掌心向上，成“捧掌”，约与肚脐相平，目视两掌心，如图14-193所示。

（3）两膝缓缓伸直；同时屈肘，两掌捧至胸前，掌心向内，两中指约与下颏同高；目视前下方，如图14-194所示。

（4）两肘外展，约与肩同高；同时，两掌内翻，掌指朝下，掌背相靠，如图10-195所示。然后，两掌缓缓下插，目视前下方，如图14-196所示。从插掌开始，口吐“呵”字音。

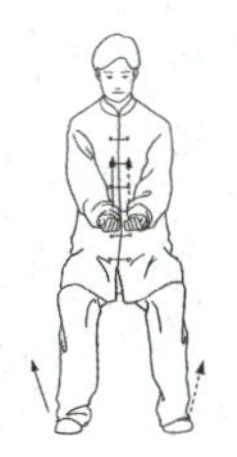

图 14-191　图 14-192　图 14-193　图 14-194　图 14-195

（5）两掌下插至肚脐前时，微屈膝下蹲；同时，两掌内旋外翻，掌心向外，缓缓向前拨出，至两臂成圆；目视前下方，如图 14-197 所示。

（6）两掌外旋内翻，掌心向上，于腹前成"捧掌"；目视两掌心，如图 14-198 ～图 14-200 所示。

（7）两膝缓缓伸直；同时屈肘，两掌捧至胸前，掌心向内，两中指约与下颌同高；目视前下方，如图 14-201 所示。

（8）两肘外展，约与肩同高；同时，两掌内翻，掌指朝下，掌背相靠，如图 14-202 所示；然后两掌缓缓下插，目视前下方，如图 14-203 所示。从插掌开始，口吐"呵"字音。

（9）重复 4 遍（5）至（8）动作，本式共吐"呵"字音 6 次，"呵"字诀口型示意如图 14-204 所示。

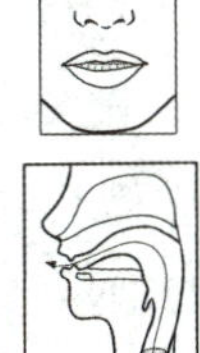

图 14-196　图 14-197　图 14-198　图 14-199　图 14-200　图 14-201　图 14-202　图 14-203　图 14-204

动作要点：

（1）"呵"字吐气法：发声吐气时，舌体上拱，舌边轻贴上槽牙，气从舌与上腭之间缓缓呼出体外。

（2）两掌捧起时鼻吸气，查掌、外拨时呼气，口吐"呵"字音。

健身作用：

（1）中医认为，"呵"字诀与心相应。口吐"呵"字具有泄出心之浊气、调理心脏功能的作用。

（2）通过捧掌上升、翻掌下插，外导内行，使肾水上升，以制心火；心火下降，以温肾水，达到心肾相交、水火既济，调理心肾功能的作用。

（3）两掌的捧、翻、插、拨，肩、肘、腕、指各个关节柔和连续地屈伸旋转运动，锻炼了上肢关节的柔韧性、功能的协调性，有利于防治中老年人的上肢骨关节退化等病症。

（五）第三式：呼字诀

（1）在上式最后一动两掌向前拨出后，如图 14-205 所示，外旋内翻，转掌心向内对肚脐，指尖斜相对，五指自然分开，两掌心间距与掌心至肚脐距离相等，目视前下方，如图 14-206 所示。

（2）两膝缓缓伸直；同时，两掌缓缓向肚脐方向合拢，至肚脐前约 10 厘米，如图 14-207 所示。

（3）微屈膝下蹲；同时，两掌向外展开至两掌心间距与掌心至肚脐距离相等，两臂成圆形，并口吐"呼"字音；目视前下方，如图 14-208 所示。

（4）两膝缓缓伸直；同时，两掌缓缓向肚脐方向合拢，如图 14-209 所示。

（5）重复 5 遍动作（3）至（4）。本式共吐“呼”字音 6 次，“呼”字诀口型示意如图 14-210 所示。

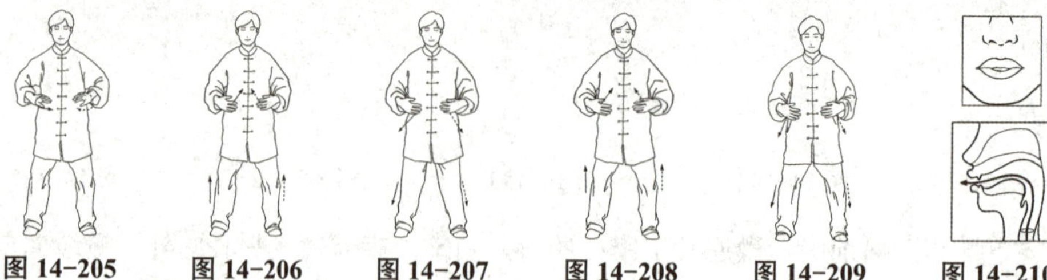
图 14-205　图 14-206　图 14-207　图 14-208　图 14-209　图 14-210

动作要点：

（1）“呼”为喉首，发声吐气时，舌两侧上卷，口唇撮圆，气从喉出后，在口腔中形成一股中间气流，经撮圆的口唇呼出体外。

（2）两掌向肚脐方向收拢时吸气，两掌向外展开时口吐“呼”字音。

健身作用：

（1）中医认为，“呼”字诀与脾脏相应。口吐“呼”字具有泄出脾胃之浊气、调理脾胃功能的作用。

（2）通过两掌与肚脐之间的开合，外导内行，使整个腹腔形成较大幅度的舒缩运动，具有促进肠胃蠕动、健脾和胃、消食导滞的作用。

（六）第四式：呬字诀

（1）接上式，如图 14-209 所示。自然下落，掌心向上，十指相对；目视前下方，如图 14-211 示。

（2）两膝缓缓伸直；同时，两掌缓缓向上托至胸前，约与两乳同高；目视前下方，如图 14-212 示。

（3）两肘下落，夹肋，两手顺势立掌于肩前，掌心相对，指尖向上，如图 14-213 示。两肩胛骨向脊柱靠拢，展肩扩胸，藏头缩项；目视前斜上方，如图 14-214 示。

（4）微屈膝下蹲；同时，松肩伸项，两掌缓缓向前平推逐渐转成掌心向前亮掌，同时口吐“呬”（si）字音；目视前方，如图 14-215 和图 14-216 示。

（5）两掌外旋腕，转至掌心向内，指尖相对，约与肩宽，如图 14-217 和图 14-218 所示。

（6）两膝缓缓伸直；同时屈肘，两掌缓缓收拢至胸前约 10 厘米，指尖相对；目视前下方，如图 10-219 所示。

（7）两肘下落，夹肋，两手顺势立掌于肩前，掌心相对，指尖向上，如图 14-220 所示。两肩胛骨向脊柱靠拢，展肩扩胸，藏头缩项；目视斜前上方，如图 14-221 所示。

（8）微屈膝下蹲；同时，松肩伸项，两掌缓缓向前平推逐渐转成掌心向前，并口吐“呬”字音；目视前方，如图 14-222 和图 14-223 所示。

（9）重复 4 遍动作（5）至（8）。本式共吐“呬”字音 6 次，“呬”字诀口型示意如图 14-224 所示。

图 14-211

图 14-212

图 14-213

图 14-214

图 14-215

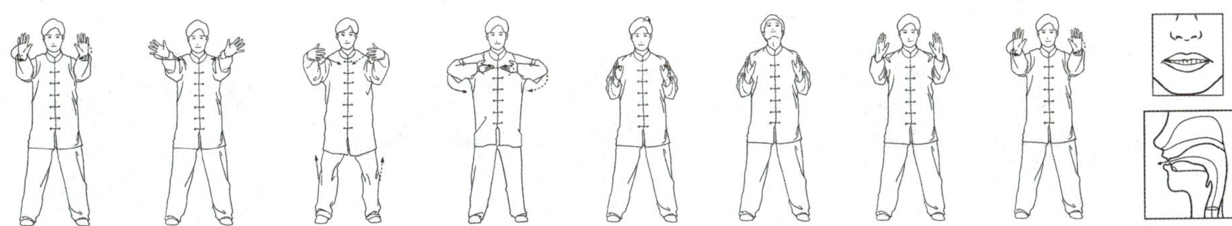

图 14-216　图 14-217　图 14-218　图 14-219　图 14-220　图 14-221　图 14-222　图 14-223　图 14-224

动作要点：

（1）“呬”为齿音，发声吐气时，上下门牙对齐，留有狭缝，舌尖抵下齿，气从齿间呼出体外。

（2）推掌时，呼气，口吐“呬”字音；两掌外旋腕，指尖相对，缓缓收拢时鼻吸气。

健身作用：

（1）中医认为，“呬”字诀与肺相应。口吐“呬”字具有泄出肺之浊气、调理肺脏功能的作用。

（2）通过展肩扩胸、藏头缩项的锻炼，使吸入的大自然之清气布满胸腔，同时小腹内收，使“丹田”之气也上升到胸中。先天、后天二气在胸中会合，具有锻炼肺的呼吸功能，促进气血在肺内的充分融和与气体交换的作用。

（3）立掌展肩与松肩推掌，可以刺激颈项、肩背部周围的穴位，并能有效地解除颈、肩、背部的肌肉和关节疲劳，防治颈椎病、肩周炎和背部肌肉劳损等病症。

（七）第五式：吹字诀

（1）接上式，如图 14-223 所示。两掌前推，随后松腕伸掌，指尖向前，掌心向下，如图 14-225 所示。

（2）两臂向左右分开成侧平举，掌心斜向后，指尖向外，如图 14 226 所示。

（3）两臂内旋，两掌向后划弧至腰部，掌心轻贴腰眼，指尖斜向下，目视前下方，如图 14-227 和图 14-228 所示。

（4）微屈膝下蹲，同时，两掌向下沿腰、两大腿外侧下滑，后屈肘提臂环抱于腹前，掌心向内，指尖相对，终与脐平，目视前下方如图 14-229 ～图 14-231 所示。两掌从腰部下滑时，口吐“吹”字音。

（5）两膝缓缓伸直，同时，两掌缓缓收回，轻抚腹部，指尖斜向下，虎口相对，目视前下方，如图 14-232 所示。

（6）两掌沿带脉向后摩运，如图 14-233 所示。

（7）两掌至后腰部，掌心轻贴腰眼，指尖斜向下，目视前下方，如图 14-234 所示。

（8）微屈微下蹲，同时，两掌向下沿腰、两大腿外侧下滑，后屈肘提臂环抱于腹前，掌心向内，指尖相对，约与脐平：目视前下方，如图 14-235 ～图 14-237 所示。

重复（5）至（8）动作 4 遍。本式共吐“吹”字音 6 次，“吹”字诀口型示意，如图 14-238 所示。

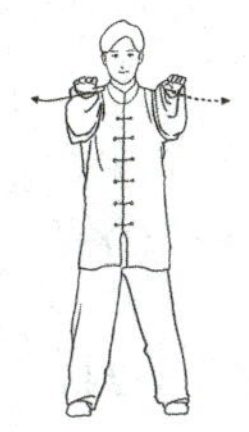

图 14-225

图 14-226

图 14-227

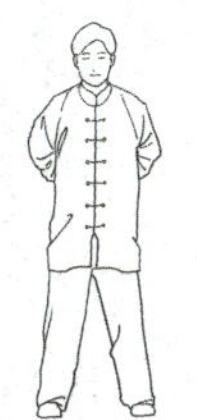

图 14-228

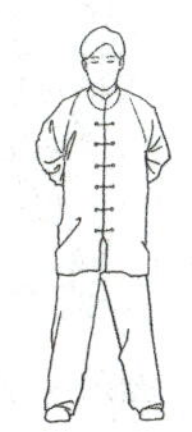

图 14-229

图 14-230 图 14-231 图 14-232 图 14-233 图 14-234 图 14-235 图 14-236 图 14-237 图 14-238

动作要点：

（1）“吹”字吐气法：“吹”字为唇音。发声吐气时，舌体、嘴角后引，槽牙相对，两唇向两侧拉开收紧，气从喉出后，从舌两边绕舌下，经唇间缓缓呼出体外。

（2）两掌从腰部下滑、环抱于腹前时呼气口吐“吹”字音，两掌向后收回、横摩至腰时以鼻吸气。

健身作用：

（1）中医认为，“吹”字诀与肾相应。口吐“吹”字具有泄出肾之浊气、调理肾脏功能的作用。

（2）“腰为肾之府”。肾位于腰部脊柱两侧，腰部功能的强弱与肾气的盛衰息息相关。本式动作通过两手对腰腹部的摩按，具有壮腰健肾、增强腰肾功能和预防衰老的作用。

（八）第六式：嘻字诀

（1）接上式，如图 10-237 所示。两掌环抱，自然下落于体前，目视前下方，如图 14-239 所示。两掌内旋外翻，掌背相对，掌心向外，指尖向下：目视两掌，如图 14-240 所示。

（2）两膝缓缓伸直，同时，提肘带手，经体前上提至胸，如图 14-241 所示。随后，两手继续上提至面前，分掌、外开、上举，两臂成弧形，掌心斜向上，目视前上方，如图 14-242 所示。

（3）屈肘，两手经面部前回收至胸前约与肩同高，指尖相对，掌心向下：目视前下方，如图 14-243 所示。然后，微屈膝下蹲，同时，两掌缓缓下按至肚脐前，如图 14-244 所示。

（4）两掌继续向下、向左右外分至左右旁约 15 厘米处，掌心向外，指尖向下，目视前下方，如图 14-245 所示。从上动两掌下按开始配合口吐“嘻”字音。

（5）两掌掌背相对合于小腹前，掌心向外，指尖向下，目视两掌，如图 14-246 所示。

（6）两膝缓缓伸直，同时，提肘带手，经体前上提至胸，如图 14-247 所示。随后，两手继续上提至面前，分掌外开、上举，两臂成弧形，掌心斜向上，目视前上方，如图 14-248 所示。

（7）屈肘，两手经面部前回收至胸前，约与肩同高，指尖相对，掌心向下，目视前下方，如图 14-249 所示。然后微屈碎下蹲，同时两掌缓缓下按至肚脐前视前下方，如图 14-250 所示。

（8）两掌顺势外开至旁约 15 厘米，掌心向外，指尖向下：目视前下方，如图 14-251 所示。从上动两掌下按开始配合口吐“嘻”字音。

（9）重复 4 遍动作（5）至（8）。本式共吐“嘻”字音 6 次。“嘻”字诀口型示意，如图 14-252 所示。

图 14-239

图 14-240

图 14-241

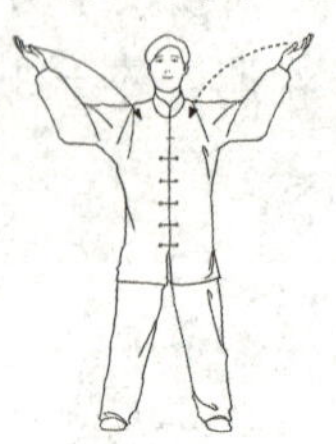

图 14-242

图 14-243

图 14-244　图 14-245　图 14-246　图 14-247　图 14-248　图 14-249　图 14-250　图 14-251　图 14-252

动作要点：

（1）“嘻”字吐气法：“嘻”字为牙音，发声吐气时，舌尖轻抵下齿，嘴角略后引并上翘，槽牙上下轻轻咬合，呼气时使气从槽牙边的空隙中经过呼出体外。

（2）提肘、分掌、向外展开、上举时鼻吸气，两掌从胸前下按、松垂、外开时呼气，口吐“嘻”字音。

健身作用：

（1）中医认为，“嘻”字诀与少阳三焦之气相应。口吐“嘻”字有疏通少阳经脉、调和全身气机的作用。

（2）通过提手、分掌、外开、上举和内合下按、松垂、外开，分别可以起到升开与肃降全身气机的作用。二者相反相成，共同达到调和全身气血的功效。

（九）收势

（1）接上式，如图 14-251 所示。两手外旋内翻，转掌心向内，如图 14-253 所示。缓缓抱于腹前，虎口交叉相握，轻覆肚脐，同时两膝缓缓伸直，目视前下方，静养片刻，如图 14-254 和图 14-255 所示。

两掌以肚脐为中心揉腹，顺时针 6 圈，逆时针 6 圈。

（2）两掌松开，两臂自然垂于体侧，目视前下方，如图 14-256 所示。

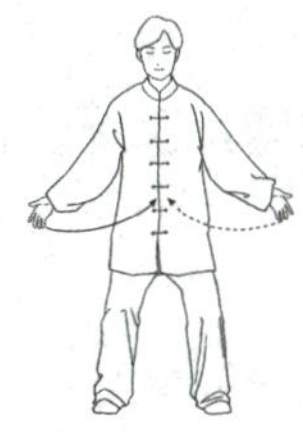

图 14-253

图 14-254

图 14-255

图 14-256

动作要点：形松意静，收气静养。

健身作用：通过收气静养按揉脐腹，由炼气转为养气，可以达到引气归元的作用，进而使练功者从练功状态恢复到正常状态。

第四节　八段锦

一　八段锦概述

八段锦是我国古代的导引术，健身效果明显，流传广泛，是中华传统养生文化中的瑰宝。八段锦的“八”字，并非单指段、节和八个动作，而是表示如八卦变化，其功法有多种要素，相互制约，相互联系，循环运转。正如明高濂著的《遵生八笺》中八段锦导引法所提：“子后午前做，造化合乾坤。循环次第转，八卦是良因。”“锦”字，是由“金”“帛”组成，以表示其精美华贵。除此之外，“锦”字还可理解为单个导引术式的汇集，如丝锦那样连绵不断，是一套完整的健身功法。八段锦的名称，最早见于宋人洪迈所编的《夷坚志》。该书记载：“政和七年，李似矩为起居郎……尝以夜半时起坐，嘘吸按摩，行所谓八段锦者。”由此可见，北宋时八段锦就流传于世。

八段锦内容丰富，大体可分为坐式和站式两大类。坐式八段锦也称为文八段，保留了古人席地而坐的习惯，文八段多偏重于内功。站式八段锦也称为武八段，武八段分南、北两派，在内容和形式上有所区别：有人把难度较大、骑马式较多、动作以刚为主的一种，称为北派；把难度不大、骑马式较少、动作以柔为主的称为南派。从文献和内容上分析，南派和北派同出一源，都是根据生活实践需要和中医学理论逐步发展和充实起来的。

八段锦的文字记载也不是一开始就形成歌诀的。南宋无名氏记述的八段锦，并非七言八句，而是记述了字数多少不等的八条，各条之间也不押韵。直到金元时期，特别是元末明初，记述八段锦才出现了歌诀的形式。歌诀有助于练习者对八段锦动作的背诵和记忆。八段锦对人体之所以有良好的作用，是因为它的各个动作对某一脏器具有针对性的作用，但是这种作用又是综合性、整体性的，并非头痛医头、脚痛医脚的。因此，将八段锦各节动作综合起来练习，可起到调脾胃、理三焦、去心火、固肾腰的作用。

二 基本手型

（1）拳，即握固。大拇指抵掐无名指根节内侧，其余四指屈拢收于掌心，如图 14-257 所示。

（2）掌一，五指微屈，稍分开，掌心微含，如图 14-258 所示；掌二，拇指与食指竖直分开成八字状，其余三指第一、二指节屈收，掌心微含，如图 14-259 所示。

（3）爪，五指并拢，大拇指第一指节，其余四指第一、二指节屈收扣紧，手腕伸直，如图 14-260 所示。

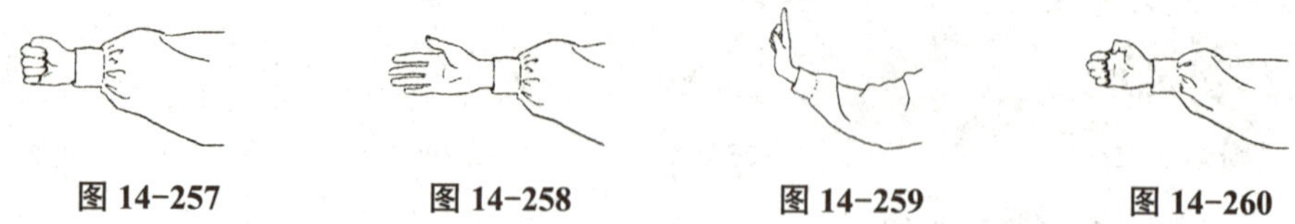

图 14-257　图 14-258　图 14-259　图 14-260

三 基本步形

（1）马步。开步站立，两脚间距约为本人脚长的 2 ～ 3 倍，屈膝半蹲，大腿略高于水平，如图 14-261 所示。

图 14-261

四 动作说明

（一）预备式

动作一：两脚并步站立；两臂自然垂于体侧；身体中正，目视前方，如图 14-262 所示。

动作二：随着松腰沉髋，身体重心移至右腿；左脚向左侧开步，脚尖朝前，约与肩同宽；目视前方，如图 14-263 所示。

动作三：两臂内旋，两掌分别向两侧摆起，约与髋同高，掌心向后；目视前方，如图 14-264 所示。

动作四：上动不停。两腿膝关节稍屈；同时，两臂外旋，向前合抱于腹前呈圆弧形，与脐同高，掌心向内两掌指间距约 10 厘米；目视前方，如图 14-265 所示。

动作要点：

(1)头向上顶，下颌微收，舌抵上腭，双唇轻闭；沉肩坠肘，腋下虚掩；胸部宽舒，腹部松沉；收髋敛臀，上体中正。

(2) 呼吸徐缓，气沉丹田，调息 6～9 次。

健身作用：宁静心神，调整呼吸，内安五脏，端正身形，从精神与肢体上做好练功前的准备。

(二)第一式：两手托天理三焦

动作一：接上式。两臂外旋微下落，两掌五指分开在腹前交叉，掌心向上；目视前方，如图 14-266 所示。

动作二：上动不停。两腿徐缓挺膝伸直；同时，两掌上托至胸前，随之两臂内旋向上托起，掌心向上；抬头，目视两掌，如图 14-267 所示。

动作三：上动不停。两臂继续上托，肘关节伸直；同时，下颌内收，动作略停：目视前方，如图 14-268 所示。

动作四：身体重心缓缓下降；两腿膝关节微屈；同时，十指慢慢分开：两臂分别向身体两侧下落，两掌捧于腹前，掌心向上；目视前方，如图 14-269 所示。

本式托举、下落为 1 遍，共做 6 遍。

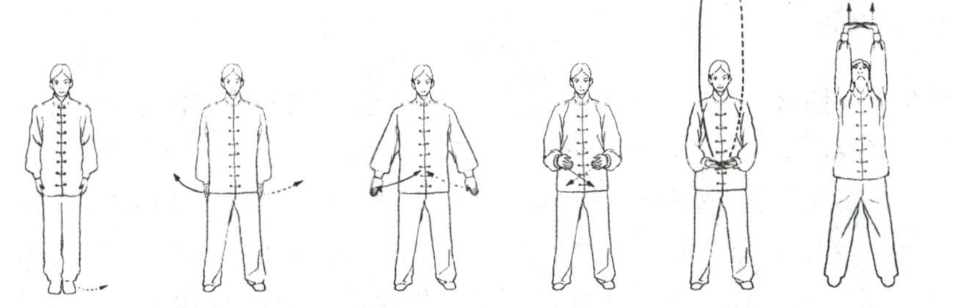

图 14-262 图 14-263 图 14-264 图 14-265 图 14-266 图 14-267 图 14-268 图 14-269

动作要点：

(1) 两掌上托要舒胸展体，略有停顿，保持抻拉。

(2) 两掌下落，松腰沉髋，沉肩坠肘，松腕舒指，上体中正。

健身作用：

(1) 通过两手交叉上托，缓慢用力，保持抻拉，可使“三焦”通畅、气血调和。

(2) 通过拉长躯干与上肢各关节周围的肌肉、韧带及关节软组织，对防治肩部疾患、预防颈椎病等具有良好的作用。

(三)第二式：左右开弓似射雕

动作一：接上式。身体重心右移；左脚向左侧开步站立，两腿膝关节自然伸直；同时两掌向上交叉于胸前，左掌在外，两掌心向内；目视前方，如图 14–270 所示。

动作二：上动不停。两腿徐缓屈膝半蹲成马步；同时，右掌屈指成“爪”，向右拉至肩前；左掌成八字掌，左臂内旋，向左侧推出，与肩同高，坐腕，掌心向左，犹如拉弓射箭之势；动作略停；目视左掌方向，如图 14–271 所示。

动作三：身体重心右移；同时，右手五指伸开成掌，向上向右划弧，与肩同高，指尖朝上掌心斜向前；左手指伸开成掌掌心斜向后；目视右掌，如图 14–272 所示。

动作四：上动不停。重心继续右移；左脚回收成并步站立；同时，两掌分别由两侧下落，捧于腹前，指尖相对，掌心向上；目视前方，如图 14–273 所示。

动作五至动作八：同动作一至动作四，惟左右相反。

本式一左一右为 1 遍，共做 3 遍。

第 3 遍最后一动时，身体重心继续左移；右脚回收成开步站立，与肩同宽，膝关节微屈；同时，两掌分别由两侧下落，捧于腹前，指尖相对，掌心向上；目视前方，如图 14–273 所示。

动作要点：

（1）侧拉之手五指要并拢屈紧，肩臂放平。

（2）八字掌侧撑需沉肩坠肘，屈腕竖指，掌心涵空。

（3）年老或体弱者可自行调整马步的高度。

健身作用：

（1）展肩扩胸，可刺激督脉和背部俞穴；同时刺激手三阴三阳经等，可调节手太阴肺经等经脉之气。

（2）可有效发展下肢肌肉力量，提高平衡和协调能力；同时，增加前臂和手部肌肉的力量，提高手腕关节及指关节的灵活性。

（3）有利于矫正不良姿势，如驼背及肩内收，很好地预防肩、颈疾病等。

（四）第三式：调理脾胃须单举

动作一：接上式。两腿徐缓挺膝伸直；同时，左掌上托，左臂外旋上穿经面前，随之臂内旋上举至头左上方，肘关节微屈，力达掌根，掌心向上，掌指向右；同时，右掌微上托，随之臂内旋下按至右髋旁，肘关节微屈，力达掌根，掌心向下，掌指向前，动作略停；目视前方，如图 14–274 所示。

动作二：松腰沉髋，身体重心缓缓下降；两腿膝关节微屈；同时，左臂屈肘外旋，左掌经面前下落于腹前，掌心向上；右臂外旋，右掌向上捧于腹前，两掌指尖相对，相距约 10 厘米，掌心向上；目视前方，如图 14–275 所示。

动作三、四：同动作一、二，惟左右相反，如图 14–276 和图 14–277 所示。

本式一左一右为 1 遍，共做 3 遍。

第 3 遍最后一动时，两腿膝关节微屈；同时，右臂屈肘，右掌下按于右髋旁，掌心向下，掌指向前；目视前方，如图 14–278 所示。

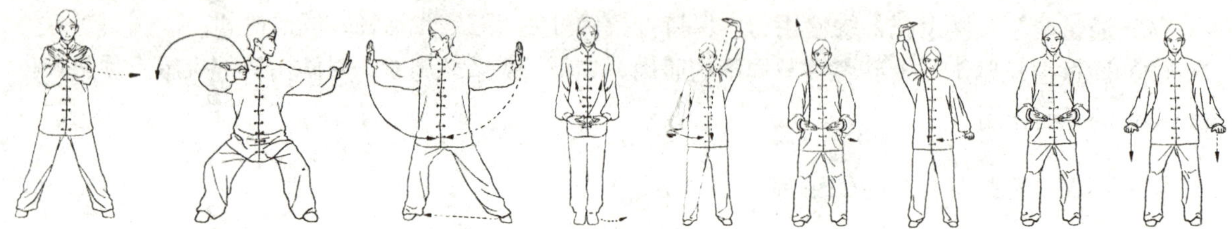

图 14–270　图 14–271　图 14–272　图 14–273　图 14–274　图 14–275　图 14–276　图 14–277　图 14–278

动作要点：

力在掌根，上撑下按，舒胸展体，拔长腰脊。

健身作用：

（1）通过左右上肢一松一紧的上下对拉（静力牵张），可以牵拉腹腔，对脾胃中焦肝胆起到按摩作用；同时可以刺激位于腹胸胁部的相关经络以及背部俞穴等，达到调理脾胃（肝胆）和脏腑经络的作用。

（2）可使脊柱内各椎骨间的小关节及小肌肉得到锻炼，从而增强脊柱的灵活性与稳定性，有利于预防和治疗肩、颈疾病等。

（五）第四式：五劳七伤往后瞧

动作一：接上式。两腿徐缓挺膝伸直；同时，两臂伸直，掌心向后，指尖向下，目视前方，如图 14–279 所示。然后上动不停。两臂充分外旋，掌心向外；头向左后转，动作略停；目视左斜后方，如图 14–280 所示。

动作二：松腰沉髋，身体重心缓缓下降；两腿膝关节微屈；同时，两臂内旋按于髋旁，掌心向下，指尖向前；目视前方，如图 14–281 所示。

动作三：同动作一，惟左右相反。

动作四：同动作二，如图 14–281 所示。

本式一左一右为 1 遍，共做 3 遍。第 3 遍最后一动时，两腿膝关节微屈；同时，两掌捧于腹前，指尖相对，掌心向上；目视前方，如图 14–282 所示。

动作要点：

（1）头向上顶，肩向下沉。

（2）转头不转体，旋臂，两肩后张。

健身作用：

（1）“五劳”，指心、肝、脾、肺、肾五脏劳损；“七伤”，指喜、怒、悲、忧、恐、惊、思七情伤害。本式动作通过上肢伸直外旋扭转的静力牵张作用，可以扩张牵拉胸腔、腹腔内的脏腑，往后瞧的转头动作可刺激颈部大椎穴，达到防治“五劳七伤”的目的。

（2）可增加颈部及肩关节周围参与运动肌群的收缩力，增加颈部运动幅度，活动眼肌，预防眼肌疲劳以及肩、颈与背部等疾患。同时，改善颈部及脑部血液循环，有助于解除中枢神经系统疲劳。

（六）第五式：摇头摆尾去心火

动作一：接上式。身体重心左移；右脚向右开步站立，两腿膝关节自然伸直；同时，两掌上托与胸同高时，两臂内旋，两掌继续上托至头上方，肘关节微屈，掌心向上，指尖相对；目视前方，如图 14–283 所示。

动作二：上动不停。两腿徐缓屈膝半蹲成马步；同时，两臂向两侧下落，两掌扶于膝关节上方，肘关节微屈，小指侧向前；目视前方，如图 14–284 所示。

动作三：身体重心向上稍升起，而后右移；上体先向右倾，随之俯身：目视右脚，如图 14–285 所示。

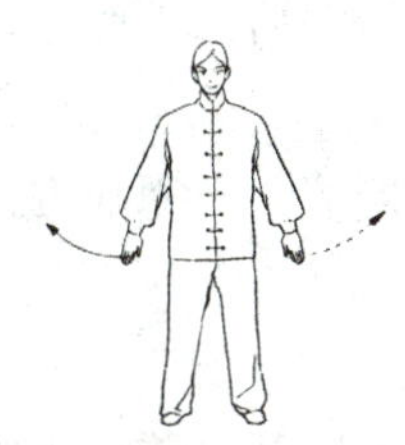

图 14–279 图 14–280

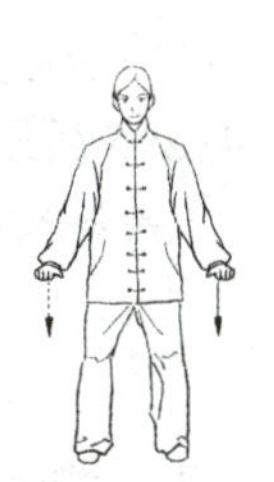

图 14–281

图 14–282

图 14–283

图 14–284

图 14–285

动作四：上动不停，身体重心左移；同时，上体由右向前、向左旋转；目视右脚，如图 14-286 所示。

动作五：身体重心右移，成马步；同时，头向后摇，上体立起，随之下颌微收；目视前方，如图 14-287 所示。

动作六至动作八：同动作三至动作五，惟左右相反，如图 14-288 ～图 14-290 所示。

本式一左一右为 1 遍，共做 3 遍。做完 3 遍后，身体重心左移，右脚回收成开步站立，与肩同宽；同时，两掌向外经两侧上举，掌心相对；目视前方图，如图 14-291 所示。随后松腰沉髋，身体重心缓缓下降，两腿膝关节微屈；同时屈肘，两掌经面前下按至腹前，掌心向下，指尖相对；目视前方，如图 14-292 所示。

动作要点：

（1）马步下蹲，要收髋敛臀，上体中正。

（2）摇转时，颈部与尾闾穴对拉伸长，好似两个轴在相对运转，速度应柔和缓慢，动作圆活连贯。

（3）年老或体弱者要注意动作幅度，不可强求。

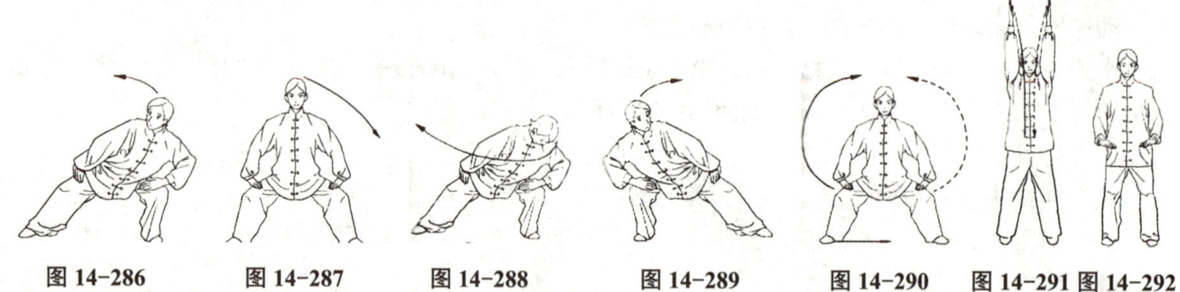

图 14-286　图 14-287　图 14-288　图 14-289　图 14-290　图 14-291 图 14-292

健身作用：

（1）心火，即心热火旺的病症，属阳热内盛的病机。通过两腿下蹲，摆动尾闾，可刺激脊柱督脉等；通过摇头，可刺激大椎穴，从而达到疏经泄热的作用，有助于去除心火。

（2）在摇头摆尾过程中，脊柱腰段、颈段大幅度侧屈、环转及回旋，可使整个脊柱的头颈段、腰腹及臀股部肌群参与收缩，既增加了颈、腰、髋的关节灵活性，也增强了这些部位的肌力。

（七）第六式：两手攀足固肾腰

动作一：接上式。两腿挺膝伸直站立；同时，两掌指尖向前，两臂向前、向上举起，肘关节伸直，掌心向前；目视前方，如图 14-293 所示。

动作二：两臂外旋至掌心相对，屈肘，两掌下按于胸前，掌心向下，指尖相对；目视前方，如图 14-294 所示。

动作三：上动不停。两臂外旋，两掌心向上，随之两掌掌指顺腋下向后插；目视前方，如图 14-295 所示。

动作四：两掌心向内沿脊柱两侧向下摩运至臀部；随之上体前俯，两掌继续沿腿后向下摩运，经脚两侧置于脚面；抬头，动作略停；目视前下方，如图 14-296 所示。

动作五：两掌沿地面前伸，随之用手臂带动上体起立，两臂伸直上举，掌心向前；目视前方，如图 14-297 所示。

本式一上一下为 1 遍，共做 6 遍。

做完 6 遍后，松腰沉髋，重心缓缓下降；两腿膝关节微屈；同时，两掌向前下按至腹前，掌心向下，指尖向前；目视前方，如图 14–298 所示。

动作要点：

（1）反穿摩运要适当用力，至足背时松腰沉肩，两膝挺直，向上起身时手臂主动上举，带动上体立起。

（2）年老或体弱者可根据身体状况自行调整动作幅度，不可强求。

健身作用：

（1）通过前屈后伸可刺激脊柱、督脉以及命门、阳关、委中等穴，有助于防治生殖泌尿系统方面的慢性病，达到固肾壮腰的作用。

（2）通过脊柱大幅度前屈后伸，可有效发展躯干前、后伸屈脊柱肌群的力量与伸展性，同时对腰部的肾、肾上腺、输尿管等器官有良好的牵拉、按摩作用，可以改善其功能，刺激其活动。

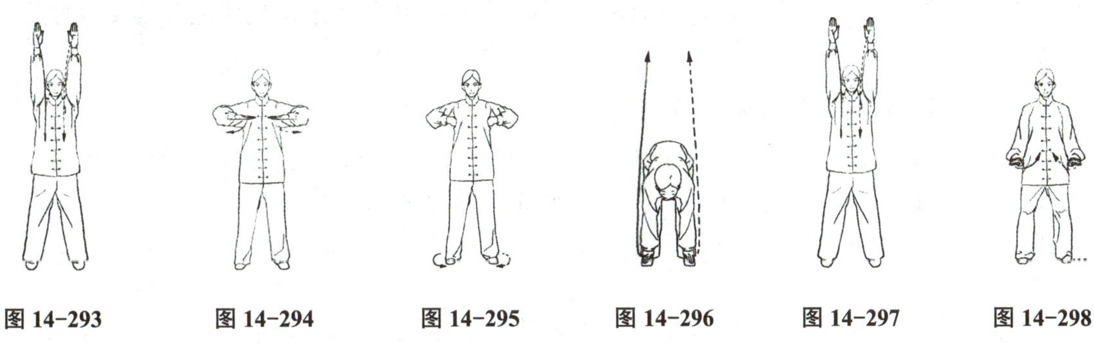

图 14–293　图 14–294　图 14–295　图 14–296　图 14–297　图 14–298

（八）第七式：攒拳怒目增气力

接上式。身体重心右移，左脚向左开步；两腿徐缓屈膝半蹲成马步；同时，两掌握固，抱于腰侧，拳眼朝上；目视前方，如图 14–299 所示。

动作一：左拳缓慢用力向前冲出，与肩同高，拳眼朝上；瞪目，视左拳冲出方向，如图 14–300 所示。

动作二：左臂内旋，左拳变掌，虎口朝下；目视左掌，如图 14–301 所示。左臂外旋，肘关节微屈；同时，左掌向左缠绕，变掌心向上后握固；目视左拳，如图 14–302 所示。

动作三：屈肘，回收左拳至腰侧，拳眼朝上；目视前方，如图 14–303 所示。

动作四至动作六：同动作一至动作三，惟左右相反，如图 14–304 ～图 14–307 所示。本式一左一右为 1 遍，共做 3 遍。做完 3 遍后，身体重心右移，左脚回收成并步站立；同时，两拳变掌，自然垂于体侧目视前方，如图 14–308 所示。

动作要点：

（1）马步的高低可根据自己的腿部力量灵活掌握。

（2）冲拳时要怒目瞪眼，注视冲出之拳，同时脚趾抓地，拧腰顺肩，力达拳面；拳回收时要旋腕，五指用力抓握。

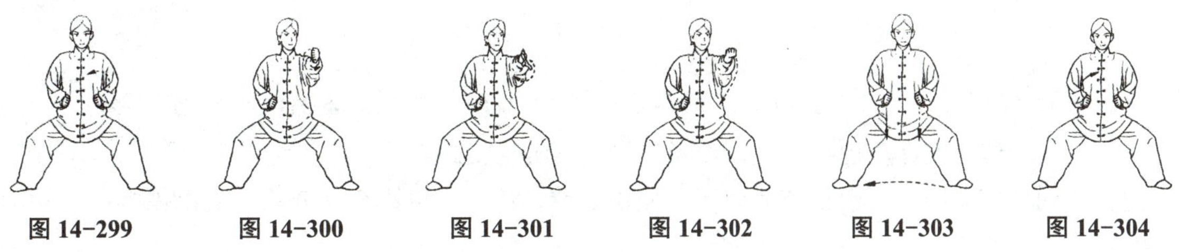

图 14–299　图 14–300　图 14–301　图 14–302　图 14–303　图 14–304

图 14-305　　图 14-306　　图 14-307　　图 14-308

健身作用：

（1）中医认为，“肝主筋，开窍于目”。本式中的“怒目瞪眼”可刺激肝经，使肝血充盈，肝气疏泻，有强健筋骨的作用。

（2）两腿下蹲十趾抓地、双手攒拳旋腕、手指逐节强力抓握等动作，可刺激手、足三阴三阳十二经脉的俞穴和督脉等，同时使全身肌肉、筋脉受到静力牵张刺激，长期锻炼可使全身筋肉结实，气力增加。

（九）第八式：背后七颠百病消

动作一：接上式。两脚跟提起；头上顶，动作略停；目视前方，如图 14-309 所示。

动作二：两脚跟下落，轻震地面目视前方，如图 14-310 所示。

本式一起一落为 1 遍，共做 7 遍。

动作要点：

（1）上提时脚趾要抓地，脚跟尽力抬起，两腿并拢，百会穴上顶，略有停顿，要掌握好平衡。

（2）脚跟下落时，咬牙，轻震地面，动作不要过急。

（3）沉肩舒臂，周身放松。

健身作用：

（1）脚趾为足三阴、足三阳经交会之处，脚十趾抓地，可刺激足部有关经脉，调节相应脏腑的功能；同时，颠足可刺激脊柱与督脉，使全身脏腑经络气血通畅，阴阳平衡。

（2）颠足而立可发展小腿后部肌群力量，拉长足底肌肉、韧带，提高人体的平衡能力。

（3）落地震动可轻度刺激下肢及脊柱各关节内外结构，并使全身肌肉得到放松复位，有助于解除肌肉紧张。

（十）第九式：收势

动作一：接上式。两臂内旋，向两侧摆起，与髋同高，掌心向后目视前方，如图 14-311 所示。

动作二：两臂屈肘，两掌相叠置于丹田处（男性左手在内，女性右手在内）；目视前方，如图 14-312 所示。

动作三：两臂自然下落，两掌轻贴于腿外侧；目视前方，如图 14-313 所示。

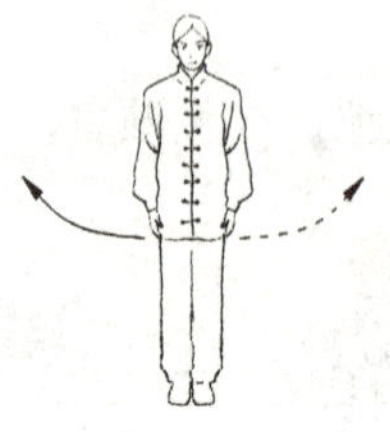
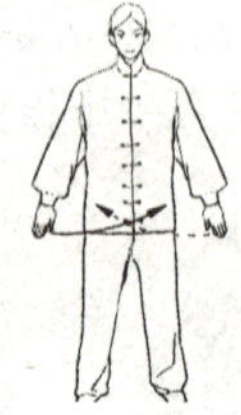

图 14-309　　图 14-310　　图 14-311　　图 14-312　　图 14-313

动作要点：体态安详，周身放松，呼吸自然，气沉丹田。

健身作用：气息归元，放松肢体肌肉，愉悦心情，进一步巩固练功效果，逐渐恢复到练功前安静时的状态。

第十五章 民族传统体育

第一节 搏　克

一 搏克的起源和发展

“搏克”为蒙古语，意为摔跤，是结实的意思，“攻不破、摔不烂、持久永恒”。

博克属蒙古族传统的体育项目。它是蒙古族“男儿三艺”（摔跤、赛马、射箭）之首，不管是举行那达慕，还是祭敖包，搏克都是绝对不可缺少的主要项目。

蒙古民族是蒙古搏克的创造者，蒙古摔跤运动是从何时开始产生的，尚未得到准确而明确的历史见证。但是，能肯定的是在人类氏族社会时期产生的。人们为了生存，驯养牲畜，与野兽搏斗，应付自然灾害，或为了防御和抗击近邻部落的侵略等，开始领略力气和智谋的重要性，从此开始操练摔跤搏斗技艺。这项运动逐渐成为氏族社会教育的重要内容、生活的第一需要。部落的强盛和壮大渐渐激化了当时社会矛盾，从小范围的冲突发展成使用棍棒、弓箭、剑矛的战争，搏克运动也由单一生产生活需要变成为军事服务的项目。与此同时，在困苦的环境中、烦闷的生活里，搏克运动也给人们带来了欢乐。

搏克已有两千多年的历史，西汉初期开始盛行，元代广泛开展，至清代得到空前发展。现在内蒙古自治区各地都有这个项目的赛事，尤其是锡林郭勒盟、赤峰市、通辽市、呼伦贝尔市、巴彦淖尔市、鄂尔多斯市、阿拉善盟、乌兰察布市、兴安盟等地都开展了具有地区特色的搏克运动。

搏克历史悠久，在长期的发展过程中，搏克自我反思、自我创新、与时俱进，已经发展成为符合现代文明的先进体育运动项目。搏克的历史发展和规则演变大致可分为“最野蛮、文明、现代文明”四个阶段。野蛮的氏族社会时期，人类为了生存，在与野兽和同类的搏斗中发展了搏克，当时以“生死”为取胜标准；13 世纪蒙古族兴起和元朝建立后，搏克运动开始用于政治、军事以及经济和文化娱乐，胜负标准从“生死”逐步演变为“双肩着地”和“躯干着地”即为失败；随着人类社会的进步，当代中国的搏克胜负标准又发生了质变，膝关节以上任何身体部位“一点着地”即为负，也就是“点到为止”，胜方决不二次用力。

乌珠穆沁草原是蒙古族搏克的摇篮。为了把搏克运动发扬光大，乌珠穆沁旗于 1984 年成立了摔跤协会，将每年夏天的 6 月 10 日定为“搏克节”。2003 年，国家体育总局把搏克运动与中国式摔跤融为一体，正式纳入全国摔跤锦标赛中。

二 搏克的习俗

搏克不分场地、不分等级（只有少年、青年、老年之分）、只一次角逐决定胜负三个特点中蕴藏了蒙古民族在蓝天之下、绿源之上过游牧生活的特点和不鄙小、不畏大、不怕艰苦和灾难的竞争精神和人生哲学。

三 内蒙古地区不同搏克的摔跤形式及装备

（一）乌珠穆沁式搏克

乌珠穆沁式搏克主要分布于锡林郭勒盟、赤峰市（原昭乌达盟）、乌兰察布市、通辽市（原哲里木盟）、巴彦诺尔市、兴安盟等地区。

服饰是上身着铆有银或白铜泡钉的香牛皮卓德格（也有熟皮或布制作的卓都格），下身穿用十六尺至三十二尺布做的（根据身高和胖瘦）白布肥大的套裤。卓德格下摆系皮带和五彩缤纷的彩带。脚蹬香皮靴、熟皮靴、布靴，把靴子用皮条套上龙头似的捆住。脖颈戴五色绸缎做成的将嘎（已授将嘎的摔跤高手）。摔跤手对阵叫名后唱三遍“搏克号子”，从摔跤手出场“门”像猛虎下山或像雄鹰展翅似的跳跃出场，与对阵的对手摔跤。不论胜负，都向乃日的徽记鞠躬后跳跃回“门”。

（二）呼伦贝尔式搏克

呼伦贝尔式搏克只在呼伦贝尔市范围内广泛实行。上身着铆有泡钉的香皮卓德格或结实的布卓德格，脚蹬俄罗斯靴子，靴筒前放入硬皮做的陶利亚特（护胫骨），陶利亚特的上部露出靴筒以便护膝。陶利亚特上部刷蓝色、黄色或红色漆后，上面画上狮子、虎、凤凰等猛兽飞鸟。摔跤时不戴将嘎，像罕达盖似的跳跃入场，如图 15-1 ～图 15-4 所示。

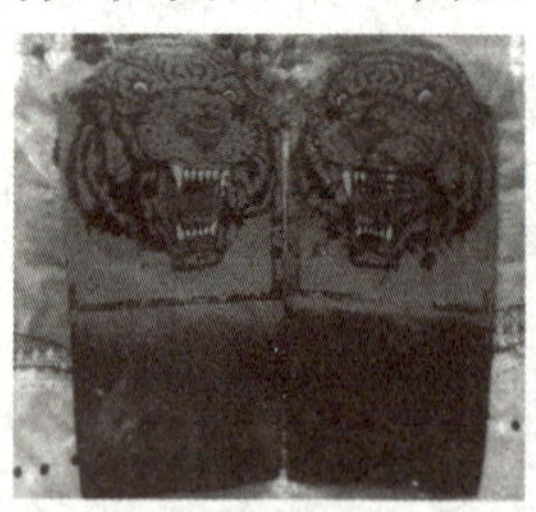
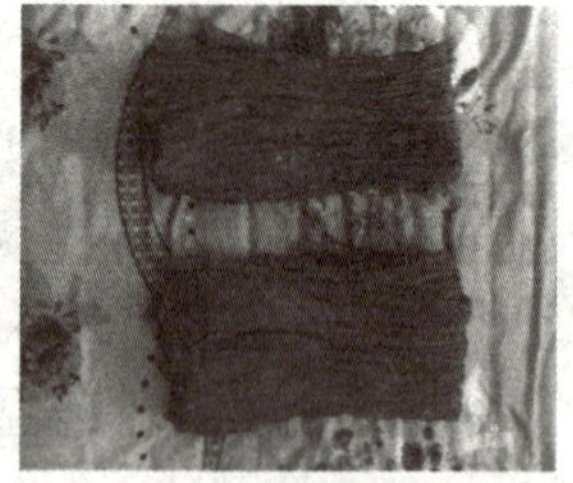

图 15-1

图 15-2

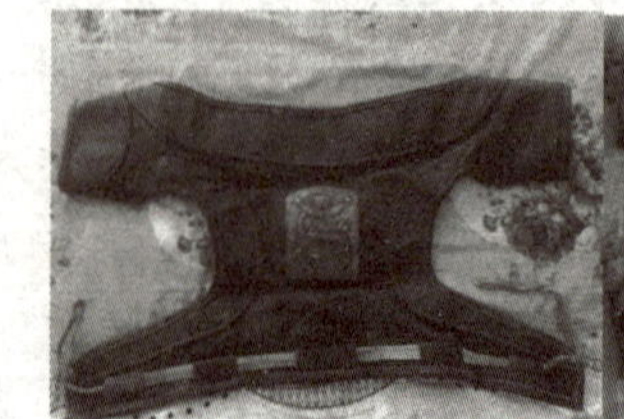
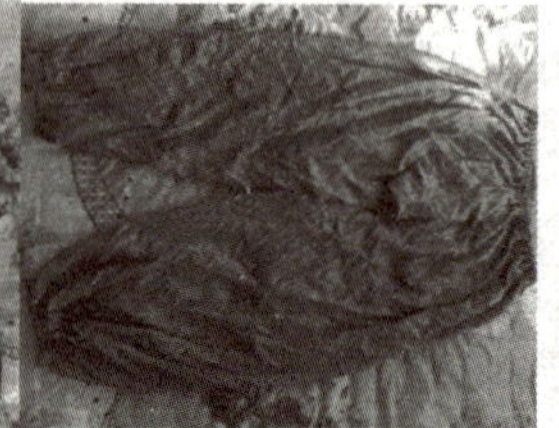

图 15-3

图　15-4

（三）沙力搏尔式搏克

内蒙古绝大多数地方的搏克手着卓德格摔跤，在阿拉善地区的就是阿拉善式沙力搏尔搏克。沙力搏尔搏克也叫朝勒搏尔搏克，后来成为阿拉善搏克的服饰。它由背心和三角裤短裤组成。上身穿绣右天马图案软鹿皮或布做的精美背心，下身穿绣飞龙的结实的三角短裤。短裤边必须用丝绸或棉布做，并必须用红、绿、蓝成条带子绕大腿后紧紧系在腰部。

沙力搏尔搏克出场时头部用红色、黄色丝绸或棉布蒙着，所有对阵的摔跤手看不见对方的脸。开始摔跤，东西两侧的指挥让各自的摔跤手出场，裁判员使对阵的两位摔跤手面对面单腿盘坐，使他们相互把手插进大腿上绑带内，这时裁判员躲开后摔跤手开始摔跤。沙力搏尔搏克不争抓法，把对方摔倒后，胜者把负者扶起。两位一起跳跃到主席台。负者也会领到搏克的鼓励奖品。胜者从事先准备的糖块糕点上拿一点敬天后，剩余的拿回原地或分给观众，如图 15-5 ~ 图 15-14 所示。

图　15-5

图　15-6

图　15-7

图　15-8

图 15-9

图 15-10

图 15-11

图 15-12

图 15-13

图 15-14

沙力搏尔搏克自始至终讲究礼貌。比赛场地中有各种图案帐篷排成两列，裁判员带领摔跤手们在阿拉善历史歌的伴奏下走到主席台前，向贵宾和那达慕首领双手合十致敬，后向观众也双手合十致敬，回原地准备摔跤。沙力搏尔搏克的摔法有乌日格西都格他日拉他、敖格吉木乌日勒特、胡拉额图勒特、会什图力和勒特、浩斯黑嘎斯、浩要尔德格、会额日格力特、胡日顿他什拉他、布仁西利勒特、宝哈印斯吉勒特、少饶额翁胡勒胡、腾格尔给略力嘎胡等许多种。128 位、64 位、32 位摔跤手轮次摔跤，最后两位摔跤手争夺冠军。

（四）鄂尔多斯搏克

鄂尔多斯搏克是按鄂尔多斯高原摔跤形式摔跤的蒙古搏克。鄂尔多斯搏克不着卓德格，将五彩缤纷的带子从左腋下穿过绕到右肩上去，把带子的两头接在左腋下。把位是，一方把右手从对方的左肩伸向背后肩胛骨腋缘凹沟处抓住系带，左手从对方的右腋下把紧系在髂处的带子。鄂尔多斯摔跤手听完祝词入场，两位搏克手见面时，裁判员在他们相互抓系带后，撤出他们俩两条腿间的脚，开始摔跤。摔跤时不换把位，而用各自的摔法技巧进行摔跤。由于不换把位，摔法主要有朝合（踢）、乌塔嘎（勾扒）等，如图 15-15 所示。

图 15-15

四 搏克的服饰

（一）色彩斑斓的服饰

搏克选手的服饰带有鲜明的民族色彩。搏克选手上着镶有银或铜铆钉牛皮跤衣，下着肥大跤裤和色彩艳丽的带花套裤，足蹬特制跤靴或马靴，脖套象征胜利的将嘎……着装后的跤手如古代帅将般威武，精神饱满，英姿勃发，尽显英武豪迈之姿。

（二）搏克中的代表性服饰

1. “将嘎”是获胜的标志

将嘎是搏克手脖子戴的项圈上拴系彩色绸缎条儿，戴得越多的说明获胜夺冠的次数越多，如图

15-16所示。将嘎的绸缎条儿虽然看似普通，却不是随便给和随便戴的，它是同奖品一起赠送的。64名搏克手比赛夺魁的选手，可以得到一块三角形的将嘎（整方绸子的一半）。128名搏克手比赛夺冠的选手，可以得到一匹打了结的绸哈达。搏克手有交接将嘎的习俗，一位久经沙场、多次夺魁的搏克手年过半百，就要把自己的卓德格和将嘎传给有希望的、崭露头角的新手，并举行一个庄重的仪式。一般是在大型的那达慕大会上，经过事先商量，某两个人或几对人要被封为荣誉布魁。届时这几个人来到会场，披挂整齐，互相摔三轮跤。不过并不是比赛，而是表演，最后要摔成和局，然后立于主席台前，由主持人简单介绍他们的摔跤事迹，及过去取得的荣誉，将奖品发给他们。奖品与这次将夺冠的布魁相同或相近。受奖后要当场把自己的卓德格和将嘎解下，给选定的接班人穿戴上，预祝他取得好名次，不要辜负前辈的期望。这次发的奖品，是这些布魁一生中最后领到的奖品，也是最后一次参加比赛。这个仪式结束，搏克比赛才正式开始。可以看出，搏克不但是集歌曲、舞蹈、服装工艺和体育竞技于一身的民族文化瑰宝，也是将金属、绸缎、皮革、布匹用于体育竞技的文化遗产。

图 15-16

2. 摔跤衣“卓德格”

摔跤衣，蒙语为“卓德格”，主要是为了方便对手抓住上衣。从质地看，有香牛皮、粗面革、毡子和布子四种。从式样看，有开放式和封闭式两种。开放式又叫蝴蝶坎肩、翅膀坎肩。因为形状有点像蝴蝶翅，类似紧身坎肩，有领口无领，袖子很短，有后片，前面为空，用两根皮条（摔跤衣上面带着）裹回来，扎在腰上即可。制作卓德格选料讲究，一般用优质香牛皮或鞣好的牛、骆驼、鹿等牲畜的皮子，然后让有经验的前辈裁剪卓德格，为参加搏克比赛的搏克手定制而成。即使用其他材料制作，领口、袖上、边缘带也一定要用香牛皮或粗革层层镶边，用皮筋、丝线、麻筋等紧密地缝起来。在上述这些部位和后腰两侧用银或铜泡钉镶出来，既显得美观大方，又使跤衣结实无比。后心还有五寸见方或月亮似的银镜或铜镜。镜上有錾花或鼓出来的四雄（龙、凤、狮、虎）及象、鹿等图案和各种纹样，及蒙文篆字及方块蒙古字。据专家考证，搏克穿用的卓德格由古代士兵铠甲演变而来。一般每个搏克选手都有专用的“卓德格”，搏克选手成年后，按自己的体型定做“卓德格”，上边镶上256个或512个金属钉子，有的是银钉，约用二斤半银子。搏克手异常珍惜这贵重的“卓德格”，因为它将伴随主人整个搏克生涯。如果搏克选手不再上跤场了，要举行仪式将“卓德格”传给下一辈或徒弟，或自己看中的有前途的年轻人，如图15-17所示。

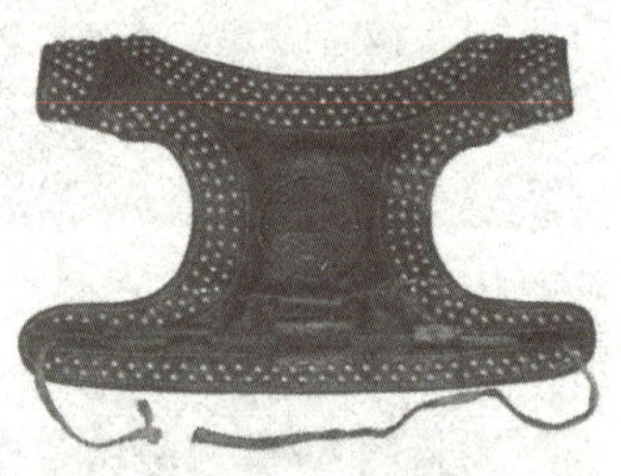
图 15-17

3. 围裙“来布尔”

搏克手的围裙是把红、黄、蓝三色绸、缎、布条扎起来，穿缀在一根结实的皮条上，牢牢地扎在腰间。据说，红色象征太阳，黄色象征大地，蓝色象征蓝天，因此不能随便更换颜色，如图15-18所示。围裙“来布尔”一般紧紧捆在摔跤坎肩卓德格下边，以及裤带和套裤裤腰上再紧紧地捆上一层，三色绸缎布条分层次垂下来，随着运动员的动作抖动起来，给人一种勇猛、无敌的感觉。

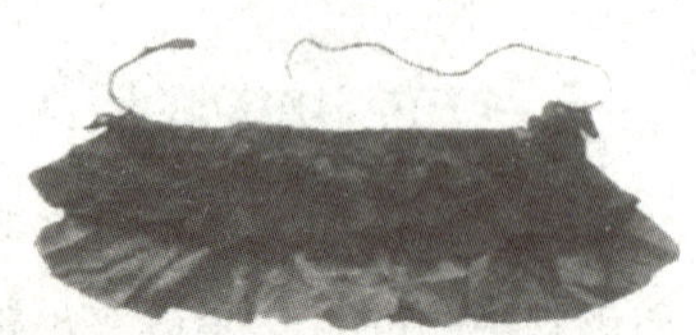
图 15-18

4. 套裤“班斯拉”

搏克裤是用32尺或16尺白布特制而成，裤子宽大多褶，外套膝盖部位绣有各种花卉鸟兽图案或带有民族特色的图案，看起来十分美观。尤其是新手，一定要用红、天蓝等鲜艳颜色的缎子做成套裤，并用各色锦线和金银线绣出边来，较为有名的摔克手可在各种颜色的绸缎上用刺绣和粘贴工艺描出四雄扣蝙蝠、万字、吉祥结、火炬、黑白双鱼等图案，如图 15-19 和图 15-20 所示。

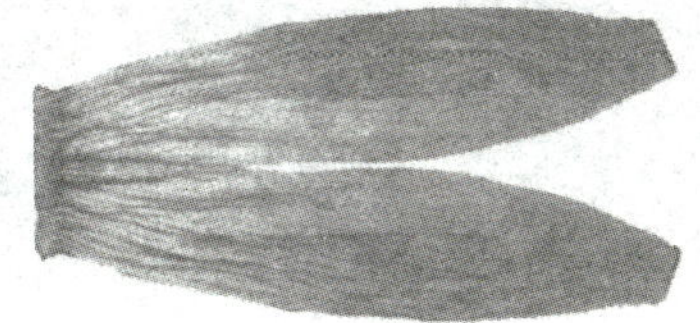
图 15-19

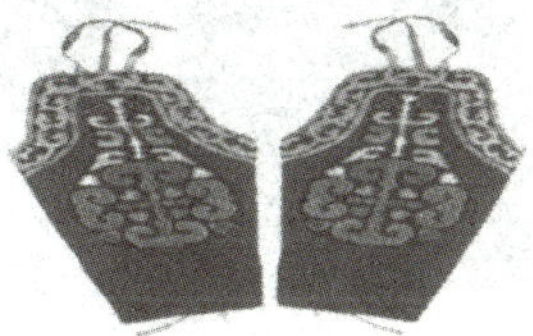
图 15-20

5. 包腿

在摔克运动中，“绊踢”的技巧用得十分普遍，为了保护小腿，每个摔克手都配有特制的包腿。一般是将装砖茶的竹箱拆开，把竹削成竹篦儿，从踝骨开始，一直缠到膝盖以下。不过现在多为高靿牛皮靴取而代之，如图 15-21 所示。

6. 靴子“古特勒”

摔克手穿的靴子看起来跟平时没有什么不同，但作用却不尽相同。摔克用靴为香牛皮靴或蒙古布靴，靴底为纳底，非常结实。摔克靴子的重要组成部分为靴捆和靴身，具有保护脚部、使人站稳的作用。靴捆是使靴子更加结实，防止滑倒，利于技术动作的发挥。用 6 尺长，6 寸宽的薄皮条做成，在皮条的一头系好小铜环或小铁环，将靴子套 3 ～ 5 层，牢牢地绑定，如图 15-22 和图 15-23 所示。摔克一般用拔、绊等常见的技术动作，若不把靴子绑结实，容易发生脱落或靴底绽裂等事故。不过，随着摔克比赛用靴质量的不断提高，现在已经很少有摔克手打靴捆了。靴身用皮条串连竹板制作而成。竹板里贴着薄毡，把烟叶裹在布里浸在酒中，然后用它裹紧胫骨，再把靴子穿上。由于新中国成立后严禁犯规直踢，现在摔克比赛时靴身并不多见。

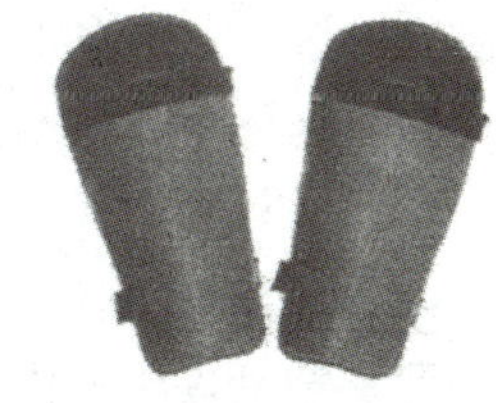
图 15-21

图 15-22

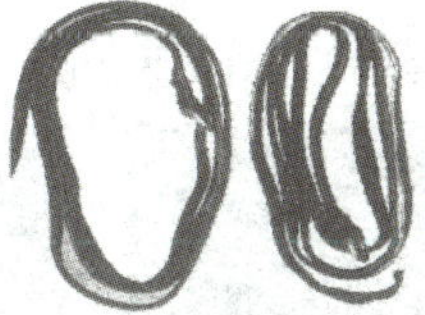
图 15-23

五　进攻技术动作

1. 假搓真拧（格希格塔塔）

（1）动作定义：用搓技（格希格）欺骗对手，用拧技（塔塔）摔倒对手的连络技术，动作如图 15-24 ～图 15-29 所示。

图 15-24

图 15-25

图 15-26

图 15-27

图 15-28

图 15-29

（2）动作分解：

1）站姿：进攻方膝关节微弯曲，左（右）脚在前，右（左）脚在后。

2）把位：双手抓握对手的左臂（右臂）把位，左（右）手抓偏门（据日句把日呼），右（左）手抓握袖口（含其），也就是哈达吉巴日呼把位。

3）步法：上步、背步、转体。

4）动作过程：进攻方左腿（右腿）向前上步至对手右腿（左腿）后方，同时双手也向对手右后方（左后方）发力，左手（右手）肘关节挤压对手右侧（左侧）胸锁关节处，迫使对手以为进攻方在使用搓技（格希格）。等对手下意识地反方向用力躲闪进攻时，进攻方右腿（左腿）后撤至左腿（右腿）后方膝关节弯曲准备发力，此时借助对手反作用力，双手同时向对手左（右）前下方用力按压转体将其摔倒。

（3）注意事项：上紧下搓，虚实结合，用力借力。

（4）练习方法：抓握把位上步使用搓技，将对手重心推直后利用反作用力半转体拧拉对方倒地练习，技术连接要快。

2. 勾扒（乌塔嘎）

（1）动作定义：用左（右）脚后跟勾挂对方左（右）腿腘窝处，划弧后拉，使对方仰面倒地的技术叫勾扒（乌塔嘎）。动作如图 15-30 ～图 15-35 所示。

图 15-30

图 15-31

图 15-32

图 15-33

图 15-34

图 15-35

（2）动作分解：

1）站姿：进攻方膝关节微弯曲，左（右）腿在前成搏克站姿站立。

2）把位：双手抓握对手的左臂（右臂）把位，左（右）手抓偏门（据日句把日呼），右（左）

手抓握袖口（含其），也就是哈达吉巴日呼把位。

3）步法：右（左）腿上步，左（右）腿划弧后拉。

4）动作过程：进攻方抓握对手左（右）臂把位袖口、偏门（哈达吉巴日呼），上步右（左）脚落在对手左（右）脚外侧，双手同时用力往自己身前一拉，将对手腰逼直，趁其用力后坐挣脱时，用左（右）脚勾住对手腘窝处划弧后拉，把对手摔倒。

（3）注意事项：拉圆活、上下相随。

（4）练习方法：双手抓握把位右（左）上步至对方左（右）脚外侧，左（右）脚勾住对方左（右）脚腘窝处向后拉双手向下压练习（可摔倒）。

3. 崴（昏特热）

（1）动作定义：借用对手抓握自己跤衣后肩把位（（森其格）的手臂为杠杆，进胯转体，展腰甩头，紧底手支上手，使对方倒于身体前方的技术叫崴(昏特热)，动作如图 15-36～图 15-40 所示。

图 15-36

图 15-37

图 15-38

图 15-39

图 15-40

（2）动作分解：

1）站姿：进攻方左（右）腿在前，膝关节微弯曲身体重心下压。

2）步法：上步、背步、转体。

3）把位：右（左）手抓握对手跤衣袖口（含其）把位，等对手抓握自己后肩把位（森其格）时，左（右）手入对手右（左）侧腋下上勾加紧。

（3）动作过程：进攻方右（左）手抓握对手跤衣袖口（含其）把位，等对手抓握自己后肩把位（森其格）的同时，将左手如其右腋下上夹紧肩背成杠杆，或抓握后腰把位（照都格阿日浩日麦），左（右）腿入裆，双手拉紧用力将对手拉至体侧，突然蹬地转体，展腰甩头将对手摔倒。

（4）注意事项：立腰体前，前腿入裆，蹬地转体，支臂前躬。

（5）练习方法：抓握右（左）手把位，左（右）脚上步至对方左（右）脚前方或入裆，右（左）手抓握后腰（阿日浩日麦把位），右（左）跟步转体用力拉上提同时躬身下腰练习（不必摔倒）。

4. 披（乌热）

（1）动作定义：以腰背部正对对方，利用双手牵拉对方把位破坏重心，腰背贴紧对方小腹，屈身使对方经肩上前翻倒地的技术叫“揣”（乌热）。动作如图 15-41 ～图 15-45 所示。

图 15-41

图 15-42

图 15-43

图 15-44

图 15-45

（2）动作分解：

1）站姿：成搏克站姿站立，双腿微弯曲，左（右）脚在前或右（左）脚在前。

2）把位：右手（左手）抓握袖口（含其）把位，左（右）手入腋下上勾加紧肩臂。

3）步伐：上步、背部、转体。

4）动作过程：进攻方抓握对手袖口（含其），上步（左腿、右腿）侧身支捅对手，待对手顶劲时，在背部填腰、牵拉、左手（右手）入腋下上勾夹紧肩臂，转体崩腿从身体肩上或侧上方翻倒对手叫乌热（揣）。

（3）注意事项：填腰夹肩，屈膝崩腿，牵拉。

（4）练习方法：右（左）手抓握同侧把位，右（左）脚上步至对方左（右）脚前，右（左）脚背步转体同时右（左）手插入其左（右）臂腋下加紧手臂，将对方背起练习（不必摔倒）动作要连贯。

5. 得合（得格）

（1）动作定义：用左（右）腿脚后跟或小腿，从对手胯下由内向外划扫对手右（左）小腿，同时双手向前推，身体前倾使之倒地叫得合（大内刈）技术。动作如图 15-46 ～图 15-50 所示。

图 15-46

图 15-47

图 15-48

图 15-49

图 15-50

（2）动作分解：

1）站姿：进攻方膝关节微弯、曲左（右）腿在前成搏克站姿站立。

2）步法：上步、跟步。

3）把位：右（左）手抓握对手跤衣后肩（森其格把位），左（右）手抓握对手后腰把位或搂抱后腰（好日麦把位或特布日句巴日呼）。

4）动作过程：进攻方左（右）腿上步至对手两腿间，同时侧身右（左）手拉对手后肩把位（森其格把位）、左（右）抓握或搂抱对手后腰把位，右（左）腿跟步至身体前倾胸部贴紧对手，重心下压向外扫腿双手向前推，把对手摔倒。

（3）注意事项：上步跟步、扫腿有劲、重心要低。

（4）练习方法：抓握把位左脚上步至对方两脚前方，左（右）脚入裆向外横扫，同时紧手向前推贴紧上身向左腿横扫方向变脸练习（可摔倒）。

6. 大别子（阿其亚）

（1）动作定义：以左（右）腿别打对方左（右）腿踝上胫小腿外侧，长腰、甩脸、紧底手使对方向侧前翻倒的技术叫大别子（阿其亚）。动作如图 15-51 ～图 15-56 所示。

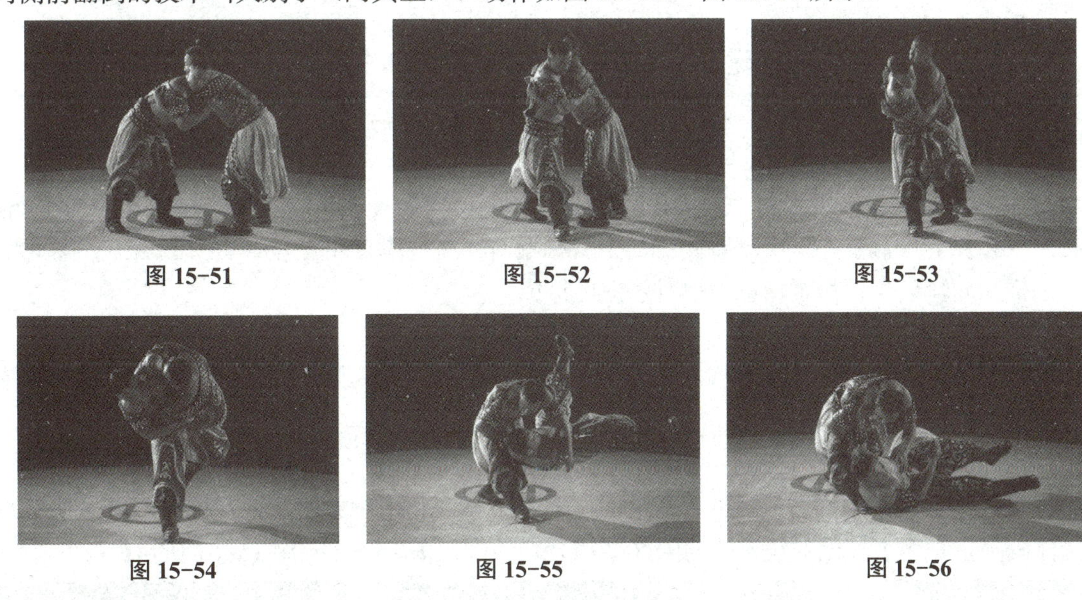

图 15-51　图 15-52　图 15-53

图 15-54　图 15-55　图 15-56

（2）动作分解：

1）站姿：进攻方左（右）腿在前，膝关节微弯曲重心下移。

2）步伐：上步、别腿、上勾。

3）把位：左右手均抓握对手后肩把位（森其格把位）。

4）动作过程：进攻方左（右）脚在前，抓握对手后肩把位，右（左）脚上步至对手左脚外侧，右（左）手拉紧左手横推，上身贴紧，使对手身体重心移到左（右）腿，将左（右）腿别搁在对手踝上小腿处，卷按上手将其挂起，甩脸转体把对手摔倒。

（3）注意事项：填胯搁腿，别打用力，转体甩脸。

（4）练习方法：抓握把位后向右（左）侧拉拽将对方重心移左（右）腿同时上步，左（右）腿别挂对方左（右）腿抬起成单腿支撑下腰转体练习（不必摔倒）。

7. 挑勾子（甘吉嘎拉）

（1）动作定义：用左（右）腿从对手大腿内侧向上方起，低头转脸向右（左）转体，紧底手、压上手，把对方向前翻倒的技术叫挑勾子。动作如图 15-56 ～图 15-61 所示。

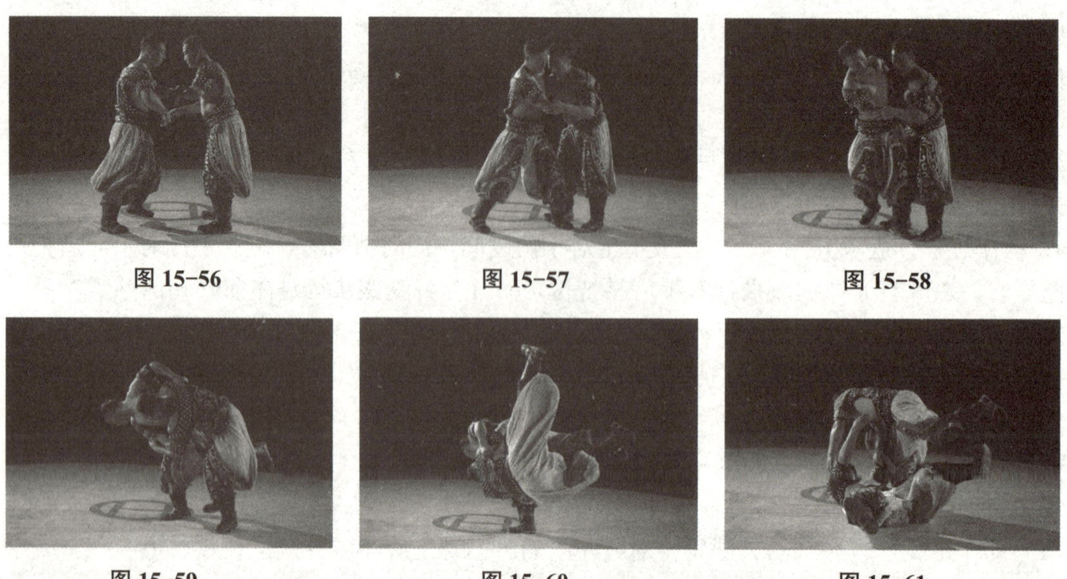

图 15-56　图 15-57　图 15-58

图 15-59　图 15-60　图 15-61

（2）动作分解：

1）站姿：重心稍高，双腿微弯曲成搏克站姿站立，左（右）腿在前。

2）把位：右（左）手抓袖口（含其），左（右）手抓对手后肩把位。

3）步伐：上步，背步，立腿。

4）动作过程：进攻方抓握对手左（右）臂袖口把位（含其），同时左（右）腿进步至对手裆间，左（右）手扣抓后肩，重心下沉填腰侧身，上身贴紧右（左）脚背步至左（右）脚后方，紧底手、卷压上手把腿起，躬身、长腰、甩脸把对手向前摔倒。

（3）注意事项：进身填胯，紧手立腿，长腰甩脸。

（4）练习方法：抓握把位后左（右）腿入裆挑起同侧腿大腿内侧，双手向上拉成单腿支撑练习（不必摔倒）。

8. 插闪（结拉）

（1）动作定义：用左（右）手插入对手右（左）腋下，利用对方的辈劲对抗时，向左（右）下方半转体闪身，把对手摔倒的技术叫插闪（结拉）。动作如图 15-62 ～图 15-67 所示。

图 15-62　图 15-63　图 15-64

图 15-65　图 15-66　图 15-67

（2）动作分解：

1）站姿：左（右）腿在前，膝关节微弯曲成搏克站姿站立。

2）把位：右（左）手抓握对手袖口（含其）把位，左（右）手插入对手右（左）侧腋下上扬托举后拉拽。

3）步法：上步、撤步转体。

2）把位：右（左）手抓握对手袖口（含其）把位，左（右）手插入对手右（左）侧腋下上扬托举后拉拽。

3）步法：上步、撤步转体。

4）动作过程：进攻方用右（左）手抓握对手左臂袖口（含其）把位，左（右）脚上步的同时用左（右）手向对手腋下插，用一股上扬托力托对手。对手由于突如其来的托力而立即沉膀以拒托，进攻方立即借用对手的沉劲，随机垂臂撤手或拉拽用一股寸劲，急转身体撤步一闪，双手向外一撒把对方摔倒。

（3）注意事项：插托快速，转换突然，闪插圆滑。

（4）练习方法：右（左）手抓握同侧把位，右（腿）脚上步的同时左（右）手插入对方腋下，迅速沉腰拉拽转体练习（可摔倒）。

9. 提膝摔（额布德格乌那拉呼）

（1）动作定义：双手抱腰上提，同时膝盖向对方臀侧下部上顶，转体前压将对手摔倒的技术叫抱提挑勾子（额布德格乌那拉呼）。动作如图 15-68 ～图 15-73 所示。

图 15-68　图 15-69　图 15-70

图 15-71　图 15-72　图 15-73

（2）动作分解：

1）站姿：膝关节微弯曲左腿在前重心下移。

2）把位：双手抱腰（特布热句把日呼）。

3）步法：上步、跟步、转体。

4）动作过程：进攻方双手抱腰（特布热句把日呼）上提，右（左）手从对手左（右）手外侧抓握，左（右）手从对手手臂内侧抓握，同时左（右〉腿上步用腿卡住对手右（左）腿。紧手提膝向对方臀侧下部上提，跟右（左）脚等对手重心起来时在空中转体将其摔倒。

（3）注意事项：紧手紧身，提膝顶臀，转体后摔。

（4）练习方法：抱腰紧手上提，膝盖上顶对方大腿后侧或臀侧下部单腿支撑半转体练习，动作要连贯协调（不必摔倒）。

10．抱腰憋（哈希亚）

（1）动作定义：一只手抓同侧远腰把把位（阿拉苏布斯），另一只手抓后肩（森其格）把位，头枕在对方胸或脖颈部位，用腿卡住对方同侧腿，挺身向后做桥把对手摔倒的技术叫抱挤（哈希亚）。动作如图 15-74 ～图 15-79 所示。

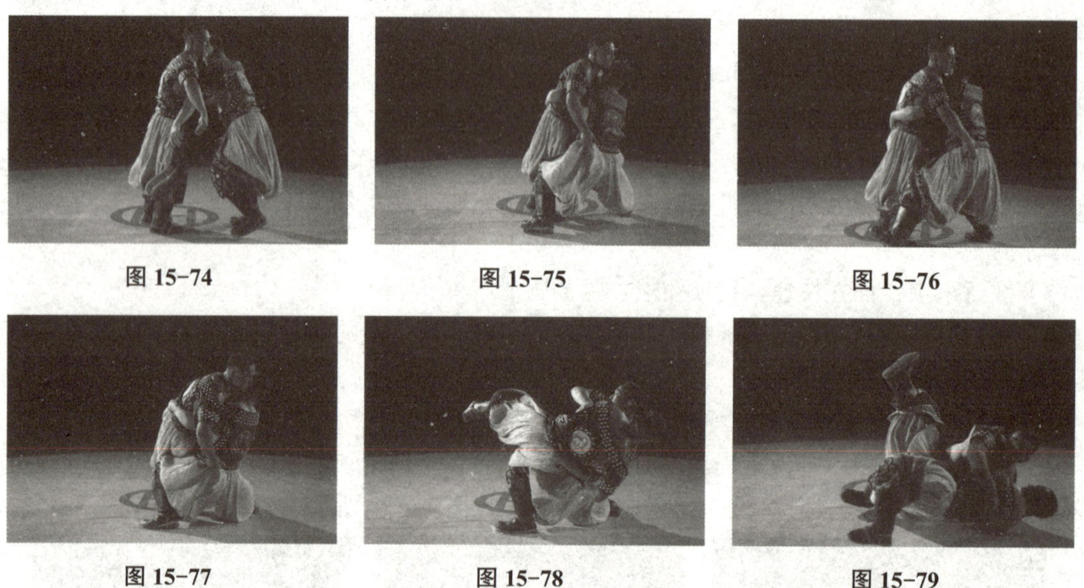

图 15-74　图 15-75　图 15-76

图 15-77　图 15-78　图 15-79

（2）动作分解：

1）站姿：重心要低，膝关节微弯曲左（右）腿在前。

2）把位：双手抱腰或左（右）手抓同侧远腰把把位（阿拉苏布斯），右（左）手抓其左（右）侧后肩（森其格）把位。

3）步法：上步、卡腿、跟步。

4）动作过程：进攻方右（左）手抓后肩把位（森其格），左（右）手抓远腰把位（阿拉苏布斯），同时上左（右）腿至对手同侧腿侧后方，头枕脖颈或胸锁关节处，右（左）腿跟步挺身做桥向侧后方憋倒对手。

（3）注意事项：卡腿严实，紧手枕颈，后到及时。

（4）练习方法：右（左）手先抓握手臂把位，左（右）手右手抱腰向身体拉起，重心起来时同时上步卡腿半转体练习（可摔倒）。

11．扒（乌斯格得呼）

（1）动作定义：用脚内侧，从对手胯下横向拉脚后跟将其摔倒的技术叫扒（乌斯格得呼）。动作如图 15-80 ～图 15-84 所示。

图 15-80

图 15-81

图 15-82

图 15-83

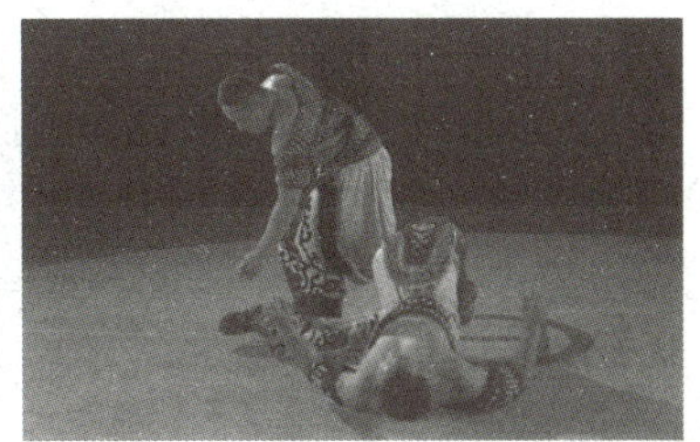
图 15-84

（2）动作分解：

1）站姿：进攻方膝关节微弯曲成搏克站姿站立。

2）把位：左（右）手抓握偏门（据日句把日呼），右（左）手抓握袖口（含其），也就是哈达吉巴日呼把位。

3）步伐：上步，撤步。

4）动作过程：进攻方抓握对手左臂（右臂）袖口、偏门（哈达吉巴日呼把位），上左（右）脚从对手双腿中间踢对手左（右）脚，脚后跟横向用力，右（左）脚向后撤步，同时双手向对手身体左（右）下方用力拉拽破坏重心，对手失去重心时松开右（左）手身体自然向右（左）侧轻微转体，左（右）手继续向下用力按压对手使其摔倒。

（3）注意事项：拉轻巧，收放及时。

（4）练习方法：抓握把位上步踢对方脚后跟练习，速度要快。

12. 搂切（格希格）

（1）动作定义：用左（右）腿搂其同侧腿外侧，紧手向其侧后方用力，重心向前下压使对手倒地的技术叫外挂（搂切）。动作如图 11-85 ～图 11-90 所示。

（2）动作分解：

1）站姿：重心稍微抬高站立。

2）手法：左（右）手抓偏门（据日句把日呼），右（左）手抓握袖口（含其），也就是哈达吉巴日呼把位。

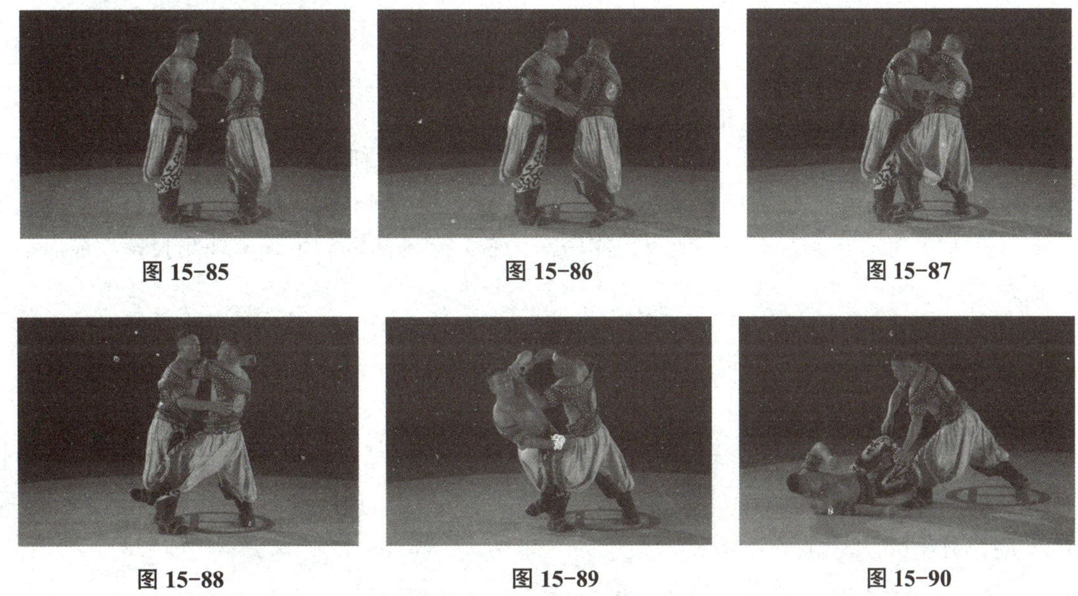
图 15-85 图 15-86 图 15-87

图 15-88 图 15-89 图 15-90

3）步法：上步、垫步、搂腿。

4）动作过程：左（右）手抓偏门（据日句把日呼），右（左）手抓握袖口（含其），用劲向下拉对手，待对手向后使劲挣脱时借用反作用力快速上左（右）脚，右（左）脚垫步，双手向前推，左（右）腿搂其同侧腿腘窝处，同时用力向右（左）腿一侧按压切摔倒对手。

（3）注意事项：上步要快，紧手搂切。

（4）练习方法：抓握把位上步搂腿，推把借力拧拉练习（不必摔倒）。

13. 踢（朝合）

（1）动作定义：左（右）手向侧下方拉拽，右（左）手向侧前下方支桶，坐腰转体用左（右）脚踢对手右（左）腿小腿中下部位外侧，使其摔倒的跤绊叫踢（朝合）。动作如图 15-91 ～图 15-96 所示。

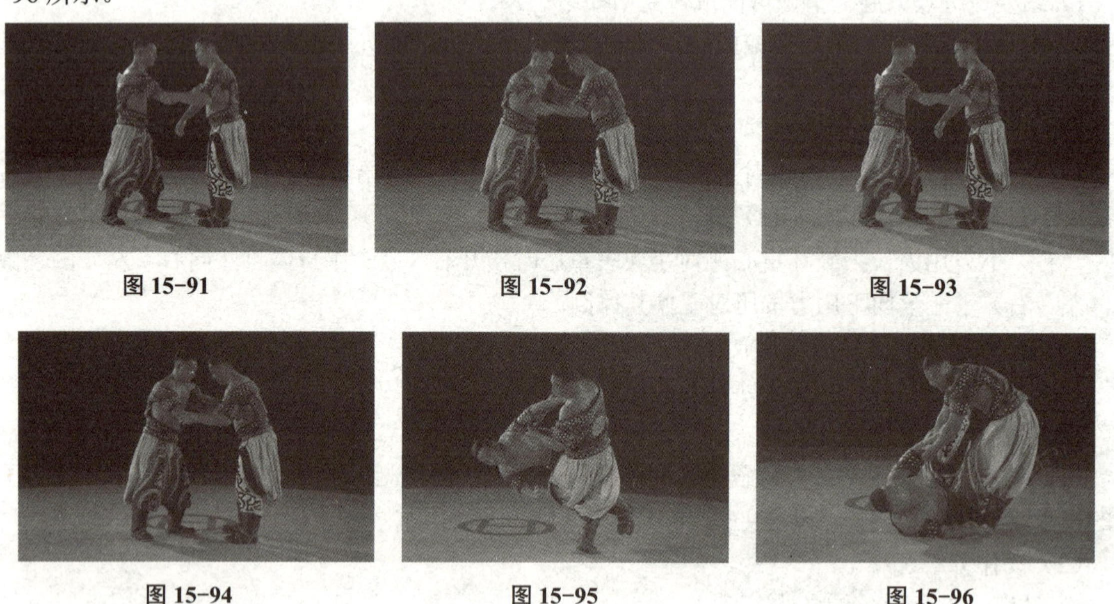

图 15-91　图 15-92　图 15-93

图 15-94　图 15-95　图 15-96

（2）动作分解：

1）站姿：左（右）腿在前，膝关节微弯曲。

2）把位：左手抓偏门（据日句把日呼），右手抓袖口（含其），也就是袖口偏门把位（哈达吉巴日呼）。

3）步法：右（左）脚上步，左（右）脚踢腿。

4）动作过程：进攻方左手抓偏门（据日句把日呼），右手抓握袖口（含其），也就是袖口偏门把位（哈达吉巴日呼），右（左）脚上步冲至对手左（右）脚外侧或前方，左（右）手向侧下方拉拽，右（左）手向侧前下方支桶，坐腰转体用左（右）脚内侧踢对手踝上外侧胫骨，最后翻把扭身把对手摔倒。

（3）注意事项：上步速冲，拧把有力，踢腿有劲，转体利落。

（4）练习方法：抓握把位上步坐腰，双手拧拉踢腿练习（不必摔倒）。

14. 夹颈背（呼诸阿其亚）

（1）动作定义：右（左）手抓握袖口（含其）把位，左（右）腿入其裆，左（右）手搂抱其脖颈部，双手形成合力将其翻倒的技术叫夹颈背（呼诸阿其亚）。动作如图 15-97 ～图 15-102 所示。

（2）动作分解：

1）站姿：双腿平行站立膝关节弯曲，重心要低。

2）手法：右（左）抓握其同侧袖口（含其）把位，左（右）手搂抱其脖颈。

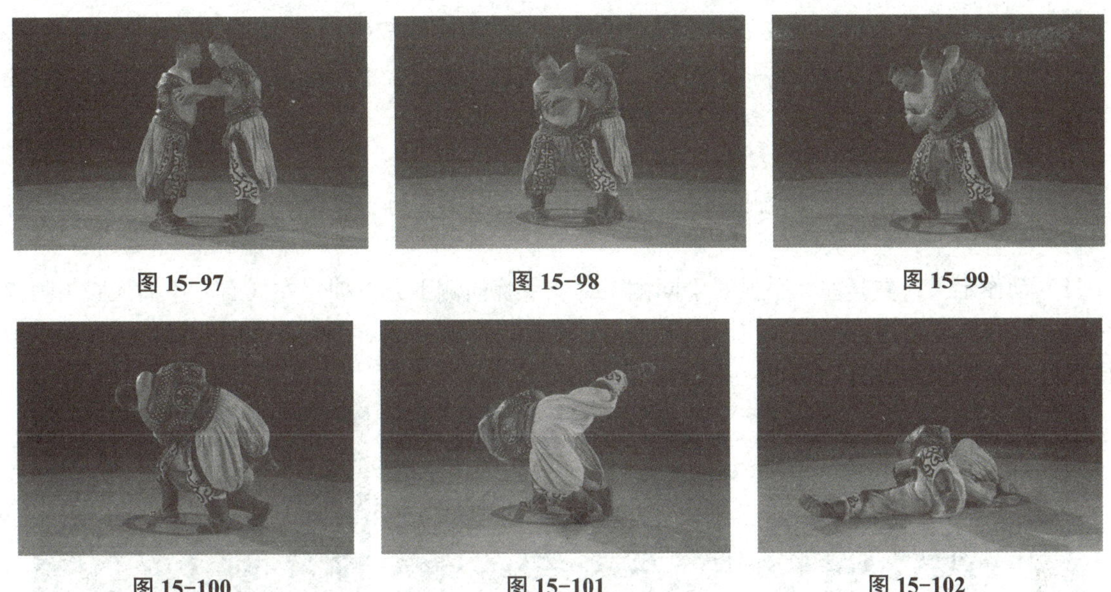

图 15-97　　图 15-98　　图 15-99

图 15-100　　图 15-101　　图 15-102

3）步法：上步、转体、撤步。

4）动作过程：进攻方用右（左）手抓握对手同侧袖口（含其）把位，左（右）腿入裆的同时左（右）手夹抱其脖颈下拉，撤右（左）腿转体，将对手翻倒。

（3）注意事项：入裆及时，双手合力，转体利落。

（4）练习方法：抓握把位后夹抱对方脖颈上步转体下腰练习（不必摔倒）。

15．绕腿翻（敖绕么格得格）

（1）动作定义：用左（右）腿绕对方左（右）腿，右（左）腿向前跳半步，用上提和盘拧之力摔倒对方的技术叫绕腿翻（敖绕么格得格）。动作如图 15-103 ～图 15-108 所示。

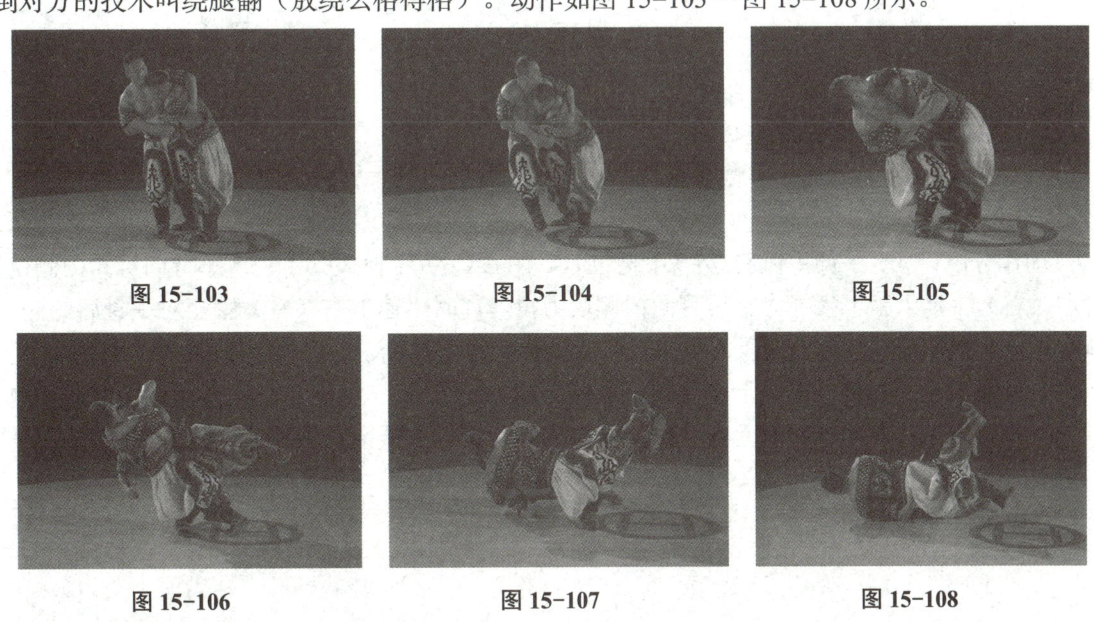

图 15-103　　图 15-104　　图 15-105

图 15-106　　图 15-107　　图 15-108

（2）动作分解：

1）站姿：左（右）腿在前站立。

2）把位：右（左）手抓握对手袖口（含其），右（左）手抓握对手左（右）臂后肩（森其格）把位。

3）步法：左（右）脚上步绕腿，右（左）脚向前跳步。

4）动作过程：进攻方右（左）手抓握对手袖口（含其），右（左）手绕过头颈抓握对手左（右）臂后肩（森其格）把位时应夹紧对手颈背，这时左（右）腿直接上步缠绕其同侧小腿后，右（左）脚向前跳半步，双手上提向侧后方拧力向前抬腿转体将其摔倒。

（3）注意事项：进步缠腿，上提拧转，转体后摔。

（4）练习方法：抓握把位绕腿站立，双手上提半转身抬腿练习。

16. 绕臂抱摔（嘎日敖绕句特布日呼）

（1）动作定义：右（左）手抓对手同侧手臂或手腕向侧下方拉拽，左（右）手插入腹下搂抓大臂后侧继续向侧下方用力，右（左）脚上步至对手身后抱腰摔倒对手的技术叫绕臂抱摔（嘎日敖绕句特布日呼）。动作如图 11-109 ～图 11-114 所示。

图 15-109　图 15-110　图 15-111

图 15-112　图 15-113　图 15-114

（2）动作分解：

1）站姿：左（右）脚在前重心压低。

2）手法：右（左）手抓其手臂或手腕，左（右）臂搂抓其大臂后侧内旋。

3）步法：上步。

4）动作分解：对手手伸手抓右（左）手把位时，用右（左）手抓握其手腕或小臂向身体内侧拉拽，同时左（右）手插入腋下搂抓大臂后侧向内侧用力拉，这时迅速上右（左）脚至对手身后的同时，放开右（左）抱抓阿拉苏布斯身重心下坐，挺腹上提将对手摔倒。

（3）注意事项：拉拽及时，上步要快，上提有劲。

（4）练习方法：左手抓握对手右手臂，同时上步至侧后方搂抱对手练习（不必摔倒）。

六 搏克竞赛规则

（一）比赛场地与设施

比赛场地为圆形或方形，直径或边长约为 8 米至 10 米，表面应平坦且无障碍物。场地中央可设有搏克台或标记线，以明确比赛区域。

场地周围应设有安全区域，防止观众或工作人员干扰比赛。

（二）参赛人员与装备

参赛人员需穿着传统的搏克服饰，包括短裤、绑腿、腰带及上衣（可选），颜色和样式代表不同的队伍或个人。

运动员可佩戴必要的护具，如头盔、护胸等，以确保安全。禁止佩戴尖锐或易脱落的饰品。

（三）比赛方法与胜负判定

比赛形式：一对一或团队对抗赛，通过摔、抱、推等技术将对手摔倒或使其失去平衡而得分。

得分与胜负：根据摔倒对手的方式、难度及效果评分。每局比赛时间根据赛事安排而定，通常为几分钟至十几分钟不等。先达到规定分数或使对手无法继续比赛者获胜。

（四）常见犯规与裁判判定

技术犯规：包括使用非法技术（如抓头发、打脸）、故意摔倒以逃避比赛等。

行为犯规：不尊重裁判、对手或观众，以及任何违反体育道德的行为。

裁判判定：裁判员根据规则和现场情况做出判定，包括得分、犯规、警告、扣分等。裁判员的判定是最终决定，任何争议需通过正规渠道解决。

第二节 射 箭

一 射箭的起源发展

射箭起源于原始社会人类的狩猎和自卫活动，考古发现在距今 28 000 多年前就已经出现了，可谓是中国古代体育项目的鼻祖了。中国的射箭历史悠久，早在旧石器时代晚期就创造了弓箭。随着箭头从石头到金属的发展，射箭的方式也发生了很多变化，譬如射箭在周代就被列入当时贵族教育“六艺”的内容之一。六艺包括礼、乐、射、御、书、数，其中射箭就是一项很重要的内容。

在中国历史上，蒙古族素来以善于骑射而闻名。在冷兵器时代，无论是对于蒙古族森林猎民还是草原牧民来说，弓箭不仅是谋生工具，还是最具威力、最先进的武器。蒙古族射箭文化经历史积淀，拥有了丰富的物质、文化内涵，它鲜明的地域性和民族性，充分体现了蒙古族尚武、善战的传统，在我国民族传统体育的发展历程中占据着重要的位置。

射箭也是一种礼仪活动，活动中不仅要射箭，还要喝酒和奏乐。春秋战国时期的孔子、荀子以及墨子等，都是射箭爱好者，同时也鼓励学生射箭。到了魏晋南北朝时期，射箭出现了专业的竞赛。

射箭在世界其他国家也极为盛行。据历史记载，欧洲射箭初次竞赛于中世纪在瑞士举行，瑞士的民族英雄威廉·退尔是射箭能手。现代射箭运动则始于英国，最早的射箭组织就是在英国成立的，首届射箭锦标赛也是在英国举行的，自 1673 年起在英格兰约克郡举行的方斯科顿银箭赛一直延续至今。1900 年和 1904 年射箭被列为奥运会表演项目，1908 年被列为奥运会比赛项目。射箭运动曾在 1900 年至 1920 年光顾过奥运会几次，但随后就消失了 50 多年，直到 1972 年慕尼黑奥运会它才重新回来，之后射箭就一直是奥运会的正式比赛项目。

二 传统射箭

蒙古族射箭服饰，有骑射和步射两种，有 25 步、50 步、100 步之分。比赛不分男女老少，凡参加者都自备马匹和弓箭。弓箭的样式、弓的拉力以及箭的长度和重量均不限。比赛的规则是三轮九箭，即每人每轮只许射三支箭，以中靶箭数的多少定前三名。射手在颠簸的马背上拿弓、抽箭、搭箭、发箭，一马三箭要在规定的跑道上射完，场面非常壮观。骑射服饰除全套弓箭和射手所穿戴的全套传统服饰之外，还要鞴有全套马具的骐骥等。步射服饰除射手所穿戴的全套传统服饰之外，还要备齐弓、箭、弓套、箭袋、护袖、扳指儿、箭靶等射箭所需用品。

（一）弓

弓可分为弓梁和弓弦两大部分。弓还分大、中、小三个型号，上弦后大号弓约 5 尺（1 尺≈0.333 米）多长，中号弓为 4 尺 8 寸（1 寸≈3.33 厘米）长，小号弓为 4 尺 5 寸长。上好弓弦后，要测试弓的弹射力。其测试方法是在弓弦正中间的搭箭部位挂砝码下垂，直至张满弓梁来确定弓力。据《蒙古风俗鉴》记载，弓有 10 力弓、16 力弓、24 力弓等。1 力等于 4 千克重，故彀之极满 24 力弓者，则天下之英雄也。

（二）箭

箭由箭杆、箭镞、箭口和箭翎等组成。箭身长约 3 尺。射靶的箭有两种，一种是直箭，另一种是蛇箭。后者的箭杆中间粗两头细，以神速著称。箭翎要用雕鹰等禽的羽翎制作。箭头可安置骨镞或铁镞。

（三）护袖

护袖要用香牛皮、牛皮或粉皮制作。护袖既可保护手腕，又能增强手的力量，因此射箭时常常带护袖。

（四）扳指儿

扳指儿也称班指、扳指。它是套在右手拇指上，射箭时钩弦之用。扳指儿多以金、银、玉、翠制作，因而它又是一种装饰品。

（五）箭靶

箭靶有飞靶、固定靶两种。骑射或步射某种抛物称飞靶。飞靶在过去是用皮块制作，而今则以气球取代。固定靶主要以月靶为多。它是用棉布毡片制作的不同环形颜色构成的圆靶，中心为红色圆布，其外是一环套一环的黄、绿、蓝色圆圈。射靶时无论骑射或步射，射中红心点者得分最高。

蒙古族射箭那达慕是射程、命中率和引弓力三结合的体育比赛项目，也有专门拉大弓射远程的比赛。所以练好射箭本领是件很不容易的事情。

三 现代射箭

射箭运动是借助弓的弹力，有控制地瞄准一定的方向或目标，在一定的距离之内比赛准确性或比赛远度的竞技体育运动项目。目前，世界射箭锦标赛、奥运会等大型赛事多采用射准射箭比赛，即通过比赛看谁射得准，因此准确性成为射箭运动最突出的特点。射箭运动员技术动作的确立、器材的选择、训练手段的采用等都围绕着准确性而展开。

优秀的射手都非常重视射箭基本姿势的训练，它是提高射箭技艺的重要基础。这项基础打得越扎实，以后的动作才会更轻松，更一致，更持久。

（一）现代射箭的场地和硬件要求

1. 场地

场地要求平坦，由南向北，长约 130 米，宽约 150 米。

2. 器材

（1）弓。射箭运动员使用的弓、箭器械是现代科技的成果，具有良好的性能。弓上可安装瞄准器，并允许安装稳定器或箭飞行防震器，但不准用作引弦瞄准，不能触及它物。现代弓的种类可以分为复合弓、反曲弓。一把反曲弓主要是由弓把、弓片、瞄准器、信号片、箭台、平衡杆（V 型座、延长杆、推把、长杆、侧杆杆）构成。

（2）箭。箭包括箭头、箭杆、箭尾和箭羽。运动员在同一组比赛所使用箭支的样式、箭羽的颜色组合必须相同。每个运动员的每支箭上都应标明自己的姓名或姓名的缩写，以示区别。

（3）箭靶。射箭比赛用靶一般有方形和圆形两种。箭靶用稻草加麻布或其他适合的材料制作。箭靶的边长和直径不得少于 124 厘米，厚度一般在 15 ～ 25 厘米。箭靶要求结实耐用，坚硬适度，使箭既易射入不受损又不易穿透或反弹、脱落。

（4）靶架。支撑箭靶的架子称为靶架，用木料或竹料制成，要求坚固，但不能对箭造成损伤。靶架斜放在终点线上，与地面垂直线的夹角为 10° ～ 15° 。各环靶中心的高度距地面 130 厘米，均应在一条直线上。

（5）环靶。环靶为圆形，直径 122 厘米，自中心向外分别为黄色、红色、浅蓝色、黑色和白色五个等宽同心圆色区。每一色区由一条细线分为两个同色的等宽区，这样就构成了 10 个等宽的环区，10 环区内有一个中心环线，称为内 10 环，用于评定一些环数相同的名次。分区环线划在高环区内。最外面的白色区外缘线，划在记分区内。线宽均不得超过 2 毫米。环靶中心用“＋”符号标出，称为针孔。“＋”符号的线宽不超过 1 毫米。环靶可用纸、布或其它适当的材料制成，但同一次比赛中，要求所有材料相同、规格统一。

（6）计时设备。这种装置的正式名称为“计时器信号灯”，简称“计时器”或“信号灯”。

（7）其他装备。运动员可戴一些护具，包括持弓手护指套（护手皮片）、护臂、护胸、射箭眼镜和太阳镜等。这些装备必须符合国际箭联规则。射准射箭比赛前，运动员使用的弓、箭和护指套（护手皮片）、眼镜，必须经裁判检查符合竞赛规则。

（二）现代射箭的姿势要求

1. 合理、正确的射箭姿势——射箭技术的基础

正确稳定的基本姿势是保证每一支箭准确性的基础。射箭基本姿势的要求是：身体端正，体重平均落于两脚之上；沉肩舒胸，动作层次分明，左右用力对称；整个动作自然轻松、协调流畅、稳固持久。射箭技术由准备动作、基本动作和结束动作三部分组成。

2. 射箭准备动作

准备动作的任务是做好一系列连贯的动作，使注意力高度集中，进入最佳竞技状态。准备动作包括审靶、选位、站立、搭箭、推弓、钩弦和转头等动作。

（1）审靶——观察要射的靶子。进入训练或比赛场地后，首先要仔细观察自己所要射的靶子，包括靶子周围的环境，如风向、光线等可能影响成绩的因素，在思想上做好充分的准备。

（2）选位——选择在起射线上的位置。在审靶的同时，还要选择好站位。根据射箭比赛规则的要求，单轮比赛或预赛（如采用世界锦标赛规则为排名赛）采用每靶位 2 ～ 3 名运动员在同一时间内发射的方法。同一靶位有靶中心线、中心线前及中心线后三个站立位置，站立位置将根据抽签决定，因此运动员应具备在前、中、后都能发射的能力。即使是在淘汰赛、决赛阶段，每个靶位只有 1 名运动员发射时，也同样存在运动员选择在起射线上站位的问题，射每支箭应站在同一位置上。

（3）站立——站立姿势及躯干姿势。

1）站立姿势。站立姿势是射箭最基础的准备动作，也是射箭技术稳定性的基础。站立姿势一般采用侧立式、开放式和隐蔽式。优秀射箭运动员大多采用开放式站立姿势。开放式又称斜向站立式、强有力式，如图 11-115 所示。

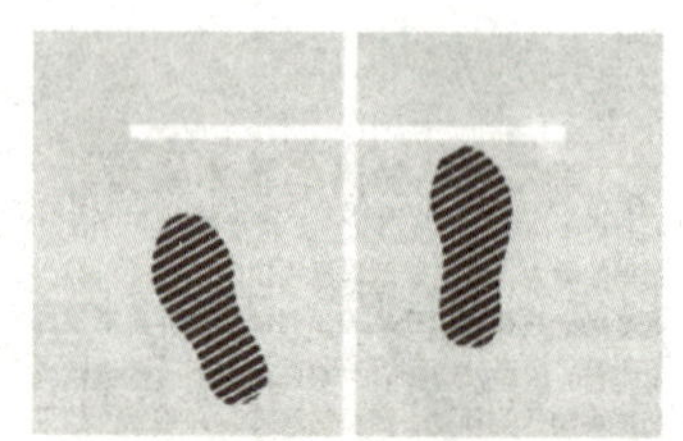

图 15-115　开放式站立

两脚分开站立在起射线的两侧。两脚脚尖连线与靶的中心成 45° 角，右脚与起射线平行，脚尖紧靠靶的中心线，左脚尖略外展。这种站立法双脚形成的稳定面较大，能够防止身体重心前后晃动，抗风能力强，看靶纸的视野较宽。同时，肩部动作较打开，对加强拉弓臂的后背肌群及腰背用力也有一定的作用。

2）躯干姿势。射箭的准确性在很大程度上取决于射手身体的稳定性。规范的站立姿势能保证“人—弓”系统的稳定性，躯干姿势要稳定、一致、自然。身体垂直于地面，躯干的任何面（沿任何轴）都不过分屈曲或扭转，体重落于两脚，两膝稳固不动，眼睛平视前方，将整个身体摆正放稳，两肩下沉，呼吸均匀、充实。

（4）搭箭——箭上弦。搭箭是将箭搭上弓弦的动作，即将箭尾槽插入弓弦的箭口部位，把箭杆压入信号片下，将箭杆置于箭台上。

（5）推弓。推弓是指用推弓手推住弓把的动作。在现代射箭运动中，为防止运动员在放箭瞬间不由自主地“捏弓”，导致箭的偏差，绝大多数运动员持弓的动作不是握住弓，而是推弓，即直接将弓推出去。推弓手的拇指及食指和手腕形成 Y 形。

（6）钩弦。钩弦也称扣弦，是由拉弓臂手的食指、中指与无名指完成。大拇指自然屈曲指向掌心，小拇指可自然屈曲或自然伸直靠在无名指上。手腕要放松，并同手背连成一条直线。

钩弦时弦位于三个手指末节指骨靠近关节处，箭夹在食指和中指之间，钩弦的三指形成一个钩子，拉弓的负荷均匀地分配到三个手指之间。钩弦分为深钩弦、中钩弦和浅钩弦三种。世界上优秀运动员绝大多数采用深钩弦。深钩弦手指钩得较牢，钩弦手可得到放松，使拉弓的力量更易集中于背部，有利于主动肌——背肌的用力，也有利于对抗肌的放松。

（7）转头。在完成推弓和钩弦动作后，将头自然地转向靶面，眼睛向箭靶自然平视，颈部动作自然放松。

准备动作使注意力高度集中，做好射箭前的一切准备，完成后即进入基本动作。

3. 射箭基本动作

射箭基本动作由举弓、开弓、靠弦、瞄准、撒放等环节组成。正确的射箭动作应环环相扣、一气呵成，即一个动作的结束便是另一个动作的开始。

（1）举弓。左手持弓，右手钩弦（也有右手持弓，左手钩弦），头部自然转向靶面，眼睛平视前方。两臂举起，高度一般是拉弓臂在眼睛的水平线上，弓与地面垂直，箭要成水平并同拉弓臂连成一条直线。此时头部略上顶，两肩自然下沉，调整呼吸，将准星对准靶心（黄心）或靶心垂直线上方的某一个固定的位置。举弓通常有高位举弓和水平举弓两种。

高位举弓是在举弓后，眼睛、准星与靶心垂直线上方的某一点连成一条直线，举弓的高度一般与眼睛持平；水平举弓是举弓后眼睛、准星与靶心连成一条直线，举弓的高度一般与下颌持平。

举弓一般有如下姿势要求：

1）持弓臂位置及手臂的正确转动。

2）持弓臂肩关节的准确调位和固定。

3）持弓臂的正确高度。

4）举弓时，保持准确的身体垂直和重心位置。

5）举弓时，保持准确的角度。

6）举弓时，颈、背部选择一个准确的位置。

7）举弓时，呼吸的调整。

8）举弓时，保持拉弓臂的关节柔韧性和角度。

9）举弓时，建立拉弓臂与持弓臂之间力量的准确对称。

10）举弓时，注意上体与下体之间的协调，保持直线。

（2）开弓。开弓是射箭基本动作的重要环节。在举弓稳定后，两肩带肌用力，持弓臂伸展，拉弓臂肩带（肩胛骨）内收，即采用“前撑后拉”，沿最短距离将弓拉开。开弓动作与举弓有关：如采用高位举弓，在开弓过程中，眼睛不离开准星，在开弓完成、弓弦到位的同时，准星也进入靶心；如采用水平举弓，在开弓过程中，除保持两臂沿水平方向用力外，还应保持准星在靶心内。

1）开弓应做到两准。开弓是射箭基本姿势动作的一个重要环节，因而应做到“两准”：①拉距要准。开弓后，信号片应压在箭头的一个固定位置上，一般压在箭头的 1 ～ 3 毫米处。否则，会破坏射箭的整体动作或节奏。②准星要准确进入靶心。弓开满（即弓弦到位）时，准星瞄入靶心区域，不进行第二次移动瞄准。

2）开弓做到既稳定又果断。①开弓要稳定。这是指弓举起后要有一个稳定过程。在开弓过程中，也要保持这种稳定状态，以保证开弓后的动作也是稳定的。②开弓要果断，即要大胆果断地拉开弓。开弓时，思想没有任何顾虑，才能保证拉弓准确到位。

（3）靠弦。靠弦是开满弓后，将弓弦靠在嘴唇或嘴角，也是基本动作固定到位的标志。靠弦的方法有两种：一种是颌下定位，即大拇指自然弯曲指向掌心，食指靠在颌骨下面，弓弦对正鼻、嘴和下巴的中央；另一种是侧向定位，基本方法与颌下定位相同，只是开弓后弓弦靠在右嘴角。靠弦动作的结束也是瞄准动作和继续用力的开始，这是射箭基本动作的重要一环。

1）靠弦的位置。弓弦应位于面部偏外侧而不是下颌的正中间，此时弦正好通过鼻子的中间。如果弦的位置不偏右而远离鼻子的中间，则弦在瞄准视窗范围内可见的直线位置就会偏外（要求头部有一个补偿动作）。因此，当满弓时，弦轻靠在下颌侧面，对高质量的撒放有很大帮助，因为这有助于形成一条水平面上的“拉力线”。

2）靠弦的意义。在所有基本技术中，靠弦是重要的技术之一，这是因为当拉满弓时，靠弦点处于施力点的中心位置。由于个人的身体形态和姿势特点不同，其靠弦点和方法会有差异，但靠弦点在施力点的中心位置是不能变的。射手从学习射箭开始，就应掌握正确的靠弦方法，使每支箭的靠弦都精确一致。

运动员应学会用背部肌群带动肘部完成靠弦动作，而不是用手臂的肌肉来完成靠弦动作。如果运动员不是使用背部肌群带动肘部，则额外的力就会施加在手腕上，使钩弦手变得紧张，不能形成稳定的靠弦动作。

肘部在靠弦之前应高于箭杆的延伸线。靠弦动作完成后，肘关节应保持相应的高度，如肘关节低于箭的延伸线，则不符合生物力学的要求，那是错误的动作。此时应注意，无名指较短的运动员有可能出现手滑弦的现象。因此，在钩弦时，应适当深钩，以弥补这方面的不足。

（4）瞄准。弓的瞄准装置只有准星一个视点，选择和固定“参照点”十分重要。

1）动作和器械相对位置的固定，具体来说，就是眼睛和准星相对位置的固定与“参照点”是联系在一起的。

2）上下位置的固定是通过钩弦食指、手掌或借助护指托板与下颌的吻合以及保持牙齿合拢状态来实现的。

3）左右位置的固定是通过固定弦影和准星的相对位置来完成的。弦影应固定在瞄准窗附近，在瞄准的同时可以监视，最好把弦影放在瞄准窗相切的位置，这样容易掌握一致，弦影也可在瞄准窗的另一侧。

不论在哪个射程上，均应采取一次瞄准的方法。按规范运动的要求，在靠弦的同时，准星应进入瞄准区，不进行第二次瞄准。

（5）撒放。撒放是指箭离弦的一瞬间，其动作的好坏决定了箭的命中率，是射箭技术最关键的环节。射好一支箭的关键是，能否准确地捕捉撒放的时机。正确撒放要求：推弓和拉弓所产生的两个相反的力要平衡、协调，以钩弦点为中心，左右均匀分开，持弓臂随箭射出的方向沿射箭面向前运动，钩弦手沿射箭面向靶的相反方向运动，形成一个自然协调的动作。

4. 射箭结束动作

一箭射出后，要有专门的结束动作，该动作由动作暂留和收势两部分组成。

动作暂留是撒放动作结束后将正确姿势保持不变，时间一般在 2 秒钟左右。它不仅要求维持身体姿势，而且要求把正确的用力表现出来。动作暂留可以强化正确的射箭姿势和用力感觉，减少错误动作所造成的箭的偏差。

收势是指完成射出一支箭的全过程后，将弓收下，恢复到站立姿势，为射下一支箭做好准备。

附录

附录一 国家学生体质健康标准

（2014年修订　大学版）

 概述

为建立健全国家学生体质健康监测评价机制，激励学生积极参加身体锻炼，引导学校深化体育教学改革，推动各地加强学校体育工作，促进青少年身心健康、体魄强健、全面发展，在认真总结各地实施现行《国家学生体质健康标准》的基础上，结合新时期青少年体质健康状况和学校体育工作实际，教育部2014年组织专家对现行《国家学生体质健康标准》进行了修订。

《国家学生体质健康标准》（以下简称《标准》）是国家学校教育工作的基础性指导文件和教育质量基本标准，是评价学生综合素质、评估学校工作和衡量各地教育发展的重要依据，是《国家体育锻炼标准》在学校的具体实施，适用于全日制普通小学、初中、普通高中、中等职业学校、普通高等学校的学生。

本标准坚持健康第一，落实《国家中长期教育改革和发展规划纲要（2010—2020年）》、《国务院办公厅转发教育部等部门关于进一步加强学校体育工作若干意见的通知》（国办发〔2012〕53号）和《教育部关于印发〈学生体质健康监测评价办法〉等三个文件的通知》（教体艺〔2014〕3号）有关要求，着重提高《标准》应用的信度、效度和区分度，着重强化其教育激励、反馈调整和引导锻炼的功能，着重提高其教育监测和绩效评价的支撑能力。

本标准从身体形态、身体机能和身体素质等方面综合评定学生的体质健康水平，是促进学生体质健康发展、激励学生积极进行身体锻炼的教育手段，是国家学生发展核心素养体系和学业质量标准的重要组成部分，是学生体质健康的个体评价标准。

本标准将适用对象划分为以下组别：小学、初中、高中按每个年级为一组，其中小学为6组，初中为 3 组，高中为 3 组。大学一、二年级为一组，三、四年级为一组。

小学、初中、高中、大学各组别的测试指标均为必测指标。其中，身体形态类中的身高、体重，身体机能类中的肺活量，以及身体素质类中的 50 米跑、坐位体前屈为各年级学生共性指标。

本标准的学年总分由标准分与附加分之和构成，满分为 120 分。标准分由各单项指标得分与权重乘积之和组成，满分为 100 分。附加分根据实测成绩确定，即对成绩超过 100 分的加分指标进行加分，满分为 20 分；小学的加分指标为 1 分钟跳绳，加分幅度为 20 分；初中、高中和大学的加分指标为男生引体向上和 1 000 米跑，女生 1 分钟仰卧起坐和 800 米跑，各指标加分幅度均为 10 分。

根据学生学年总分评定等级：90.0 分及以上为优秀，80.0 ～ 89.9 分为良好，60.0 ～ 79.9 分为及格，59.9 分及以下为不及格。

每个学生每学年评定一次，记入《〈国家学生体质健康标准〉登记卡》（附表 1）。特殊学制的学校，在填写登记卡时可以按规定和需求相应地增减栏目。学生毕业时的成绩和等级，按在校期间每年 50 分及以上进行审核。

学生测试成绩评定达到良好及以上者，方可参加评优与评奖；成绩达到优秀者，方可获体育奖学分。测试成绩评定不及格者，在本学年度准予补测一次，补测仍不及格，则学年成绩评定为不及格。普通高中、中等职业学校和普通高等学校学生毕业时，《标准》测试的成绩达不到 50 分者按结业或肄业处理。

学生因病或残疾可向学校提交暂缓或免予执行《标准》的申请，经医疗单位证明，体育教学部门核准，可暂缓或免予执行《标准》，并填写《免予执行〈国家学生体质健康标准〉申请表》（附表 2），存入学生档案。确实丧失运动能力、被免予执行《标准》的残疾学生，仍可参加评优与评奖，毕业时《标准》成绩需注明免测。

学校每学年开展覆盖本校各年级学生的《标准》测试工作，《标准》测试数据经当地教育行政部门按要求审核后，通过“中国学生体质健康网”上传至“国家学生体质健康标准数据管理系统”。测试和数据上传时间由教育行政部门确定。

二 测试项目与权重

测试对象	单项指标	权重 /（%）
大学各年级	50 米跑	20
	坐位体前屈	10
	立定跳远	10
	引体向上（男）/1 分钟仰卧起坐（女）	10
	1 000 米跑（男）/800 米跑（女）	20
	体重指数（BMI）	15
	肺活量	15

注：体重指数（BMI）= 体重（千克）/ 身高（米）的平方。

第一节 《国家学生体质健康标准》大学生测试目的、方法及注意事项

在实施《标准》的过程中，掌握各项目正确的测试方法是所有体育教师、测评人员和学生需要了解的内容。测试工作必然和所使用的测试仪器有一定的关系，现在测试器材多种多样，有全手工操作的，也有电子仪器。手工操作与电子仪器的操作流程不完全相同。如使用带有 IC 卡的测试仪器就可以减少测试人员的记录和计算工作。但无论使用何种仪器，对测试人员的基本的操作要求是一致的，本章对《标准》中各个项目基本的测试方法及其操作要求进行介绍。对于不同的测试器材，可参考相应测试器材的说明书。

一 身高

1. 测试目的

测试学生身高，与体重测试相配合，评定学生的身体匀称度，评价学生生长发育的水平及营养状况。

2. 场地器材

身高测量计。使用前应校对 0 点，以钢尺测量基准板平面至立柱前面红色刻线的高度是否为 10.0 厘米，误差不得大于 0.1 厘米。同时应检查立柱是否垂直，连接处是否紧密，有无晃动，零件有无松脱等情况并及时加以纠正。

3. 测试方法

受试者赤足，立正姿势站在身高计的底板上（上肢自然下垂，足跟并拢，足尖分开成 60° 角）。足跟、骶骨部及两肩胛区与立柱相接触，躯干自然挺直，头部正直，耳屏上缘与眼眶下缘呈水平位。测试人员站在受试者右侧，将水平压板轻轻沿立柱下滑，轻压于受试者头顶。测试人员读数时双眼应与压板水平面等高进行读数，记录员复述后进行记录。以厘米为单位，精确到小数点后一位。测试误差不得超过 0.5 厘米。

4. 注意事项

（1）身高计应选择平坦靠墙的地方放置，立柱的刻度尺应面向光源。

（2）严格掌握“三点靠立柱”“两点呈水平”的测量姿势要求，测试人员读数时两眼一定与压板等高，两眼高于压板时要下蹲，低于压板时应垫高。

（3）水平压板与头部接触时，松紧要适度，头发蓬松者要压实，头顶的发辫、发结要放开，饰物要取下。

（4）读数完毕，立即将水平压板轻轻推向安全高度，以防碰坏。

（5）测量身高前，受试者应避免进行剧烈体育活动和体力劳动。

二 体重

1. 测试目的

测试学生的体重，与身高测试相配合，评定学生的身体匀称度，评价学生生长发育的水平及营养状况。

2. 场地器材

杠杆秤或电子体重计。使用前需检验其准确度和灵敏度。准确度要求误差不超过 0.1%，即每百千克误差小于 0.1 千克。检验方法是：以备用的 10 千克、20 千克、30 千克标准砝（或用等重标定重物代替）分别进行称量，检查指标读数与标准砝码误差是否在允许范围。灵敏度的检验方法是：置 100 克重砝码，观察刻度尺变化，如果刻度抬高了 3 毫米或游标向远移动 0.1 千克而刻度尺维持水平位时，则达到要求。

3. 测试方法

测试时，杠杆秤应放在平坦地面上，调整 0 点至刻度尺水平位。受试者赤足，男性受试者身着短裤，女性受试者身着短裤、短袖衫，站在秤台中央。测试人员放置适当砝码并移动游标至刻度尺平衡。读数以千克为单位，精确到小数点后一位。记录员复诵后将读数记录。测试误差不超过 0.1 千克。

4. 注意事项

（1）测量体重前受试者不得进行剧烈体育活动或体力劳动。

（2）受试者站在秤台中央，上下杠杆秤动作要轻。

（3）每次使用杠杆秤时均需校正。测试人员每次读数前都应校对砝码标重以避免差错。

三 肺活量

1. 测试目的

测试学生的肺通气功能。

2. 场地器材

电子肺活量计。

3. 测试方法

房间通风良好；使用干燥的一次性口嘴（非一次性口嘴，则每换测试对象需消毒一次，每测一人时将口嘴下倒出唾液并注意消毒后必须使其干燥）。肺活量计主机放置平稳桌面上，检查电源线及接口是否牢固，按工作键液晶屏显示“0”即表示机器进入工作状态，预热 5 分钟后测试为佳。

首先告知受试者不必紧张，并且要尽全力，以中等速度和力度吹气效果最好。令被测试者面对仪器站立，手持吹气口嘴，面对肺活量计站立试吹 1 ～ 2 次，首先看仪表有无反应，还要试口嘴或鼻处是否漏气，调整口嘴和用鼻夹（或自己捏鼻孔）；学会深吸气（避免耸肩提气，应该像闻花似的慢吸气）。受试者进行一两次较平日深一些的呼吸动作后，更深地吸一口气，屏住气向口嘴处慢慢呼出至不能再呼为止，防止此时从口嘴处吸气，测试中不得中途二次吸气。吹气完毕后，液晶屏上最终显示的数字即为肺活量毫升值。每位受试者测 3 次，每次间隔 15 秒，记录 3 次数值，选取最大值作为测试结果，以毫升为单位，不保留小数。

4. 注意事项

（1）电子肺活量计的计量部位的通畅和干燥是仪器准确的关键，吹气筒的导管必须在上方，以免口水或杂物堵住气道。

（2）每测试 10 人及测试完毕后用干棉球及时清理和擦干气筒内部。严禁用水、酒精等任何液体冲洗气筒内部。

（3）导气管存放时不能弯折。

（4）定期校对仪器。

四　50 米跑

1．测试目的

测试学生速度、灵敏素质及神经系统灵活性的发展水平。

2．场地器材

50 米直线跑道若干条，地面平坦，地质不限，跑道线要清楚。发令旗 1 面，口哨 1 个，秒表若干块（一道一表）。秒表使用前，应用标准秒表校正，每分钟误差不得超过 0.2 秒。标准秒表选定，以北京时间为准，每小时误差不超过 0.3 秒。

3．测试方法

受试者至少两人一组测试。站立起跑，受试者听到“跑”的口令后开始起跑。发令员在发出口令同时要摆动发令旗。计时员视旗动开表计时，受试者躯干部到达终点线的垂直面停表。以秒为单位记录测试成绩，精确到小数点后一位，小数点后第二位数按非 0 进 1 原则进位，如 10.11 秒读成 10.2 秒记录之。

4．注意事项

（1）受试者测试最好穿运动鞋或平底布鞋，赤足亦可，但不得穿钉鞋、皮鞋、塑料凉鞋。

（2）发现有抢跑者，要当即召回重跑。

（3）如遇风时一律顺风跑。

五　800 米或 1 000 米跑

1．测试目的

测试学生耐力素质的发展水平，特别是心血管呼吸系统的机能及肌肉耐力。

2．场地器材

400 米、300 米、200 米田径场跑道，地质不限。也可使用其他不规则场地，但必须丈量准确，地面平坦。秒表若干块，使用前需要校正，要求同 50 米跑测试。

3．测试方法

受试者至少两人一组进行测试，站立式起跑。听到“跑”的口令后开始起跑。计时员看到旗动开表计时，当受试者的躯干部到达终点线垂直面时停表。以分、秒为单位记录测试成绩，不计小数。

注意事项和成绩记录方法同 50 米 ×8 往返跑。

六　立定跳远

1．测试目的

测试学生下肢爆发力及身体协调能力的发展水平。

2．场地器材

沙坑、丈量尺。沙面应与地面平齐，如无沙坑，可在土质松软的平地上进行。起跳线至沙坑近端不得少于 30 厘米。起跳地面要平坦，不得有坑凹。

3. 测试方法

受试者两脚自然分开站立，站在起跳线后，脚尖不得踩线（最好用线绳做起跳线）。两脚原地同时起跳，不得有垫步或连跳动作。丈量起跳线后缘至最近着地点后垂直距离。每人试跳3次，记录其中成绩最好一次。以厘米为单位，不计小数。

4. 注意事项

（1）发现犯规时，此次成绩无效。三次试跳均无成绩者，应允许再跳，直至取得成绩为止。

（2）可以赤足，但不得穿钉鞋、皮鞋、塑料凉鞋参加测试。

七 引体向上

1. 测试目的

测试学生的上肢肌肉力量的发展水平。

2. 场地器材

高单杠或高横杠，杠粗以手能握住为准。

3. 测试方法

受试者跳起双手正握杠，两手与肩同宽成直臂悬垂。静止后，两臂同时用力引体（身体不能有附加动作），上拉到下颌超过横杠上缘为完成一次。记录引体次数。

4. 注意事项

（1）受试者应双手正握单杠，待身体静止后开始测试。

（2）引体向上时，身体不得做大的摆动，也不得借助其他附加动作撑起。

（3）两次引体向上的间隔时间超过10秒停止测试。

八 坐位体前屈

1. 测试目的

测量学生在静止状态下的躯干、腰、髋等关节可能达到的活动幅度，主要反映这些部位的关节、韧带和肌肉的伸展性和弹性及学生身体柔韧素质的发展水平。

2. 场地器材

坐位体前屈测试计。

3. 测试方法

受试者两腿伸直，两脚平蹬测试纵板坐在平地上，两脚分开约10～15厘米，上体前屈，两臂伸直向前，用两手中指尖逐渐向前推动游标，直到不能前推为止。测试计的脚蹬纵板内沿平面为0点，向内为负值，向前为正值。记录以厘米为单位，保留一位小数。测试两次，取最好成绩。

4. 注意事项

（1）身体前屈，两臂向前推游标时两腿不能弯曲。

（2）受试者应匀速向前推动游标，不得突然发力。

九 仰卧起坐

1. 测试目的

测试学生的腹肌耐力。

2. 场地器材

垫子若干块（或代用品），铺放平坦。

3. 测试方法

受试者仰卧于垫上，两腿稍分开，屈膝呈 90° 角左右，两手指交叉贴于脑后。另一同伴压住其踝关节，以固定下肢。受试者坐起时两肘触及或超过双膝为完成一次。仰卧时两肩胛必须触垫。测试人员发出“开始”口令的同时开表计时，记录 1 分钟内完成次数。1 分钟到时，受试者虽已坐起但肘关节未达到双膝者不计该次数，精确到个位。

4. 注意事项

（1）如发现受试者借用肘部撑垫或臀部起落的力量起坐时，该次不计数。

（2）测试过程中，观测人员应向受试者报数。

（3）受试者双脚必须放于垫上。

第二节 《国家学生体质健康标准》大学生评分标准

（一）单项指标评分表（见附表 1–1 ～附表 1–14）

附表 1–1 男生体重指数（BMI）单项评分表

等级	单项得分	大学男生体重指数
正常	100	17.9 ～ 23.9
低体重	80	≤ 17.8
超重		24.0 ～ 27.9
肥胖	60	≥ 28.0

附表 1–2 女生体重指数（BMI）单项评分表

等级	单项得分	大学女生体重指数
正常	100	17.2 ～ 23.9
低体重	80	≤ 17.1
超重		24.0 ～ 27.9
肥胖	60	≥ 28.0

附表 1–3 男生肺活量单项评分表

等级	单项 / 得分	大一、大二男生肺活量 / 毫升	大三、大四男生肺活量 / 毫升
优秀	100	5 040	5 140
	95	4 920	5 020
	90	4 800	4 900
良好	85	4 550	4 650
	80	4 300	4 400

续表

等级	单项 / 得分	大一、大二男生肺活量 / 毫升	大三、大四男生肺活量 / 毫升
及格	78	4 180	4 280
	76	4 060	4 160
	74	3 940	4 040
	72	3 820	3 920
	70	3 700	3 800
	68	3 580	3 680
	66	3 460	3 560
	64	3 340	3 440
	62	3 220	3 320
	60	3 100	3 200
不及格	50	2 940	3 030
	40	2 780	2 860
	30	2 620	2 690
	20	2 460	2 520
	10	2 300	2 350

附表 1-4　女生肺活量单项评分表

等级	单项 / 得分	大一、大二女生肺活量 / 毫升	大三 / 大四女生肺活量 / 毫升
优秀	100	3 400	3 450
	95	3 350	3 400
	90	3 300	3 350
良好	85	3 150	3 200
	80	3 000	3 050
及格	78	2 900	2 950
	76	2 800	2 850
	74	2 700	2 750
	72	2 600	2 650
	70	2 500	2 550
	68	2 400	2 450
	66	2 300	2 350
	64	2 200	2 250
	62	2 100	2 150
	60	2 000	2 050
不及格	50	1 960	2 010
	40	1 920	1 970
	30	1 880	1 930
	20	1 840	1 890
	10	1 800	1 850

附表 1-5 男生 50 米跑单项评分表

等级	单项 / 得分	大一、大二男生成绩 / 秒	大三、大四男生成绩 / 秒
优秀	100	6.7	6.6
	95	6.8	6.7
	90	6.9	6.8
良好	85	7.0	6.9
	80	7.1	7.0
及格	78	7.3	7.2
	76	7.5	7.4
	74	7.7	7.6
及格	72	7.9	7.8
	70	8.1	8.0
	68	8.3	8.2
	66	8.5	8.4
	64	8.7	8.6
	62	8.9	8.8
	60	9.1	9.0
不及格	50	9.3	9.2
	40	9.5	9.4
	30	9.7	9.6
	20	9.9	9.8
	10	10.1	10.0

附表 1-6 女生 50 米跑单项评分表

等级	单项 / 得分	大一、大二女生成绩 / 秒	大三、大四女生成绩 / 秒
优秀	100	7.5	7.4
	95	7.6	7.5
	90	7.7	7.6
良好	85	8.0	7.9
	80	8.3	8.2
及格	78	8.5	8.4
	76	8.7	8.6
	74	8.9	8.8
	72	9.1	9.0
	70	9.3	9.2
	68	9.5	9.4
	66	9.7	9.6
	64	9.9	9.8
	62	10.1	10.0
	60	10.3	10.2

续表

等级	单项 / 得分	大一、大二女生成绩 / 秒	大三、大四女生成绩 / 秒
不及格	50	10.5	10.4
	40	10.7	10.6
	30	10.9	10.8
	20	11.1	11.0
	10	11.3	11.2

附表 1-7　男生坐位体前屈单项评分表

等级	单项 / 得分	大一、大二男生成绩 / 厘米	大三、大四男生成绩 / 厘米
优秀	100	24.9	25.1
	95	23.1	23.3
	90	21.3	21.5
良好	85	19.5	19.9
	80	17.7	18.2
及格	78	16.3	16.8
	76	14.9	15.4
	74	13.5	14.0
	72	12.1	12.6
	70	10.7	11.2
	68	9.3	9.8
	66	7.9	8.4
	64	6.5	7.0
	62	5.1	5.6
	60	3.7	4.2
不及格	50	2.7	3.2
	40	1.7	2.2
	30	0.7	1.2
	20	−0.3	0.2
	10	−1.3	−0.8

附表 1-8 女生坐位体前屈单项评分表

等级	单项 / 得分	大一、大二女生成绩 / 厘米	大三、大四女生成绩 / 厘米
优秀	100	25.8	26.3
	95	24.0	24.4
	90	22.2	22.4
良好	85	20.6	21.0
	80	19.0	19.5

续表

等级	单项 / 得分	大一、大二女生成绩 / 厘米	大三、大四女生成绩 / 厘米
及格	78	17.7	18.2
	76	16.4	16.9
	74	15.1	15.6
	72	13.8	14.3
	70	12.5	13.0
	68	11.2	11.7
	66	9.9	10.4
	64	8.6	9.1
	62	7.3	7.8
	60	6.0	6.5
不及格	50	5.2	5.7
	40	4.4	4.9
	30	3.6	4.1
	20	2.8	3.3
	10	2.0	2.5

附表 1-9 男生立定跳远单项评分表

等级	单项 / 得分	大一、大二男生成绩 / 厘米	大三、大四男生成绩 / 厘米
优秀	100	273	275
	95	268	270
	90	263	265
良好	85	256	258
	80	248	250
及格	78	244	246
	76	240	242
	74	236	238
	72	232	234
	70	228	230
	68	224	226
	66	220	222
	64	216	218
	62	212	214
	60	208	210
不及格	50	203	205
	40	198	200
	30	193	195
	20	188	190
	10	183	185

附表 1-10　女生立定跳远单项评分表

等级	单项 / 得分	大一、大二女生成绩 / 厘米	大三、大四女生成绩 / 厘米
优秀	100	207	208
	95	201	202
	90	195	196
良好	85	188	189
	80	181	182
及格	78	178	179
	76	175	176
	74	172	173
及格	72	169	170
	70	166	167
	68	163	164
	66	160	161
	64	157	158
	62	154	155
	60	151	152
不及格	50	146	147
	40	141	142
	30	136	137
	20	131	132
	10	126	127

附表 1-11　男生引体向上单项评分表

等级	单项 / 得分	大一、大二男生成绩 / 次	大三、大四男生成绩 / 次
优秀	100	19	20
	95	18	19
	90	17	18
良好	85	16	17
	80	15	16
及格	78		
	76	14	15
	74		
	72	13	14
	70		
	68	12	13
	66		
	64	11	12
	62		
	60	10	11

续表

等级	单项 / 得分	大一、大二男生成绩 / 次	大三、大四男生成绩 / 次
不及格	50	9	10
	40	8	9
	30	7	8
	20	6	7
	10	5	6

表 1-12　女生一分钟仰卧起坐单项评分表

等级	单项 / 得分	大一、大二女生成绩 / 次	大三、大四女生成绩 / 次
优秀	100	56	57
	95	54	55
	90	52	53
良好	85	49	50
	80	46	47
及格	78	44	45
	76	42	43
	74	40	41
	72	38	39
	70	36	37
	68	34	35
	66	32	33
	64	30	31
	62	28	29
	60	26	27
不及格	50	24	25
	40	22	23
	30	20	21
	20	18	19
	10	16	17

附表 1-13　男生耐力跑单项评分表

等级	单项 / 得分	大一、大二男生成绩	大三、大四男生成绩
优秀	100	3'17"	3'15"
	95	3'22"	3'20"
	90	3'27"	3'25"
良好	85	3'34"	3'32"
	80	3'42"	3'40"

续表

等级	单项 / 得分	大一、大二男生成绩	大三、大四男生成绩
及格	78	3'47"	3'45"
	76	3'52"	3'50"
	74	3'57"	3'55"
	72	4'02"	4'00"
	70	4'07"	4'05"
	68	4'12"	4'10"
	66	4'17"	4'15"
	64	4'22"	4'20"
	62	4'27"	4'25"
	60	4'32"	4'30"
不及格	50	4'52"	4'50"
	40	5'12"	5'10"
	30	5'32"	5'30"
	20	5'52"	5'50"
	10	6'12"	6'10"

附表 1-14　女生耐力跑单项评分表

等级	单项 / 得分	大一、大二女生成绩	大三、大四女生成绩
优秀	100	3'18"	3'16"
	95	3'24"	3'22"
	90	3'30"	3'28"
良好	85	3'37"	3'35"
	80	3'44"	3'42"
及格	78	3'49"	3'47"
	76	3'54"	3'52"
	74	3'59"	3'57"
	72	4'04"	4'02"
	70	4'09"	4'07"
	68	4'14"	4'12"
	66	4'19"	4'17"
	64	4'24"	4'22"
	62	4'29"	4'27"
	60	4'34"	4'32"
不及格	50	4'44"	4'42"
	40	4'54"	4'52"
	30	5'04"	5'02"
	20	5'14"	5'12"
	10	5'24"	5'22"

（二）加分指标评分表（见附表 2–1 ～附表 2–4）

附表 2–1 男生引体向上评分表

加分	大一、大二男生成绩 / 次	大三、大四男生成绩 / 次
10	10	10
9	9	9
8	8	8
7	7	7
6	6	6
5	5	5
4	4	4
3	3	3
2	2	2
1	1	1

附表 2–2 女生一分钟仰卧起坐评分表

加分	大一、大二女生成绩 / 次	大三、大四女生成绩 / 次
10	13	13
9	12	12
8	11	11
7	10	10
6	9	9
5	8	8
4	7	7
3	6	6
2	4	4
1	2	2

注：引体向上、一分钟仰卧起坐均为高优指标，学生成绩超过单项评分 100 分后，以超过的次数所对应的分数进行加分。

附表 2–3 男生 1 000 米跑评分表

加分	大一、大二男生成绩	大三、大四男生成绩
10	–35"	–35"
9	–32"	–32"
8	–29"	–29"
7	–26"	–26"
6	–23"	–23"
5	–20"	–20"
4	–16"	–16"
3	–12"	–12"
2	–8"	–8"
1	–4"	–4"

附表 2-4　女生 800 米跑评分表

加分	大一、大二女生成绩	大三、大四女生成绩
10	-50"	-50"
9	-45"	-45"
8	-40"	-40"
7	-35"	-35"
6	-30"	-30"
5	-25"	-25"
4	-20"	-20"
3	-15"	-15"
2	-10"	-10"
1	-5"	-5"

注：1 000 米跑、800 米跑均为低优指标，学生成绩低于单项评分 100 分后，以减少的秒数所对应的分数进行加分。

附表：

1.《国家学生体质健康标准》登记卡（大学样表）

2. 免予执行《国家学生体质健康标准》申请表（样表）

附表 1《国家学生体质健康标准》登记卡（大学样表）

制表日期：20×× 年 × 月 × 日

学生基本信息								
学校描述				班级描述				
学生证编号			学生姓名		性别		民族	
学生历年体质健康测试成绩汇总信息								
	一年级		二年级		三年级		四年级	
身高								
体重								
肺活量								
立定跳远								
坐位体前屈								
50m 跑								
800/1 000m 跑								
仰卧起坐								
引体向上								
学年得分								
评价等级								
毕业审核								

注：1. 带 * 号为选测项目，根据《标准》的要求进行选测。

2. 评价等级栏内按“优秀”“良好”“及格”“不及格”填写。

学校签章：

附表 2 免予执行《国家学生体质健康标准》申请表（样表）

姓名		性别		民 族	
班名		学号		出生日期	
原因					
体育教师签字		家长签字			
学院意见	签章（字）： 年 月 日		体育教学部意见	签章（字）： 年 月 日	

附录二 人体穴位示意图

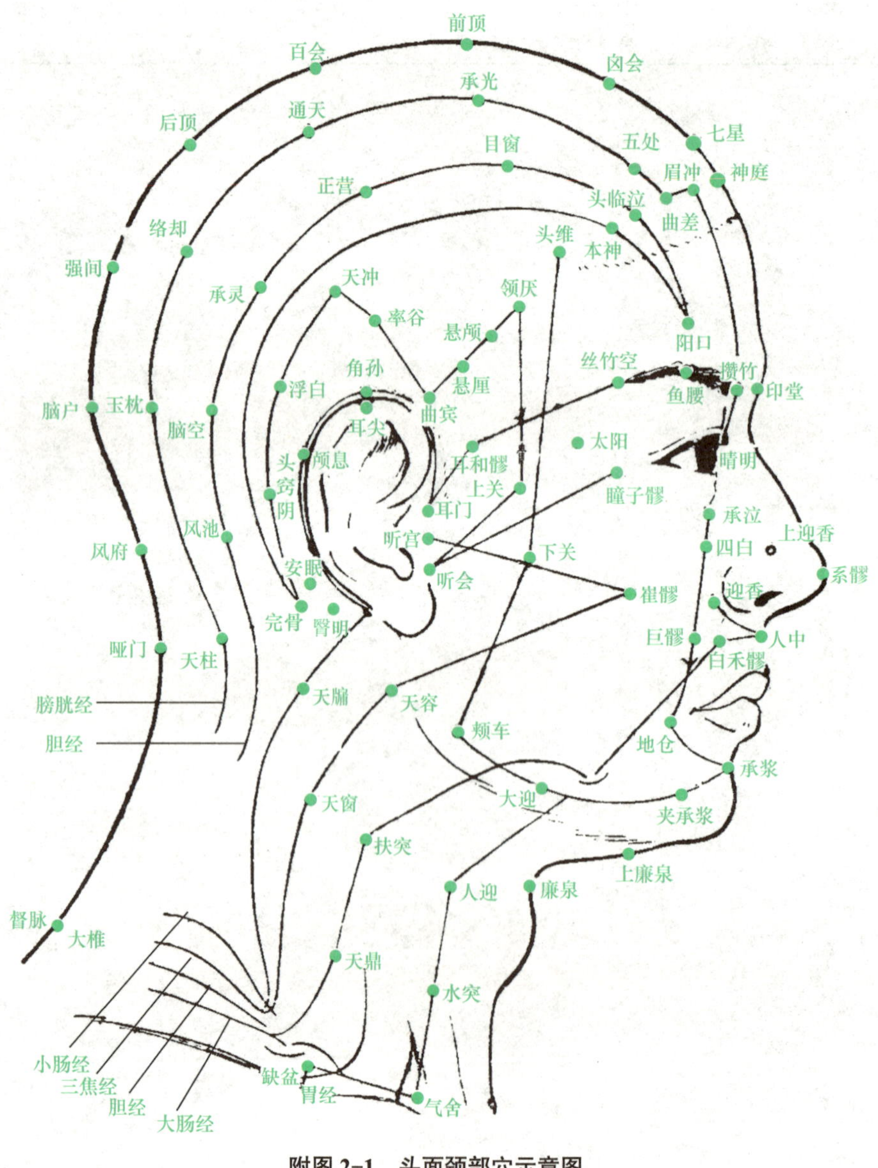

附图 2-1 头面颈部穴示意图

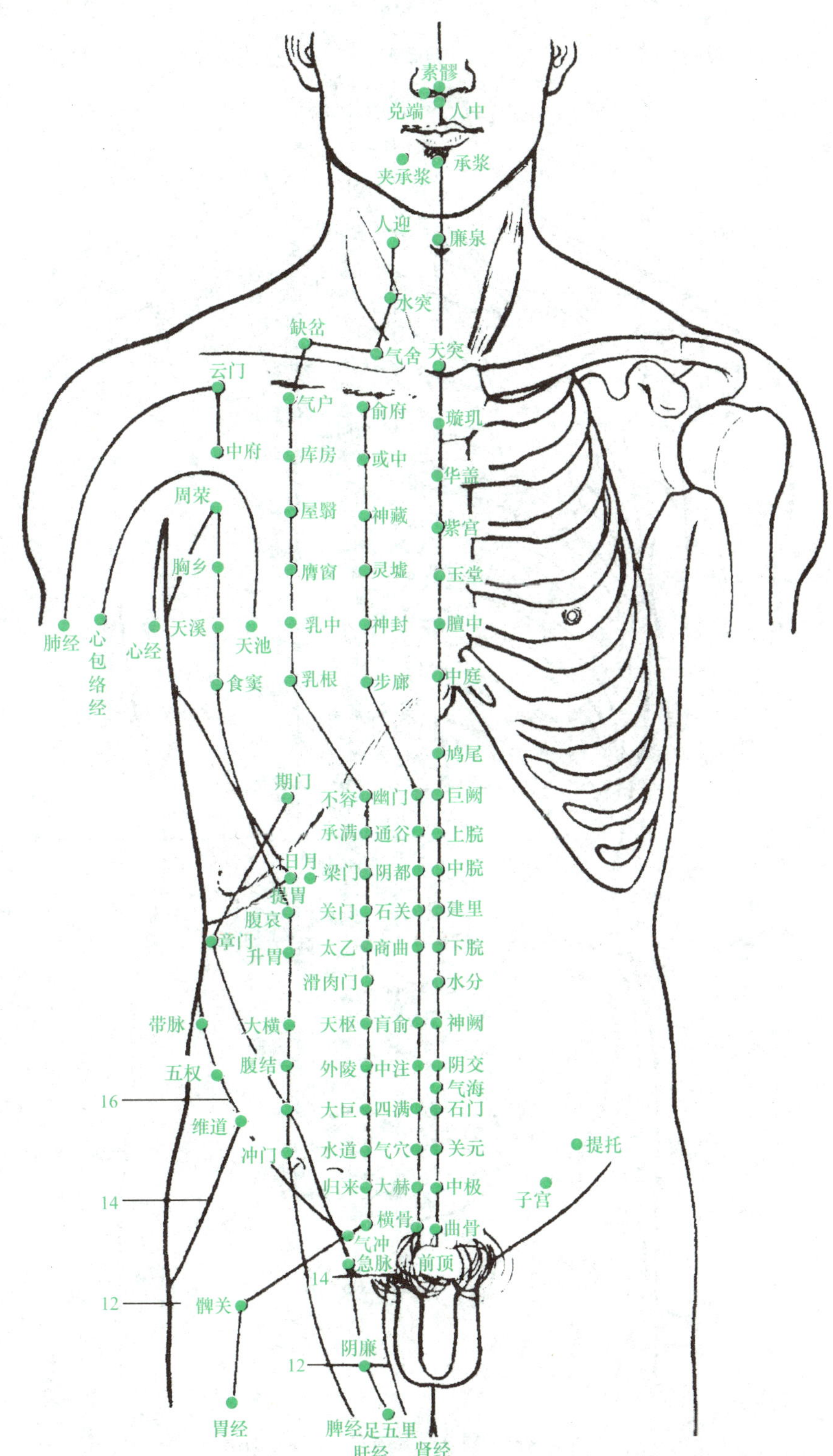

附图 2-2 胸腹部穴（正面）示意图

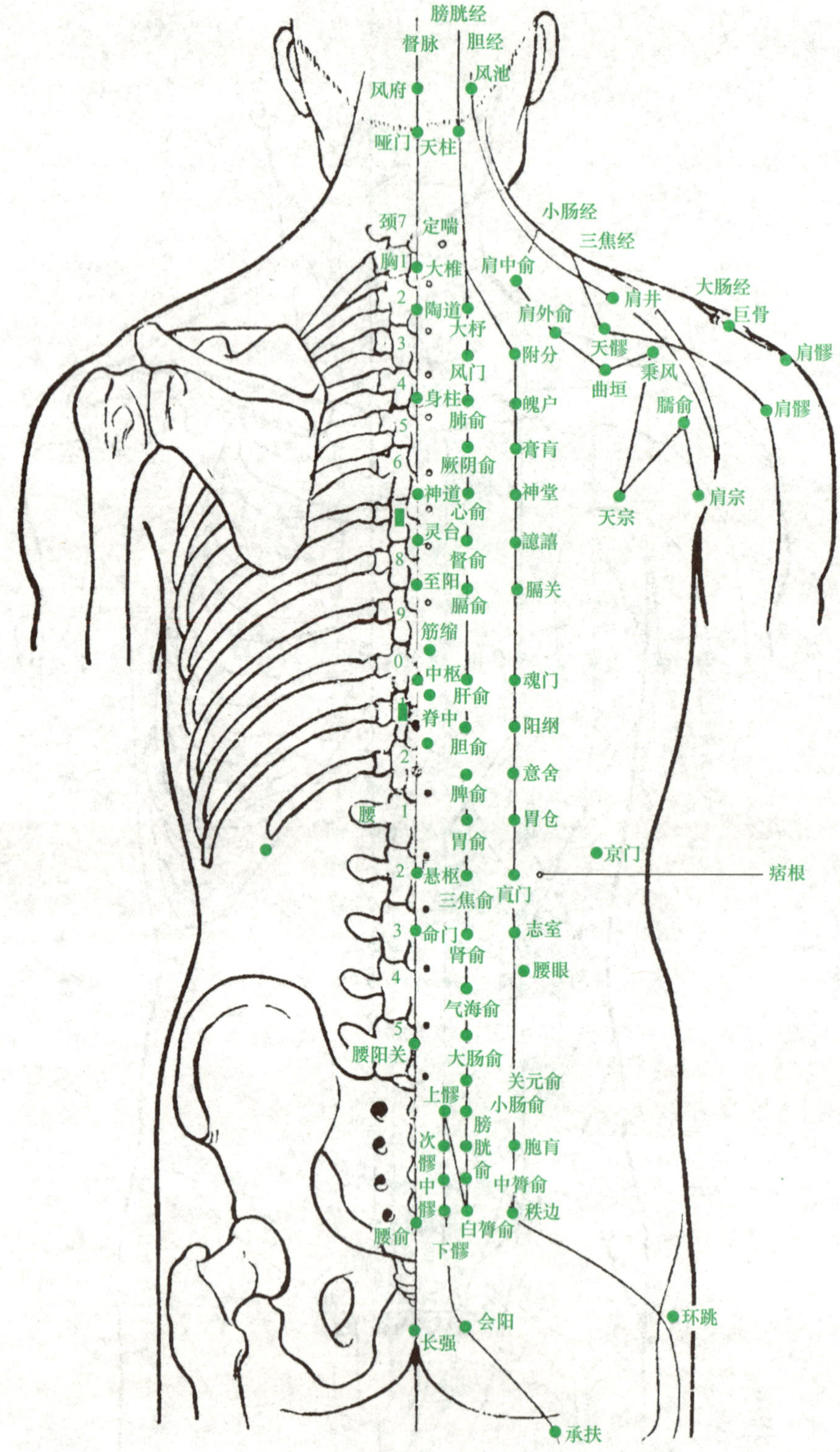

附图 2-3　肩背腰髋部穴（背面）示意图

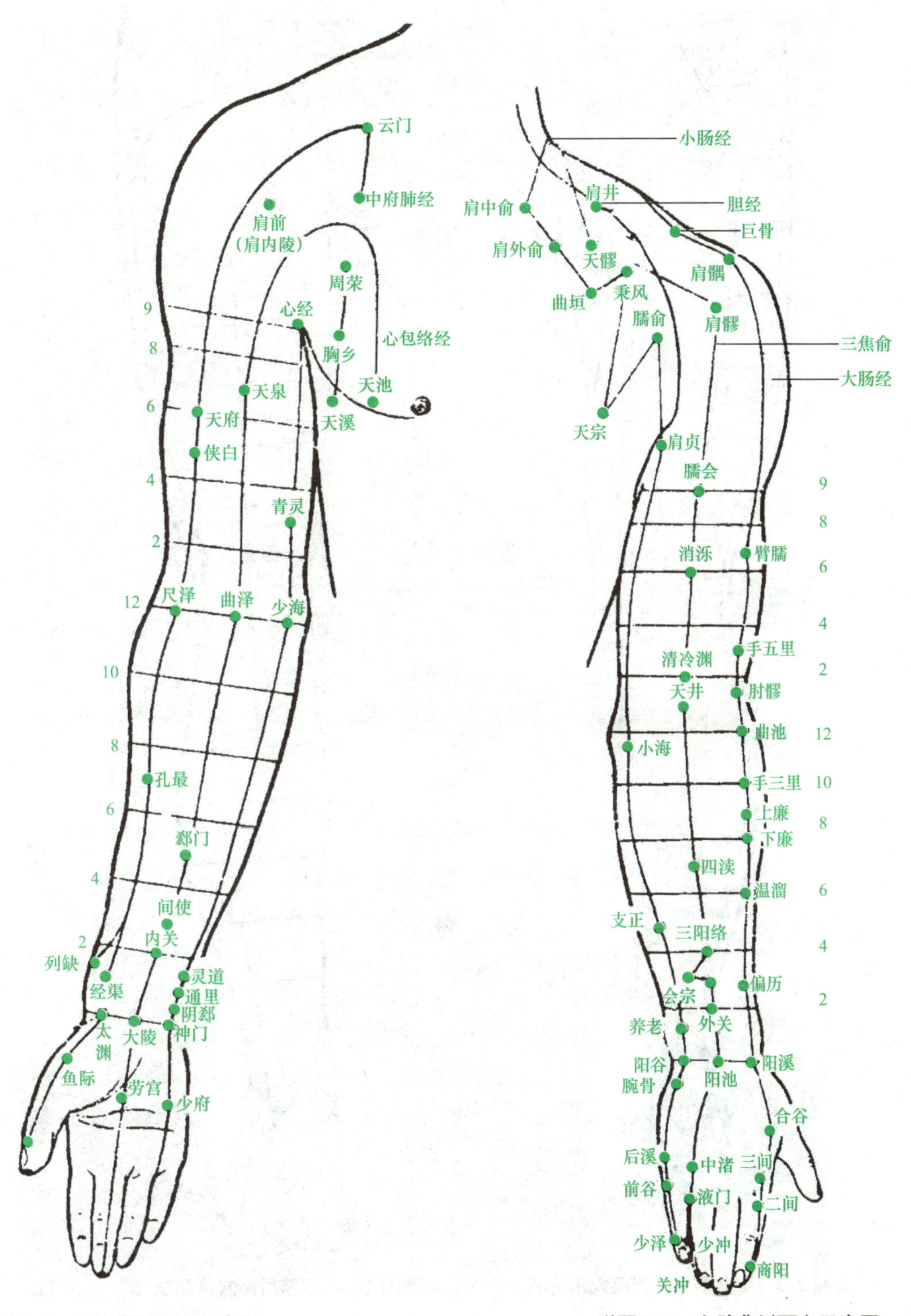

附图 2-4 上肢掌侧面穴示意图

附图 2-5 上肢背侧面穴示意图

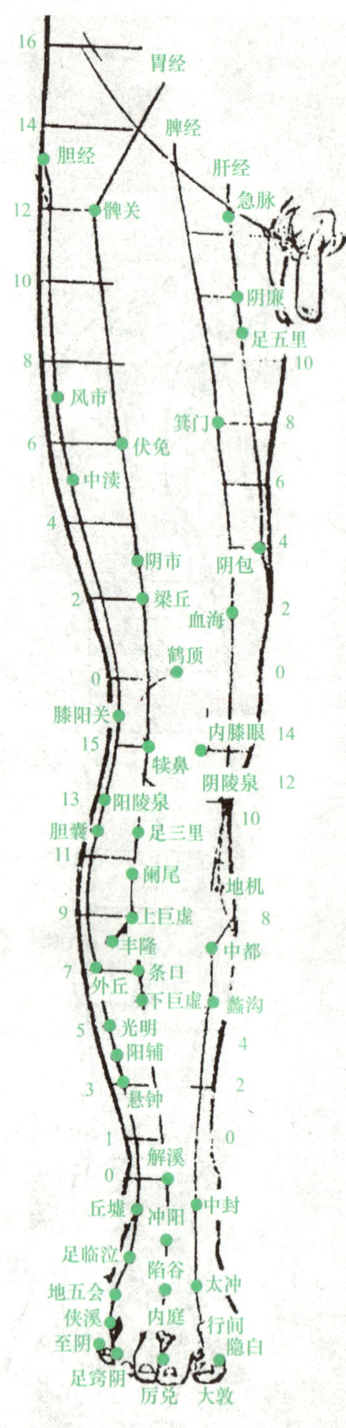

附图 2-6 下肢前内外侧面穴示意图

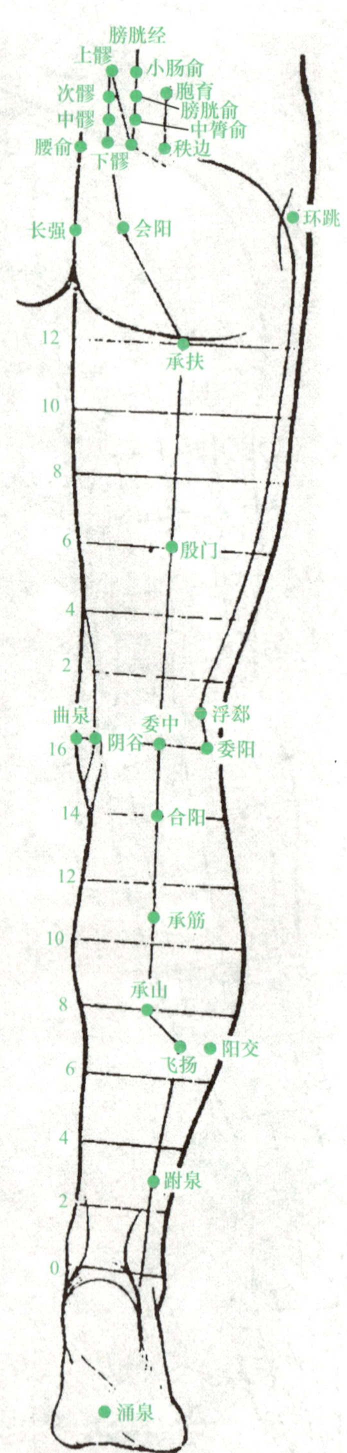

附图 2-7 下肢后面穴示意图

参考文献

[1] 杨惠燕．体育与健康［M］．西安：西安电子科技大学出版社，2023.

[2] 靳强，杨斌，马波．高职体育与健康［M］．北京：高等教育出版社，2023.

[3] 王红震．大学体育与健康［M］．西安：西安电子科技大学出版社，2023.

[4] 于海娟．大学体育与健康［M］．苏州：苏州大学出版社，2023.

[5] 仵美阳．大学体育与健康［M］．武汉：华中科技大学出版社，2021.

[6] 任远，张春华，李磊．大学体育与健康教程［M］．北京：高等教育出版社，2021.

[7] 袁守龙，武文强，尹军．大学体育与健康［M］．北京：人民邮电出版社，2021.

[8] 杜彦玲．体育与健康［M］．西安：西安电子科技大学出版社，2020.

[9] 韩宝玉，姜丽．大学体育与健康［M］．北京：化学工业出版社，2020.

[10] 高亮．新编大学体育与健康［M］．北京：化学工业出版社，2019.

[11] 魏洪峰，丛永杜，闫坤．大学生体育与健康［M］．北京：中国水利水电出版社，2018.

[12] 马霞蕾．大学体育与健康［M］．北京：科学出版社，2017.

[13] 毛振明．体育与健康［M］．北京：北京师范大学出版社，2015.

[14] 景建中．大学体育与健康［M］．南京：南京大学出版社，2015.

[15] 李茹彬．体育实践［M］．青岛：中国海洋大学出版社，2012.

[16] 刘彬．体育与健康［M］．长春：东北师范大学出版社，2011.

[17] 高鹏革，蔡军．体育与健康［M］．北京：冶金工业出版社，2011.

[18] 张云成．大学生体育与健康［M］．北京：中央广播电视大学出版社，2010.

[19] 王淳海，厦晶，韩玉波．大学生体育综合教程［M］．长春：东北师范大学出版社，2010.

[20] 王永祥．体育与健康教程［M］．长春：吉林大学出版社，2010.